权威·前沿·原创

皮书系列为
"十二五""十三五""十四五"时期国家重点出版物出版专项规划项目

BLUE BOOK

智库成果出版与传播平台

中共中央党校（国家行政学院）国家高端智库皮书

电子政务蓝皮书
BLUE BOOK OF E-GOVERNMENT

中国电子政务发展报告（2023）

ANNUAL REPORT ON CHINA'S E-GOVERNMENT DEVELOPMENT(2023)

主　　编 / 王益民
副 主 编 / 刘密霞

社会科学文献出版社
SOCIAL SCIENCES ACADEMIC PRESS（CHINA）

图书在版编目（CIP）数据

中国电子政务发展报告. 2023 / 王益民主编. -- 北京：社会科学文献出版社，2024.2
（电子政务蓝皮书）
ISBN 978-7-5228-3248-7

Ⅰ.①中… Ⅱ.①王… Ⅲ.①电子政务-研究报告-中国-2023 Ⅳ.①D63-39

中国国家版本馆CIP数据核字（2023）第257196号

电子政务蓝皮书
中国电子政务发展报告（2023）

主　　编 / 王益民
副 主 编 / 刘密霞

出 版 人 / 冀祥德
责任编辑 / 桂　芳
责任印制 / 王京美

出　　　版 / 社会科学文献出版社·皮书出版分社（010）59367127
　　　　　　地址：北京市北三环中路甲29号院华龙大厦　邮编：100029
　　　　　　网址：www.ssap.com.cn
发　　　行 / 社会科学文献出版社（010）59367028
印　　　装 / 三河市东方印刷有限公司

规　　　格 / 开　本：787mm×1092mm　1/16
　　　　　　印　张：26.75　字　数：400千字
版　　　次 / 2024年2月第1版　2024年2月第1次印刷
书　　　号 / ISBN 978-7-5228-3248-7
定　　　价 / 198.00元

读者服务电话：4008918866

电子政务蓝皮书编委会

主要编撰者简介

王益民　研究员，博士，中共中央党校（国家行政学院）电子政务研究中心（领导人员考试测评研究中心）主任、信息技术部主任、国家电子政务专家委员会副主任，中国应急管理学会、中国行政体制改革研究会常务理事。主要著作《数字政府》《数据论》等成为我国各级政府数字政府建设的参考用书，为数据基础制度建设提供了有力支撑。

刘密霞　博士，中共中央党校（国家行政学院）电子政务研究中心副教授。主要研究方向为数字政府理论与实践、信息资源共享等，主持和参与多项国家社科基金、省部级科研项目。在《光明日报》《学习时报》《行政管理改革》等报刊发表学术论文 40 余篇，被光明网、学习强国、中国共产党新闻网、《中国社会科学文摘》等多次转载。

摘　要

　　党的二十大发出了以中国式现代化全面推进中华民族伟大复兴的政治宣言，"没有信息化就没有现代化"的科学论断对中国电子政务发展提出了新的更高的要求。在习近平总书记关于网络强国的重要思想指导下，我国正从互联网大国向互联网强国转变，让数字化发展成果更多更公平地惠及全体人民是中国式现代化重要特征之一。如何以电子政务高质量发展推进中国式现代化？本报告从国际视角出发分析总结了中国电子政务发展的经验和面临的挑战，提出了推动中国电子政务高质量发展的对策，对推进中国式现代化具有重要的现实意义。

　　围绕以电子政务高质量发展推进中国式现代化这个主题，全书由导论、总报告、数字治理篇、服务创新篇、行业应用篇、技术支撑篇构成。本书基于比较法把中国电子政务放到国际背景下从纵向和横向两个角度观察其发展趋势，通过案例分析法聚焦我国各地电子政务的发展情况，研究发现电子政务作为现代治理体系的重要组成部分，正在以数字化、网络化、智能化的方式，优化政务服务流程，提高政府治理效能，优化政策制定和执行机制，有力地推动中国现代化的进程。

　　全面建设社会主义现代化国家对提升我国电子政务和数字政府建设水平提出了新的更高的要求，各领域各地区在推进电子政务发展中还面临不少挑战：一是人力资本不足成为制约我国数字化和现代化发展的短板；二是数字化发展不均衡日渐凸显，成为多维贫困的隐性诱因；三是针对弱势群体的政务服务创新性供给不充分，人民日益增长的美好数字生活需要仍未获得充分满足。要推动中国电子政务高质量发展、让数字化发展成果为全民所共享，还需从以下方面努力：一是通过公共服务创新性供给消除数字鸿沟，推动城乡一体化发展；二是通过制定优先考虑弱势群体的政策，灵活适应不同弱势群体的多样需求，实现电子政务的公平；三是通过数字化支持每个人的发展，支持建设具有普惠性和数字韧性的社会，让每个人都从中受益；四是抓住国家数据局成立的契机，充分激活数据要素市场活力，更好地服务于我国经济社会发展和人民生活改善。

关键词：电子政务　数字治理　政务服务　技术支撑

目 录 ↰

Ⅲ　服务创新篇

Ⅳ　行业应用篇

V　技术支撑篇

皮书数据库阅读**使用指南**

导论 以电子政务高质量发展推进中国式现代化

王益民[*]

党的二十大报告明确系统阐述了中国式现代化的中国特色、本质要求和重大原则。数字时代背景下,信息化与中国式现代化、网络强国与社会主义现代化强国之间的内在联系不断深化。要"以信息化推进国家治理体系和治理能力现代化"[①],进一步明晰了电子政务高质量发展的时代方位和职责使命。在习近平总书记关于网络强国的重要思想指导下,电子政务作为现代治理体系的重要组成部分,正在以数字化、网络化、智能化的方式,优化政务服务流程,提高政府治理效能,优化政策制定和执行机制,有力地推动中国现代化的进程。

一 电子政务发展推进中国式现代化的实践基础

随着信息技术的快速发展,电子政务高质量发展在提高治理效能、促进社会经济发展、提升信息公开和透明度、提高服务质量和效率等方面的重要作用日益凸显。我国高度重视电子政务的发展,并将其作为推进国家治理体系和治理能力现代化的重要手段。在"十四五"时期,电子政务是数字中国的重要内容之一,我国通过制定一系列的政策和规划来明确电子政务发展的目标和重点任务、促进电子政务的发展。同时,还完善了电子政务统筹协调机制,构建了一体化的政务云体系,深化了政务信息系统整合应用,加快推进政务数据有序共享,并促进政务信息资源高效配置和综合利用。

---

[*] 王益民,中共中央党校(国家行政学院)电子政务研究中心主任、信息技术部主任、国家电子政务专家委员会副主任。

[①] 中央党史和文献研究院:《习近平关于网络强国论述摘编》,中央文献出版社,2021,第131~132页。

（一）电子政务建设促进社会经济发展，提高经济效益

电子政务为推动社会经济发展开辟了新的途径，通过优化政府服务，极大地简化了办事流程，方便了群众办事，降低了企业和公众的办事成本和社会交易成本，提高了社会经济效益，也提高了公众的满意度和企业的竞争力。电子政务建设对技术、人才和资本的大量需求带动相关产业的发展，也催生了一大批新的就业岗位。通过跨地域、跨部门、跨行业的数据共享、信息公开等方式，促进信息资源的市场化运作，推动数字经济的发展，为数字经济发展注入了新动力。电子政务促进社会公正与公平，通过数字化、智能化的方式加强对政策执行情况的监督和评估，及时发现和纠正政策执行中的问题，确保政策的公正性和公平性。

（二）电子政务建设促进政府职能转变，提升公众满意度

电子政务发展不断提升政府的形象和信誉，增强公众对政府的信任和支持。政府通过电子政务平台向公众提供准确、及时、全面的信息，使公众能够及时获取政府信息，了解政府的政策措施和执行情况，实现公众的知情权和参与权，增强公众对政府的了解和信任，从而提升政府公信力。通过促进公众参与和监督，使公众能够对政府的工作进行监督和反馈，提升政府与公众的互动能力，提高政府工作的透明度和公正性。以公众需求为导向，通过优化业务流程，推动政府向服务型政府转变、更好地履行职责，提高其工作效率、创新能力和服务能力，让公众更方便快捷地获取公共服务，降低公众的办事成本，增强公众对政府的信任和支持，从而推动国家和社会的发展进步。

（三）电子政务建设促进治理效能提升，推动政策制定和执行

电子政务在提高治理效能方面发挥了重要作用，通过数字化、网络化、智能化的方式，优化政务流程，提高政府机构的办公效率；通过简化办事流程、减少审批环节，降低公务员的工作负担，提高政府服务的响应速度和公

众满意度。电子政务可以加强政策制定的科学性和民主性，实现政策制定的透明化和公开化，提升公众对政策的信任度和支持度。电子政务可以提升政策执行的公正性和有效性。通过数字化、智能化的方式，电子政务可以加强对政策执行情况的监督和评估，及时发现和纠正政策执行中的问题；通过在线公开、反馈等方式，加强公众对政策执行的监督和参与，进一步提升政策执行的有效性和公众满意度。电子政务可以促进政府机构之间的信息共享和协作，加强跨部门合作，提升部门协同能力，通过云计算、大数据、人工智能等技术的应用，电子政务极大地提高了政府的决策效率和执行效果，在提高公共服务品质等方面起到积极作用。

（四）电子政务建设促进国际交流合作，推动全球共同繁荣发展

多年来，全球电子政务蓬勃发展，各国之间的地域和文化差异逐渐缩小，各国政府之间的交流合作加强，跨越地理和政治的限制，分享政府资源、经验和成果的共享渠道更加畅通，全球公共服务的质量和效率不断提高。电子政务发展推动全球数字经济快速发展，成为促进全球经济转型升级的重要动力，为各国之间的数字经济合作提供了更广阔的空间。我国积极参与全球治理体系变革，促进全球治理体系的完善，推进电子政务领域的国际合作和交流，借鉴国际先进经验，分享电子政务的中国方案，加强与其他国家和地区在电子政务领域的合作，提高公共服务的均等化和普及化水平，提高全球公共危机应对能力。各国政府间、企业间的合作加强，通过数字化的手段促进知识的分享和传播，促进信息技术的普及和应用，推动全球的科技创新、文化交流和文明互鉴，加强各国之间的合作和理解，推动全球文化多样性发展，从而共同推动全球经济的发展和繁荣。

二 电子政务引领驱动作用不断增强

我国电子政务在经过多年的探索、积累和发展后，在各地区各部门的创新实践基础上，逐渐形成了国家统筹协调、部门紧密配合、央地协同联动、

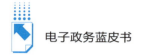

区域交流互鉴的建设和发展模式。顶层设计不断完善，电子政务促进了政府职能转变、社会经济发展，不断提高社会治理能力和水平。我国电子政务的发展已进入快车道，走出了一条中国式现代化的电子政务发展道路。

（一）政府数字化转型持续深化行政体制改革

随着数字化技术的广泛应用，政府数字化转型对我国公共行政部门和机构优化产生了深远的影响。数字化转型不仅改变了政府服务的形态，使得服务更加高效、便捷，政府更好地履行职责、提高工作效率和适应社会变化，还推动了政府组织结构的优化和调整，促进了政府部门之间的协同合作。一是通过数字化技术手段优化横向部门设置，使得部门之间的信息传递更加便捷高效，减少中间环节，提高工作效率，同时也能够降低行政成本。二是从战略人力资源管理角度进行规划，充分发挥部门优势、地区优势、产业优势，因地制宜地开展数字化改革，积累信息化专业领域人力资源，克服相关类型组织结构的劣势。三是当前成立的国家数据局从顶层设计出发，聚焦数据要素的基础性作用，围绕数字中国建设，实现政府职能的相对集中以及数据管理机构和职责体系的优化，这是在国家层面开展的一次重大改革。四是用数字化手段优化政务服务的工作流程，提高工作效率和质量，实现从基层服务到业务流转，再到领导决策的渠道畅通，政府层级结构更加扁平化使得决策更加科学合理，提高政府应急处突的反应速度。五是重构数据整合汇聚及其与业务融合的模式，推动跨部门协同合作，将不同部门、不同层级、不同地域的政府资源进行整合，实现资源的共享和协同，全面激发数据要素价值，提高资源利用效率，增进决策的有效性和决策执行的实效性。

（二）一体化政务服务平台建设加速服务型政府建设

自2021年以来，一体化政务服务平台建设加速，推动了政务服务能力的显著提升。十年来，在以人民为中心的发展思想的引领下，通过加大政策公示的力度、提高政策信息的透明度、保障公民的知情权和参与权，政府部门积极回应社会关切，及时调整和完善政策，以满足公民的需求。"不见面审批""最多跑一次""一网通办""一网通管""在线导办"等地方创新实践不断涌现，网上办事平台、自助服务终端等，为公民提供了更加便捷高效的服务渠道，政府数字化服务能力得到全面提升。政府部门不断推进服务模式的创新，通过完善服务标准、加强监督评估等措施，提高了服务质量，以满足公民多样化的需求，积极开展用户满意度调查，了解公民的需求和期望，鼓励公民对服务进行评价和监督，提高政务服务的水平和质量，提升公民的获得感和满意度。通过跨部门的信息共享和业务协同，一体化政务服务平台提高了政府服务的整体效率和水平。在此背景下，企业和群众可以更方便、更快捷地办理各类政务事务，减少办事成本和时间。各地新型智慧城市建设在公共服务便捷化、城市管理精细化、生活环境宜居化等方面取得了突出成效，人民群众的获得感不断增强，为中国经济社会高质量发展提供了有力支撑。

（三）移动政务服务发展促进提升公众满意度

在过去的几年里，移动政务服务发展取得了显著成效。目前，政务服务平台移动端已成为各级政府服务企业和群众的重要渠道。通过移动政务服务，政府可以更方便地提供诸如网上申报、网上审批、网上查询等公共服务，公众不再需要亲自前往政府办公地点，甚至可实现异地办理，可以在任何时间、任何地点进行办理，大大提高了政府服务的便捷性和高效性。通过移动端，企业和群众可以随时随地获取政府服务，无论是办事指南、预约服务，还是线上办事，都变得更加便捷。移动政务服务的发展使得政务公开的深度和广度得到了很大的提升，发布政策法规、公开政务信息、提供在线服务变得更加便捷，实现了政府、企业、公众的实时互动，公众可以随时对政府信息进行反馈和评价，提升了公众参与度。此外，政府可以及时发现和解决社会问题，根据实际情况进行及时调整和改进，促进社会治理能力优化，从而更好地服务人民群众。移动政务服务的发展对于数字政府建设有着重要的推动作用，可更好地实现政务数字化和智能化，实现数据共享和协同工作，政府各部门之间可以更加高效地协作和沟通，提高政府服务的精准性和高效性。

三 以电子政务高质量发展推进中国式现代化的路径选择

推动电子政务高质量发展，攻坚克难、守正创新，整体驱动政府治理方式的变革，持续稳步促进国家治理体系和治理能力现代化，提升社会治理水平，为人民群众提供更加便捷、高效、安全、公平的服务是中国式现代化的内在要求。

（一）推动构建共建共治共享的现代化社会治理格局

在推进中国式现代化的进程中，在以国内大循环为主体、国内国际双循环相互促进的新发展格局下，要以电子政务高质量发展有效促进政府职能转变、激发市场活力，实现更大的公共价值。从价值创造、价值供给和价值实现三个方面构建共建共治共享的现代化社会治理格局，价值创造注重提高社会治理水平、满足人民社会治理需求；价值供给注重实现公共价值的多元化与可持续性；价值实现注重提升人民的满意度与获得感。通过大数据平台采集、识别民意，通过大数据分析进行科学决策、精准供给，不仅可以拓宽公众参与渠道、增强社会治理的多元性与可持续性，还可以有力地提高社会治理水平，更好地满足人民需求，使老百姓有更高的获得感、参与感，创造更大的公共价值。

中国式现代化需要基层治理的现代化。电子政务的高质量发展为基层治理提供了新的平台和手段。通过电子政务推动基层治理创新，加强基层服务能力建设，改善服务条件，提高服务效率和质量，为群众提供更便捷、更高效的服务。推进基层治理信息化，着力构建省市县乡村五级贯通、线上线下深度融合的政务服务体系，实现信息共享和数据互通，提高基层治理的效率和精度。加强对基层干部的培训，提高他们的信息化素质和基层治理能力，培养一支素质高、业务精、服务意识强的服务队伍。发挥群众在基层治理中的主体作用，促进基层治理群众参与机制建设，鼓励群众参与基层治理，提高群众的参与度和满意度，让所有人动起来，从基层出发，发挥主人翁精神，自下而上支撑起中国式现代化建设。

随着社会的复杂性和多样性的不断增加，社会治理和稳定成为国家发展的重要议题。由于社会治理具有复杂性和长期性，因此需要树立系统观念和全局意识，积极探索符合中国国情的治理模式，电子政务的发展为社会治理提供了新的手段，通过加强社会信用体系建设，完善信用制度和文化，强化公众的信用意识和行为规范；通过建立健全网络舆情监测机制，及时掌握社情民意，加强信息公开和舆论引导，提高公众的知情水平和参与度，增强社会凝聚力和向心力；通过信息化手段，建立健全多元化纠纷解决机制，提高全面共建共享的积极性，强化调解、仲裁、诉讼等环节的协同作用，确保社会矛盾得到及时有效解决。运用大数据、人工智能等技术手段，提高社会治理的科学化、信息化水平，提高社会治理的效率和精准度，为维护社会稳定提供有力支撑。

（二）提升政务服务效率，实现数字公平

电子政务的推进有助于实现政务服务的数字化、网络化、智能化，提高政府服务效率和公众满意度。通过构建政务信息化平台，整合各部门政务服务资源，简化审批流程，实现"一网通办"，使政务服务更便捷、更高效。通过加强信息共享和业务协同，实现跨部门之间的数据共享和业务办理，减少重复劳动和不必要的环节，提高工作效率。通过利用人工智能、大数据等技术手段，预测和解读群众的需求，提供个性化服务，不断完善政务服务内容和形式，进一步提高服务质量和效率，让全民能够全面享有便捷化服务。

在全体人民共同富裕的现代化进程中推进数字化公平，电子政务高质量发展坚持人民至上、兼顾效率与公平，从发展问题、提出问题和解决问题的角度消除数字鸿沟和数字不公平等问题，让全体人民共享数字化发展成果。浙江省数字化改革政策的实施对于城乡差距、地区差距和收入差距均产生显著的缩小效应，嘉兴推进数字化改革、助力高水平共同富裕建设，苏州探索出了一系列以数字赋能推动共同富裕的有益经验，数字乡村建设成为新技术革命背景下城乡融合与共同富裕的必由之路。电子政务高质量发展注重政府

数字化的公平性，确保数字化发展在区域之间、群体之间的有效协同，提升数字化的实效性，满足人民日益增长的美好生活需要。

（三）打造数字化环境，推进治理创新

创新是现代化的动力源泉，为人类社会不同阶段现代化发展确立了目标，网络信息技术正在向劳动力、劳动对象和劳动工具（生产力三要素）全面渗透，并且成为先进生产力的集中体现和主要标志。电子政务高质量发展紧抓数字、技术、数据带来的机遇，正在创造新的实践、探索新的想法、拥抱创新活动以了解社会的需求，更好地满足数字技术和数据支持的公众需求，推动政府治理创新。政府部门需要积极推动数字化转型，加强数字化基础设施建设，积极推广数字化应用，提高工作效率和协同能力；加快政务数据共享开放，加强数据治理和开发利用，提升公共数据供给动力，提高决策水平和公共服务能力；深入推进政务数据标准化、规范化，提高政务信息化水平，满足公众对高质量政务服务的需求。

数据科学、数据伦理、网络分析、人工智能和数据的新模块呈爆炸式增长。公共部门需要理解如何利用数据进行决策、设计和运行服务，构建数据驱动的公共部门，为组织提供清晰的数字战略，创造鼓励数字转型的环境，在计划、实施和监管公共政策时使用数据产生公共价值。应用数据来改变公共政策和服务的设计、实现和监管；重视公共部门之间以及公共部门各组织内部数据的使用；在设计政策、干预计划、预计可能发生的变化以及需求预测中使用数据；使用数据来改善政策实施，提高政府的响应能力，保障公共服务的提供。

（四）完善法律保障与专业人才队伍建设

电子政务的发展离不开法律法规的保障。政府部门要完善电子政务的法律法规体系，明确电子政务的法定地位和相关责任，规范电子政务的运行管理。明确政府、企业和公众在电子政务发展中的权利和义务，不断加强信息安全管理，完善安全制度、加强安全检查、提高应急响应能力，确保政府信

息和数据的安全性、保密性，保障电子政务系统的安全稳定运行。要加强网络安全法律法规的宣传教育，强化政府部门和公众的网络安全意识，强化隐私保护意识，制定严格的数据保护措施，防止公众个人信息被泄露和滥用。针对电子政务发展中出现的新情况、新问题，及时制定或修订相关规章制度，规范电子政务行为，促进电子政务规范化发展，为电子政务的高质量发展提供法律保障，为电子政务提供更加高效便捷的服务提供支撑，提高全民生活的便利程度。

电子政务高质量发展，需要不断引入新的技术和管理方法，也需要有一支具有较高数字素养和技能的专业人才队伍。加强政策制定和引导，优化升级电子政务基础设施，统筹管理电子政务平台和政务移动应用，鼓励把新技术应用到电子政务建设中。加大人才引进和培养力度，建立完善的人才激励机制，建立完善的人才培养体系，吸引更多优秀人才投身电子政务事业。加强培训和人才建设，提高公务员的数字化素养和技能水平，尤其是使其具备扎实的理论基础和实践能力，能够运用人工智能、大数据、云计算等多种技术手段解决社会问题，帮助政府进行数据分析和预测，从而更好地了解和掌握社会运行的状况和规律，提高决策的科学性和精准性。加强公民教育，提高公众的社会责任感和参与度，促进社会团结和互助，全面推动社会治理的信息化和数字化，为电子政务的数字化转型提供强有力的人才保障，逐步推进电子政务快速高效发展。

我国正在以数字化为引领展开新一轮的信息技术革命，在这声势浩大的发展浪潮中，全面贯彻落实党的二十大精神，抓住数字化发展的历史机遇，积极面对世界百年未有之大变局带来的风险和挑战，从中华民族伟大复兴战略全局出发，加快数字化发展、加强数字政府建设，以电子政务的高质量发展推动"数字化"与"中国式现代化"融合发展，推进实现中国式现代化的伟大目标。

总 报 告

B.1
国际视角下推进中国电子政务高质量发展[*]

刘密霞　刘彬芳 [**]

摘　要： 电子政务的发展是国际社会关注的共同课题，从国际视角分析中国
电子政务的发展态势，总结出中国电子政务发展的经验，结合国际
发展趋势和中国式现代化要求，针对面临的人力资本制约、发展不
均衡、创新型供给不充分等挑战，为在推动电子政务发展过程中让
全体人民共享数字化发展成果，提出中国电子政务可持续高质量发
展的策略和建议：通过公共服务创新性供给消除数字鸿沟，推动城

---

[*] 本文为国家社会科学基金项目"政府数字化转型的创新机理与路径解析研究"（项目编号：
20BGL288）的阶段性成果。

[**] 刘密霞，中共中央党校（国家行政学院）电子政务研究中心副教授；刘彬芳，中共中央党
校（国家行政学院）电子政务研究中心助理研究员。

乡一体化发展；通过制定优先考虑弱势群体的政策，灵活适应不同弱势群体的多样需求，实现公平的电子政务；通过数字化支持每个人的发展，支持建设具有普惠性和数字韧性的社会，让每个人都从中受益；抓住国家数据局成立的契机，充分激活数据要素市场活力，更好地服务于我国经济社会发展和人民生活改善。

关键词： 电子政务　在线服务　高质量发展

党的十八大以来，以习近平同志为核心的党中央高度关注中国电子政务的发展。习近平总书记在2016年网络安全和信息化工作座谈会上提出，"要以信息化推进国家治理体系和治理能力现代化，统筹发展电子政务，构建一体化在线服务平台"；在2018年的全国网络安全和信息化工作会议上进一步强调，"要运用信息化手段推进政务公开、党务公开，加快推进电子政务，构建全流程一体化在线服务平台，更好解决企业和群众反映强烈的办事难、办事慢、办事繁的问题"。习近平总书记明确提出"没有信息化就没有现代化"的科学论断[①]，全面建设社会主义现代化国家的新征程离不开信息化和数字化发展的重要支撑，这对提升我国电子政务建设提出了新的更高的要求。但不得不看到，推进我国电子政务高质量发展还面临不少难点堵点，亟须采取有效措施把电子政务高质量发展与中国式现代化相结合，让现代化建设成果更多更公平地惠及全体人民。

一　电子政务发展的国际视角

电子政务的发展受到联合国经济和社会事务部、欧盟委员会、经济合作与发展组织（Organization for Economic Co-operation and Development,

---

[①]　中央网络安全和信息化委员会办公室：《习近平总书记关于网络强国的重要思想概论》，人民出版社，2023，第115页。

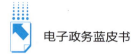

OECD）等国际组织的长期关注。联合国经济和社会事务部从 2001 年开始发布联合国电子政务调查报告（UN E-government Survey），最近一次是 2022 年发布的第 12 次调查报告。与联合国电子政务发展指数（EGDI）不同，欧盟委员会把电子政务定义为使用数字工具和系统为公众和企业提供更好公共服务的工程。因此，对于电子政务的标杆评估，欧盟更加聚焦于在线服务，分析面向公民和企业的在线服务水平。2014 年经合组织数字政府战略委员会建议电子政府向数字政府转变，并于 2019 年首次将经合组织数字政府政策框架（Digital Government Policy Framework，DGPG）转化为衡量数字政府的指数工具，以评估经合组织关于数字政府战略建议的实施情况，并对经合组织成员国和主要伙伴国家的数字政府改革进展进行评估。

（一）联合国电子政务发展指数

联合国电子政务发展指数（EGDI）保持了相对的稳定性，一直由在线服务指数（OSI）、电信基础设施指数（TII）和人力资本指数（HCI）三部分构成，各占 1/3 的比重。虽然电子政务发展指数的方法框架在联合国电子政务调查的各个版本中保持一致，但每一期调查都进行了调整，以反映电子政务战略的新发展趋势、电子政务最佳实践的认知变化、技术革新和其他因素的改变等。EGDI 被视作确定联合国会员国电子政务发展排名的基准，分为四个等级，以反映各成员国电子政务的发展水平，EGDI 值范围从 0.75 到 1.00 为"非常高"级别组，从 0.50 到 0.7499 为"高"级别组，从 0.25 到 0.4999 为"中"级别组，从 0 到 0.2499 为"低"级别组。2022 年调查报告中各部分指数的构成情况如图 1 所示。

1. 在线服务指数

在线服务指数（OSI）基于联合国经社部（UNDESA）独立在线评估所收集的数据，衡量各国政府在国家层面提供公共服务时使用信息和通信技术的情况。该评估内容包括会员国国家网站的在线服务情况、技术特点，以及相关部门在提供服务时采用的电子政务政策和战略等。

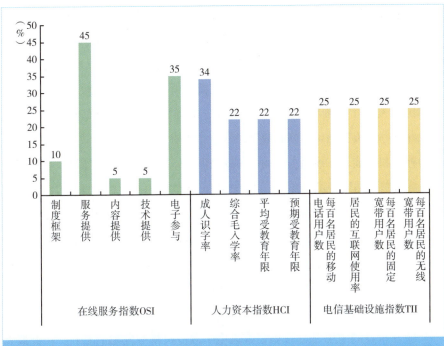

图1 联合国电子政务发展指数（EGDI）的构成

资料来源：根据 2022 联合国电子政务调查报告自制。

起初，电子政务发展阶段由在线服务水平进行区分，分为起步阶段、增强阶段、交互阶段、交易办理阶段和无缝衔接阶段五个阶段[①]。起步阶段是指政府在网上的存在形式是建立了一些独立的官方网站，但提供的信息是有限的、基本的和静态的。增强阶段是指政府网站的内容和信息的更新更加频繁。交互阶段是指用户可以下载表单、通过电子邮件联系政府部门、进行预约和提出请求。交易办理阶段是指用户实际上可以进行在线支付服务和进行金融交易。无缝衔接阶段是指实现电子职能和服务的跨行政和部门边界的全面整合。2010 年的联合国电子政务调查报告把在线服务成熟度模型从五个阶段改为四个阶段：起步的信息服

---

① United Nations，DPEPA. *Benchmarking E-government: A Global Perspective*. https://publicadministration. un.org/en/Research/UN-e-Government-Surveys.

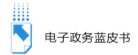
务、增强的信息服务、交易办理服务和连接的服务。[1] 从 2018 年开始，联合国电子政务调查报告对在线服务指数不再按照不同的阶段进行划分。

2022 年，在线服务指数首次按照五个子项进行统计分析，评估了会员国的服务提供（45%）、电子参与（35%）、支持电子政务发展的制度框架（10%）、技术提供（5%）和内容提供（5%）情况。服务提供子指数评估特征包括各种在线业务办理服务的可用性和数字化水平、政府服务的获取方式、电子采购平台的存在和功能、在线服务中的 GIS 或地理空间数据和技术的集成、特定部门服务和弱势群体服务的可用性。电子参与子指数使用三项标准评估在线参与情况，分别是信息提供、咨询和决策。制度框架子指数是 2022 年新提出的，专门评估针对电子政务发展的制度框架情况。技术提供子指数则主要评估政府门户网站的可检索性、功能情况、数据访问权限和其他服务等。内容提供子指数则考察国家门户网站以多种语言或通过多种渠道提供政府信息和服务的情况。

2. 电信基础设施指数

泛在可及的电信基础设施是推进电子政务可持续发展的基石，因此联合国电子政务调查报告从一开始就把电信基础设施作为电子政务发展指数的三大指标之一。电信基础设施的考察对象近 20 年来根据各个国家通信基础设施的情况进行动态调整，例如从 2008 年起不再考察电视机的用户数，从 2020 年起不再考察固定电话数。2022 年，电信基础设施指数（TII）是四个指标的算术平均综合指数，评估数据则来源于国际电信联盟。指标包括：居民的互联网使用率（25%）；每百名居民的移动电话用户数（25%）；每百名居民的无线宽带用户数（25%）；每百名居民的固定宽带用户数（25%）。其中，居民的互联网使用率指过去 3 个月内在任何地点使用互联网的个人所占的比例。每百名居民的移动电话用户数指过去 3 个月内订购了移动业务（包括模拟和数字蜂窝系统及技术）的用户数。每百名居民中的无线宽带用户数指同时使用数据和语音的移动宽带用户数以及只使用数据的公共互联网移动宽带用户的总和，包括以宽带速度接入互联网的用户，而不包括潜在接入用户，即使

---

① UNDESA. *United Nations E-Government Survey 2010*. https://publicadministration.un.org/en/Research/UN-e-Government-Surveys.

后者可能拥有支持宽带的手机。每百名居民的固定宽带用户数指以等于或大于 256 kbit/s 的下载速度高速接入公共互联网或 TCP/IP 连接的固定用户数。

3. 人力资本指数

进入 21 世纪，随着技术的进步和社会的发展，受过教育与未受过教育的区别在原来读写能力的基础上增加了新的内涵，包含了数字素养的内容，以适应快节奏的数字生活。电子政务的可持续发展需要整个社会具备必要的数字认知技能，因此对人力资本的考察成为设计电子政务发展指数必然要考虑的。以往的调查一直使用成人识字率和初等、中等和高等教育入学率的总和等指标，2014 年人力资本指数引入了两个新的指标：预期受教育年限和平均受教育年限。2022 年，人力资本指数（HCI）是四个指标的加权平均综合指数，评估数据则来源于联合国教科文组织、联合国开发计划署。指标包括：成人识字率（34%）；综合毛入学率（22%）；预期受教育年限（22%）；平均受教育年限（22%）。其中，成人识字率指年满 15 周岁、在日常生活中能读写并理解简短的句子的人的百分比。综合毛入学率指小学、中学及大学入学的学生总数（不分年龄）占学龄人口的百分比。预期受教育年限指某一年龄段的儿童在未来可望接受的教育总年限。平均受教育年限指一个国家成年人口（25 岁及以上）接受教育的平均年限（不包括留级年数）。

（二）欧盟电子政务标杆

欧盟委员会从 2001 年开始致力于电子政务评估标杆的研究与实施，制定电子政务行动计划，对欧盟成员国发布一年一度的电子政务标杆报告，现已形成相对成熟的评估指标体系。欧盟电子政务评估分为两个阶段。第一个阶段为 2001~2010 年，针对 eEurope2002 和 eEurope2005 以及 i2010 电子政务行动计划（eGovernment Action Plan）提出的公共服务电子化的目标，选出 20 项公共服务评价其在线服务的复杂程度。在线服务的复杂程度被分为四个等级：仅提供信息服务，可下载表格的单向互动，可进行交互的双向互动，以及完全电子化阶段。第二个阶段是 2011 年后，欧盟先后发布了《2011-2015 电子政务行动计划》和《2016-2020 电子政务行动计划》，形成了与之对应的电子政务标杆框架（E-Government Benchmark Framework），如图 2 所示，这个框架随着电子政

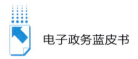

务行动计划目标的改变而改变，目前最新的版本是《电子政务标杆方法 2020-2023》①。2023 年具体评估指标从 4 个维度、14 个基本指标出发评估了 35 个欧

图 2　从欧盟电子政务行动计划到评估标杆框架

资料来源：根据欧盟电子政务行动计划自制。

---

① Capgemini, Sogeti, IDC and Politecnico di Milano. *E-Government Benchmark Method Paper 2020-2023*. http://www.europa.eu.

洲国家的在线公共服务水平。其中 4 个维度包括以用户为中心、透明度、关键推动因素、跨境服务。14 个基本指标包括在线可用性、用户支持度、移动友好性；服务提供透明度、服务设计透明度、个人数据透明度；公民电子身份、电子文件、真实数据来源、数字邮政；跨境在线可用性、跨境用户支持度、跨境电子身份、跨境电子文件。

在评估实施方面，分别采用神秘购物调查法或自动在线评估法评估 9 个生活事件领域中 95 项政府服务的表现，共计评估超过 14000 个网站，以更好地了解政府对公民生活的服务情况。如果针对所选公共服务事项各个国家已经达到最高服务水平，欧盟委员会和成员国的新政策事项会优先确定需要提升在线服务水平的其他事项。此评估每年进行一次，在偶数年收集创业、事业、家庭、教育方面的数据，在奇数年收集常规业务运营、健康、搬迁、小额诉讼程序、交通方面的数据，近年来评估事项的变化如表 1 所示。

表 1 欧盟电子政务标杆评估事项的变化情况

2012+2014+2016+2018+2020+2022	2013+2015+2017+2019+2021+2023
企业服务事项	创业	常规业务运营
公众服务事项	－ 失业与找工作 ➡ － 事业（2020） 变更为 － 教育 － 家庭（2016 新增）	－ 小额诉讼程序 － 搬迁 － 购车与驾驶 ➡ － 交通（2021） 变更为 － 健康

资料来源：根据欧盟电子政务标杆框架自制。

1. 以用户为中心

以用户为中心是指信息和服务在线提供、在线支持的程度，以及与移动设备的兼容程度，包括以下 3 个具体指标。在线可用性：网络信息和交易服务在多大程度上是通过网络提供的，是通过政府门户网站可获取的。用户支持度：在线支持、帮助功能和反馈机制在多大程度上是可用的。移动友好性：服务在多大程度上是通过移动端提供的，该界面对移动设备的适配度

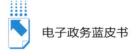

如何。

2. 透明度

透明度是指服务流程的透明程度、服务设计的用户参与度以及用户可以管理个人数据的程度，包括 3 个具体指标。服务提供透明度：服务过程和服务期望的明确程度。服务设计透明度：用户对政策和服务设计的了解、参与程度。个人数据透明度：用户对于政府部门持有的个人数据可以管理的程度。

3. 关键推动因素

关键推动因素是指在服务过程中，以下 4 个主要信息技术赋能因素（main IT enables）的可用程度，用于评估是否具备高效使用在线服务的技术前提条件。公民电子身份：在线身份识别方式，如智能卡、用户名、密码。电子文件：用户为完成在线服务需要上传的文件，或作为服务证明可获得的文件，如证书、文书、注册证明。真实数据来源：政府用于自动验证或获取与公民、企业有关数据的"真实渠道"（Authentic Sources）。数字邮政：政府通过个人邮箱或其他的数字邮政与公民、企业进行通信。

4. 跨境服务

跨境服务是指欧洲其他国家的用户可以在线获取、使用信息和服务的程度，以及其电子身份和电子文件的整合程度，包括以下 4 个具体指标。跨境在线可用性：政府能在多大程度上为其他欧洲国家提供在线信息和交易服务。跨境用户支持度：政府能在多大程度上为其他欧洲国家的用户提供在线支持、帮助和反馈。跨境电子身份：对其他欧洲国家的用户在服务中可以使用电子身份识别的程度。跨境电子文件：欧洲其他国家的用户在服务过程中可以使用电子文件的范围。

总之，欧盟电子政务评估的指标体系聚焦于对在线服务的评估，并且对数字基础设施、人力资本、数字主权等方面，欧盟也给予重视，制定了明确的、可操作的行动方案。在数字基础设施方面，第一份《数字十年状况》报告中指出了欧盟国家在光纤网络、5G 建设上的不足，提出到 2030 年，确保 5G 覆盖所有人口稠密地区、千兆网全覆盖。在人力资本方面，《欧盟 2022 年数字经济和社会指数报告》在信息数据读写、沟通与协作、数字化内容创造、数据安全意识、数字问题解决能力五个方面评估了欧盟公民的数字技能，且在"数字十年之路"提案中提出，到2030年让至少80%的欧盟公民拥有基本数字技能。在数字主权方面，欧盟委员会主席冯德莱恩曾在欧洲议会上明确表示，推动欧盟在一些关键技术上实现"技术主权"是其主要目标之一，随后在"数字十年之路"提案中，欧盟提出了加强数字主权的目标。由此可见，除在线服务外，欧盟在基础设施、人力资本、数字主权等方面制定了一系列战略规划，不断提升自身数字化竞争力，以实现数字化的全面转型。

二　中国电子政务发展的国际水平分析

当前，全球电子政务发展指数（EGDI）平均值不断提升，电信基础设施和人力资本均得到了显著发展，在线服务提供水平也大幅提升。以联合国EGDI为基准，洞察中国电子政务发展情况，有利于发现差距并找到提升的方向。与2020年相比，2022年我国电子政务发展水平从"非常高"国家序列的第四个等级上升到第三个等级。我国在线服务指数从2016年迈入"非常高"的行列，2022年排名第15。值得注意的是，由于我国电信基础设施和人力资本指数整体水平还偏低，电子政务发展指数在2020年才进入"非常高"国家序列中，在这些国家中，我国刚刚超过四分位中最后四分之一部分，尚未达到领先国家的水平。

（一）电子政务发展指数及排名再创新高

观察2012~2022年中国电子政务发展数据，从图3可以看到，我国电子政务指数值从2012年的0.5359上升到2022年的0.8119，电子政务排名在193个联合国会员国中从2012年的第78位上升到了2022年的第43位，是2012年来的最高水平，我国也是全球增幅最高的国家之一。

图 3　中国电子政务发展指数与排名

资料来源：根据 2012~2022 联合国电子政务调查报告数据自制。

2022 年全球电子政务持续向前发展，许多国家从较低的 EGDI 水平过渡到较高的水平，"非常高"水平组中的 60 个国家中目前有 22 个国家在亚洲。我国整体电子政务发展指数在 2020 年进入"非常高"国家序列，2022 年在亚洲"非常高"水平组国家中排名第 9 位。2022 年我国电子政务分项指数如图 4 所示，在线服务指数（OSI）、电信基础设施指数（TII）和人力资本指数（HCI）三项指数得分分别为：0.8876、0.8050 和 0.7429，表明我国达到了非常高的在线服务水平与非常高的基础设施发展水平，具备高的人力资本发展水平，三者共同促进我国成为"非常高"电子政务发展水平组国家。在报告的多个评级中，除了人力资本指数（HCI）为"高"外，其余均为"非常高"等级，说明总体上中国电子政务快速发展，拥有国际竞争优势，但同时也应加强电子政务人才培养，以期达到更高水平。

（二）在线服务指数持续稳定在优秀行列

在线服务指数最能反映一个国家的电子政务发展水平。自 2016 年

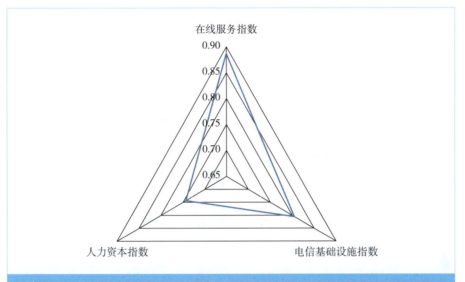

图4　2022年我国电子政务分项指数得分

资料来源：根据2022联合国电子政务调查报告数据自制。

以来，联合国电子政务调查报告一直在跟踪与健康、教育、就业、环境、社会保障相关的在线服务的发展；2020年以来，该调查还开始跟踪与司法部门相关的电子服务，评估用户在线提交或打开法庭案卷、管理或检索案件信息或在线申请接受犯罪历史或背景调查的情况。在2022年在线服务指标更加细化的情况下，我国的在线服务排名仍稳居在第15位。

党的十八大以来，我国在线服务指数不断攀升，2016年迈入"非常高"的行列。图5显示，我国在线服务指数不断逼近世界引领者和亚洲引领者的水平，在线服务从"追赶者"进入"领跑者"行列。近年来，在以人民为中心的价值理念的引领下，"不见面审批""最多跑一次""马上办、网上办、一次办"等政务服务地方创新实践不断涌现，政府的在线服务能力得到全面提升，人民群众的获得感不断增强，营商环境大幅改善，为中国经济社会高质量发展提供了有力支撑。

图 5　中国在线服务指数变化

资料来源：根据 2012~2022 联合国电子政务调查报告数据自制。

2022 年，中国的在线服务指数值（OSI）为 0.8876，属于"非常高"级别，其中，制度框架子指数得分为 1.0000，内容提供子指数得分为 0.9000，服务提供子指数得分为 0.8400，电子参与子指数得分为 0.8636，技术提供子指数得分为 0.8235，具体如图 6 所示。

在电子政务发展环境方面，我国电子政务制度框架分值为 1.0000，达到了满分，表明我国在政策、法律法规、战略与实施等方面具备了较为完善的电子政务发展环境。从国家信息化规划到数字政府建设，从大数据战略到全国一体化政务数据共享枢纽，从《网络安全法》、《数据安全法》、《关键信息基础设施安全保护条例》到《个人信息保护法》，一系列政策、规划文件的发布与实施，无不体现我国为提升在线服务水平创造良好数字生态的努力。

在内容提供和服务提供方面，我国得分分别为 0.9000 和 0.8400，均属于"非常高"级别，体现出我国为提升在线服务水平、丰富内容和服务提供付出的努力和所取得的成效。我国在国家门户网站上提供了大部分政务服务内容和信息，提升了人民群众办事便捷性；统筹推进全国一体化政务服务平台建设，促进业务系

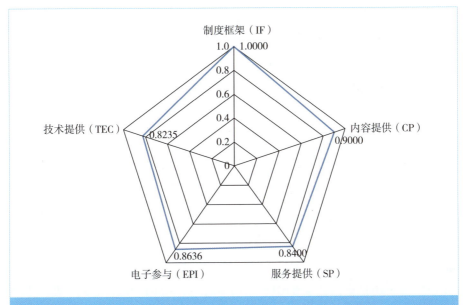

统与平台对接，确保了在线业务办理以及针对弱势群体服务的可用性；政务微博、政务微信和微门户的出现适应了移动政务的发展，利用新型媒介促使政府部门丰富公共服务获取渠道，最终提高公共服务的在线提供水平。目前，政务新媒体发展至 11 万个账号，年发文量超过 2000 万篇，形成了优质头部账号，具有极强的引导力。

在电子参与和技术提供方面，我国得分分别为 0.8636 和 0.8235，也都属于"非常高"级别。电子参与主要反映政府当前让公众参与公共决策、政策实施和评估的趋势和模式，从电子信息、电子咨询、电子决策三个维度进行考察。我国通过政府网站、政务公众号等渠道提供了电子信息、电子咨询、电子决策等公众参与公共政策制定的方式，使公众有效参与了教育、就业、环境、健康、司法和社会保障等方面的决策。社会各界借助网络媒体平台积极参与电子政务，例如在党的二十大报告起草过程中，中央开展网络征求意见活动，收集到超过 854.2 万条留言；2022 年起草《政府工作报告》时收到网民建言近百万条，其中 1100 多条代表性建言中的重点意见被报告起草组予以吸收。在线服务的技术方面则注重公众和企业对自身数据的可访问性。我国开始注重数据的可访问性和个性化设置，人工智能聊天机器人逐渐得到推广应用，例如，为解决反馈结果不及时、缺少对意见建议采纳情况回应的问题，不少政府网站试点建立问答库、开展智能互动。

（三）人力资本与电信基础设施支撑不断提升

人力资本指数和电信基础设施指数反映一个国家的电子政务发展潜力。图7显示，我国电信基础设施指数进步显著，从2012年的0.3039上升到了2022年的0.8050，排名从88位提升到47位，这与我国近年来推进"宽带中国""数字乡村""新基建"等基础设施建设紧密相关。根据《数字中国发展报告（2022年）》，[①] 截至2022年底，我国累计建成开通5G基站231.2万个，5G用户达5.61亿户，全球占比均超过60%。全国110个城市达到千兆城市建设标准，千兆光网具备覆盖超过5亿户家庭的能力。移动物联网终端用户数达到18.45亿户。IPv6活跃用户数超7亿户，移动网络IPv6流量占比近50%。

图7　中国人力资本与电信基础设施指数的变化

资料来源：根据2012~2022联合国电子政务调查报告数据自制。

---

① 国家互联网信息办公室：《数字中国发展报告（2022年）》，2023年5月23日。

从 2014 年开始，对人力资本的考察在原来成人识字率和综合毛入学率的基础上引入了两个新的指标：预期受教育年限和平均受教育年限。我国从 2014 年开始人力资本指数缓慢增长，2022 年我国人力资本指数排名全球第 101 位。2022 年报告显示，我国的预期受教育年限是 12.43 年，排名第 117 位，而最高值是澳大利亚，预期受教育年限是 21.58 年；我国 25 岁及以上成年人口平均受教育年限是 8.1 年，排名第 112 位，而最高值是德国，平均受教育年限是 14.2 年。目前我国基本实现了小学入学率 100%、中学入学率 80%，居民文化素质已经有大幅的提高。但与发达国家相比，中国的平均受教育年限仍存在很大距离，距联合国设定的最大值也有相当差距。特别需要关注的是，目前联合国教科文组织有关中国预期受教育年限的数据仅更新到 2010 年，而很多国家的数据已经更新到 2021 年。我们需及时更新相关数据，以便更真实地反映我国提升人民教育水平的实际情况。

三 中国电子政务发展的主要进展与经验

在习近平总书记关于网络强国的重要思想指导下，以国家政务服务平台为总枢纽的全国一体化政务服务平台初步建成，各地区、各部门积极响应中央号召，以数字化发展驱动引领各领域改革，一大批高频政务服务事项实现"跨省通办"，在方便群众和企业异地办事、优化营商环境方面发挥了重要作用，形成了中国特色的电子政务发展路径和发展经验。

（一）发展环境持续优化完善

一是党中央、国务院高度重视信息化建设和电子政务发展。2023 年，习近平总书记对网络安全和信息化工作作出重要指示，鲜明提出网信事业的使命任务，提出"十个坚持"，具有很强的政治性、战略性、指导性，为做好新时代新征程网信工作指明了方向。党的二十大报告提出"加快建设网络强国、数字中国"，要求到 2035 年"基本实现信息化"，"基本实现国家治理体系和治理能力现代化"。2022 年 6 月，《国务院关于加强数字政府建设的指导

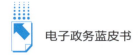
意见》发布，系统谋划了数字政府建设的时间表、路线图、任务书，对政府数字化改革面临的主要矛盾、关键问题和战略要点作出统一部署。

二是电子政务发展体制机制更加完善。《国务院关于加强数字政府建设的指导意见》明确成立数字政府建设工作领导小组，统筹指导协调数字政府建设，由国务院领导同志任组长，办公室设在国务院办公厅，具体负责组织推进落实。各地区各部门建立健全数字政府建设领导协调机制，强化统筹规划，明确职责分工，抓好督促落实，保障数字政府建设有序推进。从国家信息化规划到数字政府建设，从数据开放平台到全国一体化政务数据共享枢纽建设，从全国政务服务平台到各地政务服务与数据管理机构的成立，电子政务发展体制机制进一步健全。

三是电子政务发展制度框架逐渐健全。我国高度重视数字政府的建设，将其作为推动数字中国建设、实现经济高质量发展的重要抓手和重要引擎。陆续出台了《国家信息化发展战略纲要》《"十四五"推进国家政务信息化规划》等政策文件，对政务信息化工作提出了明确要求。从《全国一体化政务大数据体系建设指南》到《中共中央 国务院关于构建数据基础制度更好发挥数据要素作用的意见》，从《国务院关于在线政务服务的若干规定》到《关于加快推进电子证照扩大应用领域和全国互通互认的意见》，一系列政策、规划文件的发布与实施，健全完善了包括释放政务数据要素价值、发挥技术应用赋能作用等内容在内的电子政务发展制度框架。

（二）地方创新实践不断涌现

近年来，各地区各有关部门深入贯彻习近平总书记关于网络强国的重要思想，在以人民为中心的价值理念引领下，认真落实党中央、国务院的决策部署，依托全国一体化政务服务平台不断提升政务服务效能，"一网通办"能力显著增强，政务服务地方创新实践不断涌现，为创新政府治理、优化营商环境提供了有力支撑。政府在线服务能力得到全面提升，人民群众获得感不断增强，营商环境大幅改善，为中国经济社会高质量发展提供了有力支撑。2023年4月召开的第十七届中国电子政务论坛展示了各地的最新成果。

一是政务服务创新层出不穷。各地推动了"最多跑一次""不见面审批""跨省统办""一件事一次办"等政务服务创新模式，山东"无证明之省"实现了让"数据多跑路、百姓少跑腿"；河北推进跨区域通办，254 个事项"省内通办"，108 个事项"京津冀一网通办"，156 个高频事项"跨省通办"；吉林构建"省级统建、市县应用"模式，做到"省市县乡村"五级同系统全流程在线办理，促进政府治理向集约、高效、透明转变。

二是政府履职效能大幅提升。山东打造了"山东通"通用办公平台，注册用户数超过 110 万，机关运行效能不断提升；浙江全面建设"掌上办事之省""掌上办公之省""掌上治理之省"，构建了经济调节、市场监管、社会治理、公共服务、生态环保、政府运行等六大政府履职数字化体系；福建规划了"1131+N"体系，提出全省一体化协同办公平台整体解决方案，率先在办公厅机关实现全流程无纸化办公并向全省推广，构建"数据＋服务＋治理＋协同＋决策"的政府运行新模式。

三是数字监管能力不断强化。北京推进"6+4"一体化综合监管改革，整合国家市场监管总局"企业码"与北京"城市码"，"一码"汇集登记注册、行政许可、行政处罚等信息，实现"一码检查"。

四是数字治理全覆盖。上海以"一网通办""一网统管"为牵引，建立超大城市运行数字体征，整合 3 亿多个感知终端，全面感知"人、物、动、态"，建设打造超大城市"数治"新范式；广东推出"粤治慧"省域治理数字化总平台，集成全省物联感知、赋码、AI 算法、无人机、地图适配等公共支撑能力，基本实现省域治理重点场景"可感、可视、可控、可治"。

（三）中国特色的推进路径逐步形成

党的十八大以来，在习近平总书记关于网络强国的重要思想指导下，我国按照"统筹规划——设计实施——评价诊断——优化提升"的路径，推动电子政务持续发展，如图 8 所示。

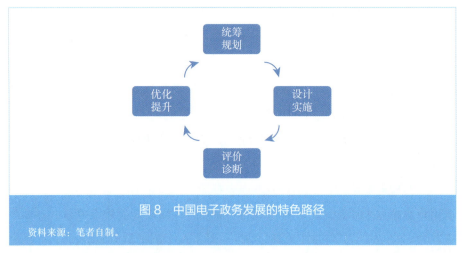

图 8　中国电子政务发展的特色路径

资料来源：笔者自制。

第 1 步——统筹规划，以系统思维整合制度、组织、人员、技术和数据等各种资源，构建与经济社会发展需求相适应的政府数字化转型目标和分阶段建设任务；数字化管理机构支持从中央到地方各级政府统一的顶层设计和战略规划。数字化机构通过统筹规划，协调各方面利益，实施有力的政策法规，减少数字化进程中的障碍，推动政府数字化的稳定发展，为公众提供优质的服务。

第 2 步——设计实施，以需求为主导，把战略规划付诸实践以实现其价值，明确优先级安排，明确电子政务在各个阶段的建设任务与预期成果，确定发展阶段，根据每个阶段电子政务的建设目标，制定详细具体的执行计划，推进实现每个阶段电子政务的建设目标。

第 3 步——评价诊断，按照"以公众为中心"的原则，从公众体验和信息化支撑的角度，结合对电子政务服务的内容、管理和运维等多方面的考察，建立科学有效的评价指标体系，对电子政务建设进行综合评价，对政府数字化转型的实施效果进行综合评价。促进各级政府部门不断提升政务服务的供给质量。

第 4 阶段——优化提升，通过动态灵活的协调机制，根据评价结果对电子政务建设规划进行进一步优化，修订行动计划的优先事项，确保电子政务战略实施不断优化，为下一步规划的制定提供参考，通过对政府工作人员的培训，提高公务人员的数字素养，为规划的提升创造良好的条件。

（四）发展经验总结

一是坚持党的全面领导。党的十八大以来，我国网络安全和信息化工作，实现深层次、根本性的变革，取得全方位、开创性的成就，最主要的经验就是坚持党的全面领导。习近平总书记提出："必须旗帜鲜明、毫不动摇坚持党管互联网，加强党中央对网信工作的集中统一领导，确保网信事业始终沿着正确方向前进。"[①] 切实加强党对网信工作的集中统一领导，为网信事业发展提供了坚强的政治保证。电子政务的发展离不开互联网的发展和治理，是网信事业的重要组成部分，必须要有一个坚强有力的领导核心来总揽全局、统筹推进。正是在党的全面领导下，我们准确把握全球数字化、网络化、智能化发展趋势和特点，围绕网络强国、数字中国建设，对"互联网＋政务服务"、数字政府建设等作出了一系列重大部署。各级政府业务信息系统建设和应用成效显著，数据共享和开发利用取得积极进展，一体化政务服务和监管效能大幅提升，数字治理成效不断显现，为迈入数字政府建设新阶段打下了坚实基础。

二是以人民为中心的发展理念。习近平总书记指出，"网信事业发展必须贯彻以人民为中心的发展思想，把增进人民福祉作为信息化发展的出发点和落脚点，让人民群众在信息化发展中有更多获得感、幸福感、安全感"。[②] 在以人民为中心的价值理念的指引下，一大批高频政务服务事项实现"跨省通办"，在方便群众和企业异地办事、优化营商环境方面发挥了重要作用。当前，国家政务服务平台作为全国政务服务的总枢纽，充分发挥公共入口、公共通道、公共支撑作用，面向用户提供统一身份认证、统一证照服务、统一事项服务、统一政务服务投诉建议、统一好差评、统一用户服务、统一搜索服务"七个统一"服务，国家政务服务平台注册用户 8.29 亿人，总使用量超过 856 亿人次，为地方部门平台提供电子证照共享服务 79.5 亿人次、身份认

---

① 中央党史和文献研究院：《习近平关于网络强国论述摘编》，中央文献出版社，2021，第10页。

② 中央党史和文献研究院：《习近平关于网络强国论述摘编》，中央文献出版社，2021，第25页。

证核验服务 77.6 亿人次，已汇聚 32 个地区和 26 个国务院部门 900 余种电子证照，目录信息达 56.72 亿条，累计提供电子证照共享应用服务 87 亿人次，有力支撑地方部门平台高效办事。

三是自底向上与自顶向下相结合的推进模式。我国电子政务的推进工作与行政审批制度的改革紧密相连，党的十六大报告提出，推行电子政务，提高行政效率，降低行政成本，形成行为规范、运转协调、公正透明、廉洁高效的行政管理体制。电子政务承担了改革中"企业开办时间再减一半，项目审批时间再砍一半，政务服务一网通办，企业和群众办事力争只进一扇门，最多跑一次"目标任务。在对浙江省启动实施的以政府权力清单、责任清单、企业投资负面清单、省级部门专项资金管理清单和政务服务网建设这"四张清单一张网"全面推进政府自身改革，以及江苏省建立五张清单、搭建 1 个政务服务平台、推进多项相关改革等地方经验做法深入调研的基础上，根据典型省份的实践经验，自底向上形成国家推进"互联网＋政务服务"的政策文件。2016 年国务院发布《国务院关于加快推进"互联网＋政务服务"工作的指导意见》《"互联网＋政务服务"技术体系建设指南》，又通过自顶向下的模式促进全国各个省份推进"互联网＋政务服务"工作，形成了促进电子政务不断发展的路径，推动电子政务高质量发展。

四是政务服务与数据管理机构成立，推动政务服务创新。在"互联网＋政务"的推动下，地方政府纷纷开展"一窗受理、一平台共享、一站式服务"，构建跨部门、跨层级、线上线下一体化政务服务体系。"数据驱动"和"协同治理"成为电子政务建设的普遍共识。地方政府由于直接面向公众和企业，迫切需要打破部门之间的数据壁垒、实现政务协同。为此，就非常有必要构建以政府数据资源管理和协同治理模式为基础的新的组织机制。在新一轮政府机构改革中，自 2018 年起，全国除了上海、重庆、西藏、宁夏和新疆外，其他省份在省级层面成立了专门的厅局级政务服务机构。其中有 15 个为正厅级机构，属于省级政府直属机构，11 个为副厅级机构。在这 26 个省级政务服务机构中，除海南、四川和贵州为事业单位外，其余为行政管理机构；除了北京、天津、内蒙古、山东、湖南、海南、贵州、青海外，有 18 个省份的机构不仅有政务服务管理的职能，还具有政务数据统筹管理的职能。政务服务与数据管理机构的成立，有力推动了各地政务服务创新实践。

四　中国电子政务发展面临的挑战

习近平总书记明确提出"没有信息化就没有现代化"，全面建设社会主义现代化国家新征程的历史使命离不开信息化和数字化发展的重要支撑，对提升我国电子政务和数字政府建设提出了新的更高的要求。但不得不看到，各领域各地区推进数字化建设工作中还面临不少难点堵点，其中数字鸿沟和数字发展不均衡问题成为电子政务高质量发展、实现中国式现代化的最大挑战。

（一）人力资本成为制约我国数字化和现代化发展的短板

党的二十大报告提出中国式现代化是人口规模巨大的现代化，是全体人民共同富裕的现代化。我国 14 亿多人口整体迈进现代化社会，人口规模超过现有发达国家人口的总和，这既意味着存在巨大的人口红利机遇，也意味着饱含艰巨性和复杂性的发展挑战。

一是人力资本制约了我国电子政务进一步提升。人力资本指数反映了一个国家的电子政务发展潜力。从《联合国电子政务调查报告》来看，虽然我国在线服务和电信基础设施快速发展，10 年来取得了显著的进步，但人力资本指数值却增长缓慢，排名一直在 100 名左右。2022 年人力资本指数值仅为 0.7429，全球排名第 101 位，成为电子政务发展的明显短板。

二是受教育年限与发达国家相比仍存在显著差距。受教育年限与现代化水平息息相关，是衡量现代化程度的一个重要指标。《2022 联合国电子政务调查报告》显示，我国的预期受教育年限是 12.43 年，排名第 117 位，而最高值澳大利亚的预期受教育年限是 21.58 年；我国 25 岁及以上的成年人口平均受教育年限是 8.1 年，排名第 112 位，而最高值德国的平均受教育年限是 14.2 年。与发达国家相比，我国的平均受教育年限存在很大差距。

三是信息化领域人才培育不足。党的二十大报告指出,"教育、科技、人才是全面建设社会主义现代化国家的基础性、战略性支撑"。信息科技和信息人才是实现现代化的基础性、必要性条件。据统计,中国企业 ICT 员工占总员工的比例为 1%~1.5%,而欧盟这个数字为 2.5%~4%[①]。2020 年我国数字化人才缺口接近 1100 万人[②],到了 2023 年,我国数字化人才缺口则达到了 2500 万 ~3000 万人[③],2023 年工业互联网领域"数字工匠"需求数量大约为 110.6 万人,且伴随全行业的数字化推进,数字化人才需求缺口会持续加大。

(二)数字化发展不均衡日渐凸显,成为多维贫困的隐性诱因

现在,不均衡发展的新形式具有数字化特征,这是与目前潜在的社会经济发展不均衡相关的一个基本的、重要的数字时代附加因素。数字时代的贫困具有多维特征,且呈现多种不同的形式,数字贫困属于一个额外的维度,可能会使本已处于不利地位的群体更加落后。数字接入、可负担性以及数字能力在许多方面共同构成了"数字鸿沟"或"数字贫困"的主要决定因素,也是多维贫困的隐性诱因。

一是城镇与农村地区互联网接入不均衡。根据中国互联网络信息中心(CNNIC)发布的数据,截至 2023 年 6 月,我国网民规模达 10.79 亿人,较 2022 年 12 月增长了 1109 万人,互联网普及率达 76.4%。其中,我国城镇地区互联网普及率为 85.1%,较 2022 年 12 月提升 2.0 个百分点;农村地区互联网普及率为 60.5%,较 2022 年 12 月下降 1.4 个百分点。同时,我国非网民仍以分布在农村地区为主,截至 2023 年 6 月农村地区非网民占比为 59.0%(较 2022 年 12 月增加 3.8 个百分点),观察 2021 年 6 月至 2023 年 6 月的数据发现,农村地区非网民的比

---

① 国家信息中心信息化和产业发展部、京东数字科技研究院:《携手跨越重塑增长——中国产业数字化报告 2020》,https://www.ndrc.gov.cn/xxgk/jd/wsdwhfz/202007/t20200714_1233712.html。

② 中国信息通信研究院:《中国数字经济就业发展研究报告:新形态、新模式、新趋势(2021年)》,http://www.caict.ac.cn/kxyj/qwfb/ztbg/202103/t20210323_372157.htm。

③ 人瑞人才科技集团、德勤中国、社会科学文献出版社:《产业数字人才研究与发展报告》,https://www2.deloitte.com/cn。

例一直高于全国农村人口比例，2023 年 6 月这一差距相差 23.8 个百分点，为近年来的最高值，具体如图 9 所示，数字连接的城乡鸿沟进一步扩大。

图 9 农村地区非网民占比情况

资料来源：根据中国互联网络信息中心（CNNIC）发布的数据自制。

二是区域数字化可负担性不均衡。较低的收入通常都与较低的互联网普及率和电子政务实施率相关。不同区域的收入差距导致互联网接入和数字设备购买使用的可负担性不均衡。作为衡量用户负担的标尺，国际上通常认为用户宽带接入成本支出在每月人均国民总收入中的占比应低于 2%，城乡居民的数字化可负担性仍有不小的差距。东部地区对新基建项目的投入资金较中西部地区更多，数字化投入方面的差距，容易形成社会经济不均衡的恶性循环。不同行业、不同区域、不同群体的数字化基础不同，发展差异明显，甚至有进一步扩大的趋势。

三是不同群体数字能力不均衡。许多公共服务和经济活动越来越多地采用线上形式，但部分人数字能力不足，还无法充分享受数字化红利。据中国互联网络信息中心统计，使用技能缺乏、文化程度限制、设备不足等是非网民不上网的主要原因，具体如图 10 所示。截至 2023 年 6 月，因为"不懂电脑/网络"而不上网的非网民占比56.1%；因为"不懂拼音等受文化程度限制"而不上网的非网民占比28.4%；因为"没有电脑等上网设备"而不上网的非网民占比19.0%。可以发现，2021年以来非网民不上网的原因分布较为稳定，差别不大，数字能力不足一直是部分群体无法上网的主要原因，数字能力不均衡的情况一直没有得到改善，制约了数字化的普适性和公平性发展。

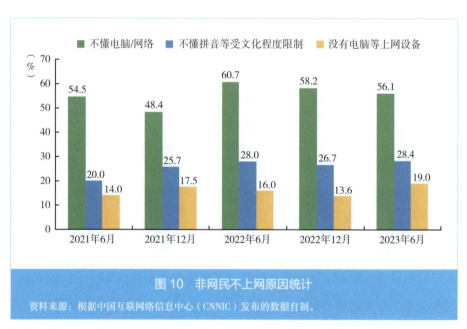

图10 非网民不上网原因统计

资料来源：根据中国互联网络信息中心（CNNIC）发布的数据自制。

（三）针对弱势群体的政务服务创新性供给不充分，人民日益增长的美好数字生活需要仍未获充分满足

人民群众在追求数字化环境中的美好生活时，仍存在顶层设计缺失、数字鸿沟较大、资源供给不足、培养体系尚未形成、数字道德规范意识有待增强等问题，亟须完善落实政策措施，整体提升全民数字素养与数字接入水平，在数字化环境中实现共同富裕，展现中国式的人类文明新形态。

一是数字化服务供给仍不充分。服务提供主要考察国家政务服务的获取方式、在线业务办理以及特定部门服务和针对弱势群体服务的可用性。《2022

联合国电子政务调查报告》显示：我国服务提供排名第 23 位，在电子信息提供方面，我国只排在第 33 位，反映出向公众提供服务与信息方面还有待改进。

二是政务服务的数据和技术支撑不足。我国在《2022 联合国电子政务调查报告》的技术选项中得分相对比较靠后，为第 34 名，说明我们在数据访问、个人对政府门户网站进行个性化设置、人工智能聊天机器人使用等方面还存在提升空间。同时，分类数据、开放政府数据和数据要素市场化也存在较大的发展空间。

三是弱势群体尚未充分享受数字化服务。人民美好数字生活需要不仅关乎数字连接性的问题，更关乎从在线数字服务和数字化发展中受益的程度。"默认数字化"服务将会把最需要的人排除在外，其在出行、消费、就医、办事等日常生活中遇到不便如买不到票、挂不上号时，无法及时获取信息、无法现金支付、无法充分享受数字化服务带来的便利。

五 推动中国电子政务高质量发展之策

过去 10 年，我国电子政务发展指数（EGDI）稳步上升，尤其是新冠疫情发生以来，电子政务在帮助抗击病毒传播、维持日常生活、支持业务连续性、保持人们之间的社会联系等方面发挥了重要的作用。习近平总书记指出："要适应人民期待和需求，加快信息化服务普及，降低应用成本，为老百姓提供用得上、用得起、用得好的信息服务，让亿万人民在共享互联网发展成果上有更多获得感。"[①] 我国正从互联网大国向互联网强国转变，让数字化发展成果为全民所共享，是推进共同富裕的内在要求，是中国式现代化区别于西方式现代化的重要特征之一，这与联合国提出的 2030 年可持续发展目标"不让任何一个人掉队"不谋而合，为电子政务高质量发展指明了前进的方向，对促进中国式现代化具有重要的现实意义。

---

① 中央网络安全和信息化委员会办公室：《习近平总书记关于网络强国的重要思想概论》，人民出版社，2023，第 128~129 页。

（一）通过公共服务创新性供给消除数字鸿沟，推动城乡一体化发展

《2022联合国电子政务调查报告》提出了一个包含数字服务的"可接入性–可负担性–数字能力"与"数据–设计–交付"电子政务综合框架。可接入性是数字包容的基本要求，接入网络信息和数字服务对社会融合和发展至关重要。接入或缺乏接入成为能否获取服务的关键。同时，关于接入关注度的提高也有助于突出特殊群体的数字弱势。实现公平的电子政务数字包容性，减少弱势群体获取公共服务在经济成本、地理位置、文化与环境因素等方面的障碍，扩大数字服务覆盖范围，提升数字接入水平，同时提供相关内容和服务，弱势群体才可能实现有效参与。

在数字社会发生全方位、深层次变革后，因数字资源获取和运用差异产生的数字不平等成为不可避免的事实，因此在推进电子政务高质量发展的过程中，应充分调动各方资源、缩小城乡差距。一是为乡村提供免费公共接入点，降低有效获取数字信息和服务的成本。当那些最弱势群体无法获取不断更新的电子政务服务、无力支付费用，就会出现数字排斥。在电子政务发展过程中应降低互联网接入、手机和其他移动设备以及电子服务的可负担性。当个人或社群无法接入互联网时，政府应设立免费公共接入点以促进数字包容，公共数字图书馆应承担相应的职责。二是整合社会资源，解决当前农业农村数字化生产和服务问题。以"融合创新"方式引导社会力量参与，激活社会创造力和市场活力，增加数字化应用服务的市场供给，实现公共服务供给与农业农村数字化需求的精准匹配，创造多方价值进而促进农业数字化应用，消除使用性数字鸿沟。三是以数字平台为基础畅通城乡全要素的自由流动。促进教育、医疗等公共资源的共享利用，构建数字化便民体系以提高弱势群体、偏远地区人民的医疗、教育水平。统筹城乡一体化发展，促进乡村文化、旅游、产品与城市平台经济、共享经济深度融合，通过城乡优势互补，助力基本公共服务均等化。四是充分调动资源推进数字乡村建设。通过资源整合、资源投入、资源分配以及资源监管等综合措施确保公平地向每个人提供数字信息和服务。以数字技术赋能乡村文化，关注乡村文化和思维、发展能力、数据访问和连接等因素，不断缩小城乡数字鸿沟。

（二）制定优先考虑弱势群体的政策，实现公平的电子政务

当前，越来越多的公共服务转至虚拟平台交付，每个人，包括老年人、残障人士等群体，都必须具备数字能力。但他们恰好可能属于数字排斥群体。赋予数字排斥群体使用数字服务的能力对其持续参与电子政务和实现广泛的数字包容很关键，需要提供或扩展对其数字技能发展的支持。新冠疫情证明了完成这一任务的紧迫性，人们因为减少流动而不得不利用数字平台获取公共服务，要充分了解弱势群体并与他们密切合作。确保数字政策、方案与技术发展保持同步，灵活适应不同弱势群体的多样需求，制定优先考虑弱势群体的政策，帮助弱势群体培养数字素养和技能。

弱势群体的数字排斥导致其数字参与程度低，因此数字时代制定公共政策和提供公共服务不可或缺的是通过研究和评估了解弱势群体的需求，将弱势群体与基本电子服务关联起来，从而帮助这些群体提高生活质量和保持健康和安全。一是减少弱势群体获取公共服务的障碍。以通俗易懂的方式呈现公共信息与服务，提供公共内容应充分考虑成本和语言障碍以及其他可能不利于某类群体的因素，保证弱势群体能够被无差别对待，并可及时获取各类政策信息与服务。二是识别弱势群体的具体需求并评测用户满意度。通过研究和评估了解弱势群体的需求，并将其与基本数字服务相关联，从而帮助这些群体提高生活质量、保持健康和安全。使用多感官和多交互方法，让用户可以通过声音和视觉等多种感觉理解数字内容，提高可访问性，让弱势群体受益。同时，各级政府应在门户网上加入用户反馈机制，收集来自用户、与用户相关的信息，一旦识别出用户需求，各级政府就应采取积极行动，更新相关政策和规定以与用户需求相适应。三是使用不同标准确定预期服务的目标接受者。推动社会融合和解决歧视的社会保障政策应针对特定人群设计，诸如青少年群体、残障人士、老年人等，应考虑在农村地区居住的人可能需要特定的数字化服务，建立健全实施机制以确保实现有效的服务交付。

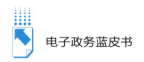

（三）支持建设具有普惠性和数字韧性的社会，让每个人都从中受益

2021 年 10 月 18 日中共中央政治局就推动我国数字经济健康发展进行第三十四次集体学习，习近平总书记在主持学习时提出，"要提高全民全社会数字素养和技能，夯实我国数字经济发展社会基础"。数字素养的提升事关经济社会的发展，世界各国已经意识到数字素养的重要性，并将数字素养提升作为数字政府建设、国家数字化转型的重要部分，纷纷发布数字素养与技能提升的战略部署和行动举措。要提升对数字社会的接受程度，需要有效的政策方案，制定优先考虑弱势群体的政策，积极支持在初等、中等和高等学校教育中提升数字素养、技能和信心。

在推进电子政务高质量发展的过程中，让不同群体都能够适应数字化发展带来的变化与挑战，不断增强个人的社会生存、生产、发展的能力。一是要提高公众的数字意识。公共服务"默认数字化"已成为全球趋势，不可否认的是有些群体可能并不知道有电子政务服务的存在，因此提高数字意识需要从供给侧向需求侧转变，即从提高公共服务的数字化能力向提升公众的数字能力转变。政府推动的重点不仅要放在电子政务的开发上，也要放在建立信任、加强数字信心及更广泛扩展 ICT 知识和经验上。二是构建可持续、有韧性的数字素养与技能发展培育体系。通过搭建学习门户网站、提供正式或非正式培训等方式，拓展全民数字生活、数字工作、数字学习、数字创新等场景，提升全民数字化适应力、胜任力、创造力，增强人力资本积累，拓展人口质量红利，厚植创新发展新优势。三是在服务设计和实现中关注每个人的发展。以数字技术和数据价值为基础，探索用户研究、用户体验设计和以人为本的设计，将用户驱动的方法纳入政策和服务的设计与落地中，促进更多元的价值供给，从而推进实施广泛的公共服务现代化计划。四是在技术应用中保障公平与正义。通过法规、政策、战略和资金保障推动有效的数字化转型，当实施为所有人提供数字服务的普惠性战略时，在技术应用的过程中，将用户的民族、性别、年龄、健康情况、背景知识等特征纳入考虑因素，确保数字化公平。

（四）抓住国家数据局成立的契机，充分激活数据要素市场活力，更好地服务于我国经济社会发展和人民生活改善

党中央、国务院印发的《党和国家机构改革方案》指出，组建国家数据局，负责协调推进数据基础制度建设，统筹数据资源整合共享和开发利用，统筹推进数字中国、数字经济、数字社会规划和建设等。2023 年 10 月 25 日，国家数据局正式揭牌，数据局应促进数据与其他生产要素深度融合，释放驱动经济社会发展的新动能。数据管理机构行政地位不断提高，职能也更加丰富，全国统一的自上而下的数据管理职责亟待明确。

数据管理部门需要能够综合协调所有政府部门数据的统筹机构，总体上实现相对集中的数据综合治理、数据资源管理、产业发展和推广应用。一是构建数据治理服务体系，发挥数据战略资源的核心作用。建立包括体制机制环境、技术框架和应用服务的数据治理服务体系，设计数据治理框架，支撑数据应用服务；推动数据共享开放，实现数据增值赋能和政策制定的效能。二是数据要素赋能其他要素，促进资源优化和激活创新。推动数据要素融入其他生产要素，提高传统要素之间的资源配置效率，形成驱动经济持续增长的核心动力。推动数据要素激活其他生产要素，提升商业模式、产品与服务的创新能力，并激发个体和组织的创新活力。三是充分发挥数据管理机构的职能，塑造更加灵活和有弹性的整体政府形象。充分发挥好数据管理机构的作用，强化数据资源统筹规划、分类管理、整合共享，通过跨层级、跨地域的协同，实现公共数据资源一体化管理，为各级政府及其部门开展大数据分析应用提供数据支撑。

参考文献

刘密霞：《数字化转型推进国家治理现代化研究——以数字中国建设为例》，《行政管理改革》2022 年第 9 期。

王益民:《从〈联合国 2014 年电子政务调查报告〉看全球电子政务发展》,《电子政务》2014 年第 9 期。

王益民:《数字政府整体架构与评估体系》,《中国领导科学》2020 年第 1 期。

杨家亮:《中国人文发展指数比较分析》,《调研世界》2014 年第 1 期。

UNDESA. *UN E-Government Survey 2022:The Future of Digital Government*, https://publicadministration.un.org/egovkb,2022-09-28.

中央党校(国家行政学院)电子政务研究中心:《省级政府和重点城市一体化政务服务能力评估报告(2022)》,http://zwpg.egovernment.gov.cn/art/2022/9/8/art_1329_6413.html。

中国互联网络信息中心:《中国互联网络发展状况统计报告》,https://www3.cnnic.cn/6/86/88/index.html。

数字治理篇

数字监管高质量发展推进中国式现代化

摘 要： 统筹推进智慧监管工作有利于进一步提升市场监管体系和监管能力现代化水平，以数字赋能营商环境优化，助力中国式现代化建设。本文从智慧监管的整体规划出发，从提升服务水平、优化监管手段、加强公众参与、强化数据管理等方面，阐述了智慧监管的主要中国式现代化以及取得的成效，包括推行电子营业执照、丰富政务服务事项、搭建信用监管平台等，不断完善12315体系建设，加快市场监管大数据中心建设等。并从推进电子营业证照应用、完善系统功能、升级打造国家平台等方面进行了部署规划，

* 课题组成员：国家市场监督管理总局价监竞争局、登记注册局，暨南大学法学院郭宗杰、熊睿。

为加快建设数字中国贡献市场监管力量。

关键词： 智慧监管　电子营业执照　信用监管平台　高质量发展

党的二十大报告指出，要加快建设网络强国、数字中国。建设数字中国是数字时代推进中国式现代化的重要引擎，是构筑国家竞争新优势的有力支撑。继《"十四五"市场监管现代化规划》后，2022年6月，《国务院关于加强数字政府建设的指导意见》发布，明确提出要"大力推行智慧监管，提升市场监管能力"，再次对市场监管领域作出部署规划，凸显了国家对推进市场监管现代化建设的重视。近年来，市场监管部门认真贯彻落实党中央、国务院关于加强数字政府建设的决策部署，统筹推进智慧监管工作，进一步提升市场监管体系和监管能力现代化水平，以数字赋能营商环境优化，助力中国式现代化建设。

一　智慧监管的整体规划

围绕持续深入推进数字政府建设，结合市场监管实际，国家市场监管总局制定并印发了《关于进一步深入推进智慧监管的工作方案》。该方案提出要"广泛运用云计算、大数据、人工智能、区块链等现代技术，通过强化机制创新、流程再造、业务协同、资源统筹、数据共享、系统整合和安全管控，统筹推进总局与地方市场监管部门的智慧监管工作，初步形成及时感知、快速反应、系统监管、主动服务、融合共治的新时代市场监管治理体系与治理模式"，基本实现"七个一"智慧监管目标。

一是一标贯全国。加强市场监管行业标准建设，为市场监管政务服务、监管和执法事项实现全国无差别受理、同标准办理奠定基础。二是一照走四方。围绕建设全国统一大市场，进一步完善"一网通办""跨省通办"便利化措施，建立涉企行政许可事项电子证照库，扩展应用场景，便利企业跨区域经营。三是一码识信用。进一步完善国家企业信用信息公示系统，推动涉企信用信息在更广泛领域共享应用。推进企业信用风险分类管理，以信用赋能提升市场监管效能。四是一号保维权。完善 12315 投诉举报平台，提升服务便利化、智能化水平，提高消费者满意度。五是一库清底数。进一步健全完善市场监管大数据中心，不断提升数据的完整性、准确性、及时性，使市场监管工作数据准、底数清、情况明。六是一网抓监管。不断丰富监管工具、制度规则、技术手段，创新运用智慧监管与信用监管手段，大力提高线上线下一体化监管水平。七是一图知风险。开展大数据分析和风险研判，强化对各级市场监管部门监管工作的监督，实现对监管的"监管"。

二　提升服务水平，释放市场活力

市场监管部门在政务服务领域不断推进监管数字化智慧化建设，依托政务服务平台实现市场监管制度、模式、手段等方面的创新，提升规范化、精准化、智能化政务服务水平，为广大群众、企业办事提供便利，进一步释放市场主体活力。

（一）推行电子营业执照，释放企业发展活力

电子营业执照是全国统一的经营主体身份电子凭证，与纸质营业执照具有同等法律效力。全国统一的电子营业执照系统实现了"无介质""零费用""零见面"，以及全国范围内的通用验证和识别。经营主体可领取、下载并使用电子营业执照，解决在不同地区和平台重复注册、身份认证难、身份信息更新不及时、重复录入企业信息等问题。近年来，在市场监管部门和相关部门共同推动下，电子营业执照因其权威、安全、便利等特点，受到越来越多经营主体的欢迎，全国有4800多万户经营主体下载使用了电子营业执照，下载量1.15亿次，累计使用电子营业执照2.73多亿次，日均用量40多万次，有1400多个业务系统应用了电子营业执照，电子营业执照小程序用户数超过8000万，成为越来越多经营主体日常办事的工具。电子营业执照作为深化商

事制度改革、推进工商登记管理全程电子化的重要技术支撑，在商事登记制度改革中占有绝对主导地位，是优化营商环境、便捷市场主体准入和经营的重要举措。电子营业执照扩大应用，是国务院加强数字政府建设、推进"互联网＋政务服务"、优化营商环境的重要内容之一，为推进"互联网＋政务服务"、优化营商环境、加快数字政府建设提供了重要的基础服务支撑和数字底座。

一是顶层设计保障电子营业执照系统部署与发展。一方面建立配套制度。《市场主体登记管理条例》明确了电子营业执照和纸质营业执照具有同等法律效力，出台了专门的《电子营业执照管理办法（试行）》，规范电子营业执照的管理、使用和应用接入规则，为电子营业执照在全国范围统一推广应用奠定了重要的制度基础。另一方面完善电子证照应用标准规范。市场监管总局配合国务院办公厅电子政务办制定了《全国一体化政务服务平台 政务服务码（企业）技术要求》，规范政务服务码（企业）（以下简称企业码）的制码和验码规则，统筹推进企业码应用，探索政务服务和公共服务数字化应用的新模式。电子营业执照系统部署在总局和省级市场监管部门，确保经营主体在设立登记或变更登记后，即时生成或更新电子营业执照。目前，电子营业执照已接入国办一体化政务平台，作为经营主体的合法有效身份证明和电子签名手段，成为服务经营主体办理"互联网＋政务"的便利工具。被广泛应用于各地全程电子化登记、网上年报、动产抵押，以及通过一体化在线政务服务平台办理税务、人力资源和社会保障、住房公积金、不动产登记、统计数据报送、公共资源交易、政府采购、企业征信报告查询、融资贷款、银行账户开设、公章刻制、营业许可、招投标等各个领域的业务，方便了市场主体管理证照，实现了"一部手机、一照通行"。

二是强化电子营业执照认证功能，打造政务应用的"开门钥匙"。各地部署运用电子营业执照登录一体化办事平台，提升政务服务便利化水平。北京市支持电子营业执照登录30余个政务服务端口，办理经营主体登记、报税、社保、公积金、不动产登记、车管等业务。上海支持登录"一网通办"平台，以及税务、人社、住房公积金等自助服务平台，经营主体使用电子营业执照在上述高频领域完成电子签名近 800 万次。浙江 2020 年将电子营业执照作为"两直资金"补助对象唯一身份确认方式，在线兑付"两直"资金，全程无须提交材料，实现"一次不跑、补助到手"。山东省将电子营业执照系统接入"爱山东"App，实现经营主体身份在山东政务服务一体化平台的"一次认证、全网通办"。河南、广东向省政务服务网等平台提供电子营业执照对经营主体的统一身份认证和信息共享服务。江苏建立电子营业执照服务专区，整合涉企政务服务入口，电子签名应用范围从市场监管领域拓展至政务服务、公积金、社会保障、行政审批、电子投标等领域。大连拓展电子营业执照在社保、公积金、药械、医疗等市场准入准营中的应用。衢州推动 5 个群众办事平台共享调用电子营业执照，不再要求企业提供纸质证照。

三是夯实电子营业执照信息归集展示功能，打开市场监管应用突破口。电子营业执照在市场监管领域拓展应用具有先天优势。除通过电子营业执照登录办理经营主体登记和年报等业务外，北京将市场监管领域食品、特种设备等 12 类电子许可信息关联到电子营业执照，实现联动展示。上海、温州、南通、苏州、临沂开通了基于电子营业执照的移动端登记档案查询服务，通过电子执照小程序查询、下载企业登记档案，实现企业节省时间、登记机关节省成本的双赢。大连推进电子营业执照关联市场监管电子许可证、企业档案掌上查。衢州不仅通过电子营业执照归集许可信息，还精准分类"应办、已办、未办"许可事项，发送短信提醒经营主体。青岛市打通 17 个行政许可专网系统，覆盖食品餐饮、人力资源等 13 个大类的 67 种电子许可证信息，实现与电子营业执照的实时共享、联网联用。上海、内蒙古、湖北等地基于电子营业执照和电子印章同步发放体系，积极推进电子营业执照和电子印章在经营主体登记和行政审批业务中的联合应用。在企业开办中，企业可以使用电子印章完成银行在线预约开户，信息免填报、材料免提交，让市场主体使用电子印章的数字签名功能完成意愿表达，实现了"一部手机、一网通办"。

四是立足电子营业执照基础功能，拓展商务运用场景。电子营业执照作为全国统一经营主体身份电子凭证，具有强大的信息承载功能，可以成为海量信息化应用的"数字底座"。北京、深圳探索政府采购"一照通投"，经营主体使用电子营业执照即可在线完成交易平台全流程招投标业务，大大提升了企业参与政府采购的便利度和交易效率。湖北推进工程建设招投标领域应用电子营业执照"一网通投"改革。上海市开通电子营业执照"一站式"银行账户无纸化开户。浙江省支持经营主体使用电子营业执照进行企业认证，办理电信业务；推动在浙江电力交易中心使用电子营业执照扫码授权后，自动填入企业基本信息和留档营业执照影印件，减少企业材料提交。济宁依托电子营业执照打通与通信运营商之间的数据通道，实现移动、电信、联通等互联网接入电子营业执照移动端"一键申请"。

五是以推广电子营业执照和企业身份码联用为手段，丰富电子营业执照服务内容。经营主体身份码（简称企业码）是以电子营业执照为经营主体身份源点制发的二维码，是权威、唯一且全国互通互认的身份标识码。通过扫描企业码，政府部门和社会公众可以认证企业身份，便捷获取企业信息；监管人员可以关联监管事项，提升执法效率。国办印发的《依托全国一体化政务服务平台开展政务服务码利企便民应用试点工作方案》，为推广企业码应用提供了依据。各地已开展有益探索，北京市依托企业码开展"一码检查"工作，通过扫描企业码，后台记录检查类型、人员、户次等信息并完成监测分析。上海扫描企业码，就可以实时读取经营主体的执照信息，"一照多址"信息，及食品餐饮、特种设备等市场监管领域的电子许可证信息和经营异常等监管信息。衢州探索以企业码电子亮照亮证方式打通企业端、大众端、政务端和执法端。

六是充分发挥电子营业执照价值，取得突出成效。电子营业执照将纸质营业执照从传统的身份凭证拓展成为经营主体办事的趁手工具，集成了身份认证、电子签名、电子签章、证照联动等功能，解决了"网上身份认证难""纸质证照管理难""电子文件签章难"等问题，实现了全场景涉企服务通行。电子营业执照通过"一部手机，一个身份"打通了经营主体身份验证通道。经营主体可以使用电子营业执照直接在线登录多个部门的业务系统，免去了反复注册、填写信息和提交纸质营业执照的烦琐，实现了"一个身份"全网通行。建立了全国统一的经营主体身份认证机制，提供权威可信的经营主体身份识别和验证服务，降低了全国范围内经营主体身份信任成本，打通了政务领域、公共服务领域、商务领域涉企服务的统一身份载体，服务企业"一照走天下"。有效助力企业降本增效、跨区域经营。电子营业执照"无介质"，通过"扫一扫"等经营主体和社会公众熟悉的软件操作方式，让企业和群众办事更便利，既符合"互联网+"和数字化时代的使用习惯，也降低了企业的使用成本。依托电子营业执照打造便利营商新工具，以电子营业执照为经营主体身份信任源点，集成与经营主体身份密切相关的服务，助力企业降本增效。利用电子营业执照建立电子印章同步发放、跨地区跨部门互信互认机制，解决企业跨地区用章问题；利用电子营业执照关联涉企许可证照和常用信息，支持涉企政务服务事项办理所需信息免填写、纸质材料免提交；实现"一照通投"，免除 CA 数字证书办理费用及跨地域投标重复办理 CA 数字证书，降低制度性交易成本。

（二）建设"全国个体私营经济发展服务网"，落实惠企纾困政策

最新数据显示，截至 2023 年 1 月，全国登记在册个体工商户达 1.14 亿户，是市场主体的主要构成。个体私营经济的快速发展在稳定增长、促进创新、保障就业、改善民生等方面发挥着重要作用。为进一步促进个体私营经济发展、充分发挥惠企政策的作用，"全国个体私营经济发展服务网"于 2021 年底开发建设。

作为全国小微企业身份认证平台，"全国个体私营经济发展服务网"依托全国小微企业名录库，主要定位于搭建个体私营经济发展政企互动平台，具备政策宣传、信息公示、引导培训、专题服务等功能，以及"我要查政策""我要查查小微企业（含个体工商户）""我要学知识""我去专题找服务"等专栏，并提供相关法律法规、国务院文件、部门文件供用户查询，为相关经营主体提供了解、申请、享受相关政策和信息的便捷通道。截至目前，网站累计访问量已超 15 亿次。

（三）丰富政务服务事项，提升网上办理服务效能

一是企业开办"全程网办"。依托一网通办平台，企业登记、公章刻制、申领发票和税控设备、员工参保登记、住房公积金企业缴存登记可在线上"一表填报"申请办理；具备条件的地方实现线下"一个窗口"一次领取办齐的材料，或者通过寄递、自助打印等实现"不见面"办理。大幅精简企业开办所要提供的文书资料，压缩开办时间和成本。

二是推进食品经营许可和备案全程电子化。通过食品经营许可和备案管理信息平台，实施食品经营许可和备案全程电子化办理。通过数据共享利用，减少经营主体线下办事次数，提升服务企业的效能水平。

三是推进特种设备安全管理和作业人员证书电子化。针对公众提出的特种设备作业人员证书仍是纸版证书，制版、打印、盖章、发放、保存等各环节工作量大、效率低的问题，市场监管总局选择北京、上海、重庆、杭州、广州、深圳为首批试点城市，实行特种设备安全管理和作业人员电子证书化管理。下一步，市场监管总局一方面将在全国信息化水平较高、具有实行电子证书意愿的地区推广电子证书，另一方面将组织研究制定电子证书标准，为在全国范围内推广奠定基础。

四是推进系统数据对接和协同以减少市场主体信息录入量。通过国家企业信用信息公示系统实现数据归集共享，就相关信息进行标准数据交互，原则上通过内部共享获取数据，不再要求申请人提供数据。通过数据共享和业务协同，食品生产、特种设备许可申请环节的企业申报录入信息量有效减少，数据准确性进一步提高。

五是推进计量、检验检测相关工作电子化。检验检测机构资质认定网上审批、"计量服务中小企业行"平台、计量电子证书等得到有效应用，为企业和群众办事提供更加便利的服务。

三　优化监管手段，规范市场秩序

为有效应对当前市场监管任务叠加、专业多元的新变化新挑战，市场监管部门在监管工作中引入和运用电子政务手段，推进基于大数据的场景化智慧监管建设，构建智慧监管体系，创新工作理念，革新工作模式，促进监管资源得到有效配置，持续提升市场监管工作效能，维护良好的市场经营秩序。

（一）搭建信用监管平台

通过与最高人民法院、人力资源和社会保障部、人民银行、税务总局等部门沟通，各业务领域积极将企业养老保险、银行开销户、纳税申报等相关信用风险信息共享至国家企业信用信息公示系统。截至 2023 年 3 月底，已整合归集包括食品药品安全监管、特种设备安全监管等业务领域在内的各类涉企信息共计 55.79 亿条，为推进企业信用风险分类管理工作提供了有力支撑。

在此基础上，部分地区市场监管部门积极探索信用监管与其他监管的融合，推动监管模式由常规监管向关口前移转变、由被动监管向主动监管转变、由事后处置向事前示警转变。例如，河北将通用型企业信用风险分类结果嵌入各类许可监管系统，作为各业务监管条线依法实施审批监管的重要参考。各地市场监管部门将企业信用风险分类管理与"双随机、一公开"监管工作有机结合，根据企业信用风险类别合理确定、动态调整抽查比例和频次，各地"双随机"抽查问题发现率明显提高，部分地区问题发现率提高了 80% 以上，实现了监管资源的合理配置和高效运用。

（二）建设进口冷链食品追溯体系和管理平台，保障食品进口安全

2020 年 12 月，全国进口冷链食品追溯管理平台正式上线运行，次月实现与 32 省级平台对接，与企业级平台共同组成三级监管架构，形成畜禽肉、水产品等重点进口冷链食品全链条信息化追溯。

该平台以"简单、有效、安全"为工作原则，创新运用"异构识别"、区块链等技术，在不改变各地追溯体系、不改变接口标准、不改变编码赋码方式的情况下，打通信息孤岛，实现异地互认、全国互联互通，基本形成从海关入关到生产加工、批发零售、餐饮服务的全链条信息化追溯能力。

（三）推进国家网络交易监管平台建设，服务平台经济发展

网络交易监测监管贯通系统整合了各地数字化监管方面的数据资源、有效成果、开发能力，实现国家市场监管总局、省、市、县、乡五级联动。社会协同共治系统打通了与平台企业间监管和服务的双向通道，无缝连接相关平台企业，形成与平台高效协同治理格局。"智慧网监"App 为全系统 7 万余名基层干部提供了掌上办公工具，初步实现"指尖监管、移动执法"。

建设网络经营主体数据库，归集电商平台、平台内经营主体数据，完成违法线索的 5 级联动分发、处置、反馈。在此基础上实现电商平台信息线上报送功能，提升信息报送效率，及时发现、分发违法线索，形成违法线索处置闭环管理能力。

（四）建设线上监管系统，聚焦食品安全等群众关心的"关键小事"

实现对网络餐饮虚假证照自动化识别和处置，开展线上工业产品虚假信息自动化识别和处置。对接浙江、重庆等 5 个省份近 11.2 万家单位明厨亮灶实时监控和南京 1.1 万余部电梯视频监控，实现远程查看食堂后厨食品安全情况和电梯实时运行情况。为便捷、即时、有效监管提供强大动能。

四 加强公众参与，优化消费环境

为认真贯彻党中央、国务院关于完善促进消费体制机制、优化消费环境的决策部署，12315 体系不断建设完善，构建信用引领、科技赋能、社会共治的消费者保护机制，营造放心消费环境。

2022 年 1 月 1 日，全国 12315 移动工作平台正式上线，实现 12315 办理向移动端延伸，更好地服务群众。平台注册用户达 1601.08 万人（见图 1），累计接收投诉举报 7452.29 万件，为消费者挽回经济损失 144.72

亿元。平台数据实行全程核算，总局、省、市、县、乡五级逐级开展动态评价，处置效率提高了 12.25 个百分点，调解成功率提升了 31.93 个百分点，群众满意度增长到 4.74 分（满分 5 分），社会知晓度和影响力持续提升。

图 1　12315 移动平台累计注册用户数量

资料来源：12315 平台系统数据。

市场监管总局深化在线纠纷解决机制（ODR）建设，已推动 11.4 万家企业入驻全国 12315 平台，ODR 企业城市覆盖率达 96.46%，推动 13.76% 的消费纠纷源头化解（见图 2）。与传统调解相比，平均处理时长缩短了 14.2 天，和解成功率提高了 11.25 个百分点，推动了消费维权关口前移，提高了消费维权便利度，切实优化了消费者体验。

此外，市场监管总局建设全国消费投诉信息公示系统，创新政务公开机制和消费信用体系，组织吉林、上海、浙江、广东、四川、新疆开展试点，已公示 52404 家企业投诉信息 75638 条，试点地区投诉调解成功率提高 9.3 个百分点，有效引导经营者更好地履行主体责任，有效提升消费环境透明度、经营者诚信度、消费者满意度。

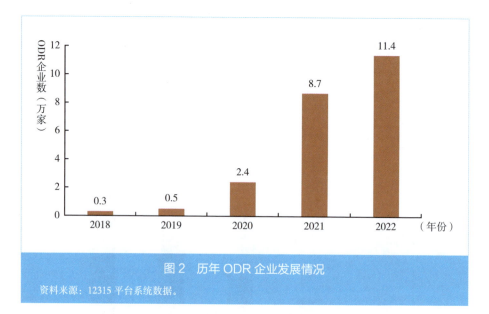

图2 历年 ODR 企业发展情况

资料来源：12315 平台系统数据。

五 强化数据管理，加强部门协同

数字政务建设关键是在促进设施互联互通的基础上深化数据的共享开发利用，充分激发数据要素价值，赋能数字政务创新发展。市场监管总局按照智慧监管和市场监管现代化的要求，加快市场监管大数据中心建设。

（一）提升数据管理水平

进一步完善数据治理与管控、数据服务和应用、数据安全防护、数据自助分析支撑功能，提高数据治理协作和数据供给能力，加强数据质量核查与控制。在中央编办支持下，专门成立了竞争政策与大数据中心，承担反垄断执法、市场监测、电子取证固证、大数据分析等的技术支撑工作。

（二）强化数据共享协同

加强与各部委、各省级市场监管部门以及总局内部的数据共享互通，拓宽数据归集、处理、治理的覆盖面，形成覆盖面更宽、融合度更高的市场监管大数据和共享协同库，开放数据共享应用申请渠道，支撑跨部门、跨地域信息共享协同应用，为审批、监管、执法、服务等工作提供数据支撑，为市场监管工作赋能。

（三）拓展数据覆盖范围

目前，市场监管大数据中心已经通过微服务接口方式，实现实时掌握各地企业开办、注销等业务数据情况，新采集食品安全、特种设备、产品质量、网络交易、广告监管、证照分离、重点领域信用等17类业务明细数据，新增了食品安全、特种设备、产品质量和网络交易监管等4个主题数据库，约5.55亿条数据。

（四）夯实数据安全保障

保障数据安全是数字监管的重要基础性工作。市场监管部门按照《数据安全法》的要求，不断加强对涉及数据安全问题的数字监管过程的组织领导，成立工作专班，摸清数据资源底数，实现数据分类分级，加强第三方服务机构安全保密管理，做好监测预警和应急处置，建立健全全流程数据安全管理机制，为监管数据安全提供根本保证。

六　未来发展规划与展望

（一）推进电子营业执照跨地域、跨部门互通共享应用

推进与税务总局等部门"总对总"对接应用电子营业执照系统工作，拓展电子证照在市场准入、纳税、社保、金融、招投标等高频服务领域的应用，探索更多便民场景。稳步推进电子营业执照和电子印章联合发放应用，为经营主体提供更加便利的电子印章使用渠道，方便经营主体跨省异地办事、网上办事。支持基础较好的地方在电子营业执照集成应用方面作出更多探索创新。

（二）以"一企一照一码"联动扩大电子营业执照应用

在扫码成为习惯的当下，推动企业码的应用，将为电子营业执照应用起到"引流"作用。我们将研究推广电子营业执照和企业码联用，鼓励地方利用企业码拓展应用场景，将更多经营主体资质和服务信息与企业码进行关联应用，为经营主体提供更加便捷的信息查询服务。积极配合国办电子政务办将企业码与全国一体化政务服务平台政务服务码进行对接，提升电子营业执照和企业码的应用层级。

（三）完善电子营业执照系统相关功能，提升电子营业执照助企惠企服务水平

完善电子营业执照系统移动应用 App 和小程序，改善电子营业执照系统应用接入方式，方便更多服务商便捷、安全、低成本接入系统，丰富服务内容。逐步将自然人身份认证、企业对外投资情况查询、经营范围规范查询等涉企服务事项纳入电子营业执照应用程序功能，支持各地打造地方业务专区，结合实际增加更多服务企业的功能，逐步把电子营业执照移动端应用打造成为企业能够随身携带的服务平台。

（四）提升电子营业执照系统支撑能力

升级完善电子营业执照系统，提升电子营业执照服务能力，提高电子营业执照数据质量，加强电子营业执照数据安全管理。

（五）升级打造国家平台，加快构建食品安全"市场口岸"

依托集中监管仓，升级打造全国进口冷链食品追溯管理平台 2.0 版，加快冷链物流高质量发展步伐，有效减少农产品产后损失和食品流通浪费，保障食品和医药产品安全，改善城乡居民生活质量，为构建以国内大循环为主体、国内国际双循环相互促进的新发展格局提供有力支撑。

B.3
广东"数字政府 2.0"建设驱动
全面数字化发展

吴文浩　玉　雁　张　瑜*

摘　要： 广东作为数字化改革"排头兵"，于 2017 年开始推进数字政府建设，但在发展的过程中面临着公共数据资源开发利用与数据要素市场化的目标之间存在差距，面向企业群众的关键服务需求缺少数字化支撑，省域治理能力现代化水平有待进一步提升，数据对治理现代化的赋能作用还未得到充分发挥，以及发展不均衡问题等方面的挑战。为有效应对这些挑战，广东通过建设"1"个数据要素市场，夯实数字化发展资源基础；打造以"2"项法规为基础的制度体系，营造数字化发展的良好制度环境；强化数字政府"3"大支撑，筑牢数字化发展运行保障体系；着力"4"大主攻方向提升履职能力，牵引各领域加速数字化转型；培育"5"大联盟、协会，带动数字化领域产学研用协同发展；推出"N"项标志性成果，让企业和群众共享数字化发展成果等改革举措，广东省加快推进"数字政府 2.0"建设，推进广东数字政府进入全面优化升级的新阶段，有力地驱动数字经济、数字文化、数字社会、数字生态全方位协同发展。

---

* 吴文浩，广东数字政府研究院高级研究员，高级工程师，主要研究方向为数字化治理、数字技术应用等；玉雁，广东数字政府研究院基础研究部副主任，主要研究方向为数字化治理、公共政策与法规等；张瑜，广东数字政府研究院院长助理，主要研究方向为数字政务、数据要素等。

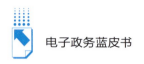

关键词： 数字政府 2.0　数字化发展　数字经济　广东

党的十八大以来，以习近平同志为核心的党中央深刻把握时代发展趋势，从全局和战略高度作出加快建设网络强国、数字中国的战略部署。数字政府建设作为网络强国、数字中国建设的基础性、先导性工程，通过国家治理手段和治理模式的数字化转型，引领驱动数字经济、数字文化、数字社会、数字生态全方位协同发展。为贯彻落实党中央、国务院部署要求，广东省于2017 年在全国率先提出推进数字政府建设，以政务信息化体制机制优化为突破口，探索出"政企协同、管运分离"的新模式，构建全省一体化大数据、大平台、大服务、大治理格局，为全面数字化发展奠定了基础。2022 年 1 月，广东省省长王伟中在广东省政府工作报告中提出，要加快推进广东数字政府2.0 建设。面对新形势新要求，广东在总结过往实践经验的基础上创造性地提出"12345+N"数字政府 2.0 工作业务体系，并以此全面推动政府数字化转型工作。当前，广东数字政府建设已经从强基础、优服务的 1.0 阶段提升到全面优化升级的 2.0 阶段，数字政府引领驱动全面数字化发展的作用日益明显。

一　广东数字政府建设现状及全面数字化发展面临的挑战

2017 年起，广东省在全国率先启动数字政府建设工作，按照集约化、系统化的思路推进探索，重点理顺了数字政府建设相关体制机制，攻克了数字政府平台集约化建设难题，基本形成省级统筹、上下贯通、运转高效、执行有力的运行体系。建成全省一体化政务云、政务网和政务大数据中心，建设以粤省事、粤商通、粤政易为代表的"粤系列"移动政务服务平台，用户数、活跃度、便利度稳居全国前列。全省政务信息系统互联互通，政务应用不断向移动化、智能化转型，有力支撑了经济社会发展。

随着改革的不断推进和深化，数字政府建设开始面临新的挑战。一是公共数据资源开发利用尚处于起步阶段，总体上距离数据要素市场化的目标还有一定差距;二是面向企业群众的服务能力仍需进一步强化,关键服务需求缺少数字化支撑;三是省域治理能力现代化水平有待进一步提升,数据对治理现代化的赋能作用还未得到充分发挥;四是发展不均衡问题没有得到根本扭转,部分欠发达地区在数字化应用、数据开发利用、数字化服务水平等方面存在短板。此外,在数字化发展制度环境、运行保障体系、产学研用协同等方面也具有较大发展空间。

数字政府建设是引领驱动数字经济发展和数字社会建设、营造良好数字生态、加快数字化发展的必然要求,广东数字政府建设中存在的问题在一定程度上制约了经济社会的全面数字化发展。

二 "数字政府 2.0"有效驱动全面数字化发展

为有效应对当前面临的挑战,2022 年 1 月起,广东全面学习贯彻落实党的二十大部署要求,深入实施数字政府 2.0 建设,在总结近五年实践经验的基础上,总结提炼出数字政府建设"12345+N"工作业务体系。"1"是指牵头一个要素市场。扎实推进数据要素市场化配置改革,构建数据流通交易体系。"2"是指健全以两个地方性法规体系为枢纽的制度规则体系。加快出台并落实《广东省数据条例》《广东省政务服务数字化条例》,配套编制专项制度规则、细则,营造良好的数字政府改革建设法规政策环境。"3"是指构建三大基础支撑。构建体制机制支撑、一体化基础设施支撑和整体安全防护支撑。"4"是指瞄准四个主攻方向。优化政务服务"一网通办",提升政务服务标准化、规范化、便利化水平,增强企业群众获得感。推进省域治理"一网统管",建立符合数字时代经济社会治理需求的数字化省域治理体系。强化政府运行"一网协同",提升多跨融合的业务协同水平,打造高效运转的整体政府。实现数据资源"一网共享",提高数据共享利用水平,充分发挥数据对政府各项业务的赋能作用。"5"是指突出五大产研带动。培育形成信创产业联盟、数字政府建设产业联盟、数据发展联盟、数字政府网络安全产业联盟和省电子政务协会,繁荣数字政府产业生态,充分发挥数字政府建设对数字经济的促进作用。"N"是指推出系列标志性成果。持续打造粤省事、粤商通、粤政易、粤治慧、粤智助、粤平安、粤基座、粤复用、粤省心和粤公平、粤优行等"粤系列"平台，以及数字财政、"两客一危一重"和智慧水利等一大批引领性、示范性的改革建设成果。

（一）建设"1"个数据要素市场，夯实数字化发展资源基础

广东省委、省政府高度重视数据要素市场化工作，2021年7月，以省政府名义印发了全国首份数据要素市场化配置改革文件《广东省数据要素市场化配置改革行动方案》，以"1+2+3+X"的思路，全面启动改革工作。目前，广东已初步建成数据要素市场体系，破除阻碍数据要素自由流通的体制机制障碍，搭建数据要素两级市场，促进数据要素流通规范有序、配置高效公平，充分释放数据红利，推动数字经济创新发展，为打造新发展格局战略支点提供重要支撑。

一是建立全省统一的制度体系及工作机制。强化制度体系建设。编制《广东省数据条例》，印发《广东省公共数据管理办法》《广东省公共数据开放暂行办法》等，为明确数据治理职责、规范数据处理活动、推进数据开放利用、培育数据要素市场和确保数据安全提供法规保障。系统化构建起涵盖基础标准、数据汇聚标准、数据资产化标准、数据流通标准、数据安全标准、场景应用标准等6个一级分类的数据要素标准体系框架，并规划制定全省数据要素标准体系路线图。建立数据管理工作机制。完善公共数据管理组织体系，优化数据管理队伍建设，强化跨层级、跨地域、跨系统、跨部门、跨业务协同。推广首席数据官制度，并从组织架构、工作抓手、职能职责等方面完善首席数据官工作体系，在全省各部门和21个地市全面推广。

二是构建数据要素两级市场。一方面构建以行政机制为主的一级市场，筹建省公共数据运营管理机构。成立广东数据资产登记合规委员会。开展数据资产登记试点，佛山市顺德区首批完成6个基于公共数据开发形成的数据产品的资产登记。另一方面构建以市场竞争机制为主的数据交易二级市场，广州数据交易所、深圳数据交易所相继挂牌成立，2022年累计交易额超过17

亿元。佛山、湛江、惠州、拉萨等交易服务基地陆续揭牌,广州数据交易所"一所多基地多平台"体系架构落地。开展数据经纪人试点,推动数据产品交易更加高效,交易流程全程透明、可视化。

三是持续推动数据要素应用赋能。依托"一网共享"平台赋能政务服务,创新"数据+系统+场景+案例"的数据共享模式,全面提升民众办事效率。在粤省事和粤商通 App 上分别上线个人、法人数字空间,将分散在不同部门的数据按照个人和法人的维度进行汇聚,并开放给数据主体查看和携带。基于个人、法人数字空间,积极探索普惠金融、电力等场景应用,提升公共服务水平,优化营商环境。比如,金融机构在对接数字空间后,个人或者企业去银行机构办理贷款时,通过出示粤省事码/粤商码,就能够一次授权银行获得相应范围的个人(社保、房产等)和企业(工商、处罚、社保、公积金等)数据。研究推动将数据生产要素纳入国民经济核算体系,广州海珠区、深圳南山区已经获批开展数据生产要素统计核算试点。探索公共数据资产化,开展数据资产凭证试点,支持个人信贷、企业信贷等场景应用。

四是推动发展和安全深度融合。建立健全数据安全管理制度规范,制定《广东省数据安全管理规范》和《广东省新型冠状病毒感染肺炎疫情联防联控数据安全管理细则》等数据安全制度。强化基础设施建设,创新探索数字政府算网安全一体化基座和数据新型基础设施,建立数据采集、传输、存储、处理、共享、销毁全生命周期安全技术管控体系,加强风险监测、风险自查、应急保障和攻防实战。指导数字政府建设运营中心从数据安全防护、安全加密、安全脱敏、安全审计四大领域推进建设,形成了较为完善的数据安全防护技术能力。搭建包括骨干网、接入网数字化节点和数字空间在内的数据综合业务网,实现数据流通全流程可追溯、可监管。开展数据安全相关宣贯工作,提高相关人员的安全意识和数据保护技能。

(二)打造以"2"项法规为基础的制度体系,营造数字化发展良好制度环境

当前广东省正加快编制《广东省数据条例》和《广东省政务服务数字化

条例》两项法规，并以此为基础着力完善数据资源、政务服务、信息化项目、公共资源交易等制度体系。系列制度规则的建立，有效增强了全面数字化发展制度供给，为全面数字化发展创造了规范、有序的良好制度条件。

一是加快编制《广东省数据条例》。《广东省数据条例》主要推进贯彻落实国家"数据二十条"，推进建立数据资源持有权、数据加工使用权和数据产品经营权"三权分置"的数据产权制度框架，同时明确了数据产权登记新方式、推进公共数据授权使用、探索个人数据受托机制等方面的改革方向，将广东省前期在公共数据管理、数据要素市场体系建设方面的探索成果加以巩固，同时提出了粤港澳大湾区数据一体化建设和促进数据自由流通的制度化安排。

二是编制《广东省政务服务数字化条例》。《广东省政务服务数字化条例》贯彻落实习近平总书记在主持中央全面深化改革委员会第二十五次会议时关于"把数字技术广泛应用于政府管理服务，推动政府数字化、智能化运行"的重要指示精神，进一步推进"放管服"改革、优化营商环境，主要内容是以数字化推进政务服务标准化、规范化、便利化，明确政务服务管理与办理工作中的数字化要求，将广东省历年来探索的秒批秒办、免申即享、数字化勘查审验与村级证明等改革措施以立法形式进行固化，并推进解决广东省各地市政务服务数字化整体发展不平衡、数据共享回流保障机制不够完善等问题，为全省推进政务服务数字化工作提供法治化保障。

三是完善相关制度标准体系。印发《广东省数据资源"一网共享"平台数据资源分类分级指南》《广东省公共数据脱敏规范》等制度规范，完善数据分类分级保护和流通体系。出台《广东省12345政务服务便民热线管理办法》，首次在省级层面统筹政务便民热线运行管理。印发《广东省政务信息化项目一体化管理工作实施方案》《广东省规范企业参与政务信息化管理办法》等制度规范，强化政务信息化项目统筹和管理。印发《广东省关于进一步优化数字政府建设运营机制的通知》，进一步优化数字政府建设运营机制，更好地发挥建设运营中心作用。出台《广东省公共资源交易监督管理暂行办法》，补齐了长期以来公共资源监管制度的短板。印发《广东省电子政务外网网络发展行动计划（2022-2023年）》，探索建立联创实验室，全方位提升政务外网支撑能力。与此同时，持续完善广东省数字政府标准规范体系和广东省数据要素标准体系，印发广东数字政府和数据要素标准规范目录，印发实施的标准超过 450 项。建设数字政府标准信息平台，目前正在试运行阶段。主动谋划申报数字政府领域的国家技术标准创新基地。充分用好省数字政府标准化技术委员会的专家支撑作用，加快出台数字政府地方标准和工程标准。

（三）强化数字政府"3"大支撑，筑牢数字化发展运行保障体系

广东省已形成省数字政府改革建设领导小组高位推进、省政务服务数据管理局统筹实施的体制机制优势，建成全省一片云、一张网的集约化基础设施体系，打造全要素、多层次、自主可控、高效安全的数字政府整体安全防护体系。

一是强化体制机制支撑保障。成立省政务服务数据事务中心，重点承担政务服务线上线下融合、公共资源交易事务、数字政府核心网络和系统运维等支撑保障工作。中心挂牌成立以来，通过开展常态化的培训和跟班学习，队伍能力和综合素质不断提升，逐步对政务服务事项梳理、粤省心政务服务便民热线平台运营、项目立项审批、云网基础平台管理等工作发挥出较好的支撑作用。将数字广东网络建设有限公司（以下简称数广公司）打造成为省数字政府建设运营中心，成立数字政府建设运营中心住建分中心和应急管理分中心，成立横琴粤澳深度合作区分公司，为省市数字政府建设协同提供有力支撑。将广东数字政府研究院（以下简称研究院）打造成为数字政府研究中心，指导其强化理论研究和成果输出。研究院围绕数字政府建设中的焦点、重点、难点问题，为各级政府数字政府改革提供方案咨询、总体规划、专项规划、行动方案等咨询服务，并通过承办数字政府建设峰会、博览会，发布省域治理一网统管理论研究报告、数据要素市场化配置改革理论研究报告等一批有影响的重要成果，组织举办"数字政府研讨会"等一系列高端学术研讨与交流等形式，探索理论与实践相结合的最优路径，共同推动数字政府改革建设不断取得新成效。

二是强化"粤基座"基础能力支撑保障。按照"适度超前布局新型基础

设施"的思路，规划建设一网多平面承载的新型政务外网、一云多芯异构同步的新型政务云平台，全省一盘棋打造"粤基座"，提高基础设施的健壮性。"粤基座"平台集成政务云管理平台、政务外网管理平台、ITSM 服务支撑系统、统一身份认证管理平台、电子印章管理平台等多个管理平台，支持省级及粤东西北地市服务内容统一、资源申请使用统一、用户使用界面统一、运营运维管理统一，提供广东数字政府政务云、政务外网、公共支撑等基础设施资源线上全流程闭环管理，实现基础设施资源可视化监控、告警信息实时预报等功能。成立粤基座联创中心，汇聚产学研力量，推动技术引入、适配验证、应用推广。印发《广东省数字政府基础能力均衡化发展实施方案》，创新财政资金支持方式，全面加强对粤东粤西粤北地区数字政府基础设施、公共支撑、政务服务、区域治理等领域的支持力度。

三是强化整体安全防护支撑保障。牵头组建省防范应对网络病毒攻击风险工作领导小组党政机关（事业单位）安全组，全力参与省委数据安全工作协调机制，进一步强化安全工作统筹协调。在省机要局、保密局指导下，加强数字政府保密监管、密码应用及信创工作。在省委网信办、省公安厅等单位大力支持下，圆满完成党的二十大数字政府网络安全重大保障任务，顺利举办"粤盾"数字政府网络安全攻防演练系列活动。各部门积极配合组织开展培训交流、安全众测、内部演练等，通过实战促进防御能力大幅提升，2022 年各类安全漏洞同比下降 71.1%。王伟中省长对《2022 广东省数字政府网络安全指数评估报告》批示指出，省政数局将网络和数据安全作为生命线来抓，率先开展数字政府网络安全指数评估，有力指引、推动全省网络和数据安全体系建设，成效明显，值得充分肯定。

（四）着力"4"大主攻方向提升履职能力，牵引各领域加速数字化转型

广东省将数字技术广泛应用于政府管理服务，统筹推进技术融合、业务融合、数据融合，优化业务流程，创新协同方式，推动"一网统管""一网通办""一网协同""一网共享"相互促进、融合发展，不断提升政府数字化履

职效能。

一是持续升级政务服务"一网通办"。出台《广东省政务服务事项管理暂行办法》，编制全省统一的行政许可事项清单，在东莞试点探索将村级证明事项纳入公共服务事项管理，提升村级治理规范化水平。深化泛珠区域"跨省通办、跨境通办"，全年新增1000项"一件事"主题服务，在港澳设立"跨境通办"服务专区136个。联合省人力资源和社会保障厅组织"最美政务人"评比，在市县两级开展标杆政务服务中心评选，加强示范引领，营造比学赶超氛围，政务服务标准化规范化便利化水平不断提升。汕头、韶关、肇庆、揭阳市持续开展"秒批、秒报、秒办"改革，推广"一件事"主题集成服务，拓展"无证明城市"广度深度。珠海市构建"明珠惠企"1+4服务体系，服务产业和项目落地建设；茂名全面实施党建引领"市内通办""办事不出村"改革，将"一网通办"平台延伸至村居。推行全国首个省级政务服务平台"视频办"服务专区，为企业群众提供办事咨询、网办辅导、业务受理全流程服务，创领企业群众办事全新体验。

二是不断强化省域治理"一网统管"。提升"粤治慧"省域治理数字化总平台支撑能力，21个地市实现省市两级平台联通，经济运行、生态环保、社会治理等8个省级专题基本建成，推出"智慧应急、智慧生态、智慧水利、智慧自然资源"等标志性成果。省科技、教育、交通等部门以行业全生命周期数字化为抓手，积极推动省域治理"一网统管"专题建设。佛山、梅州、中山、潮州等市依托省"一网统管"底座，打造协同联动中心、"数读梅州"、"城市大脑"、"美丽古城"等专题应用，以数据赋能社会治理。初步完成省经济态势感知研判平台"粤经济"1.0版建设，在统计、发改、科技、工信、财政、税务等部门大力支持下，实现经济数据全面汇聚共享，有力服务省领导在线分析决策。联合省委政法委构建"一网统管"协同共治体系，初步形成分类统一、编码统一、名称统一的治理事项目录，建设省级协同联动中心，在广州、深圳、佛山、汕尾、东莞、江门市开展省域治理"一网统管"协同共治试点。同时，依托粤公平联通全省18个监管系统，对公共资源交易行为探索智慧监管，提升交易公平性。目前平台成交项目超过3.2万宗、交易额突

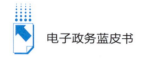

破 1 万亿元,服务企业群众 128 万人次。

三是创新优化政府运行"一网协同"。增强粤政易平台政府运行枢纽作用,开通用户 251.2 万个,日活跃用户占比达 73%,2022 年新进驻业务应用 397 个,累计接入应用超 1300 个。试点开展部门业务流程数字化改造,建成信访、政数、水利、生态环境、住建等部门政务智能 GI 系统,推动业务可视、可查、可分析、可预警,各单位内部数字化统筹调度和指挥能力明显提升。各地市依托省一体化协同办公系统底座,积极开展应用创新,广州、深圳、珠海、韶关、云浮等市结合地区实际探索出一套较为成熟的建设推广和应用模式。

四是支撑全省数据资源"一网共享"。成立由分管省领导牵头的政务数据高效共享协调机制,推动落实公共数据"一数一源一标准",有效打通各部门间的数据壁垒,提升数据共享效能。初步建成全国领先的数据资源"一网共享"体系,全省各级 4055 个政务部门通过省"一网共享"平台共发布 12.16 万个数据类型,累计汇聚数据 877.98 亿条,基本实现跨部门、跨层级数据资源共享。建立疫情防控主题库,配合省卫生健康委推进疫情防控信息化,粤康码、核酸、疫苗、流调等 369 个应用系统互联互通,支撑省市两级精准防控。打造物联感知平台,全面推进省市一体化视频及物联感知设备接入和共享,为省市两级精细化社会治理提供强有力的支撑。

(五)培育"5"大联盟、协会,带动数字化领域产学研用协同发展

广东省以生态联盟为突破口,积极组建数字政府相关产业联盟,充分发挥省电子政务协会作为政府与企业之间桥梁纽带的作用,组织开展多层次的交流、合作、培训等。

一是培育产研联盟体系。指导组建数字政府建设产业联盟、数据发展联盟、数字政府网络安全产业联盟、信创产业联盟等,支持鼓励网络安全、数字政府建设、信创等行业联盟开展交流合作。各产业联盟逐步形成助力广东数字政府建设、推动数据要素集聚、促进数字产业发展的良性态势。

二是深化信创应用和服务生态建设。全面深化信创产品与技术在党政机

关的应用，推进全省非涉密领域信创工程，提前超额完成中央部署的第一阶段替代任务，全省 1101 个非涉密领域信创项目全部完成验收。建设完善信创服务保障体系，在省工信厅、科技厅等单位支持下，开通广东信创综合服务网，分两批为 20 家数字政府信创适配测试中心授牌，推动形成良好的信创产业服务生态。

（六）推出"N"项标志性成果，让企业和群众共享数字化发展成果

广东省持续优化"粤系列"平台服务，并强化公共支撑能力，纵深牵引各地各部门政务服务能力优化升级，拓展公平普惠的民生服务体系。

一是"粤系列"平台持续优化。截至 2022 年底，广东数字政府建设各领域标志性成果在用户数、活跃度、便利度等方面的指标都稳居全国领先水平。其中，粤省事实名用户达 1.81 亿个，日均业务办理量保持在 3000 万次，疫情期间达到 5 亿次。App 上线半年时间安装量突破 4700 万次，为群众提供了精细化的移动政务服务。粤商通平台注册用户 1370 万个，上线高频涉企服务 3500 项，覆盖全省活跃市场主体；"市场主体诉求响应平台"收到并办理企业诉求 88 万件，办结满意率 98.6%。粤省心 12345 热线平台整合线上线下诉求接办渠道，上线一年多办理工单超 8000 万件，成为各级党委、政府收集社情民意"弱信号"的主渠道。阳江、河源市积极推动政务服务热线改革创新，打响民生服务品牌；广州 12345 热线受理中心被中共中央、国务院授予"人民满意的公务员集体"称号。在全省部署 4.4 万台粤智助政府服务自助机，实现近 2 万个行政村全覆盖，一站式提供公安、人社、医保、税务等部门 397 项自助服务，累计业务量 5323 万笔，服务群众 1681 万人，提前完成省政府"十件民生实事"任务。清远市首创粤智助电视频道，政府服务进一步向家庭延伸。此外，粤复用数字政府应用超市上架各地各部门民生保障、应急指挥、办公办事等超 2000 个优秀应用和关联产品，有力提升信息化项目管理集约化水平，实现"一地创新、各地复用"。

二是省直部门专业应用亮点纷呈。例如，省财政厅大力推动"数字财

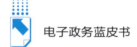
政"建设,实现财政"业务一体化、建管一盘棋、数据一朵云、全省一张网"。省发展改革委积极打造"数字发改",推动碳排放监测、营商环境应用等项目建设。省住建厅大力推动"数字住建",城市风险防控和精细化管理不断强化。省公安厅深入实施"智慧新警务"建设,有效提升全省公安机关数字化智能化水平。省司法厅大力推动一体化行政执法平台建设,实现省市县镇四级行政执法主体全程网办,大幅提高行政执法与监督效率。省审计厅建设一体智能的"数字审计"机关,推动全省审计系统降本增效。省农业农村厅深入推进"互联网+"现代农业发展,落实数字乡村战略。广东省医疗保障信息平台、智慧市场监管、智慧广电创新体系等应用,也在全国成为示范标杆。

三是地市特色创新成效明显。例如,惠州市创新"惠服务、惠治理、惠监管、惠减负、惠看数"等特色应用,打造具有地方辨识度的应用服务集群。汕尾市以"省市联建"为突破口加快政府数字化转型,"民情地图"为全省"一网统管"贡献鲜活经验。肇庆市创新"全肇办"涉企模式,关联全部产业项目数据,实行一站式代办服务,推动产业投资项目直接落地。

三　小结与展望

在系列重大改革举措的助推下,广东统筹运用数字化技术、数字化思维、数字化认知,通过"数字政府2.0"建设全面夯实了数字政府建设根基,同时围绕数字经济、数字文化、数字社会、数字政府等数字化发展重点领域,聚焦数字技术创新、新型基础设施体系构建、数据要素高效配置、数字化成果应用、运行服务保障等关键环节,拓展数字化发展新空间,完善符合国家总体安全要求的数字政府安全保障体系,已经形成引领驱动经济社会全面数字化发展的重要动能。

当前,广东正深入贯彻落实习近平总书记重要讲话、重要指示精神,按照省委"1310"具体部署,全面深化改革、扩大开放,全力抓好粤港澳大湾区建设、"百千万工程"、高水平科技自立自强、制造业当家、绿美广东生态建设等重点工作,这是广东全面数字化发展需要迎接的新挑战,也给"数字政府 2.0"建设提出了新要求。广东将在数字政府"12345+N"工作业务体系上持续开拓创新、攻坚克难,提升数字化服务能力,全方位赋能经济社会数字化转型升级,把广东建设成为全球领先的数字化发展高地。

B.4
深圳市以民生诉求综合服务
改革探索基层治理新路子

刘佳晨 *

摘　要： 以基层治理数字化建设支撑解决好民生诉求，是让现代化建设成果更多更公平惠及全体人民的关键一环。深圳市面对群众诉求收集、办理、处置等难题，充分发挥信息技术优势，以党建为引领，在受理渠道、职责清单、信息平台、流程机制等方面重点突破，打造全市民生诉求综合服务平台，构建起"纵向贯通、横向协同、智能管理、民意速办"的民生诉求运行管理体系，以民意速办"小切口"驱动城市治理"大变化"，大幅提升市民满意度、幸福感。

关键词： 民生诉求　党建引领　基层治理　民意速办　深圳市　数字化

党的二十大报告提出，要畅通和规范群众诉求表达、利益协调、权益保障通道，完善网格化管理、精细化服务、信息化支撑的基层治理平台。2023年4月，习近平总书记在广东考察时强调，要解决好人民群众最关心最直接最现实的利益问题，把惠民生的事办实、暖民心的事办细、顺民意的事办好，让现代化建设成果更多更公平惠及全体人民。近年来，深圳市深入贯彻落实党中央、国务院的决策部署，坚持以人民为中心的发展思想，创新实施民生

---

* 刘佳晨，深圳市政务服务和数据管理局党组书记、局长。

诉求综合服务改革，把民意速办作为一项让群众可及可感的小切口、大变革，不断增强市民群众的获得感、幸福感、安全感，积极探索打造党建引领基层治理"深圳样本"。截至 2023 年 11 月，累计服务群众诉求超 3000 万次，按时办结率和市民总体满意率均达 99%。

一　改革背景

深圳作为一座实际管理人口超 2000 万的超大型城市，人口密度高、流动性大，年轻市民占比近 80%，互联网使用普及率高，群众诉求多元、量大面广。近三年全市民生热线年均受理量在 2300 万件以上，且呈持续增长态势。新的形势背景下，如何摆脱传统群众诉求处置路径依赖，充分运用科技手段，解决好、处理好群众关心的大小事，是当下智慧城市和数字政府建设的一道重要课题。

（一）诉求收集渠道繁杂，群众辨识难度大

一是随着近年对群众诉求重视程度提高以及信息化平台建设投入增加，各区和部门大量建设群众诉求反映或意见收集平台，开设了种类繁多的诉求收集渠道。改革前，全市各区、各部门包括热线电话、邮箱、网站、微信公众号、App 等各类群众诉求收集渠道超过 500 个，群众面对纷繁复杂的诉求渠道难以区分辨识。二是由于缺少统筹规划，整合度较低，所以出现群众诉求收集办理标准不统一、业务难协同等问题，一些渠道要求群众填报信息多、操作复杂，同时，渠道间信息不共享、各专业渠道间业务难以协同，导致群众多头反映、重复反映、无效反映等情况时有发生。三是渠道间资源不共享导致忙闲不均、重复投入的问题比较明显，12345 电话渠道业务繁忙，资源投入虽大但高峰期仍存在接通率下降的问题，线上渠道业务占比不高甚至部分渠道业务量稀少。

（二）诉求办理时间长，办理质效需提升

群众诉求办理流程环节多、处置周期长，办理过程不透明、信息沟通难，

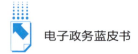

缺少规范化办理，导致群众诉求处理时间长、办理效果不佳，这成为影响群众满意度的主要原因。一是诉求逐级分拨流程较长，非处置占时多，特别是因职责不明导致二次分拨、多次分拨以及分拨协调难等问题，耗费大量时间。二是快速增长的诉求加大了相关部门和工作人员的诉求办理压力，导致诉求办理时间延长，一些重复诉求处置也占用了工作人员时间。三是诉求办理过程中，存在应付式办理的情况，一些诉求事件未得到真正解决，尤其是跨部门、跨层级诉求以及一些疑难诉求，办理过程易引发群众不满意。同时，个案化办理方式未从根本上消除普遍性诉求的产生原因，导致诉求重复出现。

（三）平台系统未联通，数据支撑待加强

分散建设的诉求平台因管理体制、技术架构、数据标准等原因，难以实现互联互通，导致数据共享难，无法有效支撑业务协同和辅助决策。一是由于平台未实现对接，跨平台工单只能通过 OA 转载、邮件转载等方式流转，或不得不使用多个系统签收办理诉求，增加了工作人员负担，尤其是基层工作人员意见大。二是一些诉求平台功能设计不合理，不能支持跨部门、跨层级诉求办理，同时，诉求办理信息无法反馈展示，群众无法实时追踪诉求办理过程，难以及时沟通意见。三是诉求数据分散在各区各部门，信息更新不同步、数据结构不统一、数据融合难，无法实时感知全市的诉求反映和处理情况，难以全面准确地掌握社情民意，不利于实现高效精准的管理决策。

二 改革主要做法

深圳市坚持把党建引领基层治理作为先行示范区建设的一项重要任务，围绕群众诉求办理，以民生诉求综合服务改革为切入口，以智慧城市和数字政府建设为依托，强化组织领导、顶层设计，强化机制优化、平台支撑，在深入调研全市 11 个区、20 多个街道、50 多个社区的基础上，出台《关于加强基层治理体系和治理能力现代化建设的若干措施》《关于深化党建引领基层治理推进民生诉求综合服务改革的行动方案》等系列政策，坚持"一把手"

高位推动、"一盘棋"全面统筹、"一贯到底"高效联动,推动基层治理由单打独斗向一体协同转变,由单向传导向上下联动转变,由单点突破向全域提升转变,不断提升城市治理体系和治理能力的现代化水平。

(一)"一个受理渠道"打通线上线下,推动诉求"整体办"

一是创新构建全渠道接诉体系。针对当前诉求收集渠道多、各自为政、操作烦琐等问题,全面梳理全市各区、各部门已有各类诉求收集渠道,采用"去、改、留"三种手段逐步整合原有537个诉求受理渠道,打造以"@深圳—民意速办"为主渠道,以"12345"政务服务热线、"i深圳"App和微信公众号等为支撑的一体化受理平台,各区相应保留本辖区用户数量多、群众反馈好的23个诉求接办渠道,各市直部门和单位原则上不再保留诉求接办渠道。同时,对所有民生诉求接办渠道实行后台统一归口管理,集中归集线上线下收集到的诉求,确保市民在任一渠道反映的情况都能畅通无阻地汇集到统一平台。

二是高效畅通民意收集渠道。坚持用户思维,根据群众使用习惯,运用技术手段畅通诉求反映。比如,在诉求提交端,群众可通过"i深圳"微信公众号一键进入@深圳—民意速办平台,一键提交诉求,反映流程大幅简化。在诉求表达形式上,群众可通过文字、图片、语音、视频等灵活方式提交诉求,使用起来更加"得心应手"。在系统后台,支持微信身份验证和手机定位智能识别功能,群众无须重复填报基础信息,大幅提升了群众使用体验。

(二)"一套职责清单"高效分拨处置,助力诉求"精准办"

一是编制民生诉求目录、职责、实施"三清单"。全面梳理各渠道诉求事件,分级分类条目化、精细化明确诉求事项,规范事件信息编码,编制18大类4300余项民生诉求事件目录清单,形成全市统一的诉求事项目录标准。明确诉求事项的办理层级、责任单位,实现事项与职责一一对应,形成全市统一的民生诉求事项职责清单,推动民生诉求事件快速分拨、有效处理。最小颗粒化、条目化分解诉求办理任务,逐项匹配岗位职责,形成民生诉求事项实施清单，推进诉求办理过程规范化、标准化。以市民反映频繁的噪声扰民问题为例，将噪声污染细分为家庭饲养宠物产生的噪声、自然类动物叫声噪声、机动车噪声等 35 项，明确分别由市公安局、街道、市交警局等 10 个单位负责，清晰职责分工不给"踢皮球"留空间。

二是建立清单动态管理、争议调处"两机制"。建立健全民生诉求事项动态管理机制，规范事项梳理、更新、调整等工作，实现目录清单、职责清单和实施清单动态更新、及时有效。建立事项争议调处机制，及时明确争议事项的责任部门、办理要求，推动事项清单及部门职责职能优化调整。

三是依托清单实现统一分拨。按照分类统一、编码统一、名称统一原则，将全市民生诉求事项职责清单导入民生诉求服务一体化平台，充分应用大数据、人工智能等技术，完善全市民生诉求分拨调度体系，切实提升诉求分拨速度和自动化、智能化水平，实现一次派单成功率提升到 98%。

（三）"一个信息平台"实现闭环管理，促进诉求"集中办"

一是打造全市民生诉求服务一体化平台。依托全市 BIM/CIM 数字孪生底座，按照市区"两级平台、五级应用"架构，打造集成化服务的"@深圳—民意速办"平台，强化市平台与各区、各部门处置系统对接，形成"市区大循环 + 各区小循环"，支撑市、区两级民生诉求收集、分拨、处置、监督、反馈、评价全流程可视、全过程闭环。

二是实现民生诉求全周期闭环、全程可追溯。依托平台，实现诉求事项统一管理、统一办理、统一分拨调度、统一评价监督。在事项管理方面，推动各区、各部门各单位通过平台开展事项管理工作，确保全市诉求事项信息数据同源。在诉求办理方面，汇聚各渠道诉求事件，生成全市统一工单编码，形成全市统一诉求事件库。在诉求分拨调度方面，依据职责清单建立事项标签体系，探索智能化自动分拨。在办理评价监督方面，推动各区、各部门各单位的民生诉求事件全过程监测和综合评价，并对推诿、超期、处置不满意事件及时预警。

三是实现诉求办理过程可感知、结果有反馈。借鉴淘宝、京东等网购平台呈现购物信息的做法，进一步打通平台工作端和市民端的信息共享渠道，全过程、可视化呈现诉求办理进度，群众在提交诉求后可在平台上实时查询、跟踪办理情况。平台在诉求分拨、办结、评价等重要节点，会及时向群众发送短信提醒，使群众第一时间获知诉求办理关键信息，增强群众"时时被放在心上"的获得感，真正做到"事事有回音、件件有落实、结果有反馈"，让诉求服务办理像网购一样透明、便捷。

四是借助大数据分析技术及时预警。依托统一的民生诉求事项库、事件库和办理过程信息库，运用大数据分析技术，建设市民生诉求大数据分析研判系统，开展多维度数据分析，打造民生诉求态势"一张图"，识别民生痛点、治理堵点、舆情焦点、信访难点等问题，及时发现苗头性、倾向性、风险性诉求"弱信号"，自动预测预警，辅助领导决策。

（四）"一套运行机制"强化上下联动，推动诉求"合力办"

一是建立健全民生诉求"1+4+N"制度规范体系。编制《深圳市民生诉求服务管理办法》和事项管理、渠道管理、工单分拨处置管理、平台管理4个工作规范，建立首接负责、分级协调、快速会商、不满意重办等N个运行机制，聚焦条块分割、权责不一等顽瘴痼疾，针对性地解决部门间、层级间、区域间协同处置事件过程中容易出现的卡点、难点问题，让市民诉求响应更及时、诉求办理更高效、诉求解决更彻底。

二是建立"统筹联动＋不满意重办"机制。通过首接负责制，对办理主体责任不清晰、涉及跨部门的诉求，综合考虑职责清单及主要责任后，将处置更有效的部门作为首接负责单位，由首接单位盯办、跟办、催办，协同各部门为群众解决难题。通过跨层级直派制，打通市、区、街道各级部门，实现"上下贯通、一派到位"。通过不满意重办机制，群众可在诉求处置完毕后对处置结果进行评价，群众不满意的诉求自动发回责任单位重办，对仍不满意的将进行专项督办，构建"民意反映—部门受理—结果告知—好评办结／差评重办"的闭环管理，最大限度地减少群众反复投诉，确保诉求真办结、问题真解决。

三是建立类案治理及源头治理机制。针对个别突出诉求"刨根问底"，找准问题真正"病灶"，推动问题从根源上解决。以某片区"黑摩的"多发问题为例，分析发现源头在于公交线路规划不到位，迅速推动交通部门改进公交线路规划，彻底解决问题。针对普遍存在和反复发生的共性问题，找出综合解决方法，立标准、定方案、统一办，实现从"办一件事"向"办一类事"转变，推动系统治理、依法治理、综合治理、源头治理，比如，某区通过办理某小区广场舞噪声投诉，形成统一配置音响设备、设置标识贴、合理安排活动时间等一揽子解决方案，并推广至辖区各小区，让广场舞跳出"文明范"。

（五）"一个红色引擎"贯穿改革始终，促进诉求"联合办"

一是发挥党的政治领导力。坚持把党建引领贯穿始终，以组织体系效能激活民意速办"红色引擎"，健全贯通到底的全链条责任体系，推动疑难复杂诉求专题领办。定期编印《民生诉求》信息刊物，高位推进重点敏感诉求妥善化解。

二是发挥组织体系支撑力。加速街道从"行政末梢"向"治理枢纽"的转变，完善街道"大工委"、社区"大党委"工作机制，增强街道社区整合资源、响应诉求、服务民生的能力。推动上下贯通、执行有力的组织体系和民意速办工作体系深度融合，依托基层党组织，实现民生诉求收集和协调化解关口前移。

三是发挥群众路线凝聚力。坚持线上线下相结合，走好新时代群众路线，学习运用新时代"枫桥经验"和"浦江经验"，党员干部分片包干、入网进格，依托"深圳先锋"小程序，常态化"行走社区"，主动近距离察民情、办实事、解民忧。

三 取得的成效与未来展望

党建引领基层治理民生诉求综合服务改革，是深圳市落实党的二十大精神、深入学习贯彻习近平总书记视察广东重要讲话和重要指示精神的具体行动。改革实施以来，市民满意度持续提升，获得社会各界的广泛关注。

（一）公众参与城市治理更积极

坚持"人民城市人民建、人民城市为人民"，让人民群众成为城市治理问题的发起者、参与者、获得者、监督者。通过《人民日报》、新华社、央视《焦点访谈》、南方+等主流媒体的深度报道，@深圳—民意速办平台的注册用户数迅速增长，市民参与城市管理、社会治理的意愿日趋强烈。市民群众不仅通过民生诉求综合服务平台反映提交诉求，还围绕城市治理和改革等方面积极提出意见建议。目前，平台已累计收到市民建议 17.8 万条，一批涉及市容环境、公共安全等方面的城市治理隐患得到及时整治。2023 年上半年，综合了处置速度、处置效果、服务体验、反馈质量四个维度的市民满意度评价达 99.6 分。

（二）民生诉求事件处置更高效

依托民生诉求综合服务平台，实现市区两级民生诉求统一分拨调度、协同处置，推动民生诉求业务流程和工作模式的重塑和再造，以"整体政府"形象实现"一口接受诉求、分工高效办理、一口反馈服务"。2023 年上半年，诉求平均办理时长压缩了 65.10%，三天内办结的诉求占比从 14.57% 提升至 39.00%，一天内办结的诉求占比从 2.90% 提升至 20.00%，诉求办理不断提速。

（三）诉求事件办理服务更智能

在民生诉求"市民端"引入智能客服，通过智能语义分析，系统快速识别并理解用户意图，针对政策查询类业务，直接将查询结果反馈给市民，让市民收获"秒答"交互式体验。目前，智能客服方式办理的诉求件占比达 69%，智能客服即时办结的业务量占比高达 87%。市民通过主题下单功能快速提交诉求后，平台依据职责清单进行自动分拨，减少大量人工重复劳动，压缩 27% 的人工分拨岗位。依托统一的民生诉求"数据池"，通过大数据分

析技术，"算出"民生"弱信号"中的"强信息"，挖掘问题根源，真正让问题"发现在早、化解在小、预防在先、未诉先办"。

（四）辅助科学决策支撑更有力

通过梳理热点诉求和重点事件，定期编印《民生诉求》信息刊物，重点选编典型性热点诉求、涉众性群体诉求、政策性复杂疑难诉求、敏感性舆情反映诉求和长期性历史遗留问题等，报送市领导和各区各部门各单位主要负责同志，发挥重点调度、辅助决策、推动落实的"问题直通车"作用。建设民生诉求"管理端"，提供数据总览（诉求热点、重点事件预警、诉求变化趋势等）、领导批示、分析报告等功能，支撑市、区领导全面及时掌握民生诉求整体情况，便于快速准确分析研判。

@深圳—民意速办平台的建设，表面上看是技术的创新，本质却是政府职能的变革和治理方式的转型。未来，深圳市将重点围绕深化源头治理提升工作质效、推动民生诉求与涉企服务联动、推进民生诉求领域人工智能应用探索、推动民生诉求服务工作法治化等方面，持续发挥民生诉求综合服务改革实践实效，提升深圳超大城市现代化治理总体效能，推动城市治理体系和治理能力现代化，为实现中国式现代化贡献深圳力量。

B.5
基于"数字县域"模式的政府
治理能力建设实践

李文靖*

摘 要： 越来越多的中小城市已敏锐洞察到，数字化转型既是经济发展的动力引擎，也是城市现代化治理的有效手段。近年来，成都市新津区聚焦"优政、惠民、兴业"，按照"建底座、塑场景、育生态"理念，积极推动"智慧新津"建设，全方位推动数智赋能城市现代化治理，逐步形成"数字县域"模式。在这一过程中，新津区致力推动全域"数实融合"发展，高度重视顶层设计、机制创新、要素支撑和政企协同，对研究中小城市数字化转型的模式提供了实践案例。

关键词： 数字县域　中小城市　数实融合　数字化转型　成都市　数智赋能　数字化治理

一　前言

党的十八大以来，以习近平同志为核心的党中央作出建设数字中国的重大决策部署，把发展数字经济上升为国家战略，并就发展数字经济发表了一系列重要论述、作出了一系列战略部署。党的二十大对加快发展数字经济、

---

*　李文靖，成都市新津区数字经济中心主任、数字经济研究院院长。

促进数字经济和实体经济深度融合、打造具有国际竞争力的数字产业集群作出了战略安排。这充分体现了党中央对推动数实融合发展、做优做强做大数字经济、建设数字中国的高度重视。

数字化治理作为数字中国的重要组成部分，也是社会治理现代化的战略选择。客观来讲，没有治理的数字化转型与变革，就没有社会治理的现代化，中国式现代化就难以全面实现。当前，新一代数字技术已全面渗入社会发展与治理中，依托数字化技术、平台和底座赋能，城市服务更加便利化、透明化、普惠化，产业发展更加绿色化、智能化、高端化，数字化日益成为中国式现代化的重要技术先导力量。各地区各领域围绕数字化转型、探索城市现代化治理路径进行了积极实践。

成都市新津区位于成都南部、天府新区西翼，是成都市最年轻的市辖区，处在成渝共建国家数字经济创新发展试验区的数字经济带和成都——眉山高新技术产业带上，距传统意义上的成都中心城区 28 公里，面积 330 平方公里。与全国大多数中小城市类似，有老城区，有新城区，有工业园区，也有不少农业地区，还有一些适合发展文化旅游产业的历史遗存和山山水水。近年来，新津坚持把推进全域数实融合发展作为面向未来、转型发展的重要路径，系统集成推进"智慧新津"建设，推动数字经济发展与城市战略方向相契合、数字经济聚合与主导产业升级相结合、数字经济赋能与城市现代治理相耦合，在中小城市数字化转型的探索之路上积累了一定的有益实践经验。

二　顶层设计

（一）建立"数实融合"产城格局

新津把数字技术和实体经济深度融合作为转型"优选项"、发展"新引擎"，推进数字赋能实体产业，把数实融合、产城一体的产业园区作为重要载体，精准配置城市资源，重塑城市空间格局和产业经济地理，布局"一城两园一区"全域数字化转型格局（见图 1）。在城市北部，沿地铁轴线布局天府牧山数字新城,聚焦"数字孪生+人工智能",培育发展以数字为特征的新经济产业集群。在城市东部,依托工业基础布局天府智能制造产业园,聚焦"智能制造+工业互联",做大做强以智造为引领的先进制造业集群。在城市西部,结合美丽乡村布局中国天府农业博览园,聚焦"数字农博+乡村振兴",大力培育以乡村为场景的新乡村产业集群。在城市南部,活化山水资源布局梨花溪文化旅游区,聚焦"数字文创+场景体验",持续壮大以创意为内核的文旅产业集群。"一城两园一区"是一个"数实融合、产城融合、城乡融合"的总体布局,覆盖了新津330平方公里全域,也涵盖了整个一二三产业,明确了数字化转型的主要方向,是符合县域级中小城市特点的、比较系统的、有代表性的顶层设计。

图1 新津"一城两园一区"产城格局

(二)搭建"112N"城市数智底座

新津按照成都智慧蓉城"王"字形架构部署,搭建"112N"智慧新津城市数智底座,提升城市"全场景智慧、全要素聚合、全周期运营"的治理能力(见图2)。

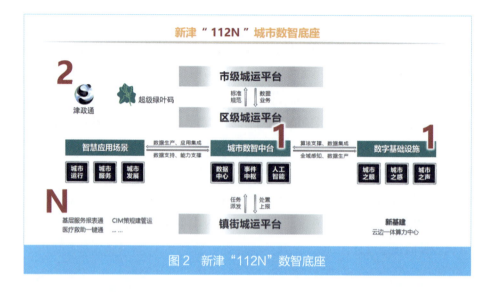

图2　新津"112N"数智底座

第一个"1"是指数字基础设施，主要包括"城市之眼""城市之感""城市之声"的数字化基础设施。其中，"城市之眼"是城市视频感知系统，贯通天网、交通、水务等政府内部系统，以及社区、企业、写字楼等来自社会面的摄像头。"城市之感"是物联感知设备，比如危险源、消防等领域，感知温度、声音、有毒气体、烟雾颗粒等类型的监测传感器。"城市之声"是依托智慧融媒和12345热线等平台，收集群众诉求，监测社会舆情。将"城市之眼""城市之感""城市之声"的实时数据汇聚起来，形成一座城市的数字体征，并可据此进行动态监测和分析，可以实现城市状态"一网感知"。

第二个"1"是指城市数智中台，主要包括"数据中心"、"事件中枢"和"人工智能"。其中，"数据中心"，纵向贯通市、区、镇街三级平台，横向连接区级部门业务系统，是一个全域数据汇聚的"大水池"。"事件中枢"，主要是按照"应上尽上"原则，推进事件全面上线流转、智能分派、闭环处置、全程跟踪，实现"高效处置一件事"。"人工智能"，是一个AI能力中心，主要是通过人工智能的手段，实现对海量数据的管理、调用等，让数智中台的"智商"越来越高。通过"数据中心"、"事件中枢"和"人工智能"的协同支撑，驱动数据"聚起来""用起来""管起来"，实现城市数据"一网通享"。

"2"是指两个服务应用终端。一个"端"是"津政通"行政人员协同端；另一个"端"是"超级绿叶码"公众企业服务端。其中，"津政通"是政府工作人员的办公端，集成政府侧管理、服务应用，让行政事项尽可能地通过线上高效流转。"超级绿叶码"是企业、市民、游客服务端，集成企业服务、民生事项、旅游消费等应用，让自然人和法人办事更加智能高效。这两个"端"在线上与线下之间，形成友好的有感交互界面，让政府、企业、公众能够无缝融入智慧城市应用生态，借助数智中台的能力，简单、方便、快捷地进行业务办理，实现社会诉求"一键回应"。

"N"是指智慧应用场景。有了城市数智中台的能力支撑，新津按照"应用为要、务实管用"原则，基于城市运行、城市服务和城市发展等领域需求，建立健全体制机制，与市场化企业协同创新，推动智慧应用场景开发，形成了"基层服务报表通""医疗救助一键通""津津企服通"等 N 个智慧应用。

（三）构建"数字县域"体制机制

在探索实践过程中，面对全域数字化转型需求，新津始终同步推进顶层设计、协同推进机制、业务板块设置等方面的探索，改变政府侧的支撑体系和供给方式。成立数字经济领导小组，建立数据共享交换、场景策划协同、产业生态培育、专家智库指导"四大机制"。创新组建公园城市建设局、公园城市建设发展中心、中建绿色田园规划设计研究院，带动建设口职能部门持续推进"物理城市＋数字城市"双开发。组建智慧治理中心、数字经济中心，作为数字化转型"双引擎"，分别带动治理口职能部门（含镇街）和产业口职能部门，加快推动数智赋能"优政、惠民、兴业"发展进程。组建工业互联网发展中心、文化创意发展中心、乡村振兴研究院，促进产业功能区加快数实融合发展。组建新津数科集团等数字经济市场化主体，引导传统政府机构与生态企业发生更紧密的关系，推动传统政府机构和体制机制主动适应城市、产业各维度数字化转型发展趋势。

三　主要做法

（一）以数字微城试点为牵引，推动智慧城市营建

1. 探索打造"数字孪生城市"

按照"地上一座城、地下一座城、云上一座城"的理念，积极探索"物理城市 + 数字城市"双开发，将数字孪生贯穿于城市"策划、规划、建设、管理、运营"全流程，以 6 平方公里天府牧山数字微城作为完整的功能单元开展先行先试。构建了 CIM+"策规建管运"一体化平台，将数字基建、数字街区、数字社区纳入片区和项目策划，编制了城市双开发导则作为规划设计、开发建设的重要遵循，把数字建造技术、城市 IOT 物联感知端融入项目施工建设之中，开放片区级智慧城市建设、管理、运维应用场景机会，引入数字城市龙头企业及其生态伙伴开展数字孪生城市联合创新。目前，已将城市自进化智能体、端云协同、BIM 正向设计等模式、技术运用到 27 个重点项目"策规建管运"全过程，天府牧山数字微城成为成都青年人才流入增幅最快的区域之一。

2. 规划建设"天府数智活力区"

聚焦成都市委"三个做优做强"部署，围绕共建蓉南新兴产业带，承接天府新区创新策源势能，联动邛崃市先进制造业发展，规划以"一城一带一湾"为空间布局的天府数智活力区，加快推动形成多中心、组团式、网络化发展格局。"一城"是天府牧山数字微城，重点发展数字基建、数字建造、数字内容等产业，布局智能创新产业集聚核、智慧公园城市场景沉浸轴、智慧生活组团，打造数字产业化创新发展引领区。"一带"是杨柳河产教融合带，依托牧马山—杨柳河的良好生态本底，打造杨柳河滨河生态带，串联在地高校创新创业资源，联通数字经济和智能制造两大产业板块，促进知识和人才汇聚、产学研用协同创新，打造"学区 + 园区 + 社区"三区融合示范走廊。"一湾"是天府创智湾，重点发展轨道交通、智能装备、新能源汽车及储能等产业，承接创新策源成果转化和产业数字化应用，孵化培育中小微企业和初创团队，打造产业数字化转型升级实践区。

3. 政企共创"数字县域场景试验区"

以新津全域 330 平方公里为底板，打造数字县域·未来场景创新试验区，通过"一个创新试验区 + 四类创新场景"，综合集成、统筹推进"数字县域"改革试验，探索中小城市数字化转型新路径。打造数智城市场景，以"天府牧山数字微城"作为适宜的颗粒度，试验城市数智中台、数字基建、数字建造、CIM 平台、自进化城市智能体等场景集群，打造公园城市精明增长的未来社区。打造智能制造场景，聚焦智能交通、绿色食品、新能源三大主导产业，在生产端试验智能工厂和数字化生产线应用场景，在产品端试验智能硬件产品、产业供应链创新场景，在平台端试验细分领域工业互联网平台场景，拓展新型工业化产业新赛道。打造数字乡村场景，推动数智赋能"农商文旅体科教"融合发展，开放数字农业、数字农旅、数字村社等试验场景，推进城乡要素双向在线、资源融合共生，培育发展以乡村为场景的新经济产业，实现联农带农，促进共同富裕。打造智慧民生场景，围绕企业和群众的需求，按照"管用、爱用、好用"的理念，在智慧政务、智慧医疗、智慧教育、智慧城管等领域开展场景试验，让民生服务更精准、更便捷、更温暖。

（二）以城市数智底座为支撑，提升现代治理能力

1. 建设"城市之眼、城市之感、城市之声"物联感知体系，赋能城市公共安全

提升"智慧新津"云网平台的能力，建立数据共享交换规则，形成数据管理规范，依托光子安全技术，构建信息数据安全支撑。开展城市视频感知汇聚，按照"应接尽接"原则，接入 12 个条块系统、8720 个摄像头，丰富"城市之眼"。接入环保、水务、消防、应急等行业 4000 余个物联感知设备，强化"城市之感"。依托智慧融媒平台，打通汇聚 400 余类舆情数据，完善"城市之声"。例如，针对重点敏感安全领域开展场景应用试点，开发智慧校园安防应用场景，在校园周界实验光纤振动探测及视频融合预警系统应用，在校园内部实现安防实时监测，在校园周边通过事件中枢自动对接公安、综

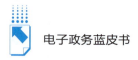

合执法等处置力量，共同维护校园安全。

2. 打造"预警研判、融合指挥、联勤联动"事件处置流程，赋能城市公共管理

设立实体化新津城运中心，搭建智慧预判模型，依托数据中心海量数据支撑，对业务系统、物联感知、舆情诉求数据进行常态分析，精准研判城市运行实时情况，推动"事后应急"向"事前、事中防控"转变。按照"通信技术无差别打通，处置力量滴灌式触达"思路，建立融合指挥系统，形成"事件指令快速下达、人员物资快速调度、应急突发事件高效处置"的扁平化指挥和联勤联动体系。例如，重塑基层数据采集、应用、维护的流程和方式，开发基层报表通应用场景，实现从基层人工统计数据向从中台直取数据转变，原来涉及 13 个部门 8 个镇街 362 个网格员人工追踪才能形成的各类统计报表，通过基层报表通应用实现一键生成，解决了反复填报、数据缺失、数据分散的问题，极大减轻了基层人员工作负担。

3. 推动"高频需求、多跨事项、重复任务"智慧高效办理，赋能城市公共服务

以"能办事、好办事、办成事"为出发点，巩固国家行政服务标准化试点成果，持续推进政务服务"一网通办"，依托数智中台推出"情形引导、智能帮办、智能预审"，通过政务服务门户、办事窗口、自助终端、手机端等多种形式，提供线上线下相结合的 7x24 小时"零门槛"服务，努力让企业和群众享受到更精准、有温度的服务体验。例如，以社保、医保等重点服务事项为切入点，探索"医疗救助一件事"应用场景，重构医保、民政、残联、退役军人、红会等 7 个部门救助流程，进行"数据自动比对确认""方案自动匹配优选"，实现医疗救助"只跑一次、待遇最优"，办理时间由最多 210 天缩短为最多 20 天，享受最优待遇的困难群众增长 400%。

（三）以产业数实融合为导向，促进产业建圈强链

1. 突出数字赋能新基建，培育发展以数字为特征的新经济产业

聚焦"数字孪生 + 人工智能"，打造"成渝数字经济新名片、全国数字微城新示范"。培育数字新基建产业，聚焦新型智慧城市底座建设、规建管运和示范应用，重点发展数字基建、数字建造、智能网联等细分产业。培育数字内容产业，聚焦内容生产、传播平台、消费终端等领域，重点发展内容创意、内容分发、衍生开发等细分产业。同时，突出天府牧山数字新城"桥头堡"作用，辐射带动天府智能制造产业园向新智造转型、天府农业博览园向新乡村蝶变、梨花溪文化旅游区向新消费升级，加快形成"一城引领、场景驱动、全域布局"的数字经济发展格局。

2. 突出数字赋能新制造，做大做强以智造为引领的先进制造业

聚焦"智能制造 + 工业互联"，依托现有产业基础优势，从生产端、平台端、产品端发力，加快发展工业互联网，打造"国内一流的智能化创新引领示范区、成渝先进制造业高质量发展新引擎"。推动制造业生产端转型，实施"新工厂计划"，建设智能工厂、柔性工厂、共享工厂，打造覆盖工业制造全过程的应用场景。推动工业互联平台端布局，以深化工业互联网建设和应用为主线，开展工业互联网平台化改造，打造标识解析节点及集成创新应用试点示范，建设柔性化制造、网络化共享、智慧化协作的上下游产业链平台。推动智能硬件产品端聚集，围绕生产应用领域，发展工业机器人本体以及传感识别、伺服控制等核心元器件；围绕生活应用领域，发展智能家居、数字化穿戴设备等新兴硬件产品，以及智慧机场、智慧物流、智慧空管等领域的智能硬件产品。

3. 突出数字赋能新农业，培育以乡村为场景的现代乡村产业

聚焦"数字农博 + 乡村振兴"，发展以"社会生态农业 + 互联网"为特征的农业 4.0，以数字经济为引擎打造乡村创新创业场景，吸引带团队、带流量、带资本、带技术的平台型企业跨界到乡村发展，盘活乡村闲置资源，培育发展以乡村为场景、创新为驱动、融合为特征的现代乡村产业，打造"永不落幕的田园农博盛宴、永续发展的乡村振兴典范"。培育"农业 + 科技"产业，瞄准高端种业、智能灌溉、农业信息系统等细分领域，发展壮大智能科技农业。培育"农业 + 文旅"产业，瞄准乡村生态文化资源价值转化，推进农商文旅体科教融合发展。培育"农业 + 食尚"产业，瞄准个性

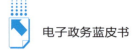
化、轻食化、轻奢化等方向，突出流量赋能、反向定制，发展壮大绿色食品产业。

（四）以政企协同共创为路径，培育数字经济生态

1. 出台扶持政策体系

出台数字赋能实体产业高质量发展扶持政策，推动数字赋能新基建、新制造、新农业、新消费，营造数字经济发展新环境，探索数字经济驱动城市价值转化有效路径，全域推进数字经济与实体产业深度融合。出台支持智能科技产业发展政策，推动本土企业数字化、智能化改造升级，提升研发创新能力，加快智能科技产业聚集，促进传统产业转型升级，实现数实融合发展。出台支持新乡村产业发展政策，吸引社会资本跨界培育以市场为导向、以现代农业为基础、以乡村为消费场景、以融合发展为先导的新乡村产业，促进新乡村产业加快集聚、创新发展。出台数字化场景创新激励政策，强化资源要素支撑，推进场景应用实验和联合创新，推动示范场景打造推广，促进公共服务平台建设。出台数字经济青年人才政策，吸引数字经济领域的青年才俊来津创新创业、安居乐业，促进数字经济产业发展与招才引智紧密结合，推动产业链与人才链相融互促、同频共振。

2. 强化资源要素支撑

成立数字县域场景应用实验室，充分发挥数据作为关键生产要素的重要作用，依托公共数据，吸引向中小城市下沉市场拓展的数字化企业开展数字县域应用实验，以新津为创新策源和成果转化基地，走向全国同类中小城市。出台"津英人才十条"政策，实施"津领"数字人才引领工程，以产教融合的理念打造协作式人才引育矩阵，构建"引、育、留、用"全链条"津英数字人才"品牌。建设产业孵化载体，打造数字经济产业园，与成都高新区共建天府智能硬件产业园，与天府新区共建天府先进智造基地，形成"1个总部基地+2个产业园区"格局。设立30亿元产业母基金和3亿元天使投资引导资金，链接草根知本、成都科创投、天府科创投等20余家投资机构，组建云津数智经济基金、远洋新乡村产业基金、昇望新消费产业基金、肆壹伍绿色

食品产业基金，推动"知本"与"资本"联姻，形成助力数字经济拔节生长的发展沃土和生态群落。

3. 搭建协同创新平台

与中国联通旗下的全资子公司联通数科开展战略合作，在新津注册成立中国联通与地方政府唯一混改的合资公司"云津智慧科技有限公司"，统筹推进智慧城市系统平台和应用终端研发，开展城市数字底座、数字微城、智慧园区建设。与华为开展战略合作，充分发挥华为终端技术创新、全屋智能资源优势和丰富经验，搭建华为全屋智能场景创新实验室，探索多领域专业化的全屋智能整体解决方案，促进全屋智能场景展示和联合创新。成立数字经济研究院，以系统化逻辑推动制度创新、流程再造和规则重构，探索编制双开发导则，开展研究咨询和标准研拟，培养适应数字化转型的政府、企业人才队伍，打造数字县域会客厅和训练营、数智创新策源地和实验室、数字生态立交桥和聚变器。

（五）以工作制度创新为保障，支撑智慧新津建设

1. 构建 CIO、CDO 制度

建立政府 CIO 制度，按照"懂业务 + 懂技术"的培养逻辑，开展公务员队伍专业能力培养和使用机制试点，筹建 CIO 培训基地，开发 CIO 培训课程体系，打造一支能与数字化企业开展场景协同创新的高素质干部队伍。建立政府 CDO 制度，各单位"一把手"担任首席数据官，分管副职担任数据执行官，业务骨干担任数据专员，聚焦"公共安全、公共管理、公共服务"三大领域，统筹本部门（单位）、本系统数字化建设和数据资源管理工作。

2. 构建数据共享制度

出台《成都市新津区智慧新津数据共享管理实施细则（试行）》，明确区智慧治理中心为区公共数据主管部门，负责统筹构建完善智慧新津数据资源体系和相关管理服务平台，统筹区级数据共享"三清单"及目录编制管理，探索以市场化机制推动非公共数据有效汇聚和共享利用，推动智慧新津数据共享全流程全环节高效运转；区政府授权区数科集团依法依规开展区公共数

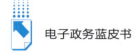

据运营。梳理形成数据共享"供需对接、规范制定、数据产生、数据汇聚、数据治理、资源发布、回流反哺、申请获取、场景应用"九个环节。

3. 构建项目建设运营管理制度

出台《成都"智慧新津"项目建设运营管理办法》，形成"项目需求评估备案、技术方案编制和审核、项目实施及验收、项目备案及停运报备、后期管理和绩效评估、资金管理"工作制度，进一步规范"智慧新津"项目建设运营，推动全区政务服务信息系统和信息资源的统筹整合、跨行业跨部门系统的互联互通、信息共享和业务协同，强化"智慧新津"项目应用绩效评估，提高财政资金使用效率。

四 经验启示

（一）顶层设计是前提

新津的探索实践离不开党的二十大精神指引，都是在数字中国、数字政府等党中央、国务院的重大部署框架下开展的，也是在落实数字四川建设、智慧蓉城建设等省、市工作安排中呈现的。正是有了这些正确的"顶层设计"，新津才能结合自身实际，做好选择题、填好填空题、答好问答题，抓住"智慧新津"这个具有牵引作用的抓手，握住"数据要素"这个转型发展的资源，找准"数字县域"这个属于中小城市的角色，从而取得了搭建城市数字底座、开展数字孪生城市开发、推动产业转型发展的成效，涌现出诸如基层服务报表通、医疗救助一键通、津津企服通等一系列成功的应用案例。

（二）数实融合是基础

数字化转型的生命力，来自数字经济与实体经济的跨界融合，来自数字技术与应用场景的连接和组合。新津积极推进的"TOD+5G"未来社区、"互联网＋共享农庄"试点示范，一个是物理城市与数字城市的同步开发，一个是平台经济与乡村旅游的相互融合。通过数字经济与实体经济的跨界重组，使得创新不断涌现，形成了新生事物。因此，新津以"数字赋能"为特色，建立了"一城两园一区"产业功能区全域数实融合发展的大格局，在每个产业功能区都找到了数实融合发展的赛道，并且开放一切可能开放的融合应用场景机会，使得产业数字化与数字产业化的程度不断提升。

（三）协同共生是关键

数字化让分享更便捷、更高效，而且分享越多，共生的新价值也越大。新津推动数字县域的价值创造过程，就是一个政企不断互动、协同合作、集合智慧的过程。新津成立数科集团，与联通数科合资组建云津智科，联合双方生态企业，形成了数字县域的"微生态"。新津打造了天府数字科技联创中心，通过"数据资源+孵化平台+基金体系"叠加，搭建了与企业协同创新的平台。新津成立的数字经济研究院，扮演着"数字县域会客厅和训练营，数智创新策源地和实验室，数字生态立交桥和聚变器"的角色。通过这些做法与外部保持了广泛链接，使持续活跃的协同与合作成为可能，从而不断创造新的更大的价值。

（四）系统推进是要义

新津的探索实践一直坚持统筹集成、系统推进的原则，是在一种"系统论+过程论"的方法论中行进，也是在一种"设计师+工程师"的思维中前行。从优政、到惠民、再到兴业的系统推进，把"政府推动"变成了"政府引导、人人参与、企业共建"。从场景应用产生数据、到城市中台汇集数据、再到政企共创数据价值的系统推进，让"数据之和的价值"远远超出"数据价值之和"。从购买应用和服务、到给企业实验机会、再到创新产业模式的系统推进，使"先发领域的产业生态"演变成"属于新津的产业生态"。新津系统集成推进数字化转型，让各方面主体的积极性被调动起来，也让各个环节、各种因素都以一种自治的状态良性运行。

（五）组织重塑是保障

数据越来越成为最重要的生产要素，数实融合越来越成为最具活力的经

济驱动力量，曾经的新趋势已经变为现在的新常态。挑战还是机遇，取决于组织方式的重塑。新津成立了数字经济领导小组，以"智慧治理中心＋数字经济中心"为"双引擎"，带动组织架构的"数实融合"进程，一方面形成了"数智中台赋能、事件中枢支撑、线上线下联动"的城市治理工作协同体系，另一方面形成了"场景应用牵引、数据要素驱动、政企协同创新"的产业培育工作协同体系。在这个过程中，重构了管理模式，优化了职能边界，重塑了业务流程，刷新了组织文化，从而保障了各项工作的顺利开展。

五　结语

数字经济引领的科技创新，正在重塑社会结构、正在重构经济版图，已经成为经济高质量发展、城市高品质建设的动力引擎。在这场以数字经济重置城市发展底层逻辑的变革中，对于中小城市而言，蕴藏着全新的商业逻辑和市场机遇。对此，坚持把数实融合作为城市发展数字经济的主线，持续创新数字营城模式、共建产业互联生态，推动数字经济全方位赋能城市产业发展，形成一套完整的中小城市数字化转型探索方案，达到全域数字化转型目标，何尝不是一条经济高质量发展、城市现代化治理的新路子。

同时，面对数字中国建设的历史机遇，唯有构建数智赋能、数实融合的"朋友圈"，政府和企业携起手来，一起开辟新赛场、培育新赛手，方能在中小城市数字化转型的时代机遇中，实现共识、共创、共赢、共享！

B.6
地方政府数据治理面临的挑战及其对策

朱锐勋　周　详　任成斗[*]

摘　要： 面对信息化建设过程中形成的信息孤岛、数据壁垒等老问题，以及全面数字化建设与发展带来的业务整合、数据共享、场景集成等新问题，以数字化引领公共治理现代化是顺应时代变革与需求的必然选择。推进地方政府数字化转型，提升数据治理能力和水平，要聚焦"以人民为中心"需求导向、服务导向，建设人民满意的阳光效能智慧政府，构建数据驱动的数字政府运行架构，创新一体化政务服务建设运营模式，筑牢适应总体国家安全观的数据安全体系，以政府数字化转型引领治理现代化。

关键词： 数字化转型　数字政府　数据治理

近年来，各省市在深化政府信息公开和数据开放，加快推进互联网＋政务服务和数字政府建设过程中，始终坚持以人民为中心的发展理念，以技术创新为驱动，以数字赋能为核心，以数字服务、在线服务为着力点，全力推进政府数字化转型。数字政府建设取得显著成绩，在统筹互联网＋政务服务、"一网通办"、优化营商环境等方面不断创新。但是，也应当看到，当前地方政府数字化转型与数字政府建设、信息化应用在推进经济社会高质量发展上

---

[*] 朱锐勋，中共云南省委党校（云南行政学院）培训部主任、教授，管理学博士，主要研究方向为数字政府、公共治理；周详，中共云南省委党校（云南行政学院）培训部讲师，主要研究方向为公共管理；任成斗，中共云南省委党校（云南行政学院）图书信息部工程师，主要研究方向为电子政务。

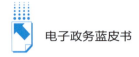

还有差距，距人民群众对美好生活的需求还有较大差距，数字政府发展存在不平衡不充分的问题。

一 地方政府数据治理面临的挑战

（一）数字经济发展的挑战

随着全球数字经济的勃兴，其在经济社会生产流通消费领域占比日益增加，尤其是数据要素与其他生产要素深度融合，新兴经济业态和经济模式正全方位多层次地引发经济发展质量变革、效率变革、动力变革。数据已成为经济社会发展新动能和信息社会核心竞争力。数据聚合资源、数据转化能力、数据技术赋能全要素生产率已经成为数字经济的全要素影响因子。[1]应该看到，数据开放共享能有效促进大数据产业的快速发展，政府部门正全力向全体社会开放数据资源。防止因大数据应用的市场化机制引入产生新一轮数据垄断和数据壁垒的现象，更加突出政府信息和政务数据治理的公共性、公益性、共享性和开放性。

（二）数字政府转型的挑战

数字技术与数据应用日益成为政府运行、决策分析的重要支撑，新兴技术的蓬勃发展，数据治理和新技术的有机结合，必将激发数据释放的更大价值，但是政府的大数据分析和应用能力仍然十分欠缺。当前数字政府建设在公共服务均等化、普惠化、数字化方面仍有较大提升空间。社会风险感知网尚未形成，网上网下的态势感知体系有待提升。线上服务、数字化服务与便民利企的要求在实践中还存在不小的差距。网上政务服务"好中差"评价与督查体系推行不易。现行数字监管不适应事权下放、监管后置对"管"提出的更高要求，亟须尽快健全大数据驱动的市场监管新机制。面对数据治理时，由于社会公众需求的多样性和复杂性、多层次性，应强调"以需求为导向"原则的数据治理理念。

---

① 王益民:《关于建立中国特色社会主义数据共有制的研究》,《行政管理改革》2022年第5期，第16~22页。

（三）数字社会治理的挑战

网络空间治理实际上是公共权威对网络虚拟空间中的网民行为与活动进行的管理，其目的在于公众利益的实现。数字技术的发展促使社会治理范式发生新的转变，产生新的挑战，客观上要求积极探索数字化社会治理的新形态和新模式。[①]数字社会治理作为国家治理体系的一部分，既不同于传统的现实社会治理，又不拘泥于虚拟空间的治理范围，而是统筹现实社会与虚拟空间进行综合治理。网络空间是一个较为复杂的空间，政府应该如何做到及时了解、引导、回应网络舆论，有效治理、引领和规范舆论空间，真正做到正面宣传，传播正能量，营造积极向上和健康的网络空间，是各级各部门目前所面临的、亟须解决的难题。

（四）数字技术扩散的挑战

核心技术受制于人是数字化转型和治理现代化最大的隐患。在科技创新引领转型发展的今天，大数据、云计算、5G、人工智能等新兴技术与应用持续迭代升级，以高性能信息网络、海量存储算力等为代表的数字技术成为关键竞争力，要在信息技术核心领域取得更大的突破，需要积极推动基础理论研究、支撑产品研发和核心技术成果市场化转化，形成良性的创新创造市场体系和生态系统。当前，我国面对核心技术瓶颈的限制和制约，如华为、中兴等新兴信息通信技术企业和腾讯、字节跳动新兴互联网企业受到各种限制和打压。没有过硬的技术储备、技术支撑和关键产品的市场基础和研发实力，必将受制于人。在当今复杂多变的国际形势下，不仅要发展5G核心技术，还要对云计算、大数据、人工智能和区块链等高新技术不断创新研究与发展。同时，实现核心技术突破的人才短缺和本领不足也是重要的制约因素。

[①] 孟庆国、郭媛媛、吴金鹏：《数字社会治理的概念内涵、重点领域和创新方向》，《社会治理》2023年第4期，第22~31页。

二 当前地方政府数字化转型与数据治理问题分析

（一）顶层设计规划进度滞后，整体统筹不充分

政府数字化转型并非数字技术在政府建设中的简单扩展，更需要站在政府整体视域进行统筹谋划和顶层设计。面对信息技术应用方兴未艾、计算技术快速更新迭代的信息化挑战，政府数字化转型与数据治理的统筹协调和规划应对难以跟上变化，在统筹规划数字政府基础设施、数据资源、业务应用、综合保障等方面体现出不充分和滞后性。这种迟滞导致经济调节的数字化程度低、市场监管的网络体系不完备、社会管理的智能化水平低、公共服务的在线化供给不足以及生态保护的集成能力弱等。[①] 总体上，地方政府对数字化转型的管理架构、业务架构、技术架构统筹不够，对数据驱动的政务服务新机制、新平台、新渠道认识不到位，在以数字化提升治理能力方面仍有差距。建设初期形成的信息孤岛、流通不畅等老问题仍然没有很好地得到解决，以业务协同、数据整合、流程再造、平台集成为核心的"统业务、统技术、统数据、统资源"大系统建设还存在不少实际问题，需要从总体规划和顶层制度设计层面对系统性一体化项目集成和工程改革进行完善。

（二）信息化建设运行成本高，财政资金难保障

数字政府涉及的网络基础设施、信息系统项目由于项目建设周期长，面临技术更新、升级压力、市场和公众需求瞬息变化的挑战，往往出现项目投入、运行、升级的财政支出和经费保障。数据是数字政府的核心要素，随着数字政府建设的不断推进，政务平台在服务类型、服务内容、服务方式、服务对象上渐趋丰富，所需处理的信息与共享的第三方数据正在呈指数型增长。地方政府在改造原有政务服务网、建设当地政务信息资源平台中需要对各级各类平台进行全面的整合、对接与集成，政务服务统一支付对接平台、用户

---

① 刘密霞、朱锐勋:《数字政府演化进路及其驱动模式分析》,《行政与法》2019 年第 10 期,第 22~28 页。

单点登录和跨平台访问时身份认证服务，这些都需要增加额外的经费。如何有效收集和管理海量的数据资源，如何以科学、规范的数据治理提升政务服务水平，提供更优质的公共服务，都需要在实践中不断探索与努力。

（三）政务数据共享缺乏动力，数据应用不充分

当前各地政府数字化转型共同面临的问题在于政务数据共享难度较大，分布在各部门的数据资源标准不一、整合共享力度不足。一方面，以往电子政务分批分期阶段性时差，导致缺乏统筹和统一规范；另一方面，政府部门的纵横条块分割和职责权属分治，使得相互之间也不愿主动协同共享。而且，为实现数据共享需要投入一些预算之外的成本，经费筹措比较困难。这就导致网络难互联、系统难互通、数据难汇聚、发展不均衡，业务流程、数据标准不统一，造成数据难以汇聚共享，业务难以协同联动，无法适应大数据发展的要求。此外，缺乏推进政务数据共享的激励措施也是影响数据开放和共享的因素。政务数据共享动力不足，数据共享的成效不显著，数据共享工程创造的价值就大打折扣。政务数据整体性治理与一体化的缺失，一方面导致数据挖掘和分析应用的全面性与准确性不足，难以从庞大的数据中获取有价值的信息，数据中的潜在价值很难产生效能；另一方面新兴的数据应用本身也有自身的挑战，难以全面发挥政府数据治理、数据决策的作用。

（四）审批流程标准规范不全，集约程度难提升

政府数字化转型与数据治理对政府职权法定化、服务事项标准化、审批流程规范化提出较高要求。目前，政务服务事项标准化面临事项不完整，职权和责任清单不匹配，网上服务流程不规范，电子认证、电子征信和网上信用缺失，在线填报、在线提交和在线审查的协作机制不健全等问题。另外，业务协同能力有限。线上办公尚未实现真正"一网通办""一网统管""一网协同"的统一平台，部门之间、地市之间的互联互通极为有限，政府之间、平台之间以及政府与平台之间的协同能力较低，无法实现业务系统的协同联

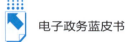

动，信息发布、数据流转、并联审批等流程还存在程序系统烦琐、耗时较长等问题，协同办公效率难以提升。

（五）数字技术人才队伍缺乏，迭代开发支撑少

当前，各地政府数字化转型与数据治理实践中急需综合型数字化人才和团队体系，要求他们在业务处理中不仅精通传统政府业务，而且能熟练运用数字化工具与技术创新工作，能够对社会化、互联网数据进行深度开发利用，从而能精准分析预测经济预警、风险防控和政策制定。然而，当前各级领导干部和公职人员的网信能力、数字素养与技能难以适应经济社会数字化转型的要求，胜任数字政府的理念、意识和素质尚有欠缺。政府数字化转型与数据治理的舆论引导和宣传推广不够，公众认知度和社会影响力还比较低，难以吸引高水平人才参与其中。要不断引进人才，需要为人才发挥自身聪明才智创造良好条件，完善激励机制和制度保障、从而吸引更多的人才为突破核心技术发力。当然，如果技术应用投入的人、财、物力成本较高，则有可能导致政府数字化建设的投入产出不成正比。此外，配套制度的缺失也让数字技术、数字人才难以充分发挥效用。科研院所、信息企业等社会力量较少参与到数字政府的研究中。对于数据治理，要充分了解社会公众对数据的态度和认知，精准把握人民群众关注什么、需要什么和如何获取等，对用户需求有一个整体把握是做到"以人为本、人民至上"的基础。

三 协同推进地方政府数字化转型与数据治理的对策

（一）以政府数字化转型引领治理现代化

面对数字化带来的根本性变革，只有顺应数字时代的时与势，充分发挥数字赋能效用，以数字化推动国家治理体系与治理能力提升。数据驱动的政府数字化转型推动着政务服务网络的进一步完善优化，政务服务标准化、网络化水平的全面提升，为推进治理现代化提供了有力的基础与支撑。

1. 聚焦"五位一体",整体谋划数字化转型

以决策科学化、监管精准化、治理精细化、服务高效化为目标,在经济建设方面推进数字经济与实体经济的融合发展,进一步整合线上与线下平台,以数字技术赋能经济的高质量发展,以数字关键生产要素激发市场配置活力和能动机制;在文化建设方面夯实并丰富社会主义核心价值体系,以数智技术赋能基本公共文化体育服务,推进传统媒体与新兴媒体的深度融合;在社会建设方面着力增强社会管理、社会治理和社会生活的数字化便捷化保障,不断筑牢党的全面领导的社会基础和群众基础;在生态保护方面着力强化环境保护数字治理的全领域、全过程。

2. 全要素推进政府数字化转型

充分运用数据思维,坚持以人民为中心的发展思想,推动网上政务服务与传统政务服务的融合互补,由分散向整体转变、由粗放向精准转变。疏通职能业务壁垒,整合政务信息资源、优化行政执行流程,提高跨部门协同能力,实现"纵向到底、横向到边"的制度创新,建设一体化高效运行的"整体政府"。以政府数字化转型与数据治理实现政府职能改革更加聚焦"公众需求",以数据聚合、数据共享与数据流动,赋能业务数据平台,促进一体化政务服务体系建设。[①]围绕规则制度、技术开发、开放合作、安全保障等构建科学、可靠、安全的数据治理体系,打造管理、业务、数据、技术"四位一体"的数字政府系统架构。

(二)建设人民满意的阳光效能智慧政府

以建设人民群众满意的阳光效能智慧政府为总体目标,以创新服务、提高效能为基本原则,突出服务导向、问题导向,为人民服务、对人民负责、受人民监督。

1. 持续完善一体化政务服务平台

推进政府审批服务全过程留痕、全流程监管,建立科学合理的管理指标

---

① 蒋敏娟:《机构改革背景下的政府数据治理:逻辑理路与行动框架》,《学海》2023 年第 3
  期,第 33~41 页。

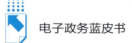

体系，实现政府办事公开、透明，依托"数字政府"打造"阳光政府"。重视公众意见的表达，依托数字技术和数字平台为公众参与政府数字化转型、参与社会事务治理提供机会和途径，把政务服务响应与公众需求反映、社会预期关注及时有效整合起来，更为广泛地扩大公众参与、社会监督和政民互动。

2. 优化政府职责体系，提升行政效能

以优化服务为目标，加快政府权责清单数字化、网络化转换，形成集约、高效、移动、安全的政务协同办公格局，确保一体化服务平台"五级联通"的全面实现。深化"最多跑一次""办事不出门、就近随时办""一网通办""好中差"驱动的效能政府建设，持续改善数字经济和新兴业态的营商环境。

3. 建立决策科学、治理精准、服务高效的智慧政府

以大数据、物联网、人工智能等技术为支撑，坚持"以用户为中心"的互联网思维进行设计。数字政府建设要遵循"用户本位"，而非根据政策需要设计服务。从满足群众与企业办事方便、快捷的需求出发，通过数字化变革使政务服务从"面对面"到"键对键"，打通惠民便民"最后一公里"，满足用户需求、改进服务。以数字化、数据化、智能化、智慧化为实施路径，加快推进"跨层级、跨地域、跨部门"的一体化联通共享，推动政府全方位、系统性变革。

（三）构建数据驱动的数字政府运行架构

数字化转型的关键要素包括信息化、领导力、数字技能和平台，构建强有力的组织架构和运行模式为数字化转型筑牢基础。

1. 数字政府运行架构整体设计

数字政府的总体架构与整体设计不只是技术问题，还要考虑与当地经济、社会、文化等相适应的问题。数字政府架构设计需要变革以往逐级分层、建设、管理与运营不分的情况，围绕"上下一体，管运分离"原则进行机制体制构建。为确保相对统一的标准和规范，在整体设计上应遵循上下一体化原则实现省—市—县级系统布局的技术架构，在管理模式上应采取"管运分离"的管理架构与业务架构，以管理部门的统筹与运营机构的服务实现权责明确、

分工配合与相互制约，使政府机构设置更加科学、职能更加优化、权责更加协同。各地区可在资源合理配置的原则指导下，依据各自的发展水平进行合理规划，在适当地保留特色下尽可能靠拢。

2. 构建规范化数字服务体系

在权力清单、责任清单和负面清单的基础上，系统科学地研究政府管理流程。统筹规划政务服务资源共享，按照统一数据标准规范，进一步对行政审批流程、服务重新梳理规范，构建面向公众的电子公共服务供给和获取规范体系。有效整合政务服务数据，形成数据汇聚、存储、治理、服务、反馈的闭环长效运营机制，进而建立数据鲜活、循环应用的大数据生态。

3. 以数据为核心夯实基础设施建设

加强基础数据基础设施建设，着力打造"数字底座＋数字服务＋数字安全＋数字生态"的四位一体数字治理模式。以数据的全生命周期治理为核心，构建流程规范、服务精准、监管精确、评估可信、安全可考的数据管控体系。通过大数据资源池的建设集中管理和调度数据资源，实现资源的高效利用和统一管理，满足政府在数字化转型中对数据处理与应用的迫切需求。同时，以统一建设模式分设多个数据中心，促进跨地区、跨部门、跨层级的流程关联和整合，真正实现数据的全覆盖。

（四）创新一体化政务服务建设运营模式

在数字政府建设中强化问题导向、服务导向，从"重建设、轻运营"逐步转变到"重建设、重运营"上来，"管运分离、政企合作"运营模式、政事企合作机制以及相应的风险防控机制，有助于有效整合优质力量，进一步提高政府的执行力和公信力。

1. 建立"政企合作"运营模式

由政府和合作企业双方共同组建数字政府建设运营中心，主要负责数字政府方案设计以及相关基础设施的建设，包括电子政务基础设施、系统管理、应用开发、数据融合、安全机制等专业运维工作。加强政事企之间的相互协作机制，让更多的互联网企业、社会组织与相关机构参与到数字政府建设中

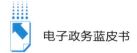
来，充分发挥技术机构的技术优势。在政企合作模式中，国企展现行业经验优势，弥补网络基础设施方面的短板；私企的经营模式更具有灵活性，形成"强强合作，联合创新"的政企合作模式。通过吸收"快速迭代""小步快跑"等互联网发展理念，提供"指尖办""掌上办"等便捷政务服务，提高数字政府服务效率。

2. 推行管运分离模式

将数字政府的管理机构与运营机构相对分离开来，加强与数字化领域优质企业的合作，以政企合作的形式共同推动数字政府建设。具体来说，"管理者"为政府数据管理部门，"运营者"为承担运行管理任务的独立企业或者实体。"管理者"负责统筹各领域、各部门的系统建设工作，组织协调各级各类数据资源的收集、整理、分类、应用及共享开放等工作，"运营者"负责政府数据运营相关工作，并对政务数据创新应用提供技术支撑，从而夯实数字政府建设的技术基础。同时，通过政企合作关系规范、政企协作会商机制等明确各主体的职责分工，通过突发事件应急预案、风险防控管理措施等的制定明确应急工作的分工与流程，为"管运分离"的建设运营提供刚性保障。

3. 探索大生态治理协作模式

通过构建规则、平台、渠道等良好的行政生态，让社会各方参与进来，充分发挥政府部门职能、运营商资源整合能力、企业创新活力和公众参与积极性。整合各方优势和主观能动性共同促成数字国家、数字政府和智慧社会的有机统一，最大限度用好信息化引领和互联网带动效应。运用大生态协作模式建设数字政府能够取长补短、积极吸收各方主体参与、突出面向服务的用户驱动理念，但对政府的统筹整合能力提出了更高的要求，对运营商、企业的投入力度和运营绩效也是一大考验。

（五）筑牢适应总体安全的数据安全体系

在数字政府的建设过程中，建立健全数据安全、信息安全和网络安全一体化的安全防范体系，提供可靠、可控和可信的信息网络安全基础设施和应用保障，是数字时代适应国家总体安全稳定与发展的可靠磐石。

1. 建设安全可信的数据诚信服务平台

以《中华人民共和国数据安全法》与《中华人民共和国个人信息保护法》作为数据安全、数据诚信的法治基石，围绕有关数据权属、数据确权、数据开发、数据交换、数据共享和数据监管进一步健全相关法律法规，进一步强化政府对数字身份、数字属性、数据算法和算力等关键数据要素的监管，建立健全信息资源和数据资产市场化、社会化发展的政策体系和规制规范，进一步加强信息和数据知识产权保护，营造安全可信的数据生态，维护数字要素市场的公平正义，提升数字政府效能和数字治理能力。

2. 网络平台数据载体的安全保障

与传统的数据业务和数据管理相比，政务服务互联互通后信息风险和安全问题更为突出。数据安全管理平台应围绕一网统管业务场景，在电子政务平台上建立立体安全防护体系，确保保护范围涵盖安全编码、安全存储、安全访问、安全监测和安全操作，通过"多维联动、立体防护"确保数据的全生命周期安全。建立数据安全管理的技术标准与规范制度，规范归集数据安全管理各环节信息，对数据安全操作进行有效管控，对安全信息进行感知、研判、预警、展示和处置。此外，为实现有效的数据安全保障，需要进一步加固政府业务专用的政务网络和对外网络平台，提供更安全的保密网络和技术保障，强化全链条数据资源保护。

B.7
政务数据协同治理的理论框架与现实路径*

张　腾**

摘　要： 当前，我国数据要素发展正处于基础制度建设的关键时期，其中政务数据在数据要素作用发挥中具有引领意义，因此，政务数据协同治理体系的建设尤为重要。本文基于政务数据概念梳理与相关研究动态把握，围绕技术与制度、数据与业务、利用与安全以及多元主体间的多重协同关系，构建政务数据协同治理框架，结合对实践现状的研究分析，提出通过加强重视、整合共享开放渠道、强化治理责任、坚持统分适度原则等方法措施，完善政务数据协同治理体系建设。

关键词： 政务数据　协同治理　数据开放

引　言

　　当前，数据成为基础性、战略性资源与关键生产要素，数据治理成为数字智能时代国家治理的重要内容，我国数据治理体系构建正处于基础制度建设的关键阶段。习近平总书记在主持中央全面深化改革委员会第二十六次会议时强调，"数据基础制度建设事关国家发展和安全大局，要维护国家数据安

---

　*　[基金项目]中国博士后科学基金第73批面上资助项目"利益衡量视域下公共数据流通运营的模式选择、权责分配与实现路径研究"（项目编号：2023M731905）。

**　张腾，清华大学公共管理学院博士后、助理研究员，主要研究方向为数据治理、数字政务。

全，保护个人信息和商业秘密，促进数据高效流通使用、赋能实体经济，统筹推进数据产权、流通交易、收益分配、安全治理，加快构建数据基础制度体系"。2022 年，中共中央、国务院印发《关于构建数据基础制度更好发挥数据要素作用的意见》，对数据基础制度体系建设作出系统布局。

公共数据、企业数据、社会数据与个人数据是我国数据资源体系的组成部分，而政务数据是公共数据的重要组成部分，作为最具价值的数据资源，政务数据更关乎国家、社会、经济发展过程中生产生活的各个方面。因此，政务数据治理机制与治理体系是当前数据基础制度建设的关键环节，完善政务数据治理机制，提升政务数据治理水平，释放政务数据价值，对于支撑国家治理能力现代化、发挥政务数据的引领作用、促进数据要素发展具有尤为重要的意义。

然而，在数据治理体系与数据基础制度建设过程中，政务数据治理仍面临着技术与制度、利用与安全、多元主体之间多重的协同关系，深深影响着政务数据的价值实现。在保障数据安全和个人隐私的前提下，持续释放政务数据价值，已成为政务机关数字化发展中的迫切需求。未来，如何凭借政策引导、制度规范、技术支撑、市场活力来强化有效的政务数据治理，构建多源汇聚、关联融合、高效共享的政务数据资源体系，深化政务数据开发利用，发挥其在国家治理、社会治理、生态治理中的重要作用，推动经济社会的长效发展，成为数据治理与数据要素发展领域亟须探索解决的前沿问题。

一　政务数据的概念界定与比较

数据作为新型生产要素，在学术研究、政策制定、实践探索等领域均成为当前的关注热点，同时，公共数据、政务数据、政府数据等概念被频繁使用，但并未形成明确、统一的概念体系，由于相关概念界定不清、内涵不明，所以不同语境下时常出现概念混淆、概念冲突等问题。不同类型、不同范畴的数据承载着不同的公共价值和经济价值，理顺诸多概念间的关系和政务数据概念的边界，是推动政务数据价值实现的最基本条件。

（一）国际上对政府数据的关注

从国际上看，自 20 世纪末以来，政府数据开放（Open Government Data）行动的兴起和发展，使得人们逐渐认识到向社会开放政府数据并加以利用，除了在政府透明度提升与行政问责机制优化等方面具有重要作用，对于提高行政效率、改善公共服务质量、变革治理模式同样显现出了良好的效用。政府数据的概念界定离不开政府数据开放创新应用实践。

目前，政府数据开放仍然是国际上有关数据治理议题探讨的重要内容，虽然在不同的学术论文、政策文本或调查报告中，对于政府数据的定义会根据不同的研究视角和具体研究问题进行一定的扩张或收缩，但总体上，政府数据概念的核心仍然指的是政府在管理和服务过程中，基于获取、收集、制作、使用、存储等处理行为产生、形成的大量数据，并且这部分数据被视为最具价值的数据。在此共识基础上，世界各国积极的数据发展策略和实践进一步证明，政府数据不仅成为数字化转型阶段新兴的公共产品，也成为现代政府必要的治理工具和手段，政府数据的公共治理价值、社会创新应用价值与经济价值等也因此被广泛讨论[1]。

（二）国内政务数据相关概念渊源与界定

从国内理论与实践发展来看，除了政府数据外，公共数据和政务数据这两个概念也常常被论及。近年来，我国在制定有关数据治理及数据要素发展的主要法律、政策文件的过程中，均展开了充分的调研、专家论证，以及广泛地征询了部门、地方、企业、社会和群众意见，相关法律和政策文件中的公共数据、政务数据和政府数据概念界定基于多方观点、意见的综合考量和平衡，并且在本土话语体系中具有普遍性适用意义。

1. 公共数据的概念

2016 年，全国人大常委会通过了《中华人民共和国网络安全法》，其中

---

[1] Zuiderwijk, A.,Janssen, M. Towards Decision Support for Disclosing Data: Closed or Open Data?[J]. *Information Polity*, 2015,20b: 103 – 117.

第十八条第一款宣示性地提出促进公共数据资源开放,这是我国第一次在全国性法律文件中明确使用"公共数据"的表述。此后,《中华人民共和国电子商务法》等法律、法规和规章也开始使用"公共数据"的概念,但并未对公共数据进行内涵解释与概念界定。2022年底,中共中央、国务院印发《关于构建数据基础制度更好发挥数据要素作用的意见》(以下简称"数据二十条"),系统性地对我国数据基础制度建设和数据要素发展作出了整体布局,是我国数据治理领域重要的顶层设计之一。"数据二十条"将数据资源分为公共数据、企业数据和个人数据,并在推进实施公共数据确权授权机制相关要求中,对公共数据进行了具体描述,即"各级党政机关、企事业单位依法履职或提供公共服务过程中产生的公共数据"。

2. 政务数据的概念

2021年,全国人大常委会通过了《中华人民共和国数据安全法》,其中明确使用了"政务数据"的概念,其中设有"政务数据安全与开放"专章,包含7个具体条文,就相关问题作出了一系列规定。根据上述条文,可以归纳为,政务数据是在推进数字政务建设的背景下,国家机关或法律、法规授权的具有管理公共事务职能的组织,为履行法定职责而产生的数据。2022年,国务院办公厅印发《全国一体化政务大数据体系建设指南》(以下简称《建设指南》),但未明确界定"政务大数据"概念,通过联系上下文语义,可以发现《建设指南》强调全国一体化政务大数据体系与外部党委、人大、政协、纪委监委、法院、检察院和军队等机构数据的对接,因此《建设指南》对政务数据的界定范围并不包括政府以外其他国家机关的数据。另外,早在2016年,国务院印发了《政务信息资源共享管理暂行办法》,其中政务信息资源概念更侧重于与传统纸质资料的区别,其主体是政务部门,即政府部门及法律法规授权具有行政职能的事业单位和社会组织。在一定程度上可以将"政务大数据"和"政务信息资源"理解为政府数据、狭义的政务数据,而非完整的政务数据概念。

(三)政务数据相关概念比较

公共数据、政务数据、政府数据三者之间存在紧密的关系,同时又是相

互区别的独立概念，在学术研究与法律政策文件中也有着广义和狭义的不同界定，通过对概念进行比较，能够进一步明确公共数据、政务数据、政府数据三者的内涵和边界（见图1）。

图 1　政务数据相关概念关系

在概念范围上，公共数据的定义是最为宽泛的，包含了一切与公共事务相关且具有公共属性、公共价值的数据，政务数据的概念是在公共数据概念范围内的、具有政务管理属性的数据，而政府数据范围更小，是政务数据的一种类型，主要指具有行政管理属性的数据。在主体上，公共数据的主体是各级党政机关和符合一定条件的企事业单位，包括党的机关、人大机关、行政机关、政协机关、审判机关、检察机关、监察机关以及工会、共青团、妇联等人民团体，还包括依法履行公共职能或提供公共服务的企事业单位等。与公共数据相比，政务数据的主体不包括提供公共服务的企事业单位，例如供水、供电、供气、公共交通等公共服务运营单位等。政府数据的主体则仅包括行政机关和法律、法规授权履行公共行政职能的企事业单位等。

二　政务数据治理的研究动态

当前国内外相关研究的关注重点仍然在于政府数据治理，对于更广义范围上的政务数据治理的研究甚少。本文以政务数据为研究对象，主要关注各级党政机关在执政履职过程中是如何对数据进行治理的，以及如何利用数据促进治理变革，从而实现数据价值等问题。

（一）政务数据治理相关研究的转向

早期有关政务数据治理的国内外研究主要集中在政府数据共享交换与无条件开放两个场景，随着实践发展与理论研究的深入，有关数据共享定义、互操作性等讨论逐渐转向共享协同机制研究，对政府数据开放的价值、绩效、平台的关注[①]，转向多元主体关系、生态系统构建等方面[②]。

国内外学者从不同学科视角出发，对公共领域的数据治理问题逐渐展开大量多维、细致的研究，关注到了政务数据内部流动和外部流动的区别，以及从技术导向转变为制度导向。在技术维度，政务数据流动遵循"流动空间"理论，其所在的数字空间可分为数字机器、应用系统、数据网络和信息空间[③]。在制度维度，政务数据流动涉及多元利益主体、复杂的权责关系、面临多重既有困境[④]。

近年来，政务数据要素化成为前沿各地探索实践的热点问题，有关政府数据要素化、政府数据授权运营的研究议题也得到了学界越来越多的关注，政务数据在外部流动中，可以基于行政手段与市场机制两种要素化途径，形态发生了资源化、资产化、要素化递变，这一过程也使得数据价值被释放、实现。

[①] 郑磊、韩笑、朱晓婷：《地方政府数据开放平台研究：功能与体验》，《电子政务》2019 年第 9 期，第 12~22 页。

[②] Luigi Reggi, Sharon S. Dawes. Creating Open Government Data Ecosystems: Network Relations among Governments, User Communities, NGOs and the Media[J]. *Government Information Quarterly*, 2022,39(2).

[③] 黄璜：《对"数据流动"的治理——论政府数据治理的理论嬗变与框架》，《南京社会科学》2018 年第 2 期，第 53~62 页。

[④] 张会平、顾勤：《政府数据流动：方式、实践困境与协同治理》，《治理研究》2022 年第 3 期，第 59~69 页。

（二）政务数据整体性治理问题研究

学术界与实践界很早就认识到政务数据整体性治理的必要性，对政务数据治理的理论与政策框架、目标与原则、公共价值创造等基础性问题展开研究，有关政务数据治理影响因素、利用能力、互动关系、潜在风险等重点问题的研究中均体现了系统性、协同性的理念[①]。

数据治理对政府发展、社会治理具有整体驱动作用，政务数据共享、开放与市场化运营之间存在紧密的关系，且面临着数据权属不清、层级之间相互掣肘、流动组织不成体系等一致性的发展困境，亟须以整体协同的制度方式推进政务数据治理。

（三）政务数据治理问题的复杂性

政务数据治理是在技术、制度、组织、市场、环境等多重因素影响和作用下的行为结果，正是由于政务数据治理问题具有较强的复杂性，公共管理学、法学、图书情报学、经济学、社会学、计算机学等不同学科领域的学者对政务数据治理问题均有所关注和讨论。例如，法学领域学者提出政务数据治理中可能存在违法行为，应妥当平衡数据流通与信息主体权利保护，数据确权与利用应遵循责任保护规则，政务数据不具有可直接交易的渊源和法理，并且不同状态下政务数据具有不同的法律属性，适用不同的制度规则和法律框架，这些讨论对立法、公共政策制定、司法审判等均具有重要意义[②]。因此，更为全面、体系化的政务数据治理分析框架成为研究相关问题的必要理论工具。

从政务数据流动的整个生态来看，多元主体之间角色定位不同、关系网络复杂、利益权责分配难度大、受内外部环境影响较大。在实践起步与基础制度构建的初期，面对数据要素市场的经济、效率（效益）等价值追求与公

---

① 安小米、许济沧、黄婕等：《政府数据治理与利用能力研究：现状、问题与建议》，《图书情报知识》2021年第5期，第20~33页。

② 李海敏：《我国政府数据的法律属性与开放之道》，《行政法学研究》2020年第6期，第144~160页。

共社会的公平、正义、安全等价值追求之间的博弈，需要考量综合政务数据管理方、持有方、运营方、需求方、受益公众等各主体间的协同关系和价值共创能力。通过探究政务数据治理中多元主体、影响因素之间的作用和互动关系，建立政务数据协同治理框架体系，围绕政务数据价值实现的共同目标，基于多元主体间的协同性行动表现，分析当前政务数据协同治理面临的问题与挑战，可为政务数据价值实现提供路径参考。

三　政务数据治理中的多维协同框架与价值实现机制

（一）强化协同治理是数据要素价值实现的关键

数据是全球性的战略资源，数据治理也是一个全球性的治理问题，数据要素驱动着人类社会发生颠覆性变革，数据治理体系的建设决定了数据效能发挥。政务数据治理的核心对象是数据，然而政务数据治理体系实则是一个多层次、多维度的复杂生态，以往"各自为政"的发展模式在数字政务建设与数据要素作用发挥过程中不再适用，"信息孤岛""数据烟囱"反而是数字化发展的阻碍。数据流动与融合能够为更好发挥数据要素作用提供资源基础与价值增量，数据的共享、汇聚在治理领域和市场领域都有着广泛的需求，政务数据协同治理是整合各方力量、为治理体系现代化和经济社会高质量发展赋能的有效途径。

（二）政务数据治理中的多维协同关系

1. 技术与制度协同

技术与制度的协同是政务数据治理与发展的基础保障，也是当前我国数据基础制度建设阶段的重点任务。数字化技术的发展和应用引发生产、生活方式变革，同时也带来了国家治理模式的变革，这些变革会随着向前的历史车轮不断迭代，也会因人类社会努力适应的积极应对而最终通过制度的形式得以固化。新技术的产生必然会对既有制度体系带来冲击和挑战，新的制度体系建立并不是一味地迎合新技术，而是以发展需要为根本，完善技术监管

109

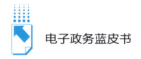

机制，促进技术创新与赋能，重塑行为规范和规则。

2. 数据与业务协同

数据与业务的协同是政务数据治理的主要抓手，以数据为基础，赋能业务应用，能够为数字政务建设提供智能化、智慧化辅助与支撑，从而促进提升执政履职能力。近年来，各级党政机关在政务信息系统建设与整合方面开展了大量工作，不断健全数据全生命周期管理机制。数据来源于业务，但政务数据治理在一定程度和范围上要打破业务界限，才能够实现从数据的协同到业务的协同。整合机关内部或部门内部各个业务系统的数据资源，推动业务数据化向数据业务化转变，基于业务流程再造深化数字政务纵深发展，基于政务数据协同治理提升跨部门业务协同能力。

3. 利用与安全协同

利用与安全的协同是政务数据价值实现的决定性因素。政务数据利用与安全的协同是治理中最为关键的辩证关系，一方面，政务数据的公共价值、经济价值均需要在开发利用的过程中得以释放；另一方面，政务数据安全保护是治理底线，一切利用行为都不能脱离安全可控的治理环境。政务数据治理应始终坚持安全与发展并重，确保国家安全、社会安全稳定、切实维护企业与广大群众的合法权益，推动安全与利用协调发展，这是促进政务数据治理健康可持续发展的重要前提。

4. 多元主体协同

多元主体间的协同是政务数据协同治理与价值共创的核心内容。数字政务的推行使得政务部门愈加开放，企业、社会在公共服务供给中起到了越来越重要的作用，公众参与公共决策的渠道不断拓宽、形式逐渐多元化，开放的治理模式离不开多元主体的共同参与和强互动。政务数据治理是各级党政机关、企事业单位、社会组织、专家智库、公众等多元主体在积极推进数据资源公共价值与经济价值释放过程中的协同行动。研究多元主体在政务数据治理中的角色与责任，探讨并寻求解决利益分配、资源整合等问题的合作机制，实现多方协同发展，才能推动政务数据价值实现与整体治理效能提升，形成共建共享共治的发展格局。

（三）政务数据的价值实现机制

1. 政务数据的公共价值、治理价值与经济价值

在大数据、人工智能等新技术应用逐渐成熟且普遍的背景下，政务数据的价值也因此得以实现，其中政务数据在被合理利用的过程中给社会整体、普遍的公众带来的公共价值得到重视[1]。随着数字政务的推行，政务数据在优化业务流程、创新治理模式和提升履职能力等方面显现出重要的治理价值，数据对执政、立法、司法、行政、监察等能力的赋能作用成为治理体系和治理能力现代化的重要推动力。当前，数据成为新型生产要素，数据要素流通与市场化配置进一步推动了政务数据经济价值的挖掘，数字化条件下公共领域与市场领域的界限不再是"泾渭分明"的关系，公共领域的政务数据对于数字经济的发展同样具有重要意义。

2. 政务数据的价值实现方式

政务数据的开发利用能够为社会公众带来公共价值、为企业和市场带来经济价值、为政务部门自身带来治理价值，结合理论与实践发展情况来看，政务数据价值实现是政务数据在多维协同的治理框架下基于公共权力配置或市场化配置途径，在政务部门内部、政务部门之间、政务部门外部流动和流通中发挥作用价值，为公共社会、市场经济和国家治理赋能的过程。政务数据价值实现的方式包括价值释放和价值创造，前者主要是政务数据自身存量价值作用的发挥，后者主要是政务数据与企业数据、社会数据等其他数据汇聚融合应用或数据产品开发过程中增量价值的发挥。

3. 政府数据运营流通模式创新应运而生

面向数据要素价值实现，在政府推动与市场发展需要的双重作用下，企业在政务数据治理中有了更为深入和广泛的参与。在党和国家政策指导与支持下，地方政府在政府数据创新应用、数字经济发展方面的积极性、灵活性较高，实践案例也较多。当前国家与地方积极探索基于市场化机制而非行政

---

[1] 王本刚、马海群:《公共数据的公共价值研究——以国内外相关政策和报告为核心的解读》，《情报理论与实践》2022 年第 10 期，第 1~10 页。

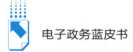

方式实现政务数据使用权的市场化配置，例如原始数据不出域、数据"可用不可见"的政府数据授权运营等新模式应运而生，市场主体参与积极性被进一步调动，政府数据开发利用场景也不断丰富。政务数据的经济价值实现尚处于起步的早期阶段，除政府机关外，其他党政机关政务数据在市场化开发利用机制探索上较为滞后，目前的政务数据应用主要是在治理领域，也有政务部门面向社会开展了数据开放活动，但直接面向政务数据经济价值实现的运营活动则几乎空白。

四　我国政务数据协同治理的实践现状

（一）统筹管理的体制机制基本建立

在政务数据治理的早期阶段，政务部门基于业务数据化而建立的管理制度，已无法适应数字化发展和治理变革的需要，"碎片化""分散式"的建设管理模式逐渐向"集约化""统筹式"的建设管理模式转变，无论是政务部门内部还是政务部门之间，无论是国家层面还是地方层面，统筹管理的体系机制在实践探索中均发挥了良好效用，尤其是在推动技术与制度协同、多元主体协同方面。近年来，国家层面建立了国家电子政务统筹协调机制、政务数据共享协调机制，召开促进大数据发展部际联席会议等，国务院办公厅统筹全国一体化政务大数据体系的建设和管理，整合形成国家政务大数据平台，中央部委普遍设置大数据中心或信息中心，各地均明确了数据管理职能机构，随着新一轮党和国家机构改革，组建了国家数据局，围绕数据要素的统筹管理体制机制基本建立，为充分调动发挥各职能部门积极性、协调各方关系、促进政务数据治理发展，形成了长效制度和组织保障机制。

（二）数据对履职能力的赋能效用显著提升

数字时代对个人与国家发展能力的定义与要求发生了质的变化，数字领导力和履职能力的提升，是数字化条件下党的执政能力建设与国家数字化发展能力建设的关键。政务数据的治理价值在数字化履职能力培育上发挥着重要效能，政务部门积极推进数据与业务协同，探索政务数据创新应用，在服务、监管（监督）、决策、执法、审判等领域已取得显著成效。《省级政府和重点城市一体化政务服务能力评估报告（2022）》显示，省级政府政务服务能力总体指数普遍达到"非常高"或"高"的发展水平，并且已不存在"低"发展水平的省级政府。2022 年，最高人民法院依托人民法院大数据管理和服务平台，累计汇集全国法院 2.93 亿件案件信息，每年自动生成 750 万张司法统计报表，人民法院彻底告别人工统计时代，建成面向社会治理的司法指数体系，累计开展了 1200 余项专题分析，高质量服务于司法管理和社会治理。全国政协初步汇聚全国政协委员履职数据，开展委员履职统计、提案、大会发言等数据的综合分析利用，部分地方政协对委员履职数据进行动态分析、实时画像，推动履职评价更加科学精准，有效激发了委员为国履职、为民尽责的积极性、创造性。

（三）政务数据共享开放体系逐步优化

当前，政府数据的共享交换依托全国一体化政务服务平台和国家数据共享交换平台枢纽，建设覆盖国务院部门、省级地方的数据共享交换体系，并将对接党委、人大、政协、纪委监委、法院、检察院和军队等机构数据，遵循互联互通、资源共享的原则，结合实际情况采用总对总系统联通或分级对接。国家公共数据开放平台还未上线，但政务数据开放体系在持续构建，一体化的数据开放平台在诸多地方得到实践，国家层面部分部门率先选取了公共价值较高、风险较低的政务数据开展试点性的数据开放活动或以点对点的方式有条件地开展政务数据授权应用。同时，除了政务部门之间的数据共享交换外，政务部门与外部组织间的数据共享协同需要也在不断增加。例如，最高人民检察院全面加强内部数据管理，制定《检察业务数据管理办法》，不断加强与外部单位的数据共享，2022 年，涉案企业合规第三方机制业务办理系统建成上线，实现检察机关、第三方机制管委会协同办案，是检察机关首次与外单位系统实现总对总业务协同，充分利用大数据技术开展法律监督工作，全面促进了检察工作的高质量发展。

（四）利用与安全并重的发展观念成为共识

在党和国家对数字化发展的高度重视与政务数据治理相关法规政策的推动下，利用与安全并重的中国式数据发展观念逐渐形成，并成为理论与实践领域的价值共识。然而，由于不同政务部门、不同地方、不同领域的数字化发展水平存在差距，在前沿创新的实际发展层面，仍然存在为了安全放弃发展、为了发展不顾安全等现实问题。数字化建设前期产生的诸多问题在长期的实践发展中得到了解决，但也有新的问题在不断产生，对利用与安全并重的发展要求也因此提高。

五　完善政务数据协同治理体系的路径建议

一是重视政务数据开发利用的政治效能，全面支撑国家治理现代化。在我国，广泛、海量而重要的政务数据是国家数据资源体系的重头部分，其中政府数据在数据要素市场发展中具有引领作用[①]，在以政府数据创新应用为牵引的前提下，逐步探索各级党政机关政务数据开发利用，通过强化协同从而最大化地激发政务数据价值释放，充分发挥政务数据治理效能，提升党的执政能力、人大的立法能力、政府的行政能力、法院检察院的司法能力和监察机关的监督能力等，全面支撑国家治理体系与治理能力现代化。

二是充分整合政务数据共享开放渠道，保障政务数据流动畅通。政务数据资源体系庞杂，以最为核心的政府数据为抓手，通过一体化的政府数据共享交换枢纽，逐步加强与其他党政机关、政务部门、企事业单位间的共享开放渠道整合，建设形成集约、贯通、横纵交织的政务数据共享开放网络，并以此为政务数据共享交换的基础框架和主要场域，有效支撑共享开放体系的建设运行。

三是强化政务数据治理责任，协调多元主体关系。国务院部门数据共享

---

① 　丁煌、马小成：《数据要素驱动数字经济发展的治理逻辑与创新进路——以贵州省大数据综合试验区建设为例》，《理论与改革》2021 年第 6 期，第 128~139 页。

责任清单在推进数据共享交换过程中起到了积极作用，明确政务数据相关责任与职责边界是当前政务数据协同治理的重要任务。政务数据治理责任体系的构建将成为推动利用与安全协同的关键契机，明晰的责任关系和内容，建立权责适应多元主体关系，充分发挥各方优势作用，能够促进形成规范有序的开发利用生态和切实有序的安全保障环境。

四是坚持统分适度的建设原则，保持政务数据治理的创新活力。随着政务数据开发利用的广泛发展，基于业务协同、治理创新、社会需求等不同场景，尽快全面统筹布局政务数据开发利用制度规则，深度挖掘政务数据治理价值、公共价值与经济价值，在数据调用、核验等方式和一体化平台模式尚不能满足特定的政务数据共享开放或利用要求时，适度创新开展多元化的共享开放方式和运营模式试点，为完善、丰富政务数据治理体系建设提供实践经验与案例参考。

服务创新篇

B.8
政务服务"跨省通办"模式创新研究[*]

王益民　丁　艺　刘旭然^{**}

摘　要: 政务服务"跨省通办"是数字化背景下的一项政务服务创新,通
过运用信息技术手段推动政务服务跨省域一体化办理,能够有效
破解企业和群众往来异地办事"折返跑"等问题。在政务服务数
字化转型趋势下,政务服务"跨省通办"实践在标准化、数据共
享和业务流程等方面面临困境,还存在一些薄弱环节。为增强政
务服务"跨省通办"的整体效能和改革后劲,未来重点是持续推

---

* 本文为国家社会科学基金"政府数字化转型的创新机理与路径解析研究"(项目编号:
20BGL288)的阶段性成果。
** 王益民,中共中央党校(国家行政学院)电子政务研究中心主任、信息技术部主任,国家
电子政务专家委员会副主任;丁艺,中共中央党校(国家行政学院)电子政务研究中心副
研究员;刘旭然,北京电子科技学院讲师。

动标准化建设，增强府际联动机制，强化一体化平台支撑作用，夯实数据治理基础和能力，加快业务流程整体性再造。

关键词： 政务服务　跨省通办　一体化平台　数据共享

一　"跨省通办"现状

（一）"跨省通办"事项类型

政务服务"跨省通办"改革实践既有从国家层面由部委统筹推进的，亦有地方政府间通过"联姻结对"方式合作推动的。参照国办相关文件，"跨省通办"事项可分为"全国范围内通办"事项及"点对点通办"事项。

一是全国范围内通办事项。由国家层面统一事项信息、办理标准、材料标准的事项，通过国务院有关部门垂管系统直接办理，或者由国家和各地政务服务平台收件，经国家"跨省通办"支撑系统流转到各办理地实现"跨省通办"。2020年9月《国务院办公厅关于加快推进政务服务"跨省通办"的指导意见》出台，提出140项全国高频政务服务"跨省通办"事项清单；2022年10月《国务院办公厅关于扩大政务服务"跨省通办"范围进一步提升服务效能的意见》出台，新增22项全国政务服务"跨省通办"事项。两个文件的共同之处在于，162项全国通办事项均由国务院部委牵头推动。例如，上述文件中明确了由公安部负责统筹临时身份证办理、子女投靠父母户口迁移等"跨省通办"事项，又如，由人力资源和社会保障部统筹城乡居民养老保险参保登记、城乡居民养老保险待遇申请等"跨省通办"事项。

二是地域间的点对点通办事项。由两地（或多地）相互协商授权对方代收、代办的事项，该类事项的事项信息、办理标准、材料标准由参与各方协商确定；相关事项可提交国家政务服务平台"跨省通办"支撑系统备案，并通过支撑系统完成事项、办件、材料的流转工作。2019年3月，国务院办公厅出台《长三角地区政务服务"一网通办"试点工作方案》，要求依托国家一体化政务服务平台以及沪、苏、浙、皖政务服务平台，推广三省一市"一网通办""最多跑一次""不见面审批"等改革经验，促进长三角地区政务服务"一网通办"。2019年，为深入贯彻落实京津冀协同发展国家战略，国务院办公厅出台《京津冀地区政务服务"一网通办"试点工作方案》。2021年4月，渝、川、贵、滇、藏五省区市共同签署了"跨省通办"合作协议，2022年广西加入合作，"西南五省"跨省通办拓展为"西南地区"跨省通办。此外，粤港澳大湾区等许多地方出于经济社会发展需要，由地方政府之间通过跨域合作推动的跨省域政务服务一体化创新不断涌现。

（二）业务模式类型

根据政务服务"跨省通办"指导意见，"跨省通办"业务模式主要包括全程网办、异地代收代办和多地联办三种类型。

一是全程网办模式。"全程网办"模式下申请人通过网络即可远程完成所办理事项全部环节的办理。具体有两种实现方式：单点登录和国家政务服务平台代收。首先，单点登录方式是依托全国一体化政务服务平台统一身份认证对接，实现"跨省通办"事项由国家政务服务平台单点登录跳转至业务办理属地省级政务服务平台进行业务申报（详见图1）。其次，国家政务服务平台代收方式是通过国家政务服务平台的前端收件功能和国家政务服务平台"跨省通办"支撑系统的数据流转能力，实现情形化办理引导、办件信息预填、办件数据流转、结果网络送达等全流程网上办理（详见图2）。

二是异地代收代办模式。法律法规对于申请人到现场办理有明确要求的政务服务事项，通常采取"收受分离"的方式，申请人所在地部门完成"收取、查验等"，通过后邮寄到业务属地部门进行办理，这种模式即"异地代收代办"。已开通"跨省通办"事项的业务属地，可授予其他地区代收本省区域内相关"跨省通办"事项的权力，通过省级政务服务平台"跨省通办"支撑系统或国家政务服务平台"跨省通办"支撑系统实现异地收件的办理模式。已开通"跨省通办"事项的业务属地，可授予其他地区代为行使本省区域内相关"跨省通办"事项的收件权，通过省级政务服务平台"跨省通办"支撑

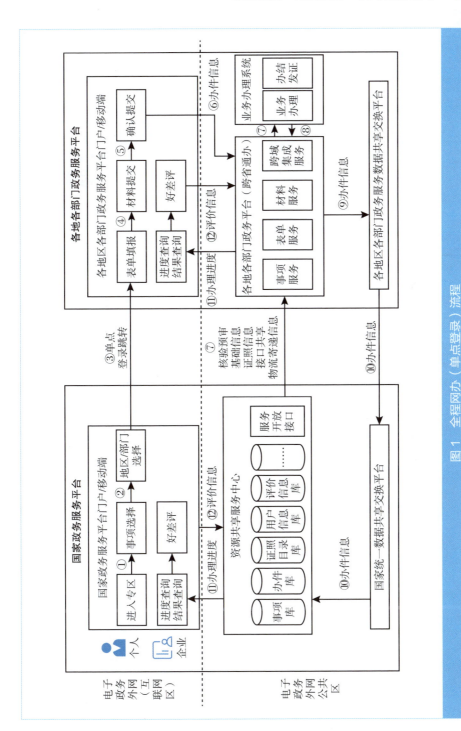

图 1　全程网办（单点登录）流程

119

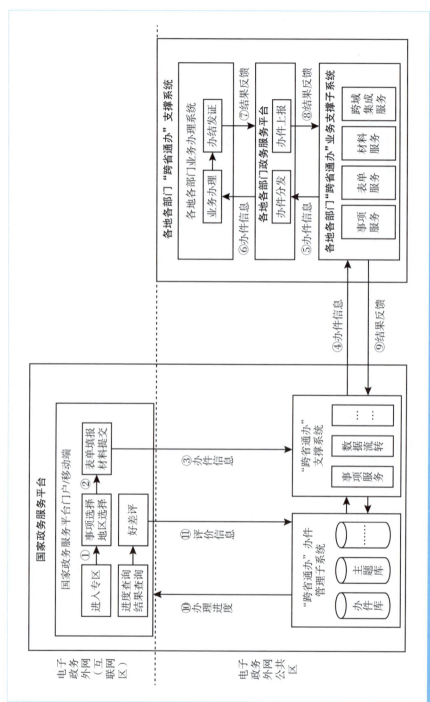

图 2 全程网办（国家政务服务平台代收）流程

系统或国家政务服务平台"跨省通办"支撑系统实现异地收件的办理模式。具体而言，分为异地代收代办（线下代收，详见图3）和异地代收代办（线上预审、线下代收，详见图4）等方式，其中，异地代收代办（线上预审、线下代收）采用线上预审、线下代收、异地代办的模式进行事项办理。

三是多地联办模式。多地联办是指一个"跨省通办"事项或多个"跨省通办"事项组成的联办事项，是需要由多个业务办理属地协作完成的业务模式（详见图5）。"多地联办"模式聚焦于需要申请人分别到不同地方进行现场办理的政务服务事项，通过一地受理申请、各地政府部门内部协同的方式，尽可能地减少申请人的跑动次数。

二 主要成效

政务服务"跨省通办"改革运用"政府即平台"理念促进技术、数据和业务加速融合，推动政务服务跨省域一体化办理，有效破解了企业和群众往来异地办事"折返跑"等问题，是促进人口和生产要素自由流动、提升人民群众幸福感和获得感的有效途径。

一是国家一体化政务服务平台成为"跨省通办"总枢纽。2020年12月，国家政务服务平台"跨省通办"专区上线运行，三年来，专区覆盖了教育、就业、医疗、社保、婚姻、养老、居住等与群众生活密切相关的高频事项并持续支撑更多业务实现全国范围通办。截至2021年底，国家政务服务平台累计向各地各部门共享防疫相关数据1811.05亿次，面对老年人出行困难，国家政务服务平台及时推出"防疫健康信息码－老幼健康码助查询"功能，不断满足群众办事需求。截至2023年8月，围绕与群众生活密切相关的异地办事需求，明确了151项"跨省通办"个人高频政务服务事项，以及包括设立变更、准营准办、商务贸易等170个法人办事事项接入国家政务服务平台"跨省通办"专区，且"一站入、一站办、一站评"的服务体验得到持续优化。此外，京津冀、长三角区域、泛珠区域、川渝、西南地区、东北三省一区等区域"跨省通办"支撑系统与国家政务服务平台"跨省通办"支撑系统加速

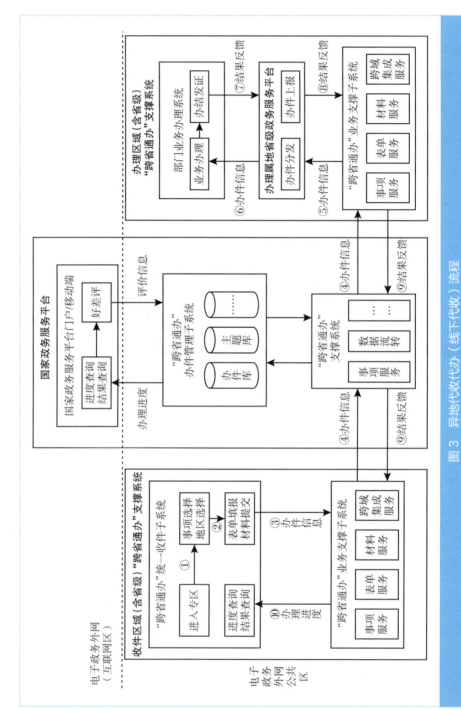

图3 异地代收代办（线下代收）流程

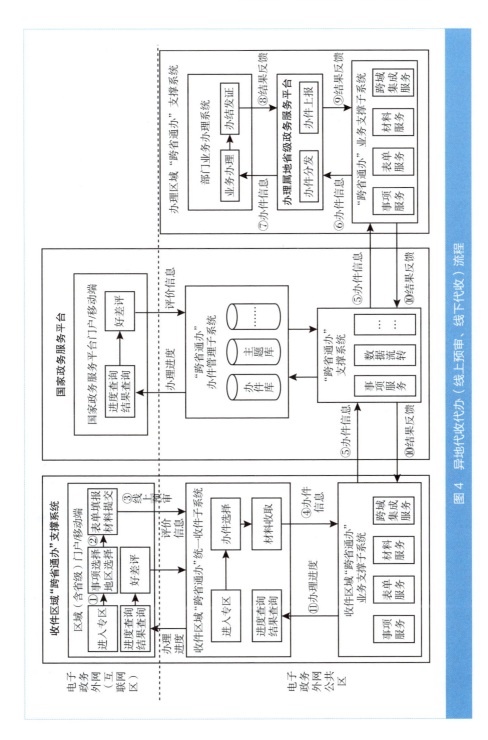

图 4　异地代收代办（线上预审、线下代收）流程

123

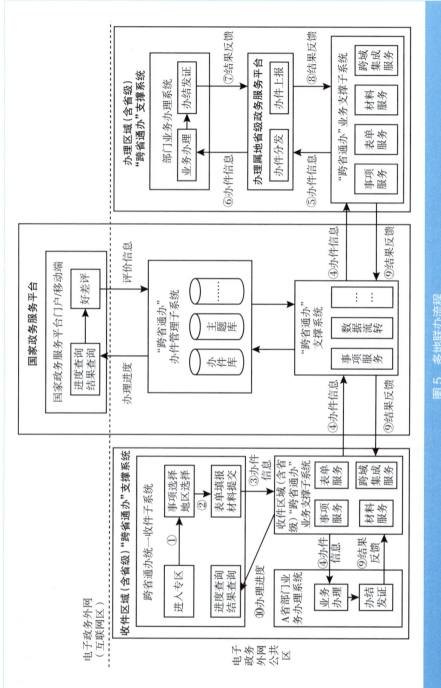

图 5　多地联办流程

融合，充分运用统一身份认证、统一证照服务等公共支撑功能，根据国家要求动态增加共享数据，加快事项、办件和证照等各类数据共享。

二是数据驱动通办事项协同办理成效显著。数据驱动下的跨地区、跨部门、跨层级协同联办，优化了"减材料、减环节、减时限、减跑动"等服务体验。以婚姻登记"跨省通办"为例，自 2018 年 1 月，全国各省（区、市）向民政部全国婚姻信息数据库推送登记数据，截至 2023 年 5 月，我国 21 个省（自治区、直辖市）实施结婚登记和离婚登记"跨省通办"试点，覆盖了我国总人口的 78.5%。立足"跨省通办"服务场景，政府部门运用大数据和云计算等技术对办件过程数据、办理结果数据的分析，促进各类数据资源的整合利用，将人、企业和政策等数据化、标签化从而构建用户"画像"，聚焦办事场景提供精准服务，从"人找服务"变成"服务找人"。如，公安部积极推动与卫生健康部门实现出生医学证明等相关数据共享，加快实现新生儿入户服务"跨省通办"。此外，我国多个区域建立完善电子证照互认应用合作机制，按照电子证照"一地发布、跨省互认"的原则，梳理公布高频电子证照互认互信清单，丰富电子证照应用场景，推动身份证、社保卡、驾驶证、结婚证、营业执照、经营许可证等高频电子证照在政务服务合作区域内共享互认，让"数据多跑路，群众少跑腿"成为常态，为满足各类市场主体和广大人民群众异地办事需求提供便捷服务。

三是新技术融合运用为跨省通办持续赋能。人工智能、区块链等新技术与政务服务"跨省通办"业务融合应用，技术"赋能"作用持续增强。如，北京市深入推动"区块链 + 政务服务"应用，充分发挥区块链独特的信任体系和信任机制优势，推动不同地域的审批业务和便民事项上链，结合业务模型算法等技术，依托对"跨省通办"事项审核要点的细化梳理，由系统自动开展"智慧审批"，使办事企业、群众获得"秒批"服务体验。又如，配备智能自助工作台、智能终端和智能文件柜等各类自助终端设备，实现自助工作台与智能文件柜联动办理，借助自助机强化异地办理的"自助申报""证明打印"等功能，方便有需求的群众和企业实现异地自助服务办理，实现 365 天全天候"不打烊"的便民服务。2023 年，长三角一体化发展示范区已接入高

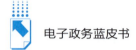

频企业事项、民生事项、常用证明等 2500 余项，以"人机互动"模式打破时空限制，让企业群众共享区域一体化发展成果。再如，远程身份核验技术被应用到公证等多个服务场景，司法部推进部分公证事项"跨省通办"，确定295 家公证机构与驻外使领馆共同开展海外远程视频公证，解决在海外的中国公民无法回国办理公证的实际困难。

四是跨省通办合作联盟的辐射带动效应凸显。各省市和区域结合本地群众需求，持续扩大跨省通办"朋友圈"，明显提升对经济社会发展的辐射带动效应。如，京津冀经开区跨省通办改革实现了从"通办事项"到"协作机制"，再到"合作联盟"的迭代升级。京津冀将三地经开区办理量大、企业群众需求强的事项作为通办重点，建立"点对点"式即时沟通协作机制，帮助办事人实现异地办事。目前，京津冀经开区以"合作联盟"为载体，逐步扩大与国家级经开区的合作，将跨省通办服务创新引向纵深。截至 2023 年，北京经开区已与天津经开区、广州开发区、湖北十堰经开区、山东青岛西海岸新区、山西洪洞经开区等地区建立了"跨省通办"协作机制，助推跨区域协同发展。又如，2021 年，渝、川、贵、滇、藏等五省区市共同签署了政务服务跨省通办合作协议，首批推出 148 项"西南五省"通办服务事项；2022 年，广西壮族自治区正式加入，"西南五省"跨省通办升级为"西南地区"跨省通办，并新增 42 项区域内通办事项；2022 年底，国务院办公厅电子政务办印发西南地区更大范围"跨省通办"方案，将西南地区"跨省通办"上升到国家层面部署推进。目前，以政务服务"跨省通办"为媒介的府际协作治理框架逐步搭建，正在撬动多领域多行业深化跨地域协作，加快推动我国经济社会高质量发展。

三 存在的问题

目前，政务服务"跨省通办"实施时在标准化、数据共享和业务流程等方面面临一些困境，在政务服务数字化转型的趋势下还存在明显薄弱环节，制约政务服务"跨省通办"改革的总体成效。

（一）标准化方面

一是政务服务"条"上的业务审批标准和"块"的服务标准不一，影响减少服务对象"行政负担"的效果。跨地区、跨部门、跨层级政务服务业务具有分散性，存在一定的办理时间差、频率差问题，业务流程表现得低效、重复和碎片化。如，各地事项标准不统一，申报材料和受理标准难以达成一致，只能采取专区跳转的方式提供线上"跨省通办"服务。服务事项标准不统一、服务指南不规范，这与满足企业和群众对于不同地域"无差异"的办事诉求还存在不小的差距。

二是政务服务平台与国家垂管系统及省内自建系统在互联互通方面仍存在一定障碍，跨地区、跨部门、跨层级的政务数据资源共享和业务协同问题比较突出，尤其是封闭、割裂的数据管理模式与强调开放、协同的数字政府治理理念不相适应，"跨省通办"业务协同和数据治理体系有待进一步完善。此外，我国各地在线政务服务水平和能力明显不均衡，一些改革措施在部分地区表现出"水土不服"，一定程度地制约了"跨省通办"的整体成效。

三是信息通信技术应用与业务融合过程中面临标准不一致障碍，难以形成联动创新格局。例如，"区块链+审批"模式的技术标准不一，而囿于应用方各自条件的差异，如果强行推动服务上链，极易形成新的链上"孤岛"。特别是对于我国的中西部地区和北方部分地区而言，跨省通办服务的"点状"创新要进一步形成"网状"联动格局，短期内仍然存在难以逾越的鸿沟。

（二）数据共享方面

数据资源具有流动性、增值性和零边际成本等特点，这有利于数字化情境下的跨域治理突破传统治理模式下的资源"锁定"效应，从而改变部门分割、业务不通和资源分散的局面，减少资源损耗，实现数据融合、业务协同与公共价值创造。目前，数据共享性困境主要是数据难以按照"跨省通办"业务需求有序流动和加以高效利用，具体体现为数据共享的"不平衡、不充分、不持续"问题。

一是数据共享"不平衡"问题。政务领域基础数据库、主题资源库的建设进展不平衡，以服务对象为中心的数据资源体系建设滞后，缺乏保证整个跨域业务范围内一致、完整和可控的主数据，基于本地数据集的利用较多，而对跨地域数据集的共享开发利用不足，没有形成跨地域数据资源价值的循环。

二是数据共享"不充分"问题。我国政府具有掌握数据资源的显著优势，但是目前这些数据资源在"条块"之间存在阻隔，共享交互阻力较大，出于对管辖权力和各自利益、数据安全和风险责任等因素的权衡，不愿或不敢共享数据，以致"跨省通办"改革中数据共享与"一件事"业务流程不同步、不匹配，同一份数据面临多部门重复采集、二次录入等问题。

三是数据共享"不持续"问题。政府间数据共享基于跨域政务服务一体化需求而产生，"跨省通办"需要在统一身份认证、电子证照等电子材料或技术全面应用的基础上实现数据共享。政府政务信息化推进多年，由于采用的标准和规范不统一，技术应用壁垒和数据壁垒已经形成，"跨省通办"情境下跨地区跨部门的数据共享互认仍然存在制度性障碍，缺乏常态化数据共享互认的机制保障。

（三）业务流程方面

业务流程可被理解为一种治理机制。要利用信息技术和数据创造公共价值，必须着眼于政务服务业务流程的重塑和优化，只有基于跨域业务流程协同机制，才能将治理主体单独的数字化转型优势转化为跨域治理系统的整体效能。目前，政府部门应用数字化手段推动业务流程再造的深度、广度仍然存在较大差距，突出表现在以下两个方面。

一是业务流程优化尚未按数字化逻辑予以理顺。跨地域政务服务的业务流程与数字化协同关系未充分明晰，未能将业务逻辑和数据逻辑从整体理顺。一些跨省通办业务尚未以用户为中心进行整合，数据驱动的应用尚不充分。如，各部门的服务虽然已经能够在平台上实现"物理集中"，但是事项办理流程仍旧从本地区、本部门出发，这与围绕服务场景的"一件事"协同办理目标有较大差距。一些部门对数字化转型的认知不到位，仍然存在浅尝辄止或"盆景"式局部应用的问题，未能及时跟上数字化转型形势需求，应改造现有的业务流程。

二是跨域业务流程存在重复出现的数字断点。鉴于全国通办"一网通办，需办尽办"的愿景目标，"线上网办＋线下代办"可被视为政务服务"跨省通办"向更高阶数字化发展的一种过渡模式。在这种模式下，跨域业务流程存在重复出现的数字断点。相较于强调整体性的数字化转型而言，跨域业务流程设计上仍然存在比较突出的延迟、冗余等问题。

四　原因分析

政务服务"跨省通办"作为一种服务创新正在引发政务服务治理变革，跨省通办治理主体间呈现"交叠嵌套"的协作关系，围绕一体化平台赋能、数据共享利用和业务流程重塑等推动治理创新。基于此，对上述"跨省通办"实践中存在的问题，分析其主要原因如下。

（一）协同治理体系建构中治理创新的路径依赖

跨省通办的事项单凭某地数据资源难以完成，但囿于现行制度和管理体系，数据集多存于某单一地域，跨地域政务数据集的共享利用目前仍比较缺乏，未能实现有价值的跨地域数据资源的循环利用，这是导致跨省通办"一件事"业务流程与服务需求匹配和跟进难的一个主要原因。目前，由"条线"业务主管部门牵头推行的"跨省通办"的数字化程度较高，而对于那些无法统一规则标准支撑数据共享的事项，要推行"跨省通办"只有通过"异地代收代办"方式，服务效果很大程度上取决于治理主体之间是否建立了顺畅高效的协作联动机制，从而达到"异地受理申请、多地协同办理"。实践中，不相隶属的地方政府之间，以城际"点对点"或者区域层面的方式建立横向或斜向的合作关系，通常通过"府际协议"形式开展治理活动，反映了地方政府间应对跨省通办任务的理性选择，一定程度上适应了"突破政府间原有行政边界、地理边界开展合作"的现实需要。然而，在"点对点"的跨省通办合作中，一些地方的数据利用方式仍然较少采用"平台型"数据共享模式，而是基于省域或市域数据的归集整理、各合作主体以协商沟通的方式建立数据交换机制，通过"相互授权、异地收件、远程办理、协调联动"提供跨省通办服务。这种模式在政务服务"跨省通办"改革初期是可以的，但随着改革深化，受数字化连接广度和深度的局限而制约效能进一步提升。

（二）与数字化转型相匹配的政务服务能力有待提升

目前在政务服务"跨省通办"实践中，数据共享利用能力对于业务流程优化能力提升发挥了明显的促进作用，且仍存在较大的上升和进步空间。需要注意的是，从数字化转型视角检视，脱离平台支撑和数据驱动的"跨省通办"业务流程仍然是机械式跨域协作的产物，数据共享利用能力、业务流程优化能力与数字化转型要求相比仍存在较大差距。尽管这种方式尚能满足改革初期"服务可达"的基本需求，但由于对与数字化转型相匹配的能力不足，缺乏数字化模式创新迭代的通路，将难以形成可持续的公共价值增值模式。调研中了解到，由于"异地代收代办"和"多地联办"业务办理流程复杂，涉及业务授权、工作界面切分、邮寄费用和协同机制等诸多问题，而"全程网办"模式能够大幅降低行政成本、提高协同效率并缩短服务交付周期。但是，由于"全程网办"业务模式高度依赖于数据共享利用这一实现方式，为此，亟须加快提升跨省通办中政府的数据共享利用能力，更好地为业务流程优化"赋能"，以进一步拓展"全程网办"业务模式的应用。

（三）法律政策与政务服务模式创新之间的矛盾

政务服务"跨省通办"不仅意味着服务方式的变化，还牵涉一系列政策规则的调整和更新。政务服务全国通办的未来愿景应该是，除法律法规另有规定或者涉及国家秘密保护外，在全国范围内各类政务服务事项基本能够达到标准统一、业务协同和整体联动，政务服务事项应全部纳入平台，达到"一网通办，需办尽办"。然而，目前部分法律政策规定对于政务服务跨省可达客观上构成了一定限制。如，跨地域应用电子材料的法律效力缺乏互认。实践中，尽管某些省份出台了电子材料有效性的法规文件，但"通办"其他省份却因缺乏类似法规文件，致使电子材料的有效性得不到认可。又如，要实现婚姻登记全国通办，需要修订《婚姻登记条例》的相关条款。实际上，婚姻登记"跨省通办"遇到的最大困境是容易造成骗婚、重婚、重复登记等违法违规行为的发生，从目前看，公安、法院、残联、卫健等部门数据尚未完全共享，公民身份信息核查精准度不高，难以避免诸如骗婚、重婚、重复登记等违法行为的监管漏洞，推行全国通办的条件尚未完全成熟。

五 对策建议

从国家战略与人民群众需求出发，顺应政务服务数字化转型趋势，"跨省通办"改革要加快政务服务标准化建设，增强"跨省通办"的府际联动机制，强化一体化平台支撑作用，夯实数据治理基础与政务服务能力，深化业务流程整体性再造，不断增强"跨省通办"整体效能和改革后劲。

（一）梳理权力责任清单，破解法律制度冲突

标准统一是实现政务服务通办、好办的基本前提，为此需对政务服务的事项名称、编码、办理流程以及所需材料等进行统一规范。目前，国家层面重点从省级统筹和政务服务标准的体例、条目等方面加以规范，而未明确对条目内容如事项编码、办事流程等的省际对接予以规定。在考虑地方差异的基础上，各省（自治区、直辖市）未来需要着重推进政务服务标准的跨地区有效对接。建议进一步梳理政府部门的权力责任清单，构建统一的政务服务标准体系，实现同一事项从省域内到跨省域的无差别受理、同标准办理。特别是要加强相关跨省域法规政策的对接，并要处理好地方性法规与地方政府规章之间的衔接。如，长三角一体化示范区在"跨省通办"改革中注重梳理法律政策障碍、统一标准规范。一是示范区内多地政府共同梳理有关数据共享的各类地方性法规、地方政府规章和规范性文件中存在的制度障碍，研究

提出优化完善相关条款规定的建议，继而依此制定示范区的政务大数据共享架构；二是制定统一的技术标准规范，依托长三角数据共享交换平台，在吸收借鉴国家标准、省市标准和行业标准等基础上，制定跨省域数据归集、整合、共享、应用的相关技术标准规范。通过采取上述配套治理措施，为示范区内跨省域公共数据共享利用奠定了必要的制度保障。

（二）增强府际协同联动机制，确保事项办理规范高效

"跨省通办"服务事项标准包含事项名称、实施层级等要素，明确事项办理情形、形式审查要点等信息，在此基础上要进一步增强府际协同联动机制，通过政府系统内部规范高效运转确保优质服务。以"西南地区"跨省通办为例，纳入全国通办和西南五省区域内通办的事项，由协调小组根据实际办理情形进行科学拆分，调整优化事项业务规则，简化网上申请、受理、审查、决定、送达等流程，明确表单要素、申请材料和收件标准，各地通办窗口一个标准收件、一套机制运转。当同一事项涉及多个实施层级，且在具体办件中难以明确具体属地实施层级的，由收件地"跨省通办"窗口将该事项转至实施层级最高的属地"跨省通办"窗口处理，确保收件和办理两地权责清晰、行动上协调一致。鉴于我国实行"属地管理"行政管理体制，对于政务服务"跨省通办"而言，要求政府部门间加强协作，唯有"条"和"块"建立起协同联动机制，才能更好地弥合跨地区、跨部门、跨层级等复杂跨域条件下事项办理的沟壑。

（三）充分发挥平台支撑作用，加快数字化转型赋能

尽管目前"跨省通办"改革在信息系统和平台功能优化等方面采取了较为普及的措施，但是一些地方的数据共享仍然较少采用"平台型"数据中心模式，反而是基于省域或市域数据的归集整理、各合作主体以协商沟通的方式建立数据交换机制的情况较多，充分借助数字化转型赋能的通办模式还未有效建构。从平台实际情况看，省级政务服务向上向下分别实现与国家、市级政务服务平台的贯通，是整个"跨省通办"平台的连接中枢。以长三角区

域为例，依托国家政务服务平台和沪、苏、浙、皖政务服务平台，促进全国一体化政务服务平台支撑功能率先在长三角落地，推动沪苏浙皖"三省一市"政务数据加速共享，促进公共服务质量从"通办"向"好办"进一步优化。由此不难看出，从国家到省、市纵向协同的目标就是全国范围内政务服务"跨省通办"的事项基本做到标准统一、业务协同和整体联动。为此，今后在"跨省通办"实践中应进一步增强国家和省级平台对数据共享和相关应用的支撑功能。

（四）夯实数据治理基础，提升政务服务能力

以政务服务数据治理为着力点，加快构建符合数字化转型需求的系统能力，为全国性的大规模通办奠定坚实基础。根据政务服务"跨省通办"的新情况，亟须明确各治理主体在政务服务数据治理中的权属责任，根据数据汇聚与开发应用相分离原理，强化数据的归集和使用管理，实施责任可识别、可追踪的动态化管理。首先，明确政务服务数据生产、归集和共享等各环节权责问题。一是要进一步厘清数据与证照使用的关系，形成每个服务事项的用数和用证清单，推动数据及时按需归集，提高数据循环利用效率。二是要厘清数据和证照的产生关系，明确数据和证照共享所有权的责任部门，形成每个事项的"出数清单"和"出证清单"，确保重大需求清单、多跨场景清单能够高质量快速推进，进而实现"业务同标、平台同源、进度同频、成果同享"。其次，优化政务服务数据治理的实现工具。可运用政务图谱深化挖掘权力、事项、材料和数据之间的关系，明晰办事材料中所需数据的所有权、责任部门；利用数据图谱和材料图谱，实现按事项进行证照授权，作为业务部门扫码收件的基础支撑，实现按事项证照免交，提高用证的可控性和可管理性；当办事指南内容发生变化时，其他关联要素内容自动调整，从而保证关联内容的一致性、准确性和及时性。

（五）围绕"一件事"通办场景，深化业务流程再造

在"跨省通办"改革中，业务流程再造就是借助信息通信技术重塑业务

流程，将分散的、无序的业务流程通过分类、整合和排序等实现有序化，从而提高业务办理整体效能。首先，从企业和群众高频需求出发充实"跨省通办"事项和服务场景。聚焦企业异地生产经营、群众异地工作生活的高频"跨省通办"事项和服务场景，加强对企业群众需求的分析调研。对扩大异地就医结算范围、异地网上申请城乡居民养老保险参保登记、户籍迁移、新生儿出生办理登记、老年优待证办理、领取养老金人员待遇资格认证等群众需求强的事项进一步方便跨省异地办事。其次，加快推动"一件事"主题套餐改革。在梳理形成"一件事"企业市场准入主题套餐基础上，要充分利用全国一体化政务服务平台提供的资源和服务，如统一身份认证、办件数据汇聚、电子证照互认、好差评数据汇聚等，优化调整"一件事"功能细节，进行办事主题"一次全告知"，提供精细化、个性化、关联化服务，实现"不见面审批"。线下依托专窗通办，以国家和省级系统为支撑，加强数据对接和审批系统联调，优化线下一体化业务流转，实现一口收件、协同审批、一口发证。加强线上线下流程改革的融合，全面提升政务服务"跨省通办"的水平与效能，为企业和群众提供优质便捷的服务。

参考文献

刘旭然：《政务服务跨省通办：基本面向、发展梗阻与治理策略》，《行政管理改革》2022 年第 12 期。

刘旭然：《数字化转型视角下政务服务跨域治理的特征、模式和路径——以"跨省通办"为例》，《电子政务》2022 年第 9 期。

米加宁、贾妍、邱枫：《"互联网+"时代的公共管理学科》，《中国行政管理》2016 年第 5 期。

中央党校（国家行政学院）电子政务研究中心：《省级政府和重点城市一体化政务服务能力评估报告（2022）》，http://www.egovernment.gov.cn，2022 年 9 月 8 日。

B.9

推进"免申即享"改革 实现惠企利民

——上海市"一网通办"改革制度

上海市政府办公厅课题组*

摘 要："免申即享"是贯彻以人民为中心的发展思想、深化"一网通办"改革和政府职能转变的重大创新。2022年，上海率先在全国省级层面全面探索推进"免申即享"改革，依托"一网通办"后台数据支撑，将服务流程原先的"企业和群众申请、部门受理、部门审核、部门兑现"至少4个环节，优化为"企业和群众意愿确认、部门兑现"最多2个环节，明确了"直接兑现，免于申请""一键确认，免于填报""扫码识别，个性服务"等三种"免申即享"的实现方式，并推进市、区两级超过120个事项的实施，受益群众近70万人次、企业超过6.8万家次，形成了良好的社会效应，证明了"免申即享"改革的可操作性、可复制性。

关键词：一网通办 数字化改革 免申即享 上海市

党的二十大报告明确提出，"必须坚持人民至上""坚持以人民为中心的发展思想"，要求"健全基本公共服务体系，提高公共服务水平，增强均衡性和可及性"。贯彻以人民为中心的发展思想，就要求政府部门转变视角，依托数字化变革，从价值、制度和技术三个层面进行革命性重塑①，实现从"被

---

* 执笔人：张进宝，上海市政府办公厅政务服务处三级主任科员、文学和法学双硕士，主要研究方向为政务服务的数字化变革。

① 敬乂嘉：《"一网通办"：新时代的城市治理创新》，上海人民出版社，2021。

动服务"向"主动服务"的整体性转变。一方面，推进基本公共服务数字化，提升普惠性、基础性、兜底性服务能力；另一方面，充分运用大数据等技术手段，最大限度满足个性化、定制化服务需求[①]。

一 免申即享创新举措的提出

所谓"免申即享"，即符合相关条件的企业群众无须主动提出申请，直接或确认意愿后即可享受相关政策或服务。这是深化"一网通办"改革的重要举措，是政府职能转变的重大创新。推行"免申即享"，就是为了实现政策精准找人、找企业，优化政策兑现机制，打通政策落地的"最后一公里"，更好释放政策红利。同时，通过大数据分析，找到符合条件但从未申报相关政策的小微企业、弱势群体等"沉默的少数"，避免数字弱势群体未能享受到应享受的公共资源[②]。

2022年以来，上海市将"免申即享"作为深化"一网通办"改革的一项重要举措，转变管理视角，打破数据壁垒，坚持刀刃向内，大胆改革不适应新形势、新要求的管理规定和工作流程，加快推进惠企利民政策和服务"免申即享"，前端从"用户申"向"政府送"转变，后台从"人工审"向"智能审"转变，实现政策和服务直达直享，提升智能化、精准化、个性化服务水平。

2023年，上海市委、市政府主要领导在主题教育中突出一个"实"字，把调研解决问题和联合整改问题结合起来，围绕企业和群众办事中的"关键小事"，优化业务流程，推动了从一件事到一类事的变革，推行"免申即享"，推动了利民惠企有关措施的落地，真正做到让"数据多跑路，群众少跑腿"，取得了明显成效。

二 免申即享的改革模式

具体而言，上海"免申即享"改革模式体现在以下方面。

一是全面梳理惠企利民政策和服务。分层分级梳理各类惠企利民政策和

---

① 王益民:《以数字政府建设推进职能转变》,《经济日报》2022年8月4日。
② 郑磊:《数字治理的效度、温度和尺度》,《治理研究》2021年第2期。

服务，重点梳理行政给付、资金补贴扶持和奖励、税费优惠等政策。各区、各部门分别形成本区、本条线惠企利民政策和服务清单并动态更新，每年从清单中筛选条件成熟的政策和服务推进"免申即享"改革。对全市面上推进有难度的，先试点再推广，成熟一个上线一个。2022年，以27个市级重点项目为引领，打造了一批企业和群众获得感强的"免申即享"项目，并以此为基础，不断推进更大范围、更宽领域、更深层次的"免申即享"改革，推动条件成熟的政策和服务基本实现"免申即享"。

二是革命性再造政策和服务兑现的业务流程。将原来政策和服务兑现的"企业和群众申请、部门受理、部门审核、部门兑现"4个环节，优化为"企业和群众意愿确认、部门兑现"2个环节，企业和群众全程无须主动提出申请，无须填写申请表、提交申请材料，真正做到"零材料""零跑动"，如图1所示。

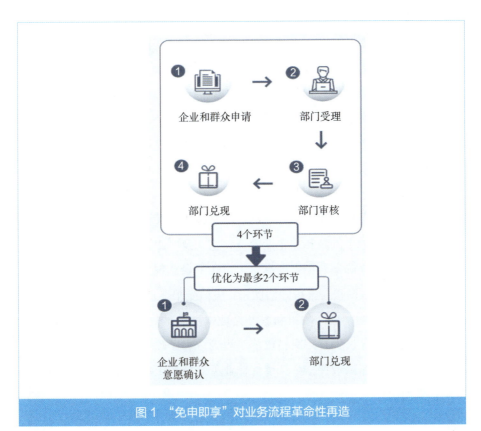

图1　"免申即享"对业务流程革命性再造

同时保留兜底通道，对由于数据暂时归集不全，无法通过数据共享、大数据分析精准匹配的，企业和群众仍可按照原渠道申请办理。

三是明确"免申即享"的"三种方式"。结合上海市实际，明确实现"免申即享"的三种方式：第一，"直接兑现，免于申请"。法律法规没有明确要求必须通过依申请方式办理，且不对企业经营和个人生活产生不利影响的，对符合政策条件的企业和群众直接兑现有关政策，提供有关服务。第二，"一键确认，免于填报"。对法律法规明确要求必须有申请环节的，自动生成申请表和申请材料，依托市民主页和企业专属网页，精准推送至符合条件的企业和群众。企业和群众确认申领意愿后，即可享受有关政策和服务，免去申请阶段的表格填报和材料提交环节。第三，"扫码识别，个性服务"。依托"随申码"识别用户身份，推进老年人、残疾人、烈属、学生等群体在相关场景的优待"免申即享"。

四是明确"免申即享"基本流程的"十个环节"。依托"一网通办"推进"免申即享"的基本流程为"项目梳理—业务需求方案编写—需求分析—数据归集—数据建模—数据共享—精准告知—意愿确认反馈—兑现—信息查看"10个步骤，如图2所示。其中"项目梳理、业务需求方案编写、需求分析、数据归集、数据建模、数据共享、精准告知、兑现"等步骤面向政府部门，"意愿确认反馈、信息查看"步骤面向企业和群众。对于企业、群众而言，真正做到"过程无感、结果有感"。

五是强化"免申即享"风险管理。严格按照有关法律法规和政策规定开展工作，严格保护个人隐私和企业商业秘密，及时跟踪研判"免申即享"实施过程中的风险，确保"免申即享"工作和资金兑现依法合规。推进"免申即享"与信用有效衔接，推行守信优先、失信受限。打通线上线下业务系统，实时更新有关数据，杜绝政策和服务兑现中出现重复、遗漏、延迟等情况。明确信息公示、异议处置、纠错救济等规则，确保政策和服务兑现全过程公开公平。定期组织绩效评估，持续优化业务规则和工作流程，确保财政资金安全高效使用。

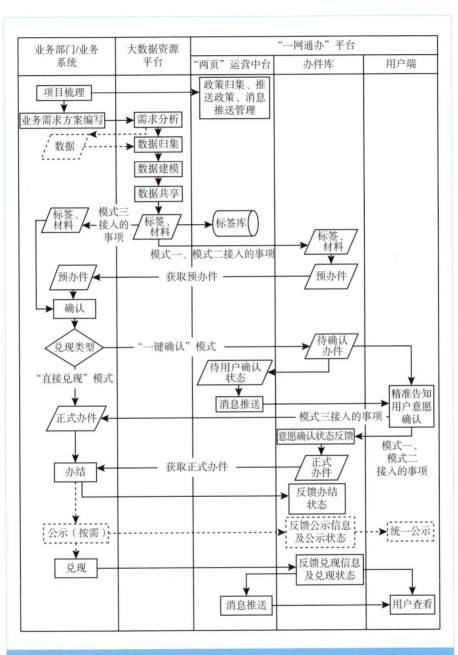

图 2 "免申即享"基本流程

三 免申即享的实现路径

一是加强顶层设计，强化制度保障。上海市政府办公厅于 2022 年 3 月印发《依托"一网通办"加快推进惠企利民政策和服务"免申即享"工作方案》（沪府办字〔2022〕4 号）。作为全国省级层面关于"免申即享"工作的首个制度性文件，工作方案明确了"免申即享"工作的总体要求、主要目标、实现方式、部门职责分工、重点工作任务等内容，并从 10 个方面细化"免申即享"工作基本流程，为确保"免申即享"改革顺利推进提供了重要制度保障。同步制定"免申即享"工作对接指引，指导各区、各部门开展具体工作。在《2022 年上海市全面深化"一网通办"改革工作要点》（沪府办发〔2022〕1 号）中，明确年度推进的 27 个市级重点"免申即享"事项。

二是坚持系统推进，强化机制保障。建立健全"免申即享"工作系统推进机制，明确职责分工，强化协同配合，避免各单位"东一榔头、西一棒子"。市政府办公厅统筹推进全市"免申即享"改革，明确各区、各部门将推进的"免申即享"事项均先报市政府办公厅备案；组织召开多次专题会，协调解决工作推进中的难点问题；将"免申即享"工作情况纳入"一网通办"年度第三方评估指标，推动改革落地见效。各市级部门和各区牵头推进本条线、本区域"免申即享"工作，梳理更新相关惠企利民政策和服务，对牵头的"免申即享"事项提出业务规则、数据需求，为配合的"免申即享"事项归集相关数据。市大数据中心加强市大数据资源平台数据共享能力保障，为全市"免申即享"工作提供技术和数据支撑。市、区财政部门指导监督"免申即享"工作中财政资金依法合规兑现拨付。

三是夯实平台支撑，强化技术保障。做强"一网通办"平台对"免申即享"的前端服务和后台数据支撑，为保障"免申即享"工作专门制定"一网通办"平台对接技术规范 5.0。依托上海市大数据资源平台自然人、法人综合库和亲属关系库、婚姻库、地址库等相关主题库、专题库的数据汇聚优势，通过业务部门建模和人工智能辅助，精准匹配符合政策和服务条件的企业群众。提升市民主页和企业专属网页的服务能力，持续完善"一人（企）一档"信息，优化主动提醒功能，加快推进电子印章、电子签名在"免申即享"工作中的应用。原则上，"免申即享"政策和服务线上的精准推送、意愿确认、告知承诺等，均通过市民主页或企业专属网页进行；同时，对于数字化能力有所欠缺的老年人、残疾人等群体，保留线下服务渠道。强化"随申码"作为个人以及企业等经营主体的数字身份识别码功能，推进数字身份跨域互认，提升个性服务能力。

四　免申即享的效能分析

各区、各相关部门分层分级梳理各类惠企利民政策和服务，根据数据归集和共享情况，适时筛选条件成熟的政策和服务推进"免申即享"改革，有效释放政策红利。

一是推动惠企政策精准"滴灌"，助力企业纾解困难。市人力资源和社会保障局的"用人单位一次性吸纳就业补贴"，是 2022 年上海"经济重振50 条"的重要政策，以"免申即享"方式直接兑现。通过对失业人员或高校毕业生实际就业状态、企业用工登记情况以及是否按规定缴纳社会保险等信息进行系统比对，生成符合条件的拟补贴单位名单，由各区人社部门审核通过后直接兑现。2022 年向 3 万家用人单位发放资金 1.6 亿元，惠及 8 万名高校毕业生和失业登记人员。2023 年 1~8 月，已向 1.2 万家用人单位发放补贴3710 万元，共惠及超过 1.8 万名高校毕业生和失业人员。市经济信息化委的"创新型企业专项金融支持"政策，系政府部门与部分银行签约，为创新型企业提供信贷额度和利率优惠，原来企业需自行提交申请，政策知晓度不高、覆盖面不广。2022 年"免申即享"改革后，通过大数据分析，精准匹配符合条件的企业，依托"一网通办"企业专属网页进行精准推送，企业"一键确认"意愿后即可与银行对接信贷额度，享受利率优惠。截至 2023 年 8 月，依托企业专属网页已向符合条件的 10480 家企业发送"免申即享"提醒，累计服务创新型企业 5676 家，经与相关银行对接累计获得信贷资金 4709.06 亿元。

临港新片区管委会在疫情期间率先在全市推行"楼宇租金补贴""免申即享"，将原先由企业提交基本信息、租赁合同、正常经营情况等申请材料，转变为通过大数据共享的方式归集信息并自动预填推送给企业。企业通过"一网通办"一键确认补贴意愿后，即可进入后续拨付环节。改革后，政策兑现频次比往年翻了一倍，政策兑现周期缩短了近4个月。截至2023年8月，已执行三个批次，涉及企业超过600家，补贴资金超过7500万元。

二是推动利民政策无感快享，直接惠及市民群众。市民政局推动低保人员住院免押金政策"免申即享"，原先低保人员办理住院免押金时必须线下申请开具低保书面证明，常面临医院跨区不互认、急诊住院难适用等问题，增加了办事成本。为解决群众"烦心事"，上海市根据群众的所思所盼，精准定位群众诉求，优化公共服务流程。改革后，医院窗口工作人员在民政业务平台页面上输入姓名和身份证号，即可核验低保人员的身份信息。身份确认后，窗口直接减免住院押金，实现低保人员免押金手续的"免申即享"，服务上线3个月即有超过400人从中受益。市残联的"残疾人交通补贴"政策，原本需要残疾人群众线下跑动一次，2022年进行"免申即享"改革后，通过调用人口库、残疾人基本信息库、残疾军人和伤残警察信息库等数据，精准匹配补贴对象，经业务部门确认后，直接由各区将补贴发放至补贴对象的社保卡。2022年11月1日上线，首批惠及约3500人，此后每年惠及残疾人群众约2万人。市总工会"在职职工住院医疗互助保障金"和"退休职工住院医疗互助保障金"实现"免申即享"后，通过数据分析精准识别发生住院情形的参保人员，依据医保数据精准核算住院互助保障金后直接给付。原本给付需历经申请、审核、结算、转账等多个环节，现在仅需数据交互，时间缩短至5个工作日内；原本要提交的诸多住院相关纸质材料，现在均无须提供。2023年1~8月，向23.73万人次在职职工直接给付1.46亿元、向227.64万人次退休职工直接给付11.80亿元住院医疗互助保障金。静安、宝山、崇明等区率先在全市推进医疗救助"免申即享"，打通医保、民政、教育、街镇等部门数据共享通道，按照政策算法自动核算数据，主动向符合条件的困难群众发放医疗救助款。困难群体无须提出申请，也无须提供材料凭证，即可享受政策福利；工作人员只需核对基本数据，工作压力明显减轻。以崇明区为例，医疗救助"免申即享"于2022年9月全面上线，截至2023年8月已救助超过76万人次，发放资金超过1.6亿元。

三是覆盖"沉默的少数"，确保政策"应享尽享"。市住房城乡建设管理委"离退休提取公积金"事项，"免申即享"改革后，通过与人社部门共享退休人员信息，精准匹配已经退休、领取养老金3个月以上但还未办理提取住房公积金的退休人群，依托"一网通办"推送"免申即享"服务消息提醒。符合条件的退休缴存职工"一键确认"后，即可提取住房公积金，避免了部分缴存职工在办理退休手续后，由于长期未申请使得个人住房公积金变成"被遗忘"资金的情况。该服务于2022年10月底正式上线"一网通办"平台，首批推送符合条件退休职工34.39万人。市教委"对学前教育、基础教育、普通高中、中职等教育阶段家庭经济困难学生实施资助"政策，原来申请流程为学校下发通知，学生或家长向学校提出申请、提交低保等证明材料，不少学生或家长担心透露个人隐私，即便符合政策条件，也不愿提出申请。2022年在长宁、静安、普陀、宝山、金山等区开展"免申即享"试点，通过共享民政等部门的信息，精准匹配符合条件的家庭，向家长推送信息，家长确认申领意愿后，即可享受资助。截至2023年下半年，相关试点区受益家庭经济困难学生超过1.6万人次，资助资金超过2500万元。市卫生健康委"给付农村部分计划生育家庭奖励扶助金"政策，根据国家要求，2022年启动年度新增人员审核发放工作，改革后，通过大数据分析，首批发现尚有17位符合条件的人员并未申请，市卫生健康委即通知各区向相关人员发放了奖励扶助金，切实维护了群众利益。

四是依托"随申码"扫码识别，精准提供个性服务。市交通委牵头推进特殊群体依托"随申码"在交通出行场景的优待"免申即享"，完成残疾军人和残疾消防救援人员、伤残警察、烈士遗属、军休干部、消防救援人员、盲人、离休干部等7.67万人的数据标定和治理工作，2022年12月3日正式上线，相关人员在地铁、公交、轮渡直接扫"随申码"即可免费通行，免去了以往需要携带相关证件并向工作人员出示的麻烦。普陀区针对网约车、快递、外卖等新就业形态的就业群体，推出扫"随申码"自动享优惠的"免申即享"举措。在指定园区，新就业群体通过参与学习、公益活动等方式换取相应积分，可兑换支付优惠券。在具体兑付过程中，只要用"随申码"授权认证，就可通过扫码确认新就业群体身份，开启用户授权的无感支付方式，抵扣优惠券并支付，从而可以让用户以更优惠的价格享受到园区的有偿服务，覆盖超市、餐饮、茶饮、体育运动、充电等商家。截至 2023 年 8 月，该"免申即享"服务覆盖新就业群体超过 1800 人。

五 结论与展望

"免申即享"是推动政务服务迭代升级的重要一环，精细化服务是智慧政府主旋律①。随着全国范围数据共享能力的提升和更多领域公共数据的汇聚共享，"免申即享"覆盖范围将持续扩大。随着改革的不断深入，"免申即享"由易到难、由点及面，涉及的内部流程环节越来越多，资金规模越来越大、涉及的企业和个人群体越来越广泛，与之相适应的"免申即享"法治保障还将更加完善。更为重要的是，随着政府部门思想观念的转变，改革思维将促进政府部门在制定惠企利民政策之初就把"免申即享"作为主要的实现方式，有效打通各类惠企利民政策兑现的"肠梗阻"，最大限度地释放政策红利，实现政府职能从"被动服务"向"主动服务"的根本性转变。

---

① 胡小明:《走向精细化服务的智慧政府》,《信息化建设》2020 年第 2 期，第 54~55 页。

B.10
浙江推进政务服务"一网通办"改革实践

浙江省大数据发展管理局课题组[*]

摘　要： 习近平总书记在浙江工作期间高度重视机关效能建设、强化为民服务宗旨。浙江，坚定落实党中央、国务院关于"一网通办"的决策部署，充分依托全国一体化政务服务平台、浙江省一体化智能化公共数据平台，聚力打造群众企业掌上办事总入口"浙里办"，创新构建"七统一"的"一网通办"浙江模式，推动群众侧"好办易办"、政府侧"快办优办"。"以人民为中心的服务宗旨""以创新为导向的服务理念""以平台为支撑的服务基础""以制度为保障的服务抓手"是浙江推进"一网通办"的重要经验启示。下一步，浙江将着力推进政务服务更规范、更智能、更有温度，全面推动"一网通办"改革向纵深迈进。

关键词： 互联网＋政务服务　掌上办事　数字政府　营商环境

一　发展概述

（一）发展历程

2003年，习近平总书记在浙江工作时高瞻远瞩地作出了建设"数字浙江"

---

* 课题组组长：金志鹏，浙江省人民政府办公厅副秘书长、浙江省大数据发展管理局局长，主要研究方向为数字化改革、数字政府、电子政务等；课题组副组长：蒋汝忠、徐颖、王巍、曾震宇；课题组成员：陈峻、周凌鹏、胡佳琳、陈洲、袁坤、金扬、宋冰。

的战略部署，为浙江数字经济、数字政府、数字社会建设制定了蓝图、指明了方向[①]。2014年，浙江以"四张清单一张网"改革为引领，率先建成省市县乡村五级全覆盖的一体化在线政务服务网；2016年，全面推行"最多跑一次"改革，让"数据多跑路、群众少跑腿"；2017年，加快推进政府数字化转型，为深化政务服务改革打下了坚实基础[②]；2021年，全方位启动数字化改革，从顶层设计到技术支撑再到制度保障，撬动各领域系统性变革；2023年，实施营商环境优化提升"一号改革工程"，持续深化"一网通办"改革成效，进一步提升政务服务"好办易办""快办优办"水平。

1. "四张清单一张网"撬动政府职能转变

2014年，以"四张清单一张网"为总抓手，浙江开展简政放权改革，探索出实施企业投资100天高效审批、核准目录外企业投资项目不再审批、"零地技改"项目不再审批、市县同权的行政审批一体化改革等一批开创性的改革举措，打造出最简、最优、最高效的审批流程[③]。通过确权责、晒权责、行权责和制权责等一系列举措不仅厘清了政府治理的边界，也让办事"门难进、脸难看"的情况大为改观。

2. "最多跑一次"改革打破"信息孤岛"

2016年，浙江提出"最多跑一次"改革，大力推进打破信息孤岛、实现数据共享。浙江政务服务网持续迭代升级，全省行政机关统一进驻，乡镇（街道）、村（社区）站点全覆盖，构建形成线上线下一体化发展的网上政府雏形。在线上，建设全省统一的网上身份认证、电子印章、电子档案、电子证照技术体系[④]；在线下，全省各级行政服务中心"一窗受理、集成服务"改革顺利推进。

---

① 《浙江省以数字化改革为总抓手 高质量推进政务服务"一网通办"》，《党政信息化参考》（内部刊物）2021年第5期。
② 《浙江省以数字化改革为总抓手 高质量推进政务服务"一网通办"》，《党政信息化参考》（内部刊物）2021年第5期。
③ 《浙江省以数字化改革为总抓手 高质量推进政务服务"一网通办"》，《党政信息化参考》（内部刊物）2021年第5期。
④ 《浙江省依托全国一体化政务服务平台 全面推进电子证照应用创新》，《全国一体化在线政务服务平台建设专刊》（内部刊物）2021年第10期。

3. 政府数字化转型助力打造"掌上办事之省"

2017 年，浙江在"最多跑一次"改革的基础上，围绕"掌上办事之省"建设目标，进一步推动"互联网 + 政务服务"改革，推出"浙里办"App，全面推进"网上办""掌上办"；加快推动"一证通办"，通过数据共享免交其他材料，实现凭一张身份证即可查房产、办驾照、提公积金等；大力推动"一件事"，围绕群众与企业两个生命周期，通过数据共享，简化材料表单，推进业务流程优化[①]。

4. 以数字化改革为抓手高质量推进政务服务"一网通办"

2021 年，浙江深入贯彻《国务院关于加快推进"互联网 + 政务服务"工作的指导意见》（国发〔2016〕55 号）和《国务院关于加快推进全国一体化在线政务服务平台建设的指导意见》（国发〔2018〕27 号）文件精神，紧扣"一网通办"要求，以数字化改革为总抓手，高质量推进政务服务"一网通办"，奋力推进线上线下深度融合[②]，在便利群众企业的同时，为基层降本减负。

5. 营商环境优化，推进"一号改革工程"，提升"一网通办"成效

2023 年，浙江按照《关于依托全国一体化政务服务平台建立政务服务效能提升常态化工作机制的意见》（国办发〔2023〕29 号）文件精神，积极贯彻落实政务服务效能提升"双十百千"工程，充分结合浙江省政务服务增值化改革要求，聚焦群众企业办事堵点难点、民营企业发展诉求关切，建立健全政务服务效能提升常态化工作机制，聚力打造最优政务环境。

（二）改革思路

政务服务"一网通办"是提升群众、企业办事体验的迫切要求，是深化"放管服"改革、优化营商环境的具体行动，是建设人民满意、服务型政府的重要举措。浙江从三个导向来推动这项改革。

[①] 《浙江省以数字化改革为总抓手 高质量推进政务服务"一网通办"》，《党政信息化参考》（内部刊物）2021 年第 5 期。

[②] 《浙江省政务服务"一网通办"》，《2021 年数字政府创新案例》（内部刊物）2021 年第 5 期。

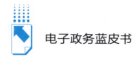

1. 目标导向

党的十九届四中全会明确：要建设数字政府，加快建设全国一体化政务服务平台。国务院陆续出台相关政策文件，明确了建设一体化政务服务平台的具体目标、要求和任务。2022年底前，全国范围内政务服务事项全面实现"一网通办"；2025年底前，政务服务标准化、规范化、便利化水平大幅提升，方便快捷、公平普惠、优质高效的政务服务体系全面建成。

2. 问题导向

出于各地数字化发展水平不均衡、业务标准不统一、办事流程不顺畅等原因，全省政务服务工作仍存在一些问题：一是政务服务网上办理率低，大厅仍是群众企业办事的主要渠道；二是线上线下"两张皮"，大厅只能属地办，未实现全省通办，群众企业难以"就近办"；三是数据和材料共享不充分，各地办事标准不统一、办事体验不一致，系统故障难监测。

3. 需求导向

到政府部门办事，群众、企业的期望是：办事时，填更少的字，交更少的材料，有更好的体验；即便跑一次，也只想去最近的大厅，花最少的时间；同一事项，希望各地、各端办理标准统一；特殊群体不会网办的话，要有兜底方式。为群众、企业办事，基层工作人员的期望是：能在自助区办理的，就到自助区办理；即便来窗口办事，提交信息后，不希望二次录入；提高数据共享程度，强化系统智能化水平，提升审批效率。

（三）关键做法

1. 建立全省统一的标准化政务服务事项体系，深化权责清单制度改革

聚焦流程再造、制度重塑，按照"领跑者"标准，省市县上下充分协同、形成合力，深化政务服务权责清单制度改革，推动政务服务事项标准化、结构化和数字化梳理，推进数据共享更充分、办理流程更便捷、申报材料更简化、表单字段更精简，实现全省事项统一办事指南、办理流程、表单材料，为提升政务服务全省一体化、均等化水平奠定基础[1]。

---

[1] 《浙江省以数字化改革为总抓手 高质量推进政务服务"一网通办"》，《党政信息化参考》（内部刊物）2021年第5期。

2. 打造一体化、智能化的政务服务中台，整合各部门各层级业务系统

围绕"智能导服、收办分离、线上线下融合"目标，建设政务服务中台，贯通全省业务系统[①]，通过统一收件、智能路由、分级审批，变"找地域""找部门""找系统"为"找政府"，实现事项办理"去属地化""去部门化""去系统化"，推动群众、企业办事只进"浙里办"一张网，无须为"属地究竟在哪、哪个部门受理、用什么系统申报、如何申报"而烦恼。

3. 构建线上线下深度融合的政务服务模式，推动全时空全地域可办、好办

持续深化线上线下融合，推动全省政务服务事项在"浙里办"App、浙江政务服务网、行政服务中心窗口、自助服务一体机、第三方平台5端"同源发布"，高质量推进"无差别受理"，实现线上线下体验一致；加快构建"网办优先、自助为辅、窗口兜底"的政务服务新模式，引导群众企业办事由"大厅办"转向"掌上办、网上办、自助办"；探索"互联网＋代办"服务新模式，加快推进政务服务"一网通办"改革成效向基层延伸扩面，破解山区海岛办事难题[②]。

（四）主要成效

1. 政务服务"一网通办"事项全面接入

将全省20余万政务服务事项标准化为3638个，已接入"一网通办"事项3093个（占总数的85%），实现"一事项一表单一流程"。其中，运行在国家垂管系统上的事项796个，涉及72套系统，已接入396个事项、27套系统；运行在浙江省系统上的事项2842个，统建系统事项2599个，接入2534个事项，涉及144套系统；各地分建系统事项243个，接入163个事项，涉及148套系统。

2. 政务服务"一网通办"持续落地

办事体验持续提升：强化数据共享，全省事项字段共享率51.4%、材料

---

① 《浙江省深化政银合作　贯通偏远山区海岛政务服务"最后一公里"》，《全国一体化在线政务服务平台建设专刊》（内部刊物）2022年第4期。

② 金春华：《浙江"一网通办"向山区海岛延伸》，《浙江日报》2021年11月16日。

共享率 26.5%；强化新技术赋能，推出 160 个"智能秒办"事项，实现"审批零人工、准实时"。"一地创新、全省共享"机制逐步稳固：聚焦高频涉企事项，吸收采纳基层 1500 多条优化建议，持续提升群众企业获得感。线上线下融合持续深化："一网通办"改革实施以来，行政服务中心窗口由 1.2 万个下降至 9000 个，窗口工作人员由 2 万人下降至 1.7 万人，窗口办事人员由 19 万人次下降至 14 万人次。

3. 政务服务"一网通办"逐步向基层延伸

充分发挥政务服务"一网通办"优势，逐步向基层延伸，覆盖省市县乡村五级政务服务中心和便民服务中心（站）。依托浙江省农村商业银行基层服务网络，在全省打造 1.3 万个"就近帮办"网点，其中偏远山区海岛网点 6400 个，贯通了基层服务"最后一公里"①。积极向第三方渠道共享政务服务，目前，实现同源发布的第三方渠道 14 个，涉及办事服务点 3306 个，涵盖工农中建交等银行自助终端，以及支付宝、微信。

二 创新举措

（一）聚力高位统筹，一体部署推进

1. 领导挂帅，"一把手"牵头推进

"一把手"工程是推动"一网通办"建设的根本保证。浙江高度重视"一网通办"建设，省委、省政府主要领导、分管领导亲自谋划，多次专题研究，要求树立"以人民为中心"的发展思想，坚持问题导向、需求导向，形成重大问题直接协调，重要任务直接部署，出台政策、直接把关，部门市县协同配合、统筹推进的高位协同工作格局。

2. 督促指导，"专班制"强力推进

在常务副省长任"组长"的领导小组基础上，建立 61 个省级单位、11 个设区市、101 个行政服务中心、近 9000 名工作人员参与的工作专班，着力形成横向

---

① 《浙江大力推行"掌上办事"实现企业群众"少跑腿""不跑腿"》，《支持浙江高质量发展建设共同富裕示范区工作简报》（内部刊物）2023 年第 2 期。

协调、纵向延伸的工作推进机制，构建"工作、指标、政策、评价"4大体系，将每项工作任务层层拆解为各项细分任务，以工作体系建立专班推进工作，以指标体系为工作定指标，以政策体系为工作配套政策文件，以评价体系晾晒工作效果，充分调动和激发全省各级各部门改革创新的热情，逐项突破改革难点。

3. 合力实施，"全域式"推进

坚持全省"一盘棋"，省市县上下协同，业务部门、技术团队合力推进。一是合力抓好事项对接。由省级部门牵头，会同设区市，梳理形成全省政务服务事项标准化办事指南。二是合力推进平台研发。坚持问题导向、需求导向，根据各地各部门提出的问题和需求，持续推动平台迭代升级。三是合力推进大厅落地应用。按照"试点先行"的原则，率先开展试点工作，形成试点经验后，在全省复制推广。

（二）聚力技术引领，强化平台能力支撑

1. 夯实数字底座，助力实战实效

按照"四横四纵两端"总体架构，打造健壮稳定、集约高效、自主可控、安全可信、开放兼容的一体化智能化公共数据平台，支撑全省各级各部门政务应用集约开发、互联互通、协同联动。平台以省市县三级一体建设、分级运营，实现全省数据、应用、组件、算力等数字资源高质量供给、高效率配置、高水平统筹，通过着力夯实数据底座，提升平台智能化智慧化水平，积极赋能数字化应用场景，有效支撑政务服务"一网通办"改革突破和实战实效。

2. 打造业务中台，打通线上线下

打造全省一体化的政务服务中台，研发智能中心、表单中心、路由中心等核心产品，贯通全省各级业务部门、行政服务中心、基层便民中心以及自助服务终端，实现全省政务服务办件线上线下统一收件、智能路由、精准分发，通过数字赋能打破"跨域通办"堵点，变群众办事"找属地"为"找政府"，为实现无差别受理、同标准办理、全过程监控提供稳定、高效、智能的平台支撑。

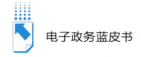

3. 依托"浙里办",实现统一运营

依托群众企业政务服务办事总入口"浙里办",政府侧构建省市县乡村五级、线上线下一体化的服务格局,服务侧构建全时在线、便利可及的服务体系;通过同源发布实现标准化服务,确保各类政务便民界面、功能、交互等使用体验的完整度和一致性;通过"浙里办"实现一体化运营体系,包括事项、办件、评价、申诉等统一运营[①]。

(三)聚力改革破题,推动体制机制重塑

1. 制度规范创新

一是深化权力清单制度改革。推动政务服务事项标准化、结构化和数字化,实现全省事项统一办事指南、办理流程、表单材料;推行"领跑者"模式,激发基层改革创新活力,实现"一地创新、全省受益"[②]。二是推动政务服务模式改革。推动全省政务服务统一收件、精准分办、远程审批,在不改变原有审批权限的基础上,有效破解事项审批的属地化管理限制。三是推进行政服务中心运行机制改革。引导群众企业办事由"大厅办"转向"掌上办、网上办、自助办",引领服务模式由"面对面"转向"肩并肩"、"代办"转向"协办",加快形成"掌办优先、网办为辅、窗口兜底"的新格局[③]。

2. 技术能力创新

一是推动场景导服智能化。支持群众企业通过"一问一答"式的人机交互,快速、精准定位办事情形与表单材料,助力群众企业"一来就会办、一次就办成",窗口工作人员"一看就明白、一学就上手"。二是推动服务路由精准化。全省政务服务事项统一收件、精准分发至对应的审批系统,有效破解多网申报、多系统受理、多次录入问题。三是推动部门协同敏捷化。立足

---

① 《浙江、广东鼓励基层政务服务创新 大力推进政务服务"一地创新、全省受益"新模式》,《全国一体化在线政务服务平台建设专刊》(内部刊物)2021年第9期。
② 金春华、梅玲玲、金燕翔等:《消除"数字鸿沟"的浙江解法》,《浙江日报》2021年8月31日。
③ 《"一件事、一次办",让政务服务更"好办"》,新华社客户端,2021年9月17日。

群众企业办事视角,聚焦多部门联办"一件事",支持多部门高效协同,实现"一表申请、一套材料、一次提交、一次办结"①。

3. 管理机制创新

一是数字赋能过程监控。通过数据监控分析工具、完善"监测、预警、处置、反馈"问题闭环管控机制,实现办理过程实时监控、问题原因精准定位、问题工单及时下发、整改任务按期完成。二是数字赋能服务治理。推动政务服务"好差评"自动集成,确保服务评价实时、真实;紧盯差评,通过回访、核实、整改、反馈的差评处理闭环机制,倒逼政府部门整改、服务效能提升。三是数字赋能降本减员。减少"二次录入",降低基层工作人员培训成本;逐步培训群众企业网上办、自助办习惯,减少办事窗口数量。

三 实践效果

经过长期实践和迭代完善,浙江"一网通办"模式有效解决了政务服务事项办理线上线下"两张皮"、各地办事标准不统一、数据共享不充分、系统故障难监测等突出问题,实现"统一事项、统一收件、统一共享、统一对接、统一体验、统一评价、统一运维"。

(一)统一事项,实现政务服务标准化

由省级部门牵头,在充分征求基层意见建议的基础上,推动全省 3638 个依申请政务服务事项省市县三级统一办事指南、统一办理流程、统一表单材料,降低企业群众办事成本,减轻基层工作人员学习成本,实现"一事项一表单一流程",线上线下无差别受理、同标准办理。以"城乡居民基本养老保险参保登记"事项为例,实施统一事项标准前,浙江省各地共有 21 套不同表单,流程各式各样;实施统一事项标准后,全部终端通用 1 套表单、流程,极大地方便了办事人员和办事群众。

---

① 《精准推送政策 破解企业难题 数据共享助力全流程多场景"助企纾困"》,《政务数据共享工作专刊》(内部刊物)2022 年第 5 期。

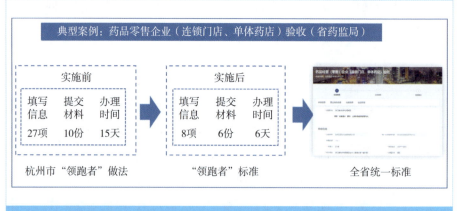

图1 统一事项标准，以药品零售企业验收为例

（二）统一收件，实现政务服务精准化

推进表单材料"应统一尽统一"、办事情形"应细化尽细化"、系统路由"应规则化尽规则化"，推动实现群众企业办事只进"浙里办"一张网，精准定位办事情形、快速生成表单材料，并将收件信息系统精准分发至对应的审批系统，助力群众企业实现"一来就会办、一次就办成"。如"基本医疗保险参保人员历年账户家庭共济备案"事项，群众只需点击在线办理、选择办理类型，系统将自动生成表单材料，并将收件信息精准分发至"参保统筹区"的审批系统（见图2）。

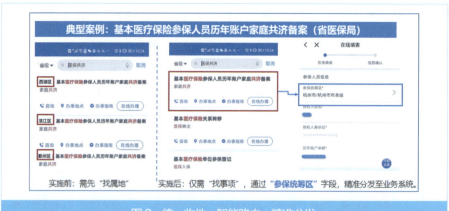

图2 统一收件、智能路由、精准分发

（三）统一共享，实现政务服务高效化

按照"应共享尽共享"原则，全面推动"简表单、减材料"，全省事项字段、材料共享率分别由 22.4%、15.5% 提升至 51.4%、26.5%，实现字段免填事项 108 个、材料免交事项 461 个、"双免"事项 35 个，实现"数据跑路代替人工跑腿"。以"期满换领驾驶证"事项为例，"一网通办"实施前，需手动填写字段 10 项、提交材料 2 份，办理时间半天；实施后，办事群众仅需验证本人身份，无须提供和填写任何材料，即可实现分钟级办理，可节省警力 3 万人 / 天。

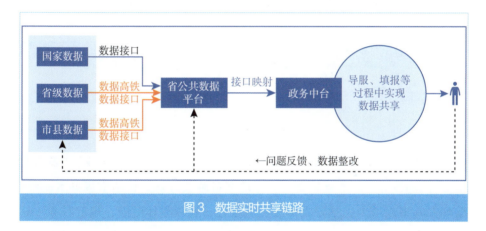

图 3　数据实时共享链路

（四）统一对接，实现政务服务集约化

按照全省统一、集约共建原则，加快推动市县两级审批系统整合工作，原则上优先整合归并至省统建系统，通过制定对接标准，各地各部门业务系统无须重构，实现低成本、组件化接入。鼓励省级单位向国家部委争取，推动国务院部门垂直管理系统开放接口。截至目前，完成接入 319 套业务系统，其中国家级系统 27 套、省级系统 144 套、市县级系统 148 套。以"出生一件事"为例，通过智能路由进行流程编排、系统匹配和归属判断，实现将多个事项自动关联到相关业务系统和对应业务部门进行审批（见图 4）。

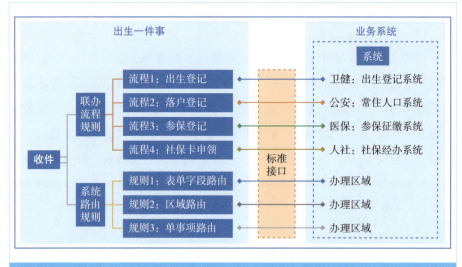

图4　业务系统以标准方式接入，以"出生一件事"为例

（五）统一体验，实现政务服务便利化

依托事项标准化成果，推动全省政务服务事项"一端集成""多端共享""同源发布"，企业群众一次办理即可触类旁通，快速掌握办事流程，破解"办事入口多、学习成本高"等难题，实现整体政府、规范服务（见图5）。同时，积极向银行、支付宝、微信等第三方渠道拓展共享政务服务，有力破除各渠道"低水平重复建设、体验不一致"等难题，实现政务服务"同源同质"。以"船舶管理业务经营许可注销"事项为例，"一网通办"实施前，群众在不同终端申请填写的表单材料不同，办事体验不一致；"一网通办"实施后，表单内容实现标准化，字段统一精简至15个，实现多端体验一致。

（六）统一评价，实现政务服务品质化

整合原有政务服务评价渠道，建立具备智能运营能力的全省一体化政务服务"好差评"评价中心，推动业务系统由各自评价、评价数据归集，变为

图5 App、网站、小程序、大厅、自助机多端办理

平台统一邀评，形成服务评价、实时上报、差评回访、整改反馈全流程工作闭环，实现"好差评"渠道全覆盖、信息全关联、数据全汇聚、结果全公开，让群众、企业充分参与到服务治理中，有效督促政府部门整改、提升服务效能。以"生育登记"事项为例，群众办理业务后通过"好差评"渠道进行评价，政府部门在2个工作日内回访了解差评的主要原因，并在5个工作日内完成相应整改，同时联系群众说明整改情况（见图6）。

图6 统一集成政务服务"好差评"

（七）统一运维，实现政务服务规范化

建立政务服务"一网通办"统一运维机制，聚焦须知提示、情形导服、数据共享、办件分发等关键环节，建设21个数据监控分析工具，完善"监测、预警、处置、反馈"问题闭环管控机制，实现"一网通办"事项、系统、数据实时监测、问题定位、整改闭环。以"基本医疗保险关系接续"事项为例，由于数据接口配置存在问题，在用户须知、授权确认、表单填写等环节存在不同程度的跳出情况，尤其是表单环节跳出率高达47%。经过分析问题症结并优化数据接口，整改后跳出率明显下降（见图7）。

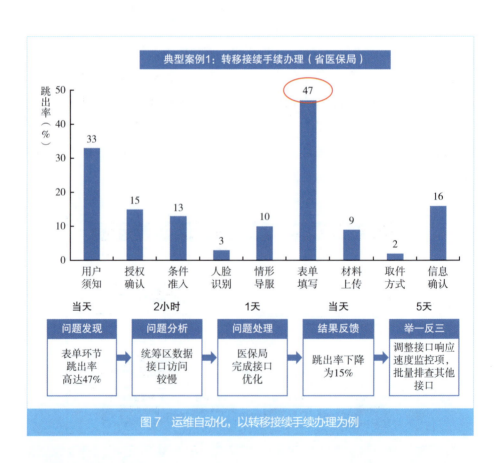

图7　运维自动化，以转移接续手续办理为例

四 经验启示

（一）坚持以人民为中心的服务宗旨

从"可办"到"好办"，根本在"以人民为中心"。浙江充分依托"好差评""民呼我为"等问题建议反馈渠道，多措并举强化与企业群众的常态化沟通互动，积极发现企业群众办事堵点，及时掌握企业群众办事中的急难愁盼问题，及时响应、限时整改、量化闭环，最大限度地让企业群众可感、有感。

（二）坚持以创新为导向的服务理念

从"可办"到"好办"，关键在"以创新为引领"。浙江聚力技术创新、数字赋能，特别是加强大数据、人工智能、区块链等新技术复制推广，进一步提升"一网通办"智能化水平，持续提升办事服务主动化、精准化水平，引领从"人找服务"转向"服务找人"。

（三）坚持以平台为支撑的服务基础

从"可办"到"好办"，基础在"以平台为底座"。浙江依托全国一体化政务服务平台、省一体化智能化公共数据平台，充分发挥平台"三融五跨"的支撑作用，进一步推进政务服务运行标准化、服务供给规范化、群众企业办事便利化。

（四）坚持以制度为保障的服务抓手

从"可办"到"好办"，重点在"以制度为保障"。浙江及时总结提炼法规制度与标准规范，将行之有效并可长期坚持的做法以制度形式予以固化，推进工作体系重构、业务流程再造、体制机制重塑，发挥示范引领和保障作用，提升"一网通办"标准化、规范化水平。

五 未来展望

下一步，浙江将着力推进政务服务更规范、更智能、更有温度，持续深化"一网通办"改革成效。

（一）推进政务服务更规范

一是聚焦国家垂管系统事项、"一件事"等，推动更多政务服务事项接入"一网通办"。二是强化办事服务规范管理，持续整合关停全省自建办事服务类 App 或小程序，推进第三方渠道规范发布，实现服务统一规范、一端集成、同源同质。三是建立健全"一网通办"标准规范体系，重点聚焦政务服务效能提升，制定有关标准规范，提升"一网通办"标准化、规范化水平。

（二）实现政务服务更智能

一是聚焦"搜得到、答得准、办得快、个性化服务"等需求，完善智能搜索算法，提升智能推荐能力，推动完善政务服务知识库，持续提升"浙里办"智能化水平。二是迭代"浙里办"法人频道，打造企业专属服务区，根据企业类型、规模及办事人员岗位角色，实现主动服务、精准服务[1]。三是建设浙江政务服务码，推动各类卡、码、证承载的数据互通和服务融合。

（三）推动政务服务更有温度

一是持续优化城市频道，综合集成更多本地特色办事服务，聚力打造更有个性、更接地气的本地特色服务空间。二是扩大"跨省通办""区域通办"范围，推广"延时办""错峰办""24 时办"，满足更多企业群众差异化办事需求。三是完善经验推广和服务宣传机制，强化协同联动、整体发声，着力提升"浙里办"的品牌知晓度和影响力，让更多企业群众可感、有感。

---

[1] 《浙江省依托全国一体化政务服务平台 全面推进电子证照应用创新》，《全国一体化在线政务服务平台建设专刊》（内部刊物）2021 年第 10 期。

持续深化"一件事一次办"改革 加快建设
人民满意的服务型政府

湖南省政务管理服务局课题组 *

摘 要： "一件事一次办"改革是湖南省落实习近平总书记关于审批服务便民化重要指示精神，立足湖南实践推出的原创性、集成性改革，是全省推进行政审批制度改革、"放管服"改革、"互联网＋政务服务"和推进数字政府、服务型政府等工作的总抓手，是湖南优化营商环境的金字招牌。通过精心梳理改革事项、科学优化业务流程和强化平台数据支撑，政务服务效率大幅提升、政府职能转变加快推进、政府治理效能明显提高、形式主义官僚主义得到有效破解。这得益于全省上下协调联动、合力推进湖南"一件事一次办"改革的过程中始终坚持以人民为中心、坚持系统观念和问题导向的立场。

关键词： 政务服务 一件事一次办 一网通办 湖南省

一 总体情况

湖南于 2019 年 4 月创新推出"一件事一次办"改革，以此为总抓手，统

---

* 课题组组长：鲁明；课题组组员：阮珂、王显一。执笔人：王显一，湖南省政务管理服务局政务公开和服务处副处长，参与从事推进、指导、协调、监督湖南省政务公开和政务服务体系建设，全过程参与谋划与推进湖南省"一件事一次办"改革工作。

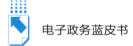

筹推进行政审批制度改革、"放管服"改革、"互联网＋政务服务"以及跨省通办、跨区域通办等工作，精心梳理改革事项，科学优化办事流程，不断强化系统支撑，切实解决企业群众办事难、办事慢、多头跑、来回跑等问题。为进一步提升"一件事一次办"能力和水平，2022年9月，省政府办公厅印发《湖南省深化"一网通办"打造"一件事一次办"升级版攻坚行动方案》（湘政办发〔2022〕50号），部署深化"一网通办"、打造"一件事一次办"升级版，强化制度创新和技术创新，着力优化拓展"一件事"、巩固提升"一次办"、升级完善"一网通"，大力破解关键瓶颈和体制机制障碍，不断推动事项升级、平台升级、技术升级，强化跨部门跨层级的高效协作，加快推进政务服务标准化规范化便利化，取得明显成效。五年来，"一件事一次办"的改革效应不断放大，政务服务效能不断提升，政府治理效能日益凸显，打响了"身在湖南、办事不难"的营商政务环境品牌，加快建设人民满意的服务型政府。"一件事一次办"上升为国家法治政府建设、数字中国建设制度性举措，被写入中共中央、国务院《法治政府建设实施纲要(2021-2025年)》和《数字中国建设整体布局规划》，2022年10月，国务院办公厅印发《关于加快推进"一件事一次办"打造政务服务升级版的指导意见》（国办发〔2022〕32号），在全国全面推行"一件事一次办"。

二　主要做法

（一）精心梳理改革事项，不断扩大服务范围

站在企业群众视角，将企业群众需要到多个部门办理的"一揽子事"经过整合改造后，集成为"一件事"。这些事项主要从各市、县基层收集、整理而来，各地政务服务管理部门通过全面分析企业群众日常业务办理情况，结合群众急难愁盼问题，提出建议事项或需求事项清单并上报省政务局；2020年省政务局还向社会公开征集了一批事项；2022年9月部署深化"一网通办"、打造"一件事一次办"升级版攻坚行动，同步发布了26个主题式、套餐式"一件事"。截至目前，全省省级层面主要梳理发布了三批296件"事"

和个人、企业、项目全生命周期 26 个主题式、套餐式"一件事"。此外，鼓励各市州、县市区推出地区特色"一件事"，如益阳市的农村建设、人才服务与管理、涉企资金拨付、既有多层住宅增设电梯等"一件事"，长沙县的开办外贸企业、办理跨境电商企业、办理食品进口资质、办理大宗农产品进口资质等"一件事"，均取得很好成效。事项梳理原则和方式主要有以下几个。

1. 坚持需求导向

从需求侧场景应用出发，聚焦民生高频急需、企业重点难点、项目堵点痛点，以使用者感受为导向，围绕个人从出生到身后、企业从设立到注销、项目从签约到投入使用三个全生命周期，推出 26 个主题式、套餐式场景应用，按照先易后难、分步实施的原则，分三年（2022~2024 年）推进落地实施（见表 1）。

2. 对标国家要求

落实国务院办公厅《关于加快推进"一件事一次办"打造政务服务升级版的指导意见》（国办发〔2022〕32 号）精神，将文件中"一件事一次办"基础清单事项（13 项）与省政府办公厅印发攻坚行动方案所部署的 26 个主题式、套餐式场景应用结合起来，明确事项与主题的对应关系以及责任单位，同步推进落实。如将事项基础清单中的"企业开办""企业准营"事项纳入攻坚行动方案中的"企业开办"主题，将"企业简易注销"事项纳入"企业注销"主题。

3. 注重服务延伸

坚持以政务服务引领公共服务、便民服务，拓展"一件事"服务领域，延伸"一件事"服务链条，推动更多关联性强、办事需求量大、企业和群众获得感强的跨部门、跨层级事项集成化办理，推动"一网通办""一件事一次办"在公共服务、便民服务方面广泛应用。如"新生儿出生"事项，除实现出生医学证明、户口登记、预防接种证、城乡居民医疗保险参保登记、医保参保缴费、社保卡申领等事项集成"一件事一次办"外，还将推进生育登记和生育保险就医登记、门诊产检等费用报销以及新生儿出生医疗费用结算、报销实行在线办理。

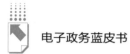

序号	生命周期	主题名称
1	个人	新生儿出生
2		入学
3		办证
4		就业
5		不动产登记
6		婚姻
7		社会保险
8		服务特殊群体
9		就医
10		退休
11		身后
12	企业	企业开办
13		企业变更
14		企业用工
15		员工保障
16		综合纳税
17		政策兑现
18		融资服务
19		企业注销
20		公共资源交易（招投标）
21	项目	用地审批
22		多图联审
23		施工许可
24		联合验收
25		水电气联合报装
26		经营性项目验收开业

表 1　个人、企业、项目全生命周期 26 个主题式套餐式事项清单

（二）科学优化业务流程，大幅提升审批效能

坚持统筹兼顾、整体施策，部门牵头、协同联动，加强整体谋划，鼓励基层创新，合力攻坚克难，以"一件事一次办"为主线，全链条优化业务流程，全场景强化数字应用，规范审批服务，加强行政效能监管，进一步提升"一次办"能力和水平。

1. 强化部门协同，合力推进改革

对26件主题式、套餐式场景应用事项，逐项明确牵头单位和配合单位，充分调动省直牵头部门工作积极性，实现其他相关部门和市、县各级积极配合，构建"上下联动、左右协同、内外结合"的工作机制，形成改革共识和攻坚合力。省直牵头部门主要领导亲自部署，按照"一事一策""一事一班"工作要求，对每个"一件事"制订攻坚实施方案，组建工作专班，精心梳理事项，重塑办事流程，会同配合部门精心梳理"一件事"所涉及的具体事项、相关部门、业务系统、数据证照和材料清单，开发办事模块，强化功能应用。"一件事"办事模块开发上线后，又指导各地进行测试、应用、推广，确保能用、好用。如新生儿出生"一件事"，需要基层医疗机构、派出所等相关工作人员懂政策、会操作、能讲解，政务服务部门会同卫健、公安部门，一个市州一个市州地开展业务培训，实现地区、人员全覆盖。截至2023年10月底，26件主题式、套餐式场景应用事项已有20件发布上线。

2. 攻克难点堵点，取得工作突破

省直相关部门会同技术团队多次座谈研讨，集中攻关，攻克了很多难点堵点，并进行了多项技术创新。在省政务服务一体化平台上将所涉多个表单整合为一个申请表，同时在各相关部门业务系统中按要求改造并嵌入"一件事"办理相关模块，实现"多表合一、一次提交"。攻坚推进实现"一件事"所涉及的出生医学证明管理系统、人口管理信息系统、医疗保险信息系统、人社业务系统等与省政务服务一体化平台对接，畅通材料流转闭环，真正实现全程网办。通过接口服务实现省公安服务平台与省政务服务一体化平台对

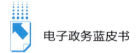

接，解决了新生儿出生、婚育、身后和军人退役等"一件事"所涉户口登记或户口信息调用难题。多个"一件事"运用了人脸识别、智能 OCR 识别、电子证照（出生医学证明、结婚证）、电子印章、电子签名等一系列先进信息技术，将不同部门、不同情形的复杂型联办业务，构建成极简的信息录入界面，大大减少了申请人材料提交和操作量。

3. 强化效能监管，助推高效"一次办"

不断完善行政效能监管体制机制，全面落实电子监察规则，加强"红黄牌"个案追查和责任追究，在事项受理、办理和办结发证三个环节，分别设置"红黄蓝"三级预警，实行全链条、全流程一体监管。全面实施政务服务"好差评"，规范差评和投诉处置流程，将"好差评"工作与政务服务中心投诉处理机制、"办不成事"反映窗口建设等有机融合，助推"一件事一次办"事项按期办、提速办、优质办。充分发挥 12345 热线总客服作用，切实提升政务服务咨询和诉求办理水平，高效提供"一网通办""一件事一次办"的咨询和举报服务。

（三）强化平台数据支撑，持续提升"一网通办"能力

坚持线上为主、线下兜底，推进线上线下深度融合，强化平台升级、系统集成和数据共享、电子证照应用，开发数字场景应用，推动更多政务服务事项"网上办、掌上办"，更好地支撑"一网通办""一件事一次办"。

1. 升级打造全省"一网通办"平台

升级改造省政务服务一体化平台为全省"一网通办"平台，全面提升平台服务支撑能力。推进全省各级各部门业务系统与省"一网通办"平台全事项深度对接融合，建设全省线上线下统一受理系统，强化省应用支撑大平台的统一电子证照、统一电子印章、统一物流、统一支付、电子材料共享应用等公共支撑工具功能，建设完善平台智能搜索、智能分发、智能审批、智能推荐等业务支撑能力，全面支撑全省政务服务"一网通办""一件事一次办"业务应用（见图1）。

图 1　湖南省"一网通办"平台逻辑架构

167

2. 快速建设集成集约的"湘易办"超级服务端

整合"一件事一次办"微信小程序、"新湘事成"移动端，于2022年12月20日建成上线"湘易办"超级服务端，打造全省统一的"掌上办事"总入口，截至2023年10月底，注册用户超过3294万个，已上线服务事项12137项。创新"扫码亮证""一码通办""无感通办"等应用场景，构建适合在移动端办理的"一件事一次办"套餐式服务，实现事项从"掌上可办"向"掌上好办"提升。2023年1月至10月，全省新生儿出生"一件事"共计产生办件13893件，其中99.3%的办件为群众通过"湘易办"超级服务端App申请。

图2 "湘易办"超级服务端LOGO

3. 深入推进数据共享和电子证照应用

推进建设省大数据总枢纽，打造政务数据全生命周期管理大平台和标准化数据服务总通道，支撑全省跨层级、跨地域、跨系统、跨部门、跨业务的"一网通办"数据共享（见图3）。开展全省政务数据共享攻坚行动，组织推进电子证照汇聚，扩大电子证照应用领域。"湘易办"超级服务端已集成电子证照202类。长沙市加快打造"无证明城市"，推动无房证明、户籍证明等26类证明可线上开具，身份证、居住证、营业执照等160类电子证照可实时调用。

4. 建设完善"一件事一次办"服务专区

分别在省政务服务一体化平台、"湘易办"超级服务端"一件事一次办"

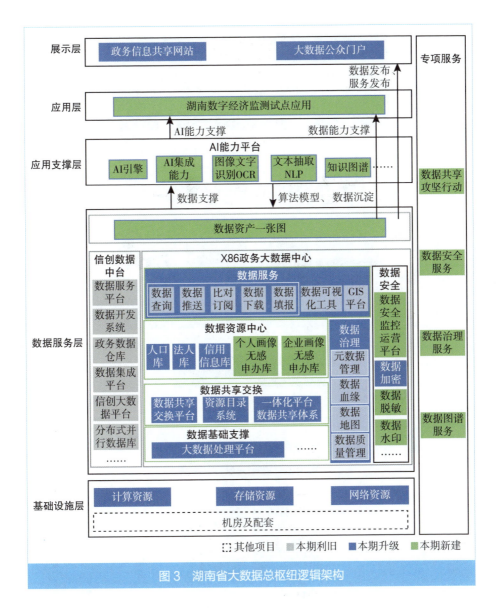

图3　湖南省大数据总枢纽逻辑架构

服务专区开设主题式、套餐式场景应用，作为全省网上办事总入口，实行"一次登录、一网通办"，实现政务服务"一件事"及相关公共服务、政务服务事项全过程电子化办理。精心设计每件"事"的办事场景，包含办事指南、办理条件、所需材料、办理流程以及相关政策法规等内容，进一步优化情形选择，强化智能导办，让办事群众一看就懂、操作方便（见图4、图5）。

图4　湖南省政务服务网"一件事一次办"服务专区

图5　"湘易办"超级服务端"一件事一次办"服务专区

三　改革成效

五年来，在省委、省政府重视和全省上下共同努力下，湖南"一件事一次办"改革实现突破性进展，取得标志性成绩，以看得见的政务服务变化提升了企业群众的获得感。一是以企业群众为主角，变过去的以政府部门为中心为现在的以企业群众为中心来设计办事流程、提供办事服务，真正体现政府以民为本的服务理念；二是通过再造办事流程和减材料、减流程、减环节，变过去每个部门每个环节"跑一次"为现在全流程全周期"跑一次"或"一次都不跑"，真正减少企业群众跑动次数；三是通过系统对接、数据共享，实现全程网办、一网通办，变过去企业群众"跑腿"为现在数据"跑路"，大幅减少企业群众递交资料份数；四是通过梳理"一次办好一件事"全业务流程，找出"一次办不好"的卡点、堵点，倒逼部门简政放权，变过去部门权力"难下放""选择放""零星放""一放了之"为现在的"主动放""精准放""配套放""放管结合"，让更多的事真正实现"当地办""就近办"；五是变过去的政府部门一环套一环、互为前置条件的"串联审批"为现在的政府部门间相互容缺、协同推进的"并联审批""联合评审""跨层跨域联办"，大幅压缩审批时限、提升审批效率，真正实现"整体政府"价值导向；六是变过去政府部门"自我考评"为现在群众"办完即评"，针对差评及时整改，企业群众与政府部门良性互动，真正体现这项惠企利民政策的"群众性"。综合起来，成效主要体现在以下几个方面。

（一）政务服务效率大幅提升

通过"一件事一次办"改革，强力打破系统壁垒，消除数据烟囱，优化整合各级政务大厅"一站式"功能，大力推进系统通、数据通、业务通，大幅提升政务服务效率，集成"一件事"的办理环节平均压缩70%、申报材料平均减少60%、办理时间平均缩减80%，有效破解改革前企业群众办事要进多扇门、排多回队、上多张网、递交多次材料等办事难、办事繁、办事慢问题。

（二）政府职能转变加快推进

通过梳理"一件事一次办"全业务流程，找出"一次办不好"的卡点、堵点，倒逼全省各级各有关部门简政放权、放管结合，推进权力瘦身、权责匹配、业务协同，推动服务下沉、就近办理、高效办理，同时要求集成"一件事"所涉部门联合办事、协同办事，有效解决改革前政务服务力量部门化、资源分散化、效能低质化问题，破解跨部门、跨层级、跨领域、跨业务服务难题，凸显"整体政府""服务型政府"价值导向。

（三）政府治理效能明显提高

通过"一件事一次办"改革，统筹推进全省行政审批制度改革、政务服务标准化规范化便利化和政务公开等工作，强化群众的参与和评价，要求全省各级各有关部门依法行政、阳光审批、开门办事，有力推动建立结构合理、配置科学、程序严密、制约有效的权力规范运行机制，为推进政府治理体系和治理能力现代化和法治政府建设提供成功经验和实施路径。

（四）形式主义、官僚主义得到有效破解

通过"一件事一次办"减环节、减流程、减材料、减时限，从"多事"到"一事"、"多次"到"一次"、"多网"到"一网"，公开办事标准，减少了形形色色的"形式"，使形式主义无处现形。政务服务事项入驻政务大厅实现"应进必进"和"一站式"办理，企业群众只需进一扇门就能办成事，无须与"官"见面，同时通过赋权放权，使官僚主义失去权力依托。近年来，政务服务实现全天候、全链条、全过程的"新生态"服务，"成就企业家梦想"已经凝聚为最大的发展共识，"一件事一次办"的改革效应不断放大。

四　经验启示

湖南"一件事一次办"改革工作取得显著成果，得益于省委、省政府的

高度重视、从高谋划，也得益于全省上下协调联动、合力推进。在五年的工作实践和成功经验中，有以下工作启示。

（一）始终坚持以人民为中心

政务服务工作直接联系和服务人民群众，与企业群众的生产、生活息息相关。因此，湖南"一件事一次办"改革从顶层设计到工作落地，始终坚持以人民为中心的发展思想，紧紧围绕解决老百姓"急难愁盼"问题，在大局中谋划，在人民满意上落脚，让广大人民群众共享改革成果，着力提升企业群众的获得感、幸福感和安全感，确保改革经得起人民的检验和考量。

（二）始终坚持系统观念

在"一件事一次办"改革谋划和工作推进中，坚持系统思维、系统集成、系统管理，坚持统筹兼顾、整体施策，分级负责、协同联动，加强整体谋划，鼓励基层创新，强化政务服务一体化建设和数字应用，统筹线上线下政务服务资源，推动政务服务与事前事中事后监管有机衔接，构建高效运行的政务服务体系。在具体工作中采取自上而下改革和自下而上创新相结合的方法，把基层的创新创造和省、市自上而下推进的改革结合起来，这样更有效、更有活力、更能解决问题。

（三）始终坚持问题导向

"一件事一次办"改革是由问题倒逼产生，也通过解决问题而深化。在推进改革过程中注重回答时代之问、中国之问、人民之问、湖南之问、实践之问。在省委、省政府的统一部署安排下，各市、县推进改革都是奔着问题去，就问题形成改革举措。如围绕个人从出生到身后、企业从设立到注销、项目从签约到投入使用三个全生命周期梳理改革事项，就是聚焦企业群众普遍关注、需求集中的领域以及办事过程中的急难愁盼、难点堵点问题，着力破解关键瓶颈和体制机制障碍，来再造办事流程、强化系统支撑，提供更加优质高效的政务服务。

B.12
"数字政务"赋能中国式现代化昆明实践

李 江 郑连刚*

摘 要: 在数字时代,提供高效、便捷、安全的政务服务是政府的重要职责,以数字化、信息化手段推进政务服务便民利企改革,不断提升企业群众办事的满意度和幸福感是"数字政务"赋能中国式现代化的重要举措。昆明市在全国首创集政务服务、行政审批、投资项目和公共资源交易信息于一体的数字化政务服务体系"一网四中心";打造"一窗通办"无差别、"一网通办"不见面、"掌上通办"不受限、"主题集成"一件事一次办、"马上办好"减时限、"就近申办"少跑腿、"全市能办"解烦恼的"七办"政务服务模式,以"e办通""云上办"数据平台整合推进政务服务便民利企改革,形成了推动政务服务便利化的"昆明实践"。下一步将通过加快将审批业务系统对接到省政务服务平台、深化政务信息资源共享共用、推动办事证照共享、优化平台功能创新应用等举措不断深化昆明数字政务建设。

关键词: 数字政务 政务服务模式 交易智慧监管 昆明市

政府数字化、信息化运行是推进国家治理体系和治理能力现代化的重要基础。近年来,昆明市以助力中国式现代化新征程和高质量发展为首要任务,

---

* 李江,昆明市政府副秘书长、市政务服务管理局党组书记、局长;郑连刚,昆明市政务服务管理局党组成员、副局长。

基于"大政务"的思路和理念，围绕解决企业群众办事中的堵点、痛点、难点，充分运用互联网和大数据思维，扎实推进政务服务标准化规范化便利化，打造"办事不求人、最多跑一次、审批不见面和全程服务有保障"的市场化、法治化、国际化一流营商环境，为建设区域性国际中心城市提供有力支撑。2021年、2022年昆明市一体化政务服务能力在"非常高"组别。在全国营商环境评价中昆明从良好跃升至优秀，成为全国营商环境改善幅度最大的城市之一，入选中央广播电视总台2022、2023年营商环境创新城市。

一 建设"一网四中心"，夯实数字政务承载力

昆明市通过加快数字政务的建设，打破数据壁垒，打通信息"孤岛"，运用人工智能、大数据、云计算、区块链等现代信息技术，构建集政务服务、行政审批、投资项目和公共资源交易信息于一体的数字化政务服务体系的"一网四中心"，2022年，昆明市首创的"一网四中心"获评全国党政信息化最佳实践案例。

（一）融合平台，政务服务平台从"+1"到"+N"

昆明市将政务服务平台、公共资源交易平台、投资服务平台、党群服务综合平台融合打造、应用集成，推动政务数据、交易数据、投资服务数据、党群服务数据等融合成"互联网+N"的综合服务平台体系（见图1），通过推动各平台资源整合和条块联动，加强政务信息资源跨部门、跨层级互通和协同共享，提升多部门协同服务能力，促进各层级、各部门的协调配合和业务联动，从"线下跑"向"网上办"、"分头办"向"协同办"转变，全面推进政务服务"一网通办"。

案例一：一网四中心之公共资源交易服务平台"昆易链"
昆明市首次在"公共资源交易+监管"上运用区块链技术，将工程建设、综合交易等涉及的业务数据存证、查验及公开，打造为"政务服务+公共资源

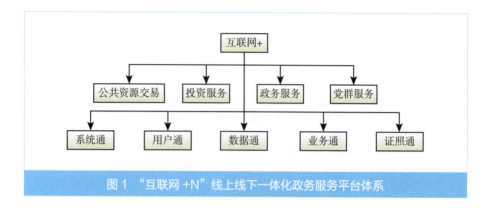

图1 "互联网+N"线上线下一体化政务服务平台体系

交易服务+电子数据服务证据+智慧监督"的区块链监督模式,整体采用分层设计进行系统建设,搭建作为整个系统架构底层的区块链支撑层,实现联盟链管理、节点管理、通道管理、共识机制、智能合约、跨地域互联等区块链核心功能;建设区块链应用层,对链上数据进行合理规划设计应用,满足公共资源交易关键业务系统数据上链存证和实时查验需求,实现区块链监管、区块链服务、区块链电子证据等应用功能整体需求(见图2)。目前,已形成区块链监管、区块链服务、区块链电子证据等应用模式的"交易监管平台",破解了交易、政务的信任问题,自"昆易链"上线以来,目前已完成共计119482条数据的存证工作,且数据仍在实时更新,降低了监督工作的人力、物力和时间成本,大大提高了监督监管的工作效率。

(二)构建门户,政务服务四级联通

依托全省一体化平台,构建昆明政务总门户,着力提升政务服务能力,构建联通市、县、乡、村4级的政务服务线上线下服务体系(见图3)。一是推动市、县、乡、村4级系统覆盖。推动各级政务服务系统部署、综合窗口设置和政务服务事项进驻全覆盖,全市18个县(市)区、开发(度假)区政务服务中心,141个乡镇(街道)便民服务中心和1723个村(居)委会便民服务站完成系统部署、综合窗口设置和政务服务事项进驻。二是强力推进系统对接数据融合共享。印发了《关于将自建业务系统对接到政务服务平台的

图 2 "昆易链"总体架构

通知》,推动与省、市 15 个政务服务部门单位的 28 个审批业务系统对接,归集、关联与企业和群众相关的电子证照、申请材料、事项办理等政务服务信息数据,持续提高办事材料线上线下共享复用水平,推动企业开办、不动产

登记、用水报装、用电报装和工程建设项目审批流程优化，增强政务服务跨区域、跨部门、跨层级、跨系统、跨业务协同，实现公积金业务办理、施工许可、不动产相关业务"无纸化""零跑腿"。

图3　云南省构建"四级联通"的政务服务门户网

（三）应用赋能，政务服务数据共享融合

一是健全制度，全面梳理支撑应用。出台《昆明市政务信息资源共享管理办法》《昆明市政务信息资源共享管理实施细则》及8个相关标准规范。建设昆明市政务信息资源共享交换平台，有力支撑市级部门数据共享工作。累计梳理市级66个部门、18个区县政务信息资源目录，提供可共享目录6445个，可开放目录4445个，在政务服务、社会服务、智慧城市等方面实现了47个具体应用，如住建公积金数据共享助力昆明房屋买卖"零资料、零费用、零跑腿"；政务服务事项实现"减证便民"，通过数据共享进一步压减办电时

间、简化办电流程、降低办电成本、提升供电可靠性，全面提升"获得电力"服务水平。二是政务数据全部汇聚上云。推进政务云中心建设，建立"物理集中、统一运维、多级应用"的政务云中心，承载市级单位、市属二级单位业务系统，已建业务系统上云率达100%。整合数据，利用云计算技术进行统筹和调度，实现全市政务部门间跨地区、跨层级的信息共享与业务协同。三是政务服务证照共享材料全免提交。昆明市通过市共享交换平台与国家、省共享交换平台对接打通，印发《昆明市应用共享数据实现办事减材料提升政务服务便利度工作规程（试行）》，梳理公布餐厅开办、教师资格认定等413项高频事项，通过数据共享免于提交营业执照、毕业证书、户口簿3类常用材料。通过政务服务平台和交换平台，推动2733个申请材料关联电子证照173类，对营业执照、不动产权证书、医师执业证书等使用频率高的证照进行共享、复用，实现纸质材料"免提交"。

二 创新昆明"七办"政务服务，提升数字政务履职效能

创新昆明"七办"政务服务，深化"放管服"改革，实现政务服务以"部门为中心"向"群众企业需求为中心"转变，推动群众企业办事"最多跑一次"和"零跑腿"。2021年12月23日，国务院办公厅电子政务办公室在全国一体化政务服务平台建设专刊发表了《昆明市整体推进政府管理和服务模式创新办事不求人最多跑一次审批不见面》（2021年第42期），推广昆明"七办"服务经验做法。

（一）"一窗通办"无差别

以"一窗能办所有事"为目标，实行"前台综合受理、后台分类审批、综合窗口出件"，市、县、乡、村四级政务服务场所设置综合服务窗口2933个，将13250项政务服务事项纳入综合服务窗口，实现群众企业"只进一扇门、办事一扇窗"。在市政务服务中心，办事群众办事等待的时长1分钟以内占77.63%、1~3分钟占7.87%（见图4）。

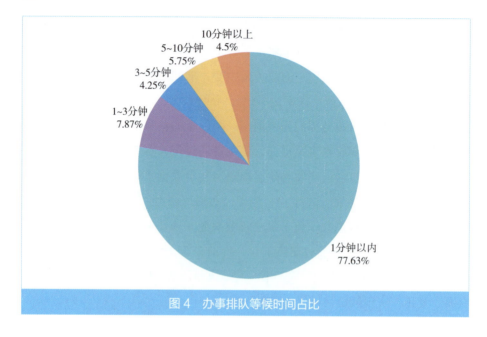

图4　办事排队等候时间占比

（二）"一网通办"不见面

进一步提升网上政务服务能力，将全市8117项政务服务事项细化为17751项办理项和办事情形，全面推进网上申办、原件核验和全程网办服务机制。将全市16243项政务服务事项上线省政务服务平台，网上可办率达98.2%，行政许可类事项"全程网办"比例为91.5%，让群众企业全流程网上办理，九成事项"零跑腿"。

（三）"掌上通办"不受限

依托"一部手机办事通"，上线电子社保卡、医保电子凭证、电子驾驶证、结婚证等101类电子证照即时亮证功能，实现一部手机"携带"N个证件。同时，将各类办事App接入一部手机办事通，推动"一部手机办税费"，实现纸质发票"线上申领—线下配送"；研发公共资源交易"CA掌上证书"加"一部手机交易通""一部手机开户"，让群众企业办事不再受时间和空间限制。截至目前，昆明市上线20个主题、1344项政务服务事项，累计注册用户565.5万个，累计办件1963.42万件。

案例二：个体户开办"掌上办"，智能审批"零干预"

1.审批模式"智慧化"

个体工商户智能化开办是以大数据比对和人工智能化分析为支撑，采取"网上自主申报、系统智能审批、实时自动发照、全流程无人工干预"，通过微信或支付宝小程序即可办理注册登记，申请人提交的申请数据全部由系统自动审查、自动核准，登记人员"零干预"，其中涉及的相关文书自动生成、经营范围菜单式填报，申请人只需勾选即可轻松申报，解决了长期以来相关文书、注册地址、经营范围描述不规范、模糊不清、反复修改的难题，实现个体工商户开办所想即所得，最大限度方便申请人自助申报，真正意义上构建了群众能用、会用、爱用的便捷式登记模式（见图5）。

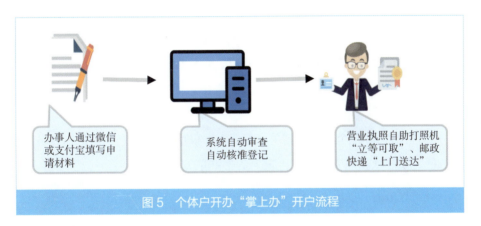

办事人通过微信或支付宝填写申请材料

系统自动审查自动核准登记

营业执照自助打照机"立等可取"、邮政快递"上门送达"

图5 个体户开办"掌上办"开户流程

2.审批流程"自动化"

按照名称申报自主化、经营范围选择标准化、审查核准自动化、身份认证智能化、执照打印自助化、登记全程无纸化的原则，个体工商户智能化开办将名称自主核验、经营范围规范化登记、经营场所（住所）承诺制以及申请人线上签名、发放电子营业执照等环节有效结合，采用"微信申请＋直接登记＋自动审核＋自助打照"的全自动流程，所有流程在方寸手机界面上几分钟内全部办结，电子申请材料自动化、电子化存储系统后台，实现了全程"零人工干预""全智能审批"。

3. 审批时间 "按秒计"

坚持以 "标准 +" 思维推进 "秒批" 改革，个体工商户开办缩短至几秒就可以完成，做到了不见面审批，秒办秒批。紧接着营业执照的打印也是可以自助打印、立等可取，真正享受 "零成本、零见面、零跑动、零干预" 的便捷高效的办事服务，实现个体工商户设立免预约、不见面、无纸化，365 天全天 24 小时不打烊。

（四）"主题集成" 一件事一次办

以群众和企业 "一次办成一件事" 为目标，按照 "减环节、减时间、减材料、减次数" 的 "四个必减" 原则，涉及两个部门以上的好几个事项的 "一件事"，优化合并成表单一张、材料一套、指南一份、流程一个，线上线下融合的集成改革实现企业设立登记一个工作日内办结、工程建设项目审批 "一张表单"、水电气报装一站式服务，推动了省级 16 个、昆明市级 20 个主题集成一件事一次办。

（五）"马上办好" 减时限

梳理全市 1845 个即办件清单，将即办件事项集中授权，委托综合窗口统一行使，让群众企业立等可取，减少企业和群众等候时间。

（六）"就近申办" 少跑腿

将省政务服务平台部署向基层延伸，依托便民服务中心（站）综合服务窗口，将养老社会保险、就业失业登记、生育登记、优抚救助等 82 项高频民生服务事项下放到基层政务服务场所办理，尤其是将 56 项事项委托到村便民服务站办理，让群众办事少跑路、不跑远路，在家门口办事。

（七）"全市能办" 解烦恼

依托市县乡村四级政务服务体系，梳理了 16243 项事项，依托省政务服务平台和 "一部手机办事通"，推广网上受理、网上推送、网上后台审批、网上统一出具结果的 "全市能办" 机制。

图6 2020~2023年昆明市政务服务指数情况

三 统筹多翼数据相融，以数字政务赋能政务服务便利化

在提升服务供给水平的同时，多措并举，进一步健全服务机制，着力提高数据共享运用能力，推动服务延伸，为群众企业办事提供便利化的政务服务，不断增强群众企业获得感和满意度。

（一）打造15分钟便民服务圈，推动政务服务24小时"不打烊"

昆明市以"e办通"入手，积极整合部门服务，推动政务服务向基层延伸，缩短为民服务半径，打造15分钟便民服务圈。在国务院第九次大督查中，昆明市的"24小时全天候政务服务不打烊"经验做法得到了督查组的肯定，《人民日报》专门对昆明市的做法进行刊载推广。

1. 整合事项服务"自助办"

整合公安、人社、交运及水、电、气等部门服务到"e办通"自助服务终端，办事群众通过"刷脸"或刷身份证即可轻松完成居住证申领、道路运输申请、工伤保险参保等13个部门的262项高频政务服务事项，此前需要往

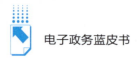

返多个部门间办理的事项，实现一台终端一次自助服务办理。

2. 部署190个点位终端"家门口办"

把190个"e办通"自助终端部署到市县乡的政务（便民）服务中心、昆明高铁站、翠湖公园、机场等人流密集场所（见图7），真正做到"办事不见面、服务不停歇"。2022年6月高考的两天，昆明市在各中学考点设置"e办通"点位24个，为忘记带身份证的考生打印"临时身份证明"71份。

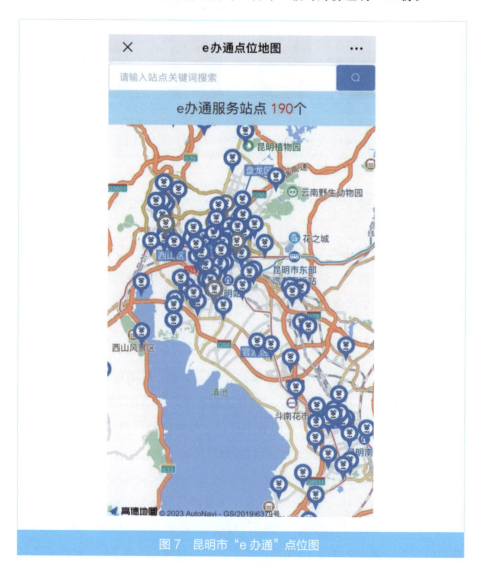

图7 昆明市"e办通"点位图

3. 实现十省市千余事项自助终端"跨区域办"

与福建、海南、重庆等十省市共设置"e办通"6842个，共上线145个部门的1540项事项，"e办通"上线以来，昆明市累计办件29850件，跨省办件2529件。

4. 构建"一店多能"集约式政务服务"就近办"

推行社会化运行模式，把"e办通"自助服务终端部署在电力服务大厅以及超市、加油站等营业场所，实现群众出行、生活消费等政务服务"一口受理""一键通办"，鼓励社会化"一店多能"，市民"坐个车""吃个饭""散个步"即可随手办理。

（二）牵头打造"云上办"平台，多地协同推动跨省通办

昆明市依托全国一体化政务服务平台，牵头打造了"云上办"跨省通办平台，以"全程网办、异地代收代办、多地联办"等多种方式为企业群众异地办事提供服务。

1. 区域覆盖最广

与22个省区市的56个地级城市289个区县形成"跨省通办"朋友圈，是目前地区参与最多的"跨省通办"合作机制。2023年，盘龙区某一个便民服务站与贵州省赤水市残联进行事项合作协同联办，1天内就顺利为申请人办理了残疾人证迁出和盘龙区的迁入。

2. 服务体系最全

开展"云上办"政务服务"跨省通办"合作，印发《"云上办"政务服务"跨省通办"工作规程》，坚持边推进边完善的工作思路，持续建立健全各城市、地区之间异地收件、问题处理、监督管理、责任追溯等工作机制。

3. 通办事项最多

梳理了756项"全程网办"和"零跑腿"事项，在昆明市的实体大厅设置"跨省通办"服务窗口，为289个联动协同办理地区共同梳理事项4402项，推动实现"跨省通办"。

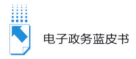

截至目前，昆明市已为省外群众企业办理"跨省通办"事项200万件，最受群众青睐的部门为公安部门、人力资源和社会保障部门，其中办件量最多的事项分别是"申领机动车驾驶证""申领机动车检验合格标志""机动车异地报废"等（见图8、表1）。

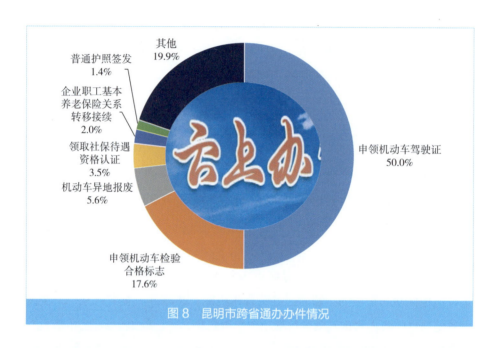

图8　昆明市跨省通办办件情况

表1　昆明市跨省通办办件情况

事项名称	办理数（件）	占比（%）
申领机动车驾驶证	1000042	50.0
申领机动车检验合格标志	352702	17.6
机动车异地报废	112673	5.6
领取社保待遇资格认证	70068	3.5
企业职工基本养老保险关系转移接续	39898	2.0
普通护照签发	28656	1.4
其他	397800	19.9

（三）创新公共资源交易智慧监管，营造公平守信的交易环境

建设公共资源交易监管、金融服务、区块链公共平台，并将三个平台集成，赋能数字交易，目前电子化运行项目 3.1 万个，数据积累达 32.8T。云南省昆明市创新公共资源交易监管机制营造公平守信市场环境，被国务院第六次大督查点名表扬，并在全国宣传推广其经验做法。

1. "三统一"平台集成，赋能数字交易

一是统一全省"一朵云"。全省率先开展"一项目一档案、一标段一存储"，推动智能开标率和全流程电子化交易率均达到 100%。二是统一专家"一个库"。完成专家资格动态核查，规范完善专家个人信息、修改对应专业 2.1 万人次，编制《昆明市评标专家负面清单》，曝光违法违规典型案例，强化评标专家警示自律。目前，在库专家 8008 名，占全省的 42.3%。三是统一惠企"一保函"。自 2019 年使用"电子担保保函"以来，保险费率从最初的 1.5% 降至 0.3%。

2. "三段式"联动合力，赋能交易服务

一是严格招投标"前端"管控。招标文件发布前进行公平竞争审查，招标人进场前完成招标文件公平竞争审查工作，做到"凡进必审"。二是提高招投标"中端"效率。施行工程建设项目招标计划提前发布制度，将计划发布纳入全流程电子化管理。迄今为止，已提前发布招标计划 1746 条。三是强化招投标"后端"监督。通过综合监管 + 行业协同，健全了立项部门、公共资源交易监管、行业监管"横向到边"，市县两级"纵向到底"的监管机制，在全流程电子化监管的合力下，投诉举报发生率逐年下降，相比 2020 年、2021年分别下降 30.8%、81.5%。

3. "三随机"工位评标，赋能监管质效

一是评标区域随机。全市公共资源交易场所由系统自动编入随机区域，项目在入场登记时，系统随机分配评标地点，打破优质评标专家的区域壁垒。二是评标专家随机。开标结束后，招标人依托全省综合评标专家库申请随机抽取评标专家，评标专家由系统随机分配至评标地点，有效解决专家之间的

"熟人效应"以及专家被"围猎"等核心难题。三是评标工位随机。评标专家到达评标地点签到时，由系统随机分配至评标工位参与评标，有效破除评标专家的"常任"壁垒，进一步解决"常任专家"评"人情标"的问题。

截至目前，昆明市纳入远程异地评标工位制管理的评标工位共 81 个，已完成 239 位评标专家随机分配，有效运行项目 48 个，远至离昆明 600 公里以外的磨憨边境口岸城市的招投标项目也可以采用该机制，真正实现了远程异地评标工位"三随机"。

案例三："三随机"化解"常任专家"难题

2022 年 6 月 28 日，"滇池流域农村及牛栏江补水区（昆明段）集镇生活污水设施信息系统项目造价咨询服务项目"，运用远程异地评标工位制，抽取 5 位评标专家，按系统随机分配地区、工位号到达对应工位进行独立评审，对号入座后进入线上评标会议室，通过语音及文本手段进行沟通交流，评标全程可线上监督，评标过程中所有音视频及文本资料内容自动存储，形成该项目电子档案（见图 9）。昆明市依托云南省公共资源交易平台在全市范围内试运行项目 28 个，顺利完成开标、评标，实现远程异地评标工位"三随机"。通过实行远程异地评标工位制，评标专家随机独立评标，进一步解决专家分布不均、"常任专家"评"人情标"等问题，全面提高公共资源交易规范性、高效性、公平性。

四 推动昆明数字政务建设的对策建议

一是加快推进审批业务系统对接到省政务服务平台。进一步打破"信息孤岛""数据壁垒"，完成昆明市各级各部门自建业务系统与省政务服务平台对接工作，按照标准接口规范完成事项同源对接、统一身份认证对接、好差评对接，实现业务闭环，对接完成后数据能正常推送、回传到省政务服务平台，在更大范围实现"系统通、数据通、业务通"。

二是深化政务信息资源共享共用。提升昆明市政务信息资源共享交换平台应用效能，完善、落实共享开放相关配套制度规范，建立健全共享机制，

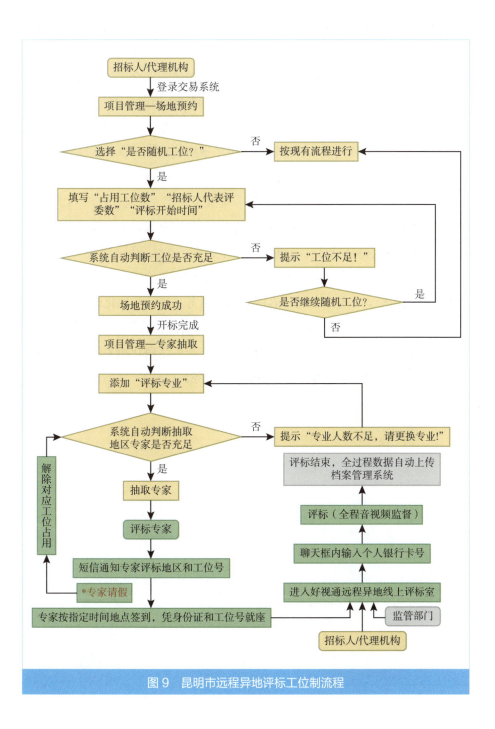

图9 昆明市远程异地评标工位制流程

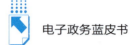

提升政务信息资源共享平台作为数据交换通道的支撑保障能力，全面整合各部门政务信息资源，建设数据开放体系，建立数据精准回流和汇聚服务，深化数据安全技术防护体系建设，加强数据全生命周期安全保障，做到事项同源、互联互通，向企业推送相关政策信息，做到"免申即享"。

三是推动办事证照共享。依托省一体化平台，基于电子证照互认共享能力，推进各部门证照的互认互通，推进电子证照的信息共享，梳理支撑政务服务数据共享材料免提交事项，通过对已实现共享的电子证照和加盖电子印章的电子材料，支持电子营业执照扫码一键登录，上"一网"进"一门"，推进电子证照的查询亮证，扩展事项证照材料复用，有效解决重复注册、登录问题，实行纸质材料免提交、一键关联办事材料、在线开具各类证明等。

四是优化平台功能创新应用。进一步优化网上平台查询服务功能，提供精准、便捷的检索、导引、智能客服等查询服务，进一步优化政务服务互联网门户用户体验，提供易用、友好的服务引导功能；统筹推动供水、供电、供气、公证、法律援助，快递等与企业群众生产生活密切相关的服务事项进驻省政务服务平台，为企业和群众提供更多服务。

行业应用篇

B.13
数字中国建设整体布局下行业
智慧化应用分析报告

行业智慧化应用课题组 *

摘　要： 随着数字技术渗透到各行各业，成为推动经济发展和社会进步的重要力量，数字中国建设对行业数字化水平提出了新要求。当前，行业数字化服务能力不断提升，数据资源建设应用不断优化，网络和数据安全防护能力不断增强，业务集约化建设水平不断提高，但仍面临信息化发展水平不均衡、数字化履职能力有待加强、纵强横弱现象有待改善、新技术应用隐患等挑战。在数字中国建设

---

* 课题组成员：中央党校（国家行政学院）电子政务研究中心刘密霞、丁艺、刘彬芳、梅澎，中移系统集成有限公司陈志刚、刘金樱、罗天铭、高宗帮、马鹏程，中国移动政企事业部于本江、顾冠楠。

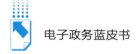

整体布局下，未来行业智慧化应用的制度规范体系将更为完善，数字化将进一步促进业务调整和机构变革，数据的流通将进一步激发行业数字化应用，智慧化应用也会更加注重普惠共享。

关键词： 行业智慧化　数字中国建设　数字化转型

建设数字中国是数字时代推进中国式现代化的重要引擎，是构筑国家竞争新优势的有力支撑。随着全球信息化进程的加速，数字技术已经渗透到各个行业和领域，成为推动经济发展和社会进步的重要力量。中国作为全球最大的发展中国家，其信息化程度和数字化水平直接影响国家的综合实力和国际竞争力。为此，在数字中国建设整体布局下行业智慧化应用与发展趋势的重要性日益凸显。

一　行业智慧化应用发展现状

（一）数字中国建设对行业数字化水平提升提出了新要求

近年来，党和政府高度重视数字化建设，制定了一系列政策文件，对行业智慧化应用与发展提出了明确要求。其中，2023年2月27日，中共中央、国务院印发的《数字中国建设整体布局规划》（以下简称《规划》）明确提出要"加快数字化发展，建设数字中国"，引起了社会各界的广泛关注。《规划》提出了政务数字化智能化水平明显提升的目标，明确数字中国建设按照"2522"的整体框架进行布局，指出要"强化数字化能力建设，促进信息系统网络互联互通、数据按需共享、业务高效协同"。提出了"在农业、工业、金融、教育、医疗、交通、能源等重点领域，加快数字技术创新应用"的具体要求，希望推动数字技术与各行各业深度融合，提升数字化、网络化、智能化水平。各部委也陆续发布相关信息化规划，统筹指导行业数字化转型发展，具体如表1所示。

表 1　行业数字化建设相关政策内容		
行业	相关规划政策	总体目标
教育	《2022 年提升全民数字素养与技能工作要点》	到 2022 年底，提升全民数字素养与技能工作取得积极进展，系统推进工作格局基本建立
	教育部关于发布《教师数字素养》教育行业标准的通知	扎实推进国家教育数字化战略行动，完善教育信息化标准体系，提升教师利用数字技术优化、创新和变革教育教学活动的意识、能力和责任
	教育部关于发布智慧教育平台系列两项教育行业标准的通知	扎实推进国家教育数字化战略行动，完善教育信息化标准体系，提升各级各类智慧教育平台建设与应用水平
文旅	《关于推进实施国家文化数字化战略的意见》	到"十四五"时期末，形成线上线下融合互动、立体覆盖的文化服务供给体系。到 2035 年，建成全面共享、重点集成的国家文化大数据体系
	工业和信息化部文化和旅游部关于加强 5G+ 智慧旅游协同创新发展的通知	到 2025 年，我国旅游场所 5G 网络建设基本完善，5G 融合应用发展水平显著提升，产业创新能力不断增强，5G+ 智慧旅游繁荣、规模发展
交通	中国民用航空局关于印发落实数字中国建设总体部署加快推动智慧民航建设发展的指导意见	到 2027 年，智慧民航建设数字化转型取得重要进展，全面推动民航创新能力、安全水平、运行效率、服务质量和治理效能大幅提升。到 2035 年，智慧民航建设数字化发展水平进入世界前列
养老	工业和信息化部民政部国家卫生健康委关于印发《智慧健康养老产业发展行动计划（2021-2025 年）》的通知	到 2025 年，智慧健康养老产业科技支撑能力显著增强，老年"数字鸿沟"逐步缩小，人民群众在健康及养老方面的幸福感、获得感、安全感稳步提升
	关于做好 2021 年"智慧助老"有关工作的通知	为广大老年人掌握和运用智能技术提供帮助
住建	住房和城乡建设部关于加快住房公积金数字化发展的指导意见	到 2025 年，住房公积金数字化发展新模式基本确立，住房公积金事业高质量发展取得明显成效
	国家发展改革委办公厅关于加快落实新型城镇化建设补短板强弱项工作有序推进县城智慧化改造的通知	提升县城数字化、网络化、智能化基础设施水平，有效提高政府公共服务水平、社会治理效能
	住房和城乡建设部工业和信息化部关于组织开展智慧城市基础设施与智能网联汽车协同发展试点工作的通知	以加强智慧城市基础设施建设、实现不同等级智能网联汽车在特定场景下的示范应用为目标

行业	相关规划政策	总体目标
能源	国家能源局关于加快推进能源数字化智能化发展的若干意见	到2030年，能源系统各环节数字化智能化创新应用体系初步构筑、数据要素潜能充分激活
	工业和信息化部等六部门关于推动能源电子产业发展的指导意见	到2025年，产业技术创新取得突破，产业生态体系基本建立。到2030年，能源电子产业综合实力持续提升，形成与国内外新能源需求相适应的产业规模
	《"十四五"现代能源体系规划》	能源产业数字化初具成效，智慧能源系统建设取得重要进展
医疗	《"十四五"全民健康信息化规划》	到2025年，初步建设形成统一权威、互联互通的全民健康信息平台支撑保障体系，基本实现公立医疗卫生机构与全民健康信息平台联通全覆盖

（二）数字化服务能力不断提升

国家政务服务平台是数字化服务能力提升的主要支撑，将身份认证、证照服务、事项服务、投诉建议、好差评、用户服务和搜索服务等服务进行统一，实现了一网通办、数据汇聚交换共享、动态监管等功能。目前，已有外交部、工业和信息化部、财政部、住房和城乡建设部、商务部、应急管理部等43个部门接入国家政务服务平台，提供超过637项办事事项服务，其中469件办事事项可实现线上办理，线上办理率73.63%，具体如表2所示。截至2023年10月，公安部政务服务平台已累计注册用户1.13亿个，累计提供服务2378.7万次，日均访问量超29156次。2022年市场监管总局服务平台共发布各类信息15350条，注册用户76384个，全年办件总量87008件。国家医疗保障局统计数据显示，2022年全国住院跨省异地就医875.87万人次，全国基本医疗保险参保人数134592万人，参保率稳定在95%以上。

序号	部门	办事事项	可线上办理	序号	部门	办事事项	可线上办理
			表2　国家政务服务平台事项接入情况				
1	外交部	3	1	23	教育部	8	7
2	工业和信息化部	28	18	24	民政部	16	5
3	财政部	3	3	25	自然资源部	46	25
4	住房和城乡建设部	2	0	26	水利部	12	12
5	商务部	17	6	27	国家卫生健康委员会	11	11
6	应急管理部	13	8	28	国家税务总局	0	0
7	国家金融监督管理总局	13	0	29	国家广播电视总局	27	0
8	国家统计局	7	1	30	国家医疗保障局	6	0
9	中国气象局	3	0	31	国家能源局	6	4
10	国家移民管理局	19	19	32	国家铁路局	10	8
11	国家邮政局	8	6	33	国家药品监督管理局	15	14
12	国家发展和改革委员会	28	28	34	科学技术部	7	4
13	公安部	10	1	35	司法部	6	6
14	人力资源和社会保障部	2	0	36	生态环境部	29	29
15	交通运输部	24	22	37	农业农村部	73	73
16	文化和旅游部	5	5	38	退役军人事务部	0	0
17	海关总署	15	13	39	国家市场监督管理总局	11	7
18	中国证券监督管理委员会	79	79	40	国家体育总局	5	5
19	国家知识产权局	7	7	41	国家机关事务管理局	2	2
20	国家粮食和物资储备局	0	0	42	国家烟草专卖局	7	7
21	国家林业和草原局	11	11	43	中国民用航空局	25	7
22	国家文物局	18	12				

（三）数据资源建设应用不断优化

在数字化时代的推动下，各行业的数据资源建设已经成为推动数字中国发展的重要一环。通过不断优化数据资源的建设和应用，各行业正在积极实现数据驱动的决策，提高工作效率，优化资源配置，并推动各行业的数字化转型。当前，公共数据汇聚和利用不断加速，人口、法人、宏观经济、自然资源等国家基础数据库不断完善，数据更新和共享交换机制持续完善。国家公共数据开放平台不断健全，并且各行业根据国家统一标准均在推动政务数据目录建设，"一数一源一标准"的数据资源清单化管理模式初步实现。截至2022年，政务数据目录体系初步形成，汇聚编制政务数据目录超过300万条，已发布53个国务院部门的各类数据资源1.35万个，全国共享调用超过4000亿次[①]。医疗健康、社会保障、生态环保、信用体系、安全生产等领域主题库建设积极推进，有力支撑经济运行、政务服务、市场监管、社会治理等。各部委还在积极推动行业内的数据资源整合。例如，农业部门正在努力实现农业数据的全面采集、共享和利用；交通部门正在构建全面的交通数据共享平台，以实现交通数据的最大化利用；医疗部门正在推动医疗数据的标准化和共享，以促进医疗质量的提高和医疗资源的优化配置。

（四）网络和数据安全防护能力不断增强

近年来，随着国家政务服务平台建设的不断推进，网络和数据安全防护能力已经成为政务服务平台建设中的重要一环。为了保障政务服务平台的网络和数据安全，国家政务服务平台采取了一系列措施，包括加强网络安全管理、加强数据安全保护、加强技术安全防范等。首先，国家政务服务平台加强了网络安全管理。平台建立了完善的网络安全管理体系，制定了严格的网络安全管理制度，加强了网络安全监测和应急响应能力，确保了网络和数据的安全性和可靠性。其次，国家政务服务平台加强了数据安全保护。平台对数据进行加密、脱敏、防泄露等处理，确保了数据的安全性和保密性。同时，平台还建立了数据安全备份和恢复机制，确保了数据的安全性和可用性。最后，国家政务服务平台加强了技术安全防范。平台采用了多种技术手段，包括防火墙、入侵检测和防御系统、安全审计系统等，加强了对网络攻击和病毒入侵的防范能力。

（五）业务系统集约化建设水平不断提高

随着信息化技术的不断发展和应用，各行业各领域的业务系统建设也取

---

① 数据来源于《全国一体化政务大数据体系建设指南》。

得了长足的进步，从"三金""十二金"等"金"字工程建设，发展到如今对业务系统进行集约化一体化建设，坚持大平台、大系统、大数据的建设思路。各行业各领域通过政务云的建设实现资源的共享和协同，通过共建共用统筹一体化建设提高系统的互联互通性和业务处理的效率和质量，通过主要信息化工程的实施推动业务系统的集约化和智能化发展。在共建共用共享的理念推动下，各部门积极推动业务系统的集约化和一体化建设，提高了业务处理的效率和质量，降低了成本，并为企业和群众提供了更优质的服务。各行业政务云是业务系统集约化建设的重要体现之一。通过搭建统一的云平台，各部门将分散的、独立的业务系统整合到云平台上，实现资源的共享和协同，减少重复投资和降低维护成本，提高系统的可靠性和稳定性。同时，政务云的建设还促进了数据的集中管理和利用，推动了数据的共享和开放。当前，健康保障、安全生产、投资审批、公共资源交易、信用信息、基础信息资源库等方面的重大工程陆续建成，并依托已有的数据中心基础，形成"1+3"的国家电子政务云数据中心体系，各地方各部门政务云平台建设全面提速，初步形成"数云网"一体融合的业务系统基础设施体系。

二　行业智慧化应用面临的挑战

新一轮科技革命和产业变革深入发展，数字技术创新活跃，数据要素价值日益凸显，不仅推动了传统产业的数字化转型和新兴产业的发展，也加速了经济社会各行业各领域的信息化智慧化应用。但各行业在取得显著成绩的同时，仍存在信息化发展水平不均衡、数字化履职能力有待加强、纵强横弱现象有待改善、新技术应用带来挑战等问题。

（一）各行业信息化发展水平不均衡

行业信息化发展包罗万象，横向跨越多个垂直行业。政务、交通、安防、环保、教育、医疗、水务、旅游、能源等众多领域都在积极推进信息化建设。然而，各行业在信息化建设方面的发展水平存在不均衡的现象，总体表现为社会事业发展滞后于经济社会发展。一些行业如金融、电信、交通等由于其业务特点和市场需求，更早地开始进行信息化建设，并且投入了大量的资金和技术资源。这些行业的信息化水平相对较高，已经实现较高的数字化和智能化水平。而社会事业发展相对滞后，养老、医疗等社会保障和教育等领域的信息化水平相对较低，存在诸多问题和短板，基于其技术要求较高以及信息化基础设施相对薄弱等原因，信息化建设进展较慢。此外，生态环境领域的信息化建设也还面临技术运用差距大、系统整合难、数据共享利用不足、安全形势严峻等问题。

（二）数字化履职能力有待加强

在充分肯定我国政府数字化履职能力提升的同时，仍需明确存在的一些问题。一是体制机制方面的问题。目前，适应数字化履职的体制机制尚未完全建立起来。政府机构设置和职能配置的逻辑仍然受到传统科层制的制约，缺乏数字化思维。在数字技术的创新、应用和探索等方面，仍然存在一些不足之处，无法充分发挥数字手段所带来的价值。二是跨部门的业务协同，网络通目标基本实现，但在横向互通上仍存在一些深层次问题；数据通方面缺乏强大的共享资源体系，跨部门、跨行业的数据共享受到限制；协同一体化方面，通过建立跨部门的应用，实现在虚拟空间的网上协同，这与传统的职能划分过细、过于微观的内在履职运行逻辑，存在一定的冲突。三是制度规则方面。数字化对政府治理带来了重大变革，它要求对传统的政府业务进行重组，这是服务监管模式创新的前提，也是提升政府数字化履职能力的重要条件，然而，在业务流程梳理和优化的过程中，部门法规阻碍了业务重组和模式创新的进展，如果不能及时清理一些不适应数字时代的制度规则，并且不从各个政府部门的基础性工作入手进行相关法律法规的清理，那么政府数字化履职能力体系的构建将受到很大的制约。

（三）纵强横弱现象有待改变

各行业智慧化建设纵强横弱，"信息孤岛"林立。我国政府纵向层级制与横向职能制的组织架构，使得政府部门之间存在纵向制约关系，在互联互通方面做得相对较好；而在横向信息上制约关系较弱，互联互通较为薄弱，主要集中在网络、数据、协同三个方面。网络体系方面，各类纵向业务专网自成体系且建设完善，但在横向方面，与政务外网之间相互封闭，不能有效联通，给实现跨部门、跨层级、跨区域的政务服务带来了阻碍，制约了数字政府的建设推进。数据流通方面，纵向数据资源的流转、共享、开放相对顺畅，但在横向的数据跨部门、跨行业流动和共享方面，出于传统政府部门的组织结构、内部利益、数据保密等多方原因，数据无法跨部门畅通分享，难以发挥数据价值。业务协同方面，沟通协调的难度有差异是主要原因。一方面，纵向条线业务上下一致，而横向部门则业务各不相同，沟通难度较大；另一方面，纵向条线行政上是上下级关系，而横向各行业部门之间是行政平行关系，协调难度较大，造成了业务上的纵强横弱，阻碍了数字政府建设效能的最大化。

（四）新技术应用带来挑战

数字技术为公共部门带来非比寻常的便利，也带来前所未有的挑战。一是信息识别和数据安全存在隐患。当下是信息爆炸的时代，加上政府组织相较于从前更加开放，信息交互方式比传统组织要复杂得多，对有效消息的识别和保护能力提出更高的要求；同时数字社会的发展需要鼓励数据开放与流动以打破数据孤岛，因此，政府部门在进行数据公开、部门之间及内部的数据共享过程中，也面临着被泄露、滥用、侵犯、攻击等安全隐患。二是技术的建设与维护要求提高。随着大数据和人工智能等数字技术在各行业的引入和利用，对使用者的数字素养和技术能力提出较高的要求，同时横纵交错的政府管理机制造成政府重复投资、重复建设、整合协同等问题，从某种程度上来说新技术也催生了"信息孤岛"，不利于整体型政府的建设。三是传统组织文化与现代技术不相适应。尽管近些年公共组织一直在进行扁平化、网络化的变革，公共组织内部仍然存在等级制和官本位思想，数字技术的引进，意味着他们必须开始接受先进的技术，接受突破和改变。

三 行业智慧化应用发展趋势

（一）智慧化应用制度规范体系更为完善

1. 标准化工作助力提高政务服务质量和水平

从标准化技术组织看，2015年国家标准化管理委员会先后成立了全国行政审批标准化工作组和全国政务大厅服务标准化工作组，专门开展政务服务标准制定工作，2022年撤销两个工作组，成立了全国行政管理和服务标准化技术委员会，负责专业范围为行政审批、政务服务、政务公开、监管执法、政务热线、数字政府管理、营商环境建设等方面的基础通用、服务规范、评价准则。从标准研制层面看，在政务服务领域，已经发布国家标准20余项，涵盖了政务服务中心、政务服务平台、政府热线、行政许可等方面。从地方层面看，全国各地发布的政务服务地方标准超过250项。从国家标准化试点示范层面看，2007年起，全国开展了涉及行政服务的国家级服务业标准化试点，2013年启动国家级社会管理和公共服务综合标准化试点，越来越多的政务服务机构积极申报标准化试点，全国已批准试点项目超过130个，覆盖31个省区市。针对政务网点设立、环境建设、政务运行等内容开展标准化规范化建设，构建政务服务标准体系，有助于提高区域内政务服务统一化、规范化、高效化和便利化，为企业群众提供高质量政务服务。

2. 组织架构和政策体系逐渐优化

网络强国、数字中国、智慧社会等方面的建设促进了行业智慧化应用的组织架构和政策体系逐渐完善。国家发改委同20家部委建立了促进数字经济发展部际联席会议制度，推动数字经济的发展。《国务院关于加强数字政府建设的指导意见》也要求成立由国务院领导任组长的数字政府建设工作领导小组，统筹指导协调数字政府建设。据统计，全国所有省级地区均已明确政务数据主管部门，负责制定相关规划和政策措施，统筹推进数据资源开发利用。生态环境部、工业和信息化部、自然资源部、交通运输部、民政部、文化和旅游部等多部委也跟进推出行业智慧化应用推进办法，优化组织架构和政策体系。

3. 法律制度日趋完善

2021 年 6 月和 8 月，我国相继通过了《中华人民共和国数据安全法》和《中华人民共和国个人信息保护法》，结合此前施行的《中华人民共和国网络安全法》《中华人民共和国国家安全法》《中华人民共和国密码法》，构成了较为完备的数据安全基础性保护体系。在此基础上，工信部、公安部、网信办等部门发布《网络安全审查办法》《互联网个人信息安全保护指南》《数据出境安全评估办法》等文件，对数据安全体系进行丰富和补充。

（二）数字化促进业务调整和机构变革

1. 数字化促进业务流程调整

数据交互是数字化的重要支撑，可以重塑政府的业务流程。政府可以通过数字化平台和信息技术等手段，实现各业务流程的数字化转型，并通过数据的共享交换，提高政府的运行效率和服务质量，实现"一网通办""一网统管""一网协同"等。例如，政府可以通过网上办事大厅等数字化平台，实现线上线下的业务办理和服务提供。我国政府通过建设"互联网＋政务服务"平台，实现了政务服务的在线办理和查询，提高了政府的公共服务效率和便捷性。

2. 数字化促进组织机构变革

2023 年 3 月印发的《党和国家机构改革方案》提出组建国家数据局，负责协调推进数据基础制度建设，统筹数据资源整合共享和开发利用，统筹推进数字中国、数字经济、数字社会规划和建设等。数字化时代，数据基础制度全面影响经济与社会发展，之前主要由发改委的内设司局（创新和高技术发展司）负责的组织结构可能难以有效协调推进数据基础制度的建设。同时，数据基础制度建设的目标是"激活数据要素潜能，做强做优做大数字经济，增强经济发展新动能"，其实与信息资源开发利用与共享、信息资源跨行业跨部门互联互通以及数字中国建设等职责高度相关，为避免多头管理、重复建设，减少协调成本，将中央网信办与国家发改委一部分职责合并，单独设立了国家数据局，统筹相关职责、优化管理体制，有利于集中力量协调推进数

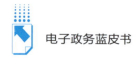

据基础制度的建设。

在国家数据局组建之前，各地纷纷探索了相关组织机构变革，如贵州于2017年2月成立大数据发展管理局、广东于2018年10月成立政务服务数据管理局、浙江于2018年10月成立大数据发展管理局，数字化进程对组织机构提出了新要求，不仅需要数据局加强数字技术创新体系的建设，推动数字技术和各领域千行百业的深度融合，还需要完善数字安全屏障体系的建设，加强数据安全保护和监管。

（三）数据的流通将进一步激发行业数字化应用

以数据要素市场化配置为突破，助推数字经济发展，可以为促进共同富裕、加快构建新发展格局提供强大助力。习近平总书记在中央全面深化改革委员会第二十六次会议上强调，促进数据高效流通使用、赋能实体经济，建立合规高效的数据要素流通和交易制度，完善数据全流程合规和监管规则体系，建设规范的数据交易市场。中共中央、国务院发布的《关于构建数据基础制度更好发挥数据要素作用的意见》将为构建全国统一的数据市场奠定基础，为引导数据要素有序流动和合理配置保驾护航，为提高全要素生产率注入内生动力。

流通交易是数据资源向数据资产转变、充分释放价值的必由之路。一方面，数据的使用价值在于对产业生产效率和市场运行效率的普遍提升作用：对单个企业可以通过改善生产决策来增加利润，对整体经济则可以提高全要素生产率。由于数据的使用价值高度依赖于规模质量、多源融合和应用场景，因此必须通过流通才能创造出更大价值。另一方面，通过流通交易可以鼓励市场主体逐步探索和完善数据定价体系，用市场化的手段合理评估和量化数据的经济贡献，有助于进一步将数据资源提升为数据资产，真正释放其内在价值。

（四）智慧化应用更加注重普惠共享

普惠共享、满足人民美好生活需要，是行业智慧化健康可持续发展的根本要义。数字中国发展的最终目的是普惠民生，将发展成果由全社会共享。近年来，数字化发展在打破时空阻隔、提高有限资源的普惠化水平、方便群众生活、满足多样化个性化需要等方面发挥着不可或缺的作用。随着数字化应用的纵深推进，各行各业将迎来颠覆性变化，新业态、新模式日新月异。移动支付、电子商务、网络购物、视频直播、远程会议等模式竞相发展。《"十四五"数字经济发展规划》提出数字化服务是满足人民美好生活需要的重要途径，"十四五"期间要实现数字化公共服务更加普惠均等，实现数字基础设施广泛融入生产生活，电子政务服务水平进一步提升，网络化、数字化、智慧化的利企便民服务体系不断完善，数字鸿沟加速弥合。要提高"互联网＋政务服务"效能，提升社会服务数字化普惠水平，推动数字城乡融合发展。

四　实践总结

（一）大数据驱动应急治理监测与决策系统智慧化

1. 政策与技术双重引领破解智慧应急建设难题

作为国家治理体系和治理能力现代化的重要组成部分，应急管理部门和有关行业部门应急管理业务的信息化体系建设已经成为一项事关应急管理事业长远发展的基础性、全局性、战略性重大任务。《"十四五"国家应急体系规划》提出，要系统推进"智慧应急"建设，建立符合大数据发展规律的应急数据治理体系，完善监督管理、监测预警、指挥救援、灾情管理、统计分析、信息发布、灾后评估和社会动员等功能。经过多年发展，我国应急管理信息化工作已经取得长足进步，但智慧应急的行业应用仍有很大提升空间。主要表现如下。

一是应急指挥平台不够完善。一些应急平台缺乏完善的应急指挥"一张图"和应急资源管理平台，缺乏数字化应急预案库，缺乏应急管理部门系统内数据共享、外部门数据互通，不能有效汇聚互联网和社会单位数据，从而无法有力支撑统一指挥、协同研判。

二是数据分析应用不足。各应急平台普遍对灾害风险、灾情数据统计、重大安全隐患、安全监管执法、应急力量物资、应急预案方案、重点监管企业用电等基础信息综合分析研判能力不足，不能充分挖掘数据价值，不能为风险防范、预警预报指挥调度、应急处置等提供智能化、专业化、精细化手段。

近年来，随着智慧社会的发展和政府管理信息化水平的不断提高，特别是随着物联网、大数据、AI、云计算等新技术的不断推陈出新，我国应急管理工作踏上了快速信息化建设的进程，并取得了良好效果，应急管理工作呈现信息化、智能化、智慧化多层并进、蓬勃发展的态势。

2. 运营商大数据为应急决策系统智慧化提供有力支撑

为响应国家关于"强化数字技术在公共卫生、自然灾害、事故灾难、社会安全等突发公共事件应对中的运用，全面提升预警和应急处置能力"的要求，破解自然灾害影响精准化评估、矿山精准化管控、灾害事故精准化救援辅助决策等迫切需要解决的难题，加快构建数字技术辅助应急决策机制，提高基于手机信令大数据精准动态监测预测和评估水平，不断用信息化促进应急管理现代化。在应急管理部指导下，中国移动依托运营商大数据人口分析能力，将"人＋地＋事＋物＋组"有机结合，构建科学的分析模型、预测模型，利用大数据、人工智能等先进技术，建成以"人"为核心的手机通信大数据辅助决策子系统，对矿山防盗采、复工复产、各类事故进行监测分析，实现对矿山潜在风险等情况的及时监测预警。同时围绕自然灾害辅助救援决策和安全生产异常监测，实现自然灾害（洪涝灾害、地震灾害、泥石流灾害等）受灾区域内的辅助决策分析模型和异常预警模型体系，实现对重点区域内的异常情况监测和灾害特征分析可视化系统，提升灾害事故精准化监测预警、灾情评估和救援指挥决策水平，为灾害救援、灾害预警提供有效的辅助决策手段。

（二）视频监控融合助力公安一体化治安体系建设

1. 技术发展与应用赋能持续锻造治安底层能力

依托大数据、人工智能等新技术应用，构建基于大数据的公安信息化应用，推进维护国家安全、打击犯罪、治安防控等智能应用。提高大数据情报分析、综合研判、快速处置能力；加强网络安全保护、网络社会管控和情报侦察等应用，提升网络安全态势感知和侦查管控水平；加强新型犯罪网络侦防和智慧新刑技实战应用，提高对各类犯罪的风险识别、预防预警、精确打击能力；升级全国治安综合业务应用系统，加强检查站管控、内保管理、社区管控、街面巡防、活动安保、地铁公交安保等信息化应用；拓展治安移动警务应用，提升社会治安立体化防控水平。

融合无线、有线、卫星、移动等多种通信手段，集成情报、指挥、通信等资源，构建情报实战平台。打造贯穿情指中心部门和勤务警种的一体化工作平台，建立情报、指挥、行动一体化运行机制，形成高效的情报指挥体系，为持续提升情指部门预测预警、指挥处置、合成作战能力和水平提供信息化支撑。

2. 多行业多平台融合打造立体治安防控体系

为响应国家对公安智慧化的发展要求，安徽省某市公安局联合中国移动打造立体化社会治安防控体系，整合共享视频监控资源，实现动态掌握各类治安维稳管控要素、深入排查安全管理盲点盲区，强化社会治安管理和巡逻防控，提升重点人员、重点物品、重点部位、重点场所监管防控能力。建设内容包括感知采集前端、传输网络系统、视频云存储、基础支撑平台、视频图像信息系统、治安防控应用、完善运维体系建设、监控中心建设、机房托管及配套系统等。

前端防控设计围绕"定点、控面、成网成线"的设计理念，部署感知前端采集网，包括全结构化摄像机、人脸识别摄像机、卡口摄像机、高空摄像机、无人机系统等，形成点线结合、封闭成环、汇聚成网的立体化治安防控体系。整合交通、教育、金融、安监、城管、环保等部门和本行业重点单位二类监控资源，接入社会资源整合网，整合外部社会资源。结合治安等业务警种对视频应用的需求，整合各类目标和车辆采集信息，结合视频智能解析技术，建立以人、车、地、事、物、组织、环境为核心的视频图像信息资源库，实现"视频数据化、数据信息化、信息智慧化"，在提升公共安全应用效

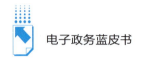

率的同时，解放民警的劳动力，实现从汗水警务到智慧警务的转变。

面向业务警种典型业务场景，建设以视频大数据防控、视频大数据侦查和视频大数据挖掘为核心的视频业务应用，创新警务视频大数据应用新模式，确保"视频主动发现、视频信息挖掘"。让视频应用从被动的事后取证转变为更主动的事前防范、预测预警。

（三）新技术集成应用全面推进智慧市场监管改革

1. 行业对智慧市场监管内涵与模式的探索

充分利用新一代信息技术，深入推进政务信息系统整合共享，加快大数据中心等基础设施建设，打造安全高效的市场监管数字设施，推动智慧监管广泛应用，助力市场监管部门实现线上线下一体化监管，构建统一的市场监管信息化体系，打造"监管精准化、执法规范化、服务便利化、决策科学化、运行高效化"的智慧监管创新发展格局。

市场综合监管新模式探索主要包括：围绕企业登记注册、市场主体监管、市场行为监管、信用监管、消费维权、综合执法，开展人工智能、大数据、区块链、物联网等与市场监管融合的新技术、新模式探索；围绕当前食品安全、工业产品质量安全、特种设备安全监管重点、难点、热点问题，立足民众需求和社会关切，创新开展食品药品监管、质量监管、计量业务、特种设备监管、检验检测业务数字化应用，聚焦三大安全监管构建数字化应用；对市场监管数据按照统一的规范和标准进行汇聚梳理，形成集约化的数据资产，将分散在各个部门和业务系统的数据进行整合，形成统一的数据中心，为市场监管工作提供全面的数据支持。通过数据应用场景化，将数据与具体的业务场景相结合，提供更加个性化和有针对性的数据服务和决策支持，融通标准化数据、实现场景化服务。

2. 技术与应用集成搭建全流程智慧监管平台

为全面加强海西州市场监督管理局智慧监管信息化能力和监管水平现代化，加快建立健全科学、系统、高效、权威的智慧监管体系，持续推进系统监管、依法监管和创新监管，结合青海省市场监督管理局的建设理念，夯实监管责任、深入简政放权、推进"放管服"改革、优化"营商环境",全面推进"智慧市场监管"改革,中国移动依托智慧城市 OneCity 平台能力,建设了海西州市场监督管理局智慧监管信息化平台。

基于统一数据库,以海西州特色建设模型为基础,整合数据与应用,搭建服务于事中事后监管的海西州市场监督管理局智慧监管信息化平台,并将现有的业务应用需求与监管平台关联,开发基于海西州特色的业务应用,并将所有应用集成于监管平台,实现业务应用集成化。依托大数据分析和人工智能技术,探索构建市场监管闭环,及时发现食品、药品、特种设备、产(商)品质量等方面的安全隐患,由系统智能建议和辅助监管干部采取同步跟进排查、处罚,后续跟踪整改等措施,将相关措施和数据结果纳入市场监管知识库,形成不断学习强化的监管闭环。

海西州市场监督管理信息化平台实现了市场监督管理统一标准、统一规范,坚持经济适用,整合和利用现有建设资源可以实现对整个平台系统中各业务子系统的集中化、统一化管理,助力全面推进"智慧市场监管"改革。

B.14
最高人民检察院"一张网"
发展格局分析报告

翁跃强 *

摘　要： 本文围绕最高检"一张网"建设格局、在"一张网"上构建一个系统、一个互联网窗口对外服务、一套数据应用等方面综合论述最高人民检察院在全国检察机关信息化概况。在数字化时代，最高检将基于"一张网"建构实施数字检察战略，构筑数字检察"一张网"框架体系，以适应数字化时代检察工作发展新要求。

关键词： 信息化建设　高质效办案　数字检察战略

最高人民检察院坚持以习近平新时代中国特色社会主义思想为指导，深入贯彻落实习近平法治思想、《中共中央关于加强新时代检察机关法律监督工作的意见》，充分发挥信息化对检察工作的引领助推作用，建成覆盖全国3600余个检察院的"一张网"，全国检察机关在一张网上，用一个系统办案、用一个"窗口"服务、用一套数据赋能，努力实现检察办案更公正、检察服务更精准、检察管理更科学。

---

* 翁跃强，最高人民检察院数字检察工作领导小组办公室专职副主任，案件管理办公室副主任，硕士研究生，主要研究方向为检察基本理论、诉讼法、数字检察。

一 检察机关信息化建设发展基础

在最高人民检察院历届党组的高度重视和关心指导下，在各级检察机关的协力推动下，检察机关信息化建设与应用历经四个发展阶段：第一阶段：1991~1999 年，检察机关实现了信息化从 "0" 到 "1" 质的转变，检察人员办公办案完成了信息化起步。第二阶段：2000~2008 年，建成了联通四级检察院的检察专线网，构建了检察信息化 "高速路网"，实现了电子公文网络传递。第三阶段：2009~2017 年，研发部署了全国检察机关统一业务应用系统，实施了电子检务工程，建立了检察信息化 "四统一" 模式。第四阶段：2018 年至今，研发上线全国检察业务应用系统 2.0、检答网、听证网等系统，实施智慧检务工程及大数据、人工智能等技术应用，开展跨部门数据共享和协同办案逐步显现成效，检察信息化由 "科学化、智能化、人性化" 向数字检察迈进。

检察机关信息化有较好发展基础，但也存在一定问题。一方面，内网间系统整合不够。由于各级检察院信息化需求存在较大差异，加之对业务需求总体统筹不够、缺少顶层设计和整体谋划，导致系统过多、功能重复问题突出。此外，由于各部门内部需求碎片化，紧急实现型需求多，系统研发往往在论证不充分的情况下进行，出现系统投入使用后再不断进行流程、功能的 "小修小补" 的现象。同一功能在不同系统中重复建设，不仅增加投入成本，同时由于功能过于复杂，会导致系统操作不友好。另外，系统数量过多、功能交叉重复，导致了用户需要多次登录不同系统开展工作，不同系统间数据重复输入、重复录入，增加使用负担，体验感较差。另一方面，内网和互联网系统整合不够。受历史原因影响，部署在检察专网（涉密网）的系统过多，互联网应用不够充分，缺乏互联网视频接访、电子文书网上送达等典型业务场景应用，为民服务系统性不够。离检察应用、数据全面整合有较大差距。

在发展过程中，检察机关逐步克服网络隔断、办案系统分散带来的问题，形成检察信息化 "一张网络""一个系统""一套数据" 的创新发展模式。一张网络，开端于 2000 年前后，最高检决定统筹检察专线网，一方面将各地检察机关已建成但分散、互不连接的局域网联通为一个整体网络——检察专网;另一方面督促信息化建设相对缓慢的检察院积极进行网络建设并同步连入检察专网。2012年前后,以检察专网全面完成分级保护建设并通过测评为标志,形成条(纵向)、块(横向)结合,全国唯一通过国家测评的检察信息化"一张网"网络架构。一个系统。2009年前后,最高检决定研发检察机关统一业务应用系统,开始探索实现业务系统的整合、统一。检察业务应用系统经过1.0、1.5,到目前的2.0版,将各地、各级的业务应用系统全面替代,形成了"纵向到底"(延伸到四级各院)、"横向到边"(覆盖各项检察业务)的业务应用系统的统一,全国检察机关一个应用系统的信息化应用模式完全建立。一套数据。检察业务应用系统的统研、统建、统用,在形成流程规范统一的基础上,实现了检察业务数据的统一和集中。全国检察四级检察院"四大检察"各项数据都按照一个标准生成、存在于一个应用系统、集中在最高检和各省级院存储。检察业务数据是真正的一套数据。

二 深化"一个系统"应用,支撑公平正义

(一)充分发挥规范、约束作用,加强检察工作特别是案件办理的规范化

全国检察机关业务应用系统通过"一案一号"、规范流程设置、严格审批权限等,实现全国四级检察院所有案件都在一个应用系统中办理,案件办理、流转过程自动记录、全程留痕,改变人来人往、"件"来"件"往的传统办案模式,有效减轻检察办案人员负担,检察办案更加便捷、高效。通过系统设计,将各项办案要求内嵌进流程,设置3700余项规则识别"卡点",由程序自动控制,确保不符合规范的案件不能进入下一环节,检察办案更加规范、严谨,让程序正义得到保障。截至目前,全国检察机关共在应用系统中办理案件6300余万件。统计子系统通过数据自动抓取检察业务应用系统数据和倒查案卡等,保证数据准确、无虚数。业务系统数据与业绩考核子系统对接,直观体现检察官办案质量、效率、效果,充分发挥考评指挥棒作用,促

进检察工作高质量发展。案件质量评查子系统,实现跨院、跨区域调取检察业务系统案件,进行随机抽查、重点评查、专项审查,将案件质量控制从被动追究向主动纠偏转变。

(二)搭建知识服务和借智平台,助力检察业务能力提升

研发案例库、阅卷辅助、量刑辅助等信息化服务应用,发挥技术辅助作用,为检察官办案提供便利和参考。"检答网"搭建全国四级检察机关的业务咨询交流平台,为各级检察人员特别是基层干警提供咨询服务。构建覆盖全国四级检察院的检察办案"知识服务"体系,促进提升检察人员办案能力。检察官在办案过程中遇到疑难问题,可以通过"检答网"进行业务咨询,利用检察案例库类案检索参照办案。"检答网"已累计解答问题15万余个,检察案例库收录各类案例16.6万件。检察人员可以通过"一张网"充分共享各种教育培训资源,开展政治理论和业务学习,提升自己的素质能力。民事行政案件专家咨询网利用互联网平台邀请3100余名精通民事行政法律的资深律师和专家为各级检察机关提供线上咨询服务,促进"智慧借助"从理念变为实践。检察官能够利用量刑计算工具,量化所办案件的刑期,更加精准,提出量刑建议。目前,检察机关量刑建议被法院采纳率超过95%。为避免司法办案"简单"差错,开发了法律文书纠错等工具,不仅能够通过对定罪、量刑意见和引用条文关联度的分析,发现检察文书中错引法律条文等实质差错,也能实现文字校对,发现错别字等形式差错,维护司法公正公信。

三 深化"一个窗口"对外服务,助力检察为民

(一)深入践行执法为民理念,提升检察公共服务水平

12309是中国检察网统一提供的检察机关对外服务接口,群众登录一个网站就可以开展信访、查询、线索举报、意见建议等各项检察服务。网上信访系统实现了全国四级检察机关信访信息互联互通和信访事项网上全流程管理、群众信访实时查询反馈,用户可对服务进行打分和评价,倒逼检察办案

人员提高案件办理质效。律师网上阅卷系统使律师身份核验、申请、阅卷等全部在网上完成，让当事人可以远程参与诉讼，群众办事从"至少跑一次"变为"一次不用跑"，偏远地区人民群众可在网上共享律师服务。

（二）让公平正义可触可感可信，用公开促进公正

案件信息公开网作为"阳光检务"重要场景，通过网络向当事人和社会提供、公开案件信息，截至目前，全国检察机关公开案件程序性信息 1500 万余件，发布重要案件信息 114 万余条，公布相关法律文书 650 万余件。中国检察听证网开展检察听证互联网直播，全面提升检察透明度和公信力，同时也向人民群众传播法治精神。目前，全国检察机关已有 1666 家检察院接入中国检察听证网；共开展听证直播 4000 余次，累计直播时长 14 万分钟，网站点击量超百万人次，直播数量稳步增加。远程视频提讯系统让检察院与看守所等联通，讯问犯罪嫌疑人更便利、快捷，留存全程声像资料，记录讯问过程，促进检察办案规范、严谨。

四 深化"一张网"数据应用，强化法律监督

（一）推进大数据监督模型研发应用，精准发现案件线索

最高检深入贯彻党中央关于加快建设数字中国的决策部署，以数字检察战略促进类案治理、源头治理、系统治理。法律监督应用模型是数字检察的一个重要突破口。通过办理典型个案发现和总结的规律，研发应用模型，针对性地开展数据碰撞、比对、分析，批量发现监督线索。截至目前，全国检察机关研发运用取得成效的法律监督模型已达 6000 多个，利用模型挖掘线索 62.1 万余条，监督成案 13.8 万余件。比如，虚假诉讼形式上是双方合意，运用传统办案手段很难发现。绍兴市检察院构建法律监督应用模型，对本地民事裁判文书进行分析，从民事案件中发现"套路贷"涉黑团伙。绍兴市检察机关充分运用虚假诉讼法律监督应用模型，4 年间民事裁判监督案件增长16 倍。

（二）卫星遥感高科技，助力办案提质增效

检察机关创新运用卫星遥感数据，通过对卫星遥感数据建模分析，精准发现环境污染点。如南四湖案件办理，南四湖地处山东、江苏、安徽、河南四省交界，由4省8市34县53条河流汇聚而成，流域面积3万平方公里，湖面面积1266平方公里，最高检统一指挥四省检察机关协同办案，利用卫星遥感影像宽领域、长时序的特点，发现立案公益诉讼案件205件，推动南四湖系统治理。检察机关还充分利用遥感和检测数据跟踪公益诉讼治理成效，从2021年10月、2022年10月遥感数据和环保部门监督点数据看，南四湖水质发生显著变化，富营养化程度高污染水体区域占比由24%降至8%，悬浮物高污染水体区域占比由14%降至7%，黑臭水体高污染水体区域占比由15%降至10%。2022年环保部南四湖国控站点监控断面水质优良比例，历史上均首次达到100%。

（三）提升数据分析使用能力

一是挖掘内部数据。最高检每季度利用统计数据开展业务态势分析，形成网络招聘刑事案件、少捕慎诉慎押刑事司法政策论证、检察技术类案件等专题数据分析报告等，特别是2020年最高检通过前后15年刑事案件发案数变化，分析社会发展形势，根据传统犯罪、重罪占比大幅下降趋势，提出立法和司法政策调整建议，促进社会治理现代化。通过将内部数据返回省级院，加大内部数据挖掘利用力度，激发内部数据应用主动性和价值。二是获取外部数据坚持"不求所有，但求所用"。与司法部完成鉴定人及鉴定机构接口数据对接，实现对司法部相关数据的实时查询。持续落实已经开展的数据共享，依托检务协同平台继续推动与公安部、教育部未成年人数据共享，做好系统日常运维监测；数据资源管理功能模块已录入信息资源目录27条、数据元标准3000余条，上架教职工准入查询性侵违法犯罪信息29万余条。接入国家一体化政务服务平台，获取国务院下属部门发布的数据资源目录清单。与应急管理部中国安全生产科学研究院推

213

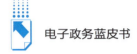

进安全生产监管数据共享对接，实现了安全生产法律法规、舆情监测、尾矿等数据交换。

五　未来展望

2022 年，最高检顺应数字时代发展趋势，按照国家大力发展数字经济要求，贯彻落实网络强国和数字中国战略，提出数字检察战略，以数字检察作为推进检察工作现代化的重要引擎，积极融入数字中国整体基础设施和数据资源体系建设，以"数字革命"驱动新时代法律监督提质增效，更好地以检察工作高质量发展服务经济社会高质量发展。数字检察工作不是在一张白纸上开展，有一定的基础，但由于一定程度上缺乏整体谋划工作思路，建设目标、方向不明确，路径不一致，系统建设缺少总体顶层设计，导致信息化整合不够、协同不够、融合不够，距离数字中国建设要求还有较大差距。比如数字化基础设施容量有限、数据资源标准体系尚未建立，加大了全面融入国家数据资源和政务服务体系的难度，给数字检察快速融入数字中国带来挑战。深入推进数字检察战略，要坚持"融合整合、务实好用"原则，坚持"一张网"，建设数字检察发展整体框架，坚持紧紧围绕检察业务需求，充分发挥数据要素价值，强化技术支撑能力，强化应用牵引，构建以数字检察工作模式为核心，数字检察建设整体布局为基础的数字检察体系，立好数字检察"四梁八柱"。

（一）构建"业务主导、数据整合、技术支撑、重在应用"数字检察工作模式

最高检将数字思维、数字理念明确为"业务主导、数据整合、技术支撑、重在应用"工作模式，为数字检察工作提供引领。"业务主导"是前提。数字检察"从业务中来、到业务中去"，发挥数字技术对业务的支撑和推动作用，推动法律监督模式由点到面、由个案到类案、由一域到全域的变革。"数据整合"是基础。做实数据治理、聚合、管理、应用，深度挖掘检察内部数据价

值，拓展和合理使用外部数据，通过分头建设、分散存储、关联应用等便捷、经济、有效的方法，推动数据共享共用，协调获取研发特定法律监督应用模型所需的特许数据，建立有效协调机制，形成监督合力。"技术支撑"是关键。科学合理地做好数字检察顶层设计，建设信息化系统和基于信息化的数据化是数字检察的主干和根系，深化一网运行、一网通办、一网赋能，逐步实现一网运维。"重在应用"是目的。围绕以检察工作现代化服务中国式现代化这个检察中心任务，聚焦更好地履行法律监督职能，聚焦"高质效办好每一个案件"，充分发挥数据要素效能，以数字检察辅助监督办案、优化检务管理、助力检察为民、深化诉源治理，促进检察机关依法一体履职、综合履职、能动履职。

（二）推进数字检察整体框架建设

数字检察建设根据数字中国建设指导思想、工作原则、主要目标、整体框架等顶层设计，按照"2142"的总体框架进行布局，即夯实数字基础设施和数据资源"两大基础"，全面融入国家整体数字基础设施和数据资源体系；积极构建数字检察"一张网"整体框架；完成业务主导、数据整合、技术支撑、深化应用"四项建设任务"，推进数字技术和数据应用与检察业务深度融合；培养数据赋能和数据安全管理"两大能力"。通过数字检察，检察机关数字基础设施全面升级扩容，实现检察数据资源规模化、标准化，数据要素对检察工作的赋能作用得到充分释放，业务数据化全面深化、数据业务化积极拓展，检察业务数字化、智能化水平上升到新层次，检察服务数字化处于领先水平，数字技术应用不断创新发展，数字安全保障能力全面提升，基本形成数字检察总体架构，推动检察工作质效提升和模式变革，有力助推实现国家治理体系和治理能力的现代化。

（三）加快推进法治信息化工程建设

2023年，最高检按照《"十三五"国家政务信息化工程建设规划》，在数字检察战略引领下，以法治信息化工程为抓手，推进数字检察建设整体布局

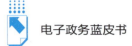

做实落地。工程建设把网络、硬件、服务能力和存储、计算、安全等基础底座做大、做强，构建数据融合、随需应变、快速迭代的应用系统研发新模式。对标数字检察"2142"的总体框架，将工程建设内容概括为"521"，"5 大任务"即建设网络、平台、数据信息化底座和数据赋能、智能辅助的系统、服务；"2 大体系"，建立完善"标准体系""安全体系"；"1 个能力"，努力实现自主可靠、智能协同、研运一体的"自主运维能力"。通过工程，形成数据驱动，以数据整合治理和数据应用为核心，高弹性、强韧性、可柔性的数据服务、平台、网络支撑能力为基础，适应以数据整合、模块可配、快速响应的系统研发模式为重点的"厚平台、强应用"新技术架构。

（四）数据赋能法律监督，全面提升检察监督质效

把法律监督应用模型作为一个重要突破口。数字检察作为"数字赋能监督，监督促进治理"的法律监督模式重塑性变革，作为深化"溯源"治理和"诉源"治理的最新途径，从类案办理和社会治理的高度，使"高质效办好每一个案件"在更高层次上得以实现。最高检党组提出"数字检察战略是法律监督手段的革命，法律监督应用模型是数字检察的一个重要突破口，必须整体谋划、一体推进"。一方面，统筹好模型"有数量的质量"和"有质量的数量"，在保证监督规模的基础上，始终坚持精准监督的理念引领，着力促进解决法治领域深层次问题，避免浅表化监督，真正实现有效监督。另一方面，紧抓法律监督应用模型研发应用，确保务实好用。立足检察职能，围绕对诉讼活动的制约监督，以及社保医保、公积金等民生重点领域，生态环境、安全生产等事关国家利益和社会公共利益领域等，加强法律监督模型的研发和应用。坚持精准监督的理念引领，出台模型管理办法等配套机制，构建模型建设、运用、冠名、推广制度体系。逐步建立检察机关自主可控、各方共同建设、合作共赢的可持续发展生态。同时完善配套机制，持续深化数字检察理论研究，探索中国特色社会主义检察理论研究、数字检察实践。

B.15
经营者集中反垄断业务系统分析报告

国家市场监督管理总局反垄断执法二司

摘 要： 2022 年 8 月 1 日，为配合新《中华人民共和国反垄断法》实施，市场监管总局正式上线经营者集中反垄断业务系统，实现了经营者集中反垄断工作从申报到审结全流程线上闭环管理。系统集合了我国经营者集中反垄断法律法规制度、申报流程和审查流程，贯通了企业"申报端"、市场监管总局"审查端"和试点省局"委托端"，实现了三端数字化交互功能，能够有效提高申报和审查效率，达到便捷申报、智慧审查的政企双赢效果。同时依托各地已经建立的经营主体登记注册系统，建设经营者集中风险预警提示机制，指引企业提升合规意识，依法评估是否触发经营者集中申报条件，做到应报尽报，防范经营者集中风险，企业经营者集中合规意识显著提升。

关键词： 经营者集中　反垄断　风险预警　智慧监管　合规指引

党中央、国务院高度重视反垄断工作，明确提出要大力推行智慧监管，加快建立全方位、多层次、立体化监管体系。市场监管总局认真贯彻落实党中央、国务院的决策部署，强调要将智慧监管、法治监管、信用监管作为市场监管现代化建设的重要抓手，提升与超大规模市场相适应的市场监管综合能力。市场监管总局于 2022 年 8 月 1 日上线了经营者集中反垄断业务系统，具有业务智能辅助、风险监测评估、前瞻分析决策等多种功能，实现了审查工作事项集成协同和闭环管理，是以数字技术支撑构建新型反垄断监管机制的有益尝试。中国是美、欧等世界主要反垄断司法辖区中率先启用线上并购审查系统的司法辖区，在反垄断智慧监管方面走在了世界前列。新系统不仅能够实现便捷申报、智慧审查的双赢效果，也提升了经营者集中反垄断执法的透明度和可预期性，为提高审查效率、维护公平竞争、优化营商环境、加快释放市场创新潜力和活力提供重要保障。同时，总局建立和完善了经营者集中风险预警提示机制，"靠前一步"向经营主体解读经营者集中反垄断法律政策，提升经营主体反垄断合规意识，防范经营者集中风险，保护公平竞争市场环境。

一 建设背景和意义

系统上线前，经营者集中反垄断申报审查主要通过线下进行，便利性不足、案件办理效率不高：一是企业提交申报资料、接收法律文书等均需到市场监管总局办公区现场办理，给企业带来较大不便；二是疫情期间经营者集中申报临时调整为通过邮箱申报，囿于邮箱容量和稳定性、邮件沟通效率等问题，企业申报也较为不便，安全性也存在较大隐患；三是案件审查环节多、流程复杂，在审查过程中，办案人员的很多时间消耗在跑流程、登记盖章、发送通知、确认送达等环节上，显著影响办案效率、浪费行政资源；四是案件申报材料和审查材料分散在各办案人员处，不利于集中统一管理和归档；五是线下办理案件也给案件统计造成极大困难，统计的便捷性和准确性受到较大影响；六是未建立完善的经营者集中风险预警提示机制。

2021年国家市场监管总局受理经营者集中案件800余件，同比增长58%，是2012年案件数量的4倍，经营者集中案件数量持续大幅增长与执法力量不足的矛盾日益严峻，急需通过流程再造缓解审查压力、提高办案效率，尽快建设适应办案需要、具有一定前瞻性、便利申报审查的全流程业务系统，增强数字赋能，节约行政资源，提升审查效能，提高治理体系和治理能力现代化水平，服务经济社会高质量发展。

二　建设目标和原则

经营者集中反垄断业务系统的目标是实现经营者集中反垄断工作从申报到审结全流程线上闭环管理，提高申报便捷性和审查效能。系统需集合申报流程和审查流程，贯通企业"申报端"、国家市场监管总局"审查端"和试点省局"委托端"，实现三端数字化交互功能，达到便捷申报、智慧审查的政企双赢效果。

坚持服务企业，便利申报。申报人从一个入口在线提交申报材料，并能够在申报端查询案件办理进展和主办人员联系信息。案件审查过程中生成的法律文书将通过系统自动反馈到企业申报端，同时系统将通过短信和邮箱发送送达提醒，确保申报人在第一时间收到通知书和决定书，提高申报便捷性和行政执法透明度。

坚持科技赋能，提升效率。系统根据申报信息，自动批分案件。在审查过程中，系统根据抓取的申报信息，按照模板自动生成有关文书、文稿。经授权的司领导签批后，系统自动对法律文书编号并加盖电子印章，自动将经确认的法律文书送达企业申报端。案件审查全流程在系统内办理和审批。系统设置时间提醒，确保案件办理符合时限要求。通过提升信息化自动化智能化水平，切实减轻行政负担、提升审查效能。

坚持统筹考虑，适度超前。将委托地方审查环节 [①] 纳入系统，案件通过系统分办到试点省局，试点省局收到材料后，在系统外按内部程序办理，按相应审批权限签批后，试点省局通过系统向申报人送达法律文书。通过将试点省局审查环节纳入系统，确保委托案件相关材料在系统内留存，便于国家市场监管总局及时了解委托案件审查进展，及时督办委托案件，同时保障案

---

① 自 2022 年 8 月 1 日起，国家市场监管总局试点委托北京、上海、广东、重庆、陕西等五省市市场监管局审查部分经营者集中简易案件。

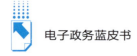

件信息统计全面、及时、准确。

坚持统一管理，确保安全。企业提交的申报材料和补充材料经加密后传输到系统，案件审查生成的全部材料将在系统内保存，案件审结后，系统自动实现案卷电子归档。系统全部数据材料存储在国家市场监管总局专网服务器，并对敏感数据加密处理，留有备份，确保数据得到安全有效保管。系统与国家市场监管总局密码机、电子签章系统等对接，确保用户登录安全、数据安全、用章符合规范。

三　建设内容

系统部署在国家市场监管总局公共服务门户和反垄断司局官方网站，企业从申报端提交申报材料和补充材料，主办人员在审查端办理，司领导、处室负责人按权限进行核批。审查完成后生成的法律文书通过系统自动反馈到申报端。

（一）互联网申报端便利企业实现了线上申报和商谈

1. 互联网申报

系统将申报端与审查端集成为一个内外联通的系统。申报人通过国家市场监管总局门户网站或反垄断司局网站在系统内注册登录，系统支持短信验证。提交申报后，申报人可查询案件办理进展情况及主办人员联系信息，如有送达的法律文书，申报人可在申报端查看和下载。同时，系统增加短信和邮箱提醒功能，在送达法律文书时，系统自动发送短信和电子邮件提醒申报企业及时查看。

2. 商谈

系统增加案件商谈功能，为企业提供商谈申请模块，申报人提交商谈申请材料后，系统自动分办到处室，申报人可查询商谈主办人联系信息，及时与主办人沟通。

（二）业务专网审查端便利审查人员完成全流程线上审查

1. 案件分配

案件分配遵循是否商谈、涉及行业等条件逐一进行判断，根据行业自动分配到相应审查处室。

2. 补充问题

需补充问题的，主办人员编写问题清单，系统自动生成补充问题通知书，经主办人员确认、提交审批后，系统自动为补充问题通知书填上文号、日期，进行电子盖章，经主办人员确认后通过系统送达申报人。

3. 案件受理

收到完整的申报材料后，主办人员从系统内导出受理情况表，补充填写和核实相关信息，报批后通过系统送达申报人。

4. 进一步审查和延长进一步审查

实施进一步审查、延长进一步审查等环节，系统均设置时间提醒，按要求自动生成签报和法律文书，按程序审批后，送达申报人。

5. 案件结案

系统根据申报信息、立案情况表等自动生成相关文稿及审查决定书，经主办人员核改确认后，提交领导审批，通过系统送达申报人。非简易案件经其他程序报批后，通过系统发送审查决定书并结案。

（三）"委托端"便利地方局线上实现三端交互

1. 案件委托

案件从申报端提交至审查端后，由主办人判断案件是否需要委托地方；决定委托后，在系统内发起委托地方的请示，报批后将案件委托到对应的省局，由省局主办人办理。

2. 案件审查

省局主办人员从系统生成补充文书和受理文书，线下盖章并扫描后，回传本系统，线上发送申请人。

3. 结束委托

案件审查完毕，省局主办人在系统内将结案审批的请示报送国家市场监管总局主办人，之后由国家市场监管总局主办人审核报告，在系统内生成审查决定书，提交审批后，将审查决定书发送申报人。

（四）基于各省份登记业务系统实现经营者集中风险预警提示

1. 设置预警提示模块

在股权变更登记和新设合营企业（由两个或两个以上经营主体共同设立的企业）登记注册环节，以网页弹窗等形式为经营主体提供经营者集中申报预警，提示经营主体法律规定的经营者集中申报义务以及未依法申报可能产生的法律责任。

2. 提供政策指引服务

在预警提示中设置政策超链接按钮，方便经营主体快速进入"总局官网—服务—网上办事—反垄断—经营者集中反垄断审查"栏目了解经营者集中申报相关事宜。

3. 动态完善预警机制

鼓励各地在试运行过程中，密切关注经营主体反馈意见和建议，并根据本地区试运行情况不断完善预警提示机制，更好地发挥服务企业作用。

四　系统应用架构

本系统基于微服务采用分层的系统架构，包括网络层、数据层、服务层、应用层、展示层、用户层，如图1所示。通过六层架构实现经营者集中反垄断案件核心业务流程的在线办理，涵盖案件申报、申报审核、立案、征求意见、案件审查、司务会、结案等业务环节，服务企业、国家市场监管总局、地方局等角色用户。

网络层实现了互联网、国家市场监管总局使用的专网和省局电子政务外网的有效联通和交互；数据层包括了基础数据库、业务数据库，可汇聚各类

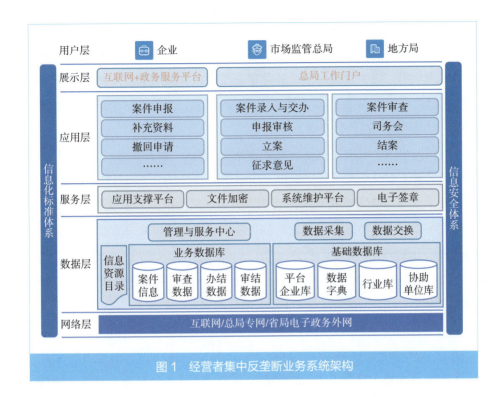

图 1　经营者集中反垄断业务系统架构

数据、形成信息资源目录；服务层为项目建设提供应用支撑框架和底层通用服务，包括应用支撑平台、系统维护平台、电子签章、文件加密等；应用层为企业、国家市场监管总局用户提供服务，完成经营者集中案件申报、受理、审查的全流程操作；展示层为业务系统的统一展示、办理平台，包括互联网＋政务服务平台、总局工作门户；用户层面向企业、市场监管总局、地方局等。以上同时系统部署在国家市场监管总局的物理环境上，遵守国家市场监管总局统一的信息化标准体系和网络安全体系。

五　建设成果和创新点

（一）全球首个实现全程网上交互的并购审查系统

经营者集中反垄断业务系统于 2022 年 8 月 1 日上线，实现了经营者集中

反垄断业务全流程网上办理，贯通了企业"申报端"、国家市场监管总局"审查端"和试点省局"委托端"，实现了三端数字化交互功能，能够有效提高申报和审查效率，达到便捷申报、智慧审查的政企双赢效果。自上线以来，累计收到经营者集中申报1100余件，审结900余件，商谈近300件，有力支撑了经营者集中反垄断业务开展。

目前在中国、美国、欧盟三大反垄断司法辖区，以及英国、德国、日本、韩国等世界主要反垄断司法辖区中，中国的经营者集中系统是唯——个实现全程网上交互的并购审查系统。其中欧盟系统是类似邮箱系统的专用系统，申报人可以通过该系统报送相关材料并接收反馈资料。美国是通过在线表格填报和邮箱接收结果的方式与申报人交互。欧盟、美国这两种方式的交互性、透明度、填报规范性和可扩展性均不高，其审查端对数据字段无法有效提取和整合利用，无法扩展经营者集中反垄断信息化生态系统。

（二）支撑了委托地方业务制度的建立和顺畅运行

2022年8月1日系统上线的同时，试点委托上海、广东、北京、陕西、重庆等5个省（直辖市）市场监管部门同步启动部分简易案件经营者集中反垄断审查工作。试点委托工作是经营者集中反垄断审查的重大改革，一是有利于巩固机构改革成果，完善央地两级反垄断执法架构；二是有利于深化放管服改革，优化营商环境；三是有利于优化反垄断职能，聚焦重点案件查办。

经营者集中反垄断业务系统有力支撑了委托地方业务制度的建立和有效落地实施，在固化规范业务流程、统一案件申报的入口和出口、统一相关文书内容和格式、统一央地协同办案等方面发挥了巨大作用，真正实现了信息化创造、引领和支撑业务流程。2022年8月试点委托工作开展以来共委托地方案件470余件，占同期全部简易案件的比例约为40%。同时，为提升审查效率，总局已向地方省局开放经营者集中相关市场库和市场份额库，为试点省局审查员提供大量可参考的历史案件数据；通过简易案件"双二十"超期提醒功能，及时提醒试点省局审查员办案时效，通过系列举措，有效提升了审查效率，降低了沟通成本，保障了审查质量。

（三）依托系统建立了其他辅助系统和数据库

经营者集中反垄断业务系统的建立，为后续上线附条件监督执行系统和建设违法实施经营者集中系统奠定了基础，其他系统可以复用该系统的相关功能和模块，延续该系统流程。目前围绕该系统已逐步建立了经营者集中反垄断业务整个信息化生态系统。

1. 建立了经营者集中附条件监督执行系统

实现了经营者集中后附加限制性条件执行案件的业务衔接办理，并实现历史全部未执行完毕的附条件监督案件线上办理。当事方线上提交、接收资料，与执法人员业务交互，完成履行方案提交、受托人选任、监督计划提交、日常监督执行和限制性条件变更解除等监督执行各环节任务，极大地提升了附条件监督执行工作效率。

2. 建立了相关市场数据库

相关市场是指经营者就一定的商品或者服务从事竞争的范围或者区域，清晰界定相关商品市场和地域市场能够明确集中行为边界，是后续案件审查竞争分析的基础。历史案件的相关市场界定为新案件审查提供了很有价值的参考，一是通过区分比对提高相关商品市场界定的准确性，二是为准确界定相关地域市场提供有关数据支撑。

3. 建立了市场份额数据库

市场份额数据是案件适用简易或非简易程序的标准，是竞争分析的重要基础，其准确性直接影响案件审查的程序和审查质量。历史案件审查报告中的市场数据是经过核实被采信过的数据，是宝贵的数据资源。将历史案件审查报告中的数据集中起来形成了市场份额数据库，一是直接查询相关商品市场竞争状况，供案件参考；二是通过横纵向比对判断发展趋势；三是辅助评估申报数据的准确性。

4. 建立了历史案件库

通过对 2008 年反垄断法实施以来所有经营者集中案件梳理、归集，建立历史案件库，收集审查报告和申报材料，一是可以直接查询历史案件相关信

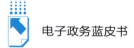

息，了解相关市场界定和竞争分析的思路；二是可以依托历史并购变化，掌握行业竞争态势变化和产业变迁，对于把脉我国和全球各行业投资变化，出具高质量分析报告辅助宏观决策具有重要意义。

5. 建设违法实施经营者集中办案系统

该系统已完成设计，正在筹备建设，其中审批流程、进一步调查资料提交模块、互联网端交互模块、用户体系等均与经营集中反垄断业务系统复用和集成，进一步节省开发成本，通过体系内系统集成也能更好地提升用户体验。

（四）结合地域实际丰富预警形式

各地设置预警提示模块，提供政策指引入口，便利企业了解经营者集中申报有关法规政策，实现对经营主体的大规模覆盖，同时根据各地特点和优势，进一步拓展预警提示功能，创新提示方法，不断提升预警针对性和宣传有效性。

1. 将风险预警提示做实，扩大辐射范围

为覆盖更多场景和范围，部分地区利用市场监管系统的不同环节，或结合本地信息化平台，进一步扩展风险预警的覆盖范围。比如，江苏除在登记注册系统进行提示外，还在企业信用公示系统企业年报申报环节进行预警提示，帮助企业建立未雨绸缪的申报意识，为申报留足准备时间，将"靠前一步"的预警提示方式信息化、流程化。黑龙江在股权变更登记和新设合营企业登记内网审查流程中，通过网页弹窗的形式为登记工作人员提供经营者集中申报预警提示。海南在本省"e登记"平台的手机App端、网页端同时建立经营者集中风险预警提示机制。

2. 将风险预警提示做细，提高预警针对性

在系统提示的基础上，各地采用不同方式对重点企业和易发风险行业领域予以重点提示。比如，浙江贯通税务、市场监管等系统数据，对营业额4亿元以上的企业建立数据库，基于数字化监管平台"浙江公平在线"建立风险监测预警模块，提升经营者集中风险预警提示的针对性；江苏为解决企业在申报中遇到的专业性问题，通过上门式服务、订单式辅导等形式，指导多

家重点企业顺利完成经营者集中申报；北京将风险预警与试点委托经营者集中审查工作相衔接，贯通反垄断审查与登记注册业务环节，防范企业经营者集中"抢跑"风险。

3. 将风险预警提示做广，丰富预警形式

除在企业线上办理业务环节设置预警提示模块，多省还采用线下登记窗口、办事大厅电子宣传屏、宣传手册、"二维码"等多元方式向经营主体预警提示。同时，各地积极开展各类线上线下相结合的培训活动，丰富形式，提升宣传效率。比如，上海通过打造"竞课堂"品牌课程、制作发布经营者集中政策课程宣传片、制定申报指引等方式为经营者答疑解惑；湖北开展反垄断法律知识网络竞答活动，提升经营主体反垄断合规意识。

4. 将风险预警提示做深，强化监管合力

通过跨部门协同构建经营者集中预警协同机制，探索以不同合作模式实现信息和资源共享。江苏省主动对接省工信厅、省商务厅等行业主管部门，了解经营者集中审查辅导潜在需求，有针对性地举办全省经营者集中合规培训班，重点解读经营者集中反垄断审查理论与实务，详细讲解经营者集中典型案例，要求企业做一次经营者集中反垄断合规的全面"体检"，引导企业建立内部竞争合规机制。

（五）集成市场监管总局智慧监管生态能力

1. 与电子签章系统对接

从国家市场监管总局电子签章系统获取电子签章能力，实现国家市场监管总局用户发送企业的通知书、决定书的电子签章功能。

2. 与工作门户和 CA 系统[①] 对接

实现审查端用户的统一身份认证及国家市场监管总局综合业务平台单点登录。系统集成了国家市场监管总局 CA 认证能力，每个工作人员使用 Ukey 登录系统，极大地确保了系统访问安全。试点审查人员 Ukey 由总局统一制作

---

① 国家市场监管总局电子身份认证系统。

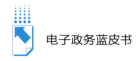

和管理，很大程度上解决了地方账号管理混乱的问题。

3. 与短信平台和邮件平台对接

实现了对申报人和试点省局用户提供短信、邮件提醒功能，在申报人收到法律文书和试点省局用户收到委托案件时，系统自动发送相关内容的短信和邮件提醒用户。

4. 与总局互联网＋政务服务平台对接

对申报代理人进行姓名、身份证号、身份证起止日期等要素认证，确保代理人实名认证。

5. 与总局密码机对接

实现对经营者集中案件办理过程中产生的非结构化文件的加密，保障系统数据安全。

六　下一步工作

下一步，国家市场监管总局将进一步贯彻落实党中央、国务院关于加快推进智慧监管，建立全方位、多层次、立体化监管体系的工作部署，加快完善和优化系统功能，加强对企业的申报指导和跟踪监测，强化大数据分析和竞争失序风险预警，科学稳慎高效地推进反垄断执法，以公平竞争激发市场主体活力、提高市场运行效率，助力经济高质量发展。

一是建设全流程风险防范机制。探索将风险预警提示贯通事前、事中、事后三个环节。事前，采用线上、线下相结合的方式，以文字、图片、视频、案例等方式，广泛开展经营者集中普法宣传，解读《中华人民共和国反垄断法》及经营者集中相关配套法律规定，提高企业经营者集中合规意识。事中，向经营主体提供申报系统链接，指引经营主体正确使用申报系统，规范提交经营者集中申报材料，充分发挥企业"申报端"、国家市场监管总局"审查端"和试点省局"委托端"三端数字化交互功能，有效提高申报和审查效率，达到便捷申报、智慧审查的政企双赢效果；事后，加强预警提示信息多维度分析，全面评估风险预警提示效能，为经营者集中监测决策提供数据支持，打造经营者集中反垄断监管闭环。

二是强化分级分类风险预警管理。探索建设经营者集中分级分类预警库、经营者集中模型库以及经营者集中服务系统、预警系统，构建"1+1+2"信息化体系，实现市场监管各业务系统集成对接，加快反垄断经营者集中审查数据融合。全面梳理经营主体市场份额、组织形态、股权结构等指标，汇总历史经营者集中数据信息，分析其经营特征、集中特征及地域特征，构建经营者集中审查预警分级分类标识，搭建后台管理、预警处置、查询统计等工作模块，增强风险预警提示的前瞻性、针对性和有效性。

三是深挖数据系统智慧支撑潜力。探索建立经营者集中反垄断监管大数据分析体系，推动政府各部门有关经营者集中信息的互联互通，研究数据指标权重和标准化处理方法和流程，建立经营者集中推演模型、营业额评估模型、市场份额评估模型、创新影响评估模型等模型体系，实现敏锐监测、违法识别、准确预警、精准提示，形成反垄断经营者集中审查预警"智慧大脑"，提升经营者集中反垄断监管智慧化水平。

B.16
统一社会信用代码制度全国
实施情况调研报告

刘平安 *

摘　要： 统一社会信用代码制度已经实施八年，取得了积极的效果。全国组织机构统一社会信用代码数据服务中心对 8 年来统一社会信用代码制度的实施效果、存在的困难和问题进行了广泛调研，发现当前统一代码已成为我国信息化和社会信用体系建设的重要基础设施，也是各部门、各行业信息互通共享的重要保障。但当前统一代码工作仍然存在法律依据缺失、事业经费保障不足、个别地区数据回传质量不能满足要求，应用领域有待进一步提升等问题。同时，调研组根据调研情况，立足于社会信用体系建设的需求，提出了相关建议，具体包括：协调发改委，抓紧出台国家层面统一代码管理法规；协调财政部门，增加部分专项工作预算；加强与地方的联动，从技术和管理两个方面提高数据回传质量，加强市场监管系统内外部的联动，挖掘统一社会信用代码的服务潜力等。

关键词： 社会信用代码制度　重要基础设施　信息互通共享

---

* 刘平安，全国组织机构统一社会信用代码数据服务中心主任。

一 调研背景

2015 年 6 月，国务院发布了《关于批转发展改革委等部门法人和其他组织统一社会信用代码制度建设总体方案的通知》（国发〔2015〕33 号）（以下简称"33 号文件"），以组织机构代码为基础的法人和其他组织统一社会信用代码制度正式建立。依照文件精神，全国组织机构统一社会信用代码数据服务中心（以下简称"代码中心"）在国家市场监管总局领导下，主要负责以下职能：会同国家标准化管理部门、登记管理部门制定统一代码国家标准，负责管理统一代码资源，建设和运行维护统一代码数据库，为各部门提供信息服务，加强统一代码赋码后的校核，定期通报赋码和信息回传情况。

8 年来，代码中心在国家市场监管总局的领导下，密切配合国家发展改革委，以及中央编办、民政部等机构登记部门，切实推进统一社会信用代码制度建设。协调推进多部门联合印发了《关于抓紧做好法人和其他组织存量代码转换工作的通知》（发改办财金〔2016〕1984 号），加快推进改革前注册法人和其他组织的注册登记向统一社会信用代码转换。协调国家发改委印发《关于进一步做好法人和其他组织统一社会信用代码信息回传和校核纠错工作的通知》（发改办财金〔2017〕836 号），明确了各登记管理部门统一社会信用代码必要信息回传的完整性、及时性和准确性，建立统一代码校核纠错机制，建立统一代码信息月报制度，共同推进统一社会信用代码制度的有序开展。

8 年来，代码中心严格依照"33 号文件"履行职能，先后制定了 GB32100-2015《法人和其他组织统一社会信用代码编码规则》等 10 项相关国家标准；与市场监管、机构编制、民政等 18 个登记管理部门建立了码段预赋和信息回传的业务机制；建立了对全国法人和其他组织统一代码登记信息校核通报纠错的工作机制；建成了法人和其他组织统一社会信用代码国家级数据库（以下简称"统一代码数据库"），对银行、税务、社保、电信、公检法等国家重要领域提供了基础信息应用服务支撑。较好地完成了国务院交办的任务。

考虑到统一社会信用代码制度已经实施 8 年，需要对这 8 年来的开展实

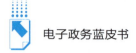

施情况进行阶段性的回顾和总结，及时发现存在问题，因此代码中心确定了"统一社会信用代码制度在国家和地方层面的实施情况"的调研主题，对统一社会信用代码制度实施情况进行阶段性回顾和总结。本次调研的主要内容包括：全国和各地统一代码应用服务情况；统一代码数据质量及信息回传情况；全国和各地在推进统一代码制度过程中存在的困难和问题；需要国家发展改革委协调解决的事项和有关建议等等。

二　调研过程

2023年7月至8月底，代码中心先后组织人员在国家层面和地方层面开展了调研。在国家层面，先后采用电话沟通、会议座谈、上门提供技术支持等方式，与全国总工会、司法部、证监会、银保监会、国家知识产权局、国防大学、应急管理大学，以及国家市场监管总局质量发展局、特种设备局、纤维检验中心、食品审评中心等单位进行了交流和调研，了解统一代码制度的实施情况及其对统一代码数据服务方面的相关需求。

在地方层面，代码中心首先确定了赴地方调研的提纲，即：本地区在推进统一代码制度过程中存在的困难和问题；需要总局和代码中心协调解决的事项和有关建议；本地区统一代码应用服务情况；本地区统一代码数据质量及回传情况等等。同时，制定了具体的调研方案，对江苏、山东、内蒙古等地方开展调研。

三　调研成果

（一）统一代码在国家层面的实施情况

代码中心围绕码段资源分配、代码标准制修订、数据回传与数据库建设、数据校核、数据服务等核心工作与国家层面相关单位进行了广泛交流和调研，并通过数据库比对和多方核验，分析了解统一代码在国家层面的实施情况，具体包括：

1. 码段资源分配与使用情况

2015 年以来，代码中心结合各登记管理部门对各类法人机构统一社会信用代码赋码登记的实际需求，先后向国家市场监管总局、中央编办、全国总工会、外交部、司法部、文化和旅游部、民政部、公安部、农业农村部、住房和城乡建设部、中央军委改革和编制办公室、中国侨联等登记管理部门预赋码段约 3.6 亿，赋码对象涉及企业、农民专业合作社、个体工商户、机关、事业单位、社会团体、基金会、民办非企业单位、村（居）民委员会、律师执业机构、外国常驻新闻机构、外国在华文化中心、宗教活动场所、宗教院校、基层工会、军队文职人员用人单位、境外非政府机构、农村集体经济组织、基层侨联组织、业主大会等 30 余种机构类型。截至 2023 年 7 月 31 日，各登记管理部门总体码段使用率约为 39.9%，详情见表 1。

表 1 各登记管理部门码段资源分配与使用情况					
					单位：个，%
登记管理部门代码	登记管理部门或赋码责任单位	赋码对象类型	预赋码数量	代码载体	码段使用率
1	中央编办	机关、事业单位、编办直接管理机构编制的群众团体	800,000	统一社会信用代码证书 事业单位法人证书	56.00
2	外交部	外国常驻新闻机构	1,000	外国驻华新闻机构证	11.60
3	司法部	律师执业机构	840,200	律师事务所执业许可证 外国律师事务所驻华代表处执业许可证 港澳台律师事务所驻内地代表机构执业许可证	3.73
4、6	文化和旅游部	外国在华文化中心	50	外国在华文化中心登记证	2.80
		外国旅游部门常驻代表机构、港澳台地区旅游部门常驻内地（大陆）代表机构	200	外国政府旅游部门常驻代表机构批准登记证 港、澳、台地区旅游部门常驻代表机构批准登记证	

					续表
登记管理部门代码	登记管理部门或赋码责任单位	赋码对象类型	预赋码数量	代码载体	码段使用率
5	民政部	社会团体、民办非企业单位、基金会	3,400,000	社会团体法人登记证书基金会法人登记证书民办非企业单位登记证书等 12 种载体	21.30
		村民委员会、居民委员会	1,500,000	基层群众性自治组织特别法人统一社会信用代码证书	
7	中央统战部（国家宗教事务局）	宗教活动场所、宗教院校	110,120	宗教活动场所登记证宗教院校许可证	70.51
8	全国总工会	基层工会、非法人工会组织	2,500,000	工会法人资格证书工会统一社会信用代码证书	32.62
9	国家市场监管总局	企业、个体工商户、农民专业合作社	428,603,117	法人 / 非法人营业执照等 7 种载体	41.73
A	中央军委改革和编制办公室	军队文职人员用人单位	100,000	中华人民共和国统一社会信用代码证书	6.08
N	农业农村部	组级集体经济组织、村级集体经济组织、乡镇级集体经济组织	3,600,000	农村集体经济组织登记证	26.41
J	住房和城乡建设部	业主大会	15,000,000	业主大会统一社会信用代码证书	0.00
Q	中国侨联	区县级侨联组织、乡镇级侨联组织、村级侨联组织	200,000	基层侨联组织统一社会信用代码证书	0.43
G	公安部	境外非政府组织代表机构	20,000	境外非政府组织代表机构登记证书	2.13

续表

登记管理部门代码	登记管理部门或赋码责任单位	赋码对象类型	预赋码数量	代码载体	码段使用率
Y	其他登记管理部门（科技部、财政部、商务部、中国国际贸易促进委员会、国务院港澳事务办公室）	外国驻华事务所、政府间双边财政合作项目执行机构驻华办事处、国际合作机构驻华代表处/外国驻华贸促办、贸促会行业委员会/行业分会、港澳新闻机构常驻内地记者站等	130	财政部门：中华人民共和国全国统一社会信用代码证。商务部门：外国在华贸易投资促进机构统一社会信用代码证书。贸促会：中国国际贸易促进委员会行业委员会统一社会信用代码证书。国务院港澳办：港澳新闻机构常驻内地记者站登记证	44.62

2. 数据回传与数据库建设情况

代码中心通过与各机构注册部门的协调，创造条件落实统一代码数据回传与统一社会信用代码数据库建设工作，确保与市场监管、中央编办、民政、司法、外交、文化和旅游、国家宗教事务局、工会、公安、农业农村、体育等 19 个登记管理部门的业务对接和数据整合。目前，市场监管部门数据通过全国 31 个省份和广州、深圳、厦门 3 个市回传并上报，另外 18 个登记管理部门均通过中央一级集中回传。回传方式如表 2 所示。

表 2　数据回传情况			
			单位：个
登记管理部门代码	登记管理部门或赋码责任单位	数据回传方式	数据回传总量
1	中央编办	通过中央编办数据回传系统集中回传	1,478,451
2	外交部	通过中央一级人工回传	314
3	司法部	通过司法数据回传系统集中回传	64,553
4、6	文化和旅游部	通过中央一级人工回传	56

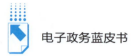

续表

登记管理部门代码	登记管理部门或赋码责任单位	数据回传方式	数据回传总量
5	民政部	社会组织数据通过民政（社会组织）数据集中采集回传系统回传；村／居委会数据通过民政（基层群众自治性组织）数据回传系统回传	1,787,785
7	中央统战部（国家宗教事务局）	通过宗教数据回传系统回传	107,989
8	全国总工会	通过工会数据集中采集回传系统回传	1,164,826
9	国家市场监管总局	19 个地区数据由同级市场主体登记部门直接回传，15 个地区数据通过省发改委、信息中心、信用办、政务中心等部门或省信用信息共享平台、并联审批平台等系统后再间接共享	196,326,031
A	中央军委改革和编制办公室	军队文职人员用人单位回传	6,083
N	农业农村部	通过农业数据集中采集回传系统回传	1,027,470
J	住房和城乡建设部	业主大会回传	969
Q	中国侨联	通过侨联数据集中采集回传系统回传	1,013
G	公安部	通过中央一级人工回传	668
Y	其他登记管理部门（科技部、财政部、商务部、中国国际贸易促进委员会、国务院港澳事务办公室）	通过中央一级人工回传	480

截至 2023 年 7 月 31 日，统一代码数据库拥有各类存活的机构主体数据 1.78 亿条，覆盖 35 个机构类型，其中法人组织 5865 万个、非法人组织 787 万个、个体工商户 11151 万个。

3. 数据校核与重错码纠正情况

按照国家发改委等 5 部委联合印发的《关于进一步做好法人和其他组织统一社会信用代码回传和校核纠错工作的通知》相关要求，代码中心制定了统一代码信息校核纠错方案，协调各登记管理部门建立了统一社会信用代码问题沟通机制，通过统一社会信用代码质疑数据公示平台公示和反馈问题数据；协助国家发改委开展全国信用示范城市重错码考核及纠错整改工作，每月向国家公共信用信息中心提供 343 个城市和地区的重错码监测与预警数据。通过重错码校核、问题公示反馈、多部门纠正等有力措施，重码错码情况逐步减少。

自 2017 年起，代码中心开始发布《统一社会信用代码数据月报》，内容涉及登记管理部门数据回传、回传数据质量、重错码等情况。每月报送国家各部委、各登记管理部门、社会信用体系建设部级联席会议成员单位、各省级发改部门及代码机构等 200 多家单位和部门，并通过代码中心公众号发布电子版月报。公示与月报机制在统一代码数据回传与校核工作中发挥了重要作用。目前，统一代码总体重错码率由 2016 年 12 月的 1.67% 降低到 2023 年 7 月的 0.01%。各部门重错码情况如表 3 所示。

表 3　各部门重错码情况		
		单位：%
部门	2016 年 12 月重错码率	2023 年 7 月重错码率
市场监管部门	1.48	0.01
机构编制部门	5.28	0.22
民政部门	8.83	0.24
其他部门	3.65	0.11

4. 统一代码数据服务开展情况

按照《国家发改委办公厅关于在办理相关业务中使用统一社会信用代码的通知》文件要求，代码中心围绕工作职能，全力保障与中央军委、中纪委、最高人民法院、最高人民检察院、工业和信息化部、中国证券监督管理委员会、海关总署等 31 个政府部门的信息共享服务，保证了政府各部门信息应用的不中断和平稳过渡，不断提升信息服务水平，拓展信息服务模式；另外，代码中心通过互联网、呼叫中心等形式向社会提供查询、咨询等公益服务。

在各方使用统一代码的过程中，统一代码数据经过不同业务内容、技术条件、适用范围的反复应用和问题反馈，质量得到了实质性的提升，对进一步发挥统一代码的整体效能发挥了关键性作用。统一代码的应用部门和领域见表4。

序号	部门	应用部门	业务领域
		表4　统一代码的应用部门和领域	
1	中纪委国家监委	案件监督管理室各监察室及驻各部委纪检组	纪检监察过程中对相关当事人进行信息核查
2	中央网络安全和信息化委员会办公室	信息化发展局	微博客用户实名制信息比对认证
		中国互联网络信息中心	域名注册实名制基础信息比对查询
		国家计算机网络与信息安全管理中心	ICP/IP 信息备案管理系统机构身份核验
3	最高人民法院	执行局	案件执行业务督查、失信被执行人信息监管业务过程中对相关当事人信息进行查询核对
4	国务院办公厅	国务院办公厅电子政务办公室	为"互联网 + 监管"系统建设提供数据服务，并协助建设监管对象标识数据库
5	国家发展和改革委员会	国家信息中心	国家信用信息共享平台
		高新司	法人单位基础信息库项目
6	科学技术部	科研项目管理中心	单位科研项目申报审核
		自然科学基金委科技局	项目申报单位审核
		国家外国专家局	外国专家在华机构、业务管理
7	工业和信息化部	运行监测协调局	统计范围内机构身份核验及信息比对
		中国信息通信研究院	域名从业机构实名信息身份核验
8	公安部	科技与信息化局	建立统一社会信用代码信息快速查询协作执法机制与信息共享
9	安全部		国家安全事务管理
10	民政部	规划财务司	民政统计基本单位名录库信息比对
11	财政部	预算司	债务监测平台机构信息比对查询
		国库司	国库预算单位管理

续表

序号	部门	应用部门	业务领域
12	人力资源和社会保障部	信息中心	参保单位基本信息维护与共享
		就业指导司	人事信息管理、就业指导管理
13	自然资源部	信息中心	矿业权人资质审核、行业从业机构库单位用户认证
14	生态环境部	信息中心	污染源普查、涉污企业信息比对核验及数据治理
15	住房和城乡建设部	公积金管理司	住房公积金管理系统机构身份信息核验
16	水利部	水资源管理中心、信息中心	涉水机构基本信息核验及数据治理
17	商务部	外国投资管理司	建立外商投资企业审批（备案）和统一社会信用代码信息共享机制
18	中国人民银行	征信中心、征信管理局	征信中心系统
		反洗钱中心	账户管理系统
19	审计署	经济审计司、信息中心	经济责任审计对象资料库
20	国有资产监督管理委员会		国有资产管理
21	海关总署	电子口岸办、数据中心	企业资信库信息系统、电子口岸系统
		国际检验检疫标准与技术法规研究中心	针对我国进出口企业数据资源进行统计分析
22	国家税务总局	征科司、信息中心	税务登记信息核验和税码信息共享
23	国家市场监督管理总局	质量发展局	全国企业质量信用档案数据库建设
		标准创新管理司	为企业标准信息公共服务平台建设和系统运维提供保障和支撑
		认监委	全国检验检测监管大数据平台检验检测机构实名核查
		信息中心	认证获证机构和检验检测机构统一社会信用代码基本信息维护和 CCC 认证数据共享

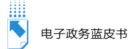

续表

序号	部门	应用部门	业务领域
24	国家统计局	普查中心	经济普查数据提供、校核和基本单位名录库建设
25	国家医疗保障局	规划财务和法规司	协助推进医疗保障信息标准化建设，完善医保信息业务编码标准数据库基础数据
26	国家机关事务管理局	中央国家机关政府采购中心	政府采购主体、采购人基本信息比对查询
27	中国银行保险监督管理委员会	统计信息与风险监测部	金融机构客户风险监测
28	中国证券监督管理委员会	法律部、信息中心、中国期货市场监控中心	证监会资本市场诚信库机构实名信息核验 期货市场客户身份信息核验
29	国家林业和草原局	林业局发展研究中心	占用征用林地审核审批管理
30	知识产权局	规划发展司	知识产权服务业机构名录库建设
		专利局	专利申请人机构身份信息核验
31	中央军事委员会政法委员会	保卫局	指定范围内机构基本信息提取

5. 统一代码标准制修订情况

统一社会信用代码制度实施以来，代码中心积极会同相关部门开展标准的制（修）定工作。2015 年 9 月发布了 GB32100-2015《法人和其他组织统一社会信用代码编码规则》，明确了法人和其他组织统一社会信用代码的构成，为部门间信息共享和业务协同奠定了基础。2016 年 4 月，国家标准化管理委员会批准 GB32100-2015《法人和其他组织统一社会信用代码编码规则》国家标准第 1 号修改单，增加了登记管理部门代码标识、机构类别的代码标识并增加了许用术语。2018 年发布了 GB/T36104-2018《法人和其他组织统一社会信用代码基础数据元》等 6 个相关推荐性标准。《法人和其他组织统一社会信用代码数据库建设和管理规范》（制订）、《组织机构类型》（修订）2 个标准已完成批准发布。具体制修订标准的名单如表 5 所示。

	表5 统一代码标准制修订情况		
发布时间	标准号/计划号	标准名称	实施日期
2015.9	GB32100-2015	《法人和其他组织统一社会信用代码编码规则》	2015.10
2016.4	GB32100-2015	《法人和其他组织统一社会信用代码编码规则》国家标准第1号修改单	2016.4
2018.3	GB/T36104-2018	《法人和其他组织统一社会信用代码基础数据元》	2018.7
2018.3	GB/T36105-2018	《法人和其他组织统一社会信用代码赋码操作规范》	2018.7
2018.3	GB/T36106-2018	《法人和其他组织统一社会信用代码数据管理规范》	2018.7
2018.3	GB/T36107-2018	《法人和其他组织统一社会信用代码数据交换接口》	2018.7
2018.9	GB/T36610-2018	《用于微博客的法人和其他组织统一社会信用代码实名认证服务接口规范》	2019.4
2018.12	GB/T37149-2018	《统一社会信用代码地理信息采集规范》	2019.7
2021.5	GB/T20091-2021	《组织机构类型》(修订)	2021.12
2021.10	GB/T40840-2021	《法人和其他组织统一社会信用代码数据库建设和管理规范》	2022.5

(二)统一代码在地方层面的实施情况

1. 各省份统一代码数据回传情况

本次对地方代码机构数据回传的调研,主要通过实地调研、电话调研相结合的方式进行。各省份统一代码数据回传情况可以分为三种类型。

一是数据回传情况较好的省份:河北省、四川省、天津市、北京市、广东省(包含深圳、广州)、江苏省。这些省份的数据回传效率较高,时效性较强,数据质量也比较高。通过代码中心调研团队赴江苏的调研情况来看,江苏的重错码率为万分之0.25,远低于全国万分之一的水平。

二是数据回传问题较多的省份,且存在不同问题:甘肃数据回传不及时,回传机制不稳定;陕西数据回传不及时,登记机关、经济类型缺失;福建数据回传不及时,经济类型缺失;湖北数据回传不及时;辽宁数据回传不及时;

内蒙古登记机关字段缺失；吉林注册号、登记机关、经济类型字段缺失；黑龙江经营状态缺失；海南注册号缺失，其中注销数据多项关键字段缺失；厦门个体工商户数据未回传。

三是回传机制存在隐患的省份。一些省份没有专门负责统一代码管理的机构，如上海市由市场监督管理局信息应用研究中心信息研发部兼职，河南省由省缺陷产品召回中心兼职，青海省由省市场监督管理局信息中心兼职。还有一些省份没有专职代码技术人员，如面向甘肃、黑龙江、辽宁协调数据回传工作时，需要直接联系当地省份委托的技术服务公司，没有专职负责上传的市场监管人员。

2. 各省份统一代码数据服务开展情况

从调研情况看，统一社会信用代码普遍在各省市得到了广泛应用，并较好地发挥了信息互通共享的桥梁纽带作用。代码中心调研人员通过实地调研和座谈调研等方式，重点调研了江苏省、内蒙古自治区、山东省、济南市、青岛市等地区统一代码数据服务情况。

（1）江苏省

江苏省开展统一代码数据服务的特色是充分发掘应用场景，不断创新代码应用，具体包括如下三个方面。

一是充分发挥统一代码的机构主体唯一身份标识作用。江苏省质量和标准化研究院作为江苏省统一代码管理机构，以统一代码为唯一身份标识，为社会各行业出具了200余家高质量标准情报报告，社会和经济效益凸显。同时与省特检院、省科技情报所、省科技资源统筹服务中心、省科技厅"科技项目申报系统"、南京市信用办等多家单位的业务系统进行信息实时校验，并开展了统一代码身份校验在淮安市政务系统的应用。

二是开展统一代码在重要产业和业务领域的服务应用。江苏省以统一代码为底层数据，完成南京市六合区委托的六合区产业分析报告，并获得区长批示；承担省纺检院委托的化学纤维产业分析、省环保集团委托的固废装备产业分析等2个代码产业分析应用项目；开展了统一代码在数字金融领域的应用，已在中国证监会江苏区域性股权市场区块链建设试点中开展统一代码身份校验、唯一标识应用。同时，结合国家应急体制改革，开展了统一代码在应急管理领域的创新应用，得到了省市应急主管部门、省级生态环保部门、省特检院等相关单位支持，初步构建了统一代码在应急管理领域创新应用的模型。

三是加强院校合作，深化产学研融合。江苏省质量与标准化院与南京大学信息管理学院于 2021 年签署了全面合作协议，共建"统一社会信用代码大数据分析与应用联合研究中心"，主要开展代码数据融合建模分析。同时与南京航空航天大学经济与管理学院开展关于统一代码在制造业的研究合作，目前正在开展省发改委、省哲学社会科学界联合会审批的"十四五"相关科研项目。

（2）内蒙古自治区

内蒙古自治区统一代码数据服务的特点是以自治区政府令的形式出台了《统一社会信用代码管理办法》，规范了统一社会信用代码信息的归集、协同、共享和应用服务工作，对统一代码进行了全流程的规范化管理。办法尤其规定，统一代码信息应当纳入自治区政务数据资源体系。自治区人民政府市场监督管理部门会同自治区政务数据资源管理部门完善组织机构统一社会信用代码信息共享制度，通过信息共享平台与政府及其部门实时共享信息、协同监管，实现业务联动。组织机构在政府部门及金融、电信、交通、教育、医疗机构等单位办理相关业务时，依法需要出具身份证明的，办理单位应当查验其加载统一代码的证照。政府部门在开展管理和服务工作中，涉及组织机构身份标识的，应当采用组织机构统一社会信用代码。由于具有法律保障，内蒙古自治区的统一代码数据服务工作也开展得较为广泛深入，覆盖了各个行业和领域。

（3）山东省

山东省统一代码数据服务的重点是积极推动统一代码及数据在全省范围的政务信息资源共享，具体包括：

一是重点推动并已在省级政务服务平台、省级公共信用信息平台中应用。2018 年起至今，山东省标准化院一直支撑省级政务服务平台的统一身份认证工作。

二是按照财政部和市场监管总局统一部署推进在债务监测工作中加强统一社会信用代码管理和数据应用。

三是通过省大数据局政务信息共享平台和工作机制，向省人社厅、省民政厅、山东电力、省外事办、省科技厅、省自然资源厅、省工信厅、地市级政府服务中心等部门提供信息服务。

四是继续发挥统一社会信用代码在市场监管系统的基础信息和实名制支撑作用，在省市场监管局行政许可、"双随机一公开"检查等领域和系统中提供有力支撑。

（4）济南市

济南市标准和质量服务中心作为济南市统一代码管理机构，充分发挥统一代码数据完整、有效的特性，积极为政府部门监管提供数据支撑，主要服务内容包括：通过全国统一代码共享平台，协同市公安局和市疾控中心排查疫情风险；配合全省政法系统整顿工作，协查相关人员办企情况；为市场监管系统公平交易监督、稽查等提供数据支持；实现公安部门治安防控系统与代码数据的对接，助力平安济南建设；支持大数据局一网通建设等。每年为各部门提供200万条数据共享量，应用工作受到多部门好评，是协同部门的数据共享先进单位。

（5）青岛市

青岛市统一代码数据服务工作主要从以下三个方面开展。

一是充分发挥统一代码数据库的资源优势，为政府部门提供代码数据服务。青岛市标准化院每年为市场监管部门、法院、律师协会、公安局等部门提供数据查询20余万条。同时服务于审批局和特种设备管理部门，实现政务服务审批"一次办好"。

二是发挥统一代码数据基础作用，支撑青岛市服务型执法。青岛市标准化院主动对接各区市场监管局及相关产业链，提供动态数据服务。支撑新冠疫情防控，通过医疗领域登记注册数据波动，分析疫情对相关行业的影响。基于信息技术发展和国家加强数字化政府建设的契机，分析大数据对产业的扶持作用，为进一步优化营商环境、激发市场主体活力做出了贡献。

三是加强信息化建设，开展统一代码数据分析。青岛市标准化院按照国民经济行业分类及统一代码系列标准，对青岛市各区域统一代码注册登记及三大产业、重点领域统一代码数据进行整体分析，定期编制数据统计分析报告，为政府部门提供决策信息。

四　存在的问题和建议

（一）统一社会信用代码工作缺乏法律支撑

随着《组织机构代码管理办法》部门规章和各省市代码法规规章先后废止，目前统一代码工作的主要依据是国务院《法人和其他组织统一社会信用代码制度建设总体方案》（国发〔2015〕33号）以及国家发展改革委、国家市场监管总局与各部门的联合发文。从国家到地方层面的代码机构责权利缺乏法律法规支撑，使得统一代码在数据质量和数据服务方面都缺乏机制保障，这在一定程度上制约了统一代码促进各部门、各行业信息互通共享作用的发挥。

建议：在条件成熟情况下，由国家发改委与各部门联合出台国家层面的统一社会信用代码管理制度。在此之前，鼓励地方在统一代码工作体制机制创新上先行先试，参照内蒙古自治区立法的经验，在法律法规制定、标准规范研制等方面引领示范，明确省级统一代码机构的职责和定位，为全国探索可复制可推广的经验。

（二）统一社会信用代码事业经费保障不足

在本次调研活动中，各省市代码机构普遍反映的突出问题是统一代码事业经费保障不足。例如，国家层面代码工作财政保障资金已从2015年的1.2亿元下降到2022年的2800万元。江苏省代码工作专项经费已从2015年的1400万元下降为0，目前仅在标准化工作经费中纳入预算，经费为60万元。其他调研省市，如山东、济南、青岛、北京、厦门等地均出现了工作专项经

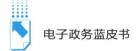

费大幅下降，或者保障经费为 0 的局面。经费保障不足，给统一代码工作的队伍建设、数据质量、数据服务都造成了全面的影响。

建议：由国家市场监管总局会同国家发改委协调财政部门，根据统一代码工作紧迫需要适当增加部分预算。在地方层面，建议发改委协调地方财政部门，在标准制修订项目、科研项目申报、科研成果推广及科技成果转化等方面加大对地方统一代码机构的支持力度。

（三）统一代码数据回传质量有待提升

目前，由于各部门、各地区信息化水平差别较大，数据回传渠道、回传方式各不相同，数据格式、数据内容差别较大，局部地区难以严格落实统一代码数据回传工作要求，数据回传不及时、不完整、不规范、不准确的情况仍然存在。这些问题导致代码中心难以通过交叉稽核方式有效核查重错码，进而给为各部门提供有效数据服务造成不利影响。代码中心经常收到一些部门和单位的反映，在办理统一代码登记后在代码应用平台中查不到其最新的统一代码信息，导致其在办理银行、税务、社保、车管等业务时受到影响。

建议：一是加强代码中心与各机构登记注册部门及相关信息化部门的数据交换，通过交叉稽核的方式提高统一代码数据质量，补充缺失数据。二是推进市场监管系统外部信息共享，协调国家发改委组织各登记管理部门在数据共享方面加强沟通协调和技术交流，积极探索共赢发展的合作模式，在全国信用信息共享平台、企业信用信息公示系统、统一代码数据库等涉及统一社会信用代码的信息化平台中建立中央一级数据共享比对机制，相互验证数据质量，相互补充缺失数据。

（四）统一代码数据服务领域还有挖掘的潜力

通过调研和交流，各省市代码机构一致认为，统一代码数据作为我国重要的基础数据资源，在现有服务领域的基础上，还应当发挥更大的服务潜力，尤其是应当进一步挖掘统一代码对市场监管、政务信息互通互联、社会信用体系相关联领域的作用，充分发挥统一代码作为单位主体实名标识的作用。

建议：通过联合发文、课题研究、业务合作等多种形式，加强统一社会信用代码在社会管理、数字政府建设、信用体系等领域的推广应用，为更多政务部门提供数据服务工作，不断提高统一社会代码的社会影响力。

综上，8 年以来，代码中心严格按照 33 号文有关统一代码制度的改革方案，积极配合各登记管理部门提供组织机构代码存量数据和足量的预赋码段，有效归集统一代码基础信息，建设维护统一代码同步数据库，认真履行重错码校核和纠错机制，持续为各部门提供统一代码数据服务，稳步推进统一代码标准制修订工作，主动支撑国家发改委等各有关部门在统一代码制度实施过程中的业务要求和技术需求，圆满完成了统一代码制度实施 8 年来的各项职能任务。今后，代码中心将一如既往地支持国家社会信用体系建设，承担统一代码制度后续实施任务，为加强国家治理体系和治理能力现代化做出应有的贡献！

B.17
东北三省省级政府智慧养老系统功能建设研究报告

张锐昕 张 萌 林 畅 张 昊*

摘 要： 省级政府智慧养老系统是地方政府及其合作伙伴提供养老信息和服务的联动枢纽和集结平台，是老年人及其家属分享和体验智慧养老的重要渠道与关键载体。本文比照政府智慧养老系统的认知阐释和应然架构，比较了东北三省省级政府智慧养老系统功能建设现状。当前，东北三省省级政务服务网都设有"老年人服务专区"，集成了本省省级政府门户网站和政务服务网中与老年人生活息息相关的信息资讯和服务事项，发挥着省级政府智慧养老系统的作用，但仍存在系统功能接入通道不够便利快捷、结构框架不够健全完善、内容匹配不够精确贴切、用户体验质量不高等问题。总结三省根据老年人阅读习惯、个人生命周期和效果优化第一原则进行智慧养老系统功能建设的经验，未来各级政府和部门应该充分考虑到老年人的身心条件窘境和信息弱势地位，为其提供更多便利条件和人文关怀，以增加其价值感和信任感，提高其适应和融入智能时代的速度。

---

* 张锐昕，博士，大连理工大学国家智能社会治理特色实验基地副主任、公共管理学院教授，吉林省政府决策咨询委员会"数字吉林"专家组副组长，主要研究方向为数字政府、政务服务、智慧养老；张萌，大连理工大学公共管理学院研究生，主要研究方向为电子政务、智慧养老；林畅，大连理工大学公共管理学院研究生，主要研究方向为电子政务、政务服务；张昊，博士，吉林大学药学院副院长、助理研究员，主要研究方向为电子政务、智慧养老。本研究得到国家社科基金重点项目"国家治理体系和治理能力现代化视角下推进数字政府建设的理论与实践研究"经费支持。

关键词： 智慧养老　政府智慧养老系统　省级政府门户网站　东北三省

一　对政府智慧养老系统的认知

我国已经进入老龄化社会，人口老龄化趋势不断加剧，老年人口对医疗、护理和福利资源以及人力和物力支持的需求日益增加，而 2023 年开始出现的人口负增长态势给国家养老事业和养老产业发展带来严峻挑战。党的十八大以来，我国的养老事业和养老产业发展，受益于国家陆续发布的包括《国务院关于加快发展养老服务业的若干意见》《国务院关于印发国家人口发展规划（2016—2030 年）的通知》《国务院关于印发"十三五"国家老龄事业发展和养老体系建设规划的通知》《国务院办公厅关于推进养老服务发展的意见》《国家积极应对人口老龄化中长期规划》《关于切实解决老年人运用智能技术困难的实施方案》在内的一系列政策文件，《中华人民共和国国民经济和社会发展第十四个五年规划和 2035 年远景目标纲要》提出的"大力发展普惠型养老服务"，以及习近平总书记在中国共产党第二十次全国代表大会上的报告《高举中国特色社会主义伟大旗帜　为全面建设社会主义现代化国家而团结奋斗》中提出的"实施积极应对人口老龄化国家战略，发展养老事业和养老产业"。这些政策和号召既为养老事业和养老产业发展提供了行动目标、准则和任务，同时也明确了政府是承担养老服务责任的重要主体，对推动养老事业和养老产业发展负有不可推卸的重大责任。由政府推动实施"互联网＋养老"行动，才能更好地建设智慧养老系统，为政府及其合作伙伴更好地满足老年人口日益增长的养老服务需求、缓解日益突出的养老服务供需矛盾以及解决养老服务发展不充分不均衡问题而开展合作、创造条件并提供功能支持。为此，政府智慧养老系统亟待健全和完善。

政府智慧养老系统是政府及其合作伙伴共建共治共享养老信息和服务的开放平台，是嵌入并整合各类养老服务模式以实现其体系整体优化升级的关键途径和核心载体，其功能和应用应然架构如图 1 所示。

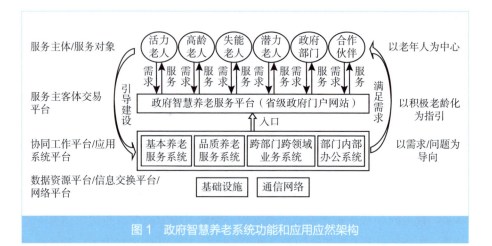

服务主体/服务对象　　　以老年人为中心

服务主客体交易平台　　　以积极老龄化为指引

协同工作平台/应用系统平台　　　以需求/问题为导向

数据资源平台/信息交换平台/网络平台

图 1　政府智慧养老系统功能和应用应然架构

理想化的智慧养老系统，应建基于适老化环境、设施和氛围，以积极老龄化为指引，倡导"以老年人为中心"，坚持"以需求为导向"和"以问题为导向"理念，由政府主导建设并支持合作伙伴参与共建共治，不仅要智能化集成和辅助现有的按养老的服务地点分类的异地养老模式、居家养老模式、社区养老模式、社区居家养老模式、机构养老模式，按养老的经济来源分类的自我养老模式、家庭养老模式、政府养老模式，以及按养老主体的心态分类的积极养老模式、消极养老模式、平和养老模式[①]等，还要智慧化选择、融合与之相关的人工养老模式以及养老事业链和养老产业链（涉及链式养老、互助养老、房产养老、商业养老、金融养老、医养康养等），以因应制度安排与机制保障，打破各类养老模式服务界限，延伸开展包括日间照料、机构托养、居家照护、康复护理、心理慰藉等功能在内的"医养护康"服务，实现养老信息和养老服务的整体化运营、一条龙服务、一站式供给、普惠性获得，拓展养老服务的广度、深度、力度和精准度，为满足老年人多层次、多样性、刚性化、个性化、特殊化服务需求及充分发挥老年人自身价值、潜能、资源和经验优势提供体系化支撑和联动式服务。

智慧养老以科技养老、智能养老为支撑，不能脱离传统养老服务模式而

---

① 左美云：《智慧养老：内涵与模式》，清华大学出版社，2018，第10~16页。

单独存在，因此不能简单地将其作为一种新的养老服务模式来认识。还因智慧养老在价值理念、技术应用和人人交互上具有创新模式意义，因此可将其视为一种新的观念、技术和智慧能量，作为养老服务模式升级乃至养老服务体系优化的必要条件和要素[1]。对政府智慧养老系统认识的不足，会制约智慧养老事业和智慧养老产业的发展，影响老年人共享经济发展和信息化成果。为此，相关政府部门不仅要提高对养老事业的认识，加强老龄化社会国情教育，培育国民信息素养，动员多方力量协同推进养老事业和养老产业发展，还要对政府智慧养老系统建设的总体战略、实施策略和推进措施进行顶层设计、制度安排和机制保障，对共建成效和共治效能设定预期目标并进行风险预评估和前瞻性管理。

以下基于供需视角，比照政府智慧养老系统的认知阐释和应然架构，对比研究东北三省省级政府智慧养老系统功能建设现状，包括功能接入通道、功能结构框架和功能内容及其应用情况，旨在为完善东北三省省级智慧养老系统功能及应用提供建议，也为提升其他地方政府智慧养老系统功能及应用水平提供启示。

二 东北三省省级政府智慧养老系统功能 接入通道和结构框架

省级政府智慧养老系统应是地方政府及其合作伙伴提供养老信息和服务的联动枢纽和集结平台，是老年人及其家属分享和体验智慧养老的重要渠道与关键载体。其功能接入通道是否便利快捷、实然结构框架是否健全完善，是其功能建设水平高低的外在呈现，也是主导其建设的一级政府和部门在其开发建设中愿担当、敢担当、善担当，把正确的养老服务供给的理念、思路、导向，以及党和国家关于养老事业和养老产业发展的目标、准则和任务等要求具体落实到位的使命与责任的内在表现。

---

[1] 张锐昕、张昊:《智慧养老助推养老服务体系优化：思路与进路》，《行政论坛》2020 年第 6 期，第 139~145 页。

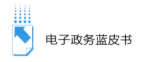

（一）省级政府智慧养老系统功能接入通道

为响应国家《关于切实解决老年人运用智能技术困难的实施方案》文件要求，切实解决老年人在办事过程中的实际困难，三省省级政务服务网都设有"老年人服务专区"，集成本省省级政府门户网站和政务服务网中与老年人生活息息相关的信息资讯和服务事项，使省级政府智慧养老系统发挥作用。对老年人而言，能否准确便捷地进入"老年人服务专区"，在很大程度上影响着他们对于智慧养老系统的认可度和接纳度。我们选择三省省级政府门户网站为入口，绘制三省各自通向"老年人服务专区"的操作流程图（如图 2 至图 4 所示），意在检视"老年人服务专区"究竟是为其用户提供了"便捷"还是增添了"麻烦"。

从操作流程对比可以看出，黑龙江省和辽宁省的"老年人服务专区"均需以顺次点击方式进入，而吉林省的"老年人服务专区"则既可通过顺次点击方式进入，又可通过吉林省网上办事大厅内嵌的智能搜索功能，借助查找"老年服务"等关键词快速进入。总体来看，由三省省级政府门户网站进入省级政府智慧养老系统的步骤相对简便，所有操作所需点击次数最多不会超过 8 次，基本达到了合理简化老年人获取信息和服务流程的目的。待用户熟悉搜索操作流程之后，便可快速找到相应入口，其"便捷性"对于提升老年人享受在线养老服务的体验感具有积极影响。

在实际操作中，由于网站目前在检索规则和页面设计规范方面较少考虑适老化需求，这在一定程度上干扰和阻碍了老年人进入智慧养老系统的脚步。比如，当用户在吉林省人民政府门户网站通过关键词检索方式进入吉林省网上办事大厅"老年人服务专区"时，由于对用户选择关键词的精准度有较高要求，只选择"养老"并不能获取相关内容。再比如，吉林省人民政府门户网站"政务服务"功能的颜色同其他标题的颜色一样，都是白底蓝字，远未做到清晰、明确地提示用户可通过点击它跳转到"政务服务"分类页。还比如，吉林省网上办事大厅"特色服务"功能右上角的"更多"功能的字体较小，颜色较浅，易被用户忽略；"老年人服务专区"并未显示在"特色服务"模块首页，且模块内并无明显标识提示用户可以进行翻页操作。类似的忽视

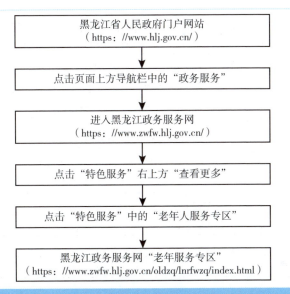

图2　黑龙江"老年人服务专区"的进入流程

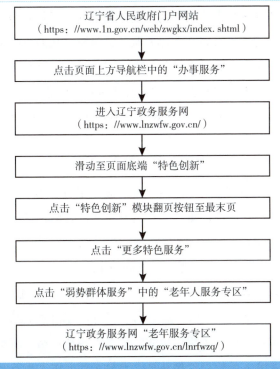

图3　辽宁"老年人服务专区"的进入流程

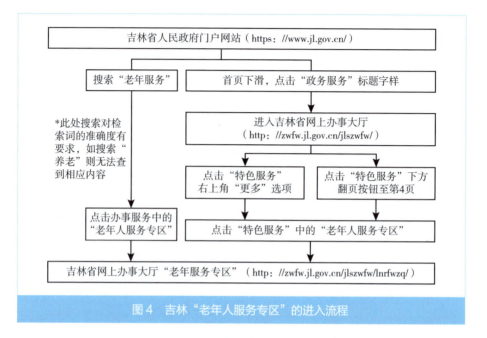

图4 吉林"老年人服务专区"的进入流程

网页设计细节的做法人为地提高了老年人进入"老年人服务专区"的操作门槛，可能会成为老年人感知和体验服务的障碍，从而影响老年人对政务服务的忠诚度，难以形成良好的用户黏性。"老年人服务专区"为其用户增添了这些"麻烦"，说明其开发建设者并未真正做到"以老年人为中心"，没有充分认识并考虑到老年人应用技术的困难，系统功能接入通道仍需完善。

（二）省级政府智慧养老系统功能结构框架

三省省级政府智慧养老系统承载着满足本省老年人在养老、就医、文化娱乐生活等多方面需求的重任，作为其主体部分的"老年人服务专区"更是被寄望成为凝聚跨部门跨领域跨层级力量打造的智慧养老服务的开放平台，起到促进本省养老事业和养老产业发展的作用。

黑龙江政务服务网"老年人服务专区"设有"热门服务"（包括"关爱养老"和"社会保障"）、"养老办，无烦恼"和"城市特色服务专区"等功能版块，汇聚了城乡居民养老待遇申领、老年人福利补贴、基本养老金的待遇支付、领取养老金人员待遇资格认证、异地安置退休人员备案等老年人常用常办的涉及社保、医保领域的高频服务事项共 18 项，其功能结构框架如图 5 所示。这些服务事项的责任主体包括黑龙江省卫生健康委员会、黑龙江省人力资源和社会保障厅、黑龙江省医疗保障局、哈尔滨住房公积金管理中心农垦分中心、黑龙江省司法厅等。如若没有"老年人服务专区"，用户在办理相关服务时就必须在多个部门网站间反复穿梭操作，会加大老年人办理相关业务的成本和难度。

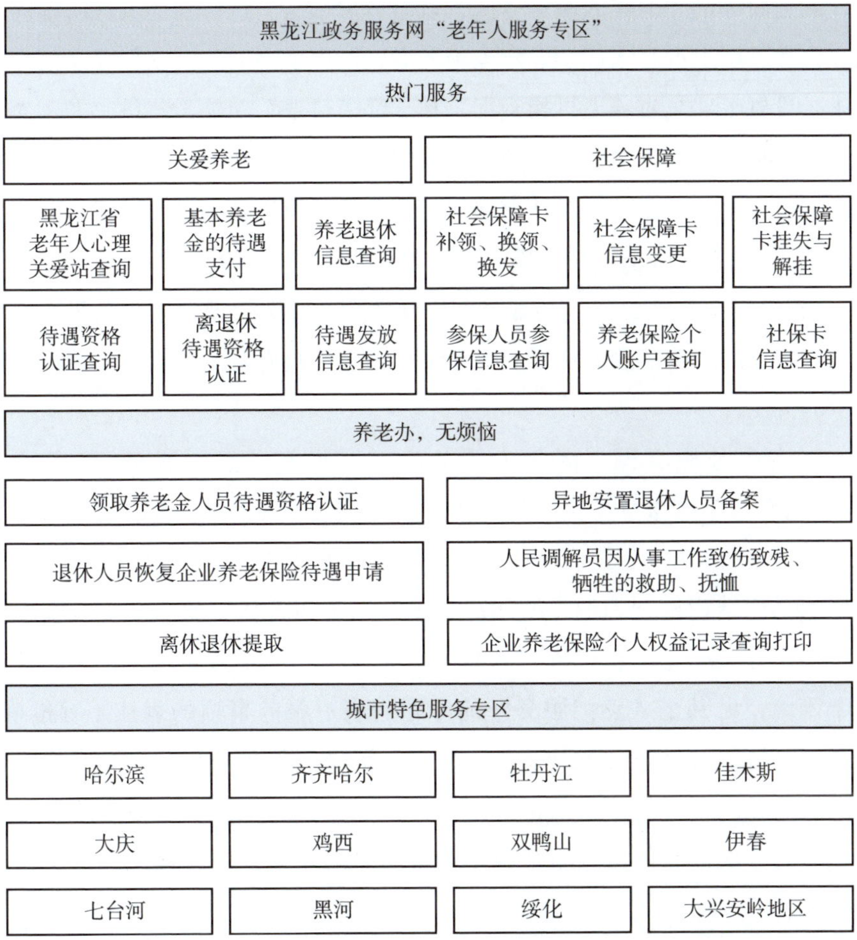

黑龙江政务服务网"老年人服务专区"

热门服务

关爱养老	社会保障

黑龙江省老年人心理关爱站查询	基本养老金的待遇支付	养老退休信息查询	社会保障卡补领、换领、换发	社会保障卡信息变更	社会保障卡挂失与解挂
待遇资格认证查询	离退休待遇资格认证	待遇发放信息查询	参保人员参保信息查询	养老保险个人账户查询	社保卡信息查询

养老办，无烦恼

领取养老金人员待遇资格认证	异地安置退休人员备案
退休人员恢复企业养老保险待遇申请	人民调解员因从事工作致伤致残、牺牲的救助、抚恤
离休退休提取	企业养老保险个人权益记录查询打印

城市特色服务专区

哈尔滨	齐齐哈尔	牡丹江	佳木斯
大庆	鸡西	双鸭山	伊春
七台河	黑河	绥化	大兴安岭地区

图 5　黑龙江政务服务网"老年人服务专区"功能结构框架

　　黑龙江省政府智慧养老系统借助"老年人服务专区"将跨部门办理服务事项整合起来，为老年人提供单一接触点，基本上做到了简·E.芳汀所说的"使机构在内部进行跨机构链接，在外部与公众相连接变得容易很多"①。

　　吉林省网上办事大厅"老年人服务专区"包括"老有所养""老有所医""老有所安""老有所乐"等四类功能，集纳了老年人可享受的优待政策和老年人的常办事项等服务内容，并对社会保险、医疗保险、养老服务和其他老年人关注的信息进行了分类展示，其功能结构框架如图6所示。与黑龙江政务服务网"老年人服务专区"以服务事项为主进行功能设计所不同的是，吉林省网上办事大厅"老年人服务专区"更重视老年人获取养老信息的诉求，设置了"全省养老机构查询"和"健康科普"功能，使得"老年人服务专区"在为老年人提供必要的、常用的基本服务的同时，还能成为老年人获取相关资讯的普惠平台，从而增加老年人日常使用和浏览智慧养老系统平台的频次。"老有所乐"功能模块还为老年人提供了"中国老年大学协会"、"吉林省老年大学协会"、"国家开放大学老年大学"以及"国家老年人体育协会"网址的跳转链接，这样的页面设计表明了政府部门对老年人精神文化需求的关注。

　　辽宁政务服务网"老年人服务专区"设有"热门服务""在线办事""地方老年人服务专区"等三大功能模块，所提供的12项服务功能主要涉及养老保险、医疗保障、住房公积金以及个人证件办理相关的业务，具体的功能结构框架如图7所示。与黑龙江省和吉林省的"老年人服务专区"功能分类相比，辽宁省"老年人服务专区"集成功能较少，功能分区过于笼统，尤其是"热门服务"的专题列表对服务事项的表述不够准确，还存在所提供的具体功能与老年人的实际诉求弱相关的情况，如"热门服务"的专题列表中的"身份证进度查询"功能，老年人在实际生活中使用该功能的频次不高，这项服务也不具备明显的老年人服务属性，不应归于"热门服务"。

---

　　① 〔美〕简·E.芳汀:《构建虚拟政府—信息技术与制度创新》，邵国松译，中国人民大学出版社，2010，第133页。

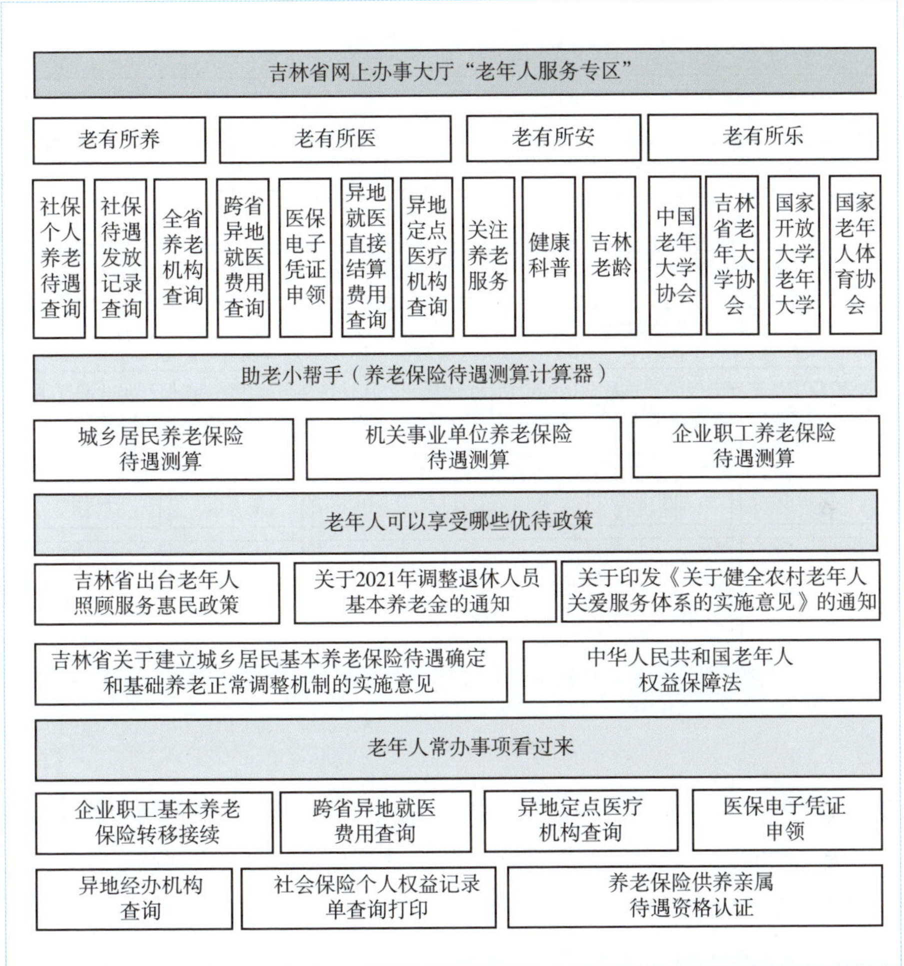

吉林省网上办事大厅"老年人服务专区"

老有所养	老有所医	老有所安	老有所乐

社保个人养老待遇查询　社保待遇发放记录查询　全省养老机构查询　跨省异地就医费用查询　医保电子凭证申领　异地就医直接结算费用查询　异地定点医疗机构查询　关注养老服务　健康科普　吉林老龄　中国老年大学协会　吉林省老年大学协会　国家开放大学老年大学　国家老年人体育协会

助老小帮手（养老保险待遇测算计算器）

城乡居民养老保险 待遇测算	机关事业单位养老保险 待遇测算	企业职工养老保险 待遇测算

老年人可以享受哪些优待政策

吉林省出台老年人 照顾服务惠民政策	关于2021年调整退休人员 基本养老金的通知	关于印发《关于健全农村老年人 关爱服务体系的实施意见》的通知
吉林省关于建立城乡居民基本养老保险待遇确定 和基础养老正常调整机制的实施意见		中华人民共和国老年人 权益保障法

老年人常办事项看过来

企业职工基本养老 保险转移接续	跨省异地就医 费用查询	异地定点医疗 机构查询	医保电子凭证 申领
异地经办机构 查询	社会保险个人权益记录 单查询打印	养老保险供养亲属 待遇资格认证	

图6　吉林省网上办事大厅"老年人服务专区"功能结构框架

　　对比三省政务服务网"老年人服务专区"内置功能结构框架可以发现，三省在功能设计中基本上能够做到从老年人实际需求出发，一定程度上体现了三省省级政府智慧养老系统"以老年人为中心"的建设思路。其中，吉林省对老年人养老服务需求更为重视，比如，同样是办理"养老保险供养亲属待遇资格认证"，用户点击吉林省"老年人服务专区"的该服务事项可直接跳转到国家社会保险公共服务平台，完成个人用户登录后即可办理；而在辽宁

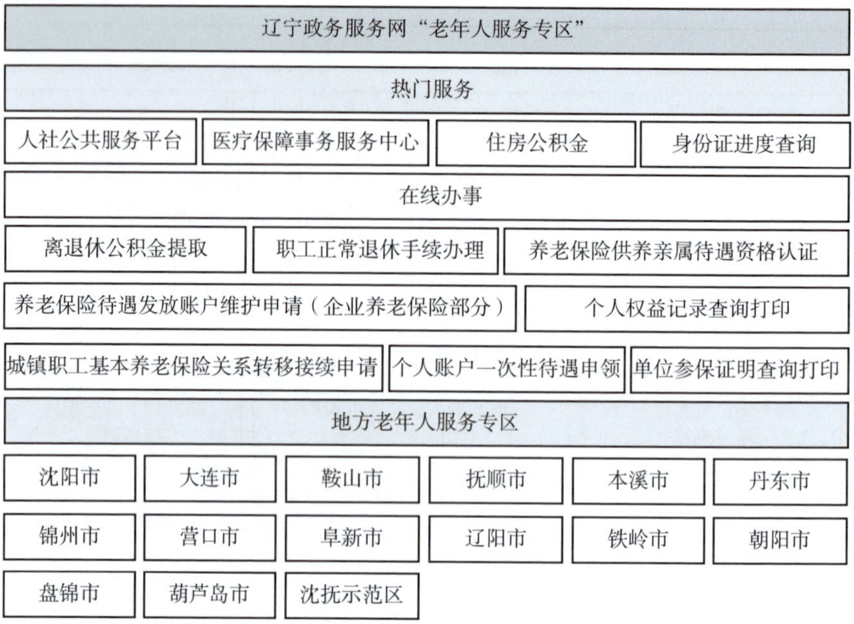

图7 辽宁政务服务网"老年人服务专区"功能结构框架

政务服务网"老年人服务专区",用户点击该服务事项后仅能得到相关办事指南。类似功能设计和应用上的差异,"充分体现出不同的政府网站在服务意识和服务态度上的差距"。[①]

三 东北三省省级政府智慧养老系统功能内容及其应用情况

因智慧养老服务需求侧主体是老年人及其家属,老年人(包括活力老人、高龄老人、失能老人、潜力老人等)是信息社会中的弱势群体,在利用信息化成果改善自身生存和发展现状方面缺乏应有技能,所以,按照我国国家政

① 李健、张锐昕:《中国政府电子公共服务问题研究》,吉林出版集团股份有限公司,2020,第103页。

策文件要求以及《联合国老年人原则》（第 46/91 号决议）提出的"独立、参与、照顾、自我充实和尊严等五项原则"[①]，所有智慧养老服务主体需要在政府的主导和管理下，充分发掘智能化和智慧化功能建设的有效方法，积极、主动地开发建设具有多样性、包容性、个性化、特殊化特点的智慧养老系统，以具有便利性、包容性、彻底性、多样化、个性化、特殊化特色的智慧养老为老年人及其家属提供更好、更多的基本养老服务和品质养老服务。作为智慧养老服务主体，服务供给侧的政府及其合作伙伴与服务需求侧的老年人及其家属都是政府智慧养老系统的用户，所不同的是前者既是政府智慧养老系统的服务主体同时也是它的服务对象。智慧养老系统的功能和应用适老化是评价其开发建设主体和服务主体是否以积极老龄化为指引、"以老年人为中心"、以需求和问题为导向的关键指标。

当前，东北三省智慧养老系统功能建设主要依托省级政府门户网站和政务服务网，通过智能搜索、智能问答、智能导办等三类功能，智能化整合散落在不同政务系统的功能模块中的相关信息，改善老年人使用智慧养老系统的实际体验。

（一）智能搜索

东北三省省级政府门户网站页面上方均设置了信息搜索栏，提供了信息搜索功能，能帮助用户通过输入所要查找的信息或服务的关键词便捷地得到所需信息或服务。提供信息搜索栏的初衷，本为助力用户节省搜索时间并快速获取搜索结果，但在实操过程中，却难免会因用户输入关键词的不完整和不准确，以及基于模糊搜索算法得到或扩大或缩小了范围的信息和服务结果，而为用户增添麻烦。搜索结果——信息和服务提供的准确度以及它们会否偏离主题，取决于网站的关键词策略，而关键词策略的良好性则取决于其开发建设者对行业、用户和数据的深耕与应用，以及对关键词的挖掘与排序。因此，搜索结果的用户体验感应成为评判信息搜索栏的功能性和有效性的重要

[①] 陈雄、张敏、肖明月：《联合国老年人原则对中国应对老龄化问题的启示》，《湖南工业大学学报》（社会科学版）2015 年第 1 期，第 64~68 页。

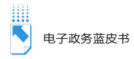

标准。

为获得有关三省省级政府门户网站信息搜索栏的功能性和有效性的实际体验，笔者分别在三省省级政府门户网站信息搜索栏键入关键词"老年人看病"（选取这一关键词的原因是，它既是老年人日常较为关注的话题，同时又偏于口语化，比较符合老年人的语言习惯），判断检索结果首页内容与关键词之间的相关度，得到的结果如表1所示。总体来看，在三省省级政府门户网站进行搜索后得到的内容数量比较丰富，但是检索结果与关键词之间的相关度较低，且有部分新闻资讯反复出现，说明网站关键词策略尚不完善，对于搜索结果筛选的精度仍有待提高。

表1 在三省省级政府门户网站搜索"老年人看病"得到的结果对比

省份	搜索结果	搜索结果首页内容的相关度
黑龙江省	得到包括政务服务、新闻动态、市县消息等各类消息共计925条，按照与关键词相关度强弱排序	10条检索结果中有3条与老年人医疗服务相关
吉林省	得到5个"猜您想问"相关检索词、1566条相关政策文件和新闻资讯以及10条相关搜索	6个政策文件中有4个与老年人医疗服务相关，20条新闻资讯中有7条与老年人医疗服务相关
辽宁省	按照默认筛选条件（包括搜索标题、按照相关度排序、时间范围为近1个月内）查询，得到新闻动态17条	10条检索结果中有2条重复出现3次，忽略其中的重复内容后，余下的6条中只有2条与老年人医疗服务相关

*注：检索时间为2023年10月15日。

从三省实际情况来看，黑龙江省和辽宁省人民政府门户网站提供的搜索功能是基于关键词的检索和匹配进行的，搜索结果采取大列表方式展示，用户体验质量不高。而吉林省人民政府门户网站的搜索功能已实现内容搜索和智能搜索的集成，做到了充分利用大数据和人工智能手段改善用户智能搜索体验。

（二）智能问答

三省省级政府门户网站和政务服务网均配置了智能问答机器人，可为用户提供"7×24 式"的全天候智能问答服务。智能问答机器人主要通过互动性较强的问答形式提供服务，通过简化信息搜索环节改善用户使用体验。其所处的网站平台和名称分别为：黑龙江省人民政府门户网站智能问答机器人"智小龙"、黑龙江政务服务网政务助手"小龙"、吉林省人民政府门户网站和政务服务网的智能问答机器人"智能小吉"以及辽宁政务服务网的智能问答机器人"小思"。在上述网站导航栏或右侧悬浮栏均可找到这些智能问答机器人的入口，便利用户点击查看并进行互动。其中，黑龙江省人民政府门户网站和吉林省网上办事大厅的智能问答机器人的入口是一个卡通形象图片，这种偏拟物风格的图标更具可见性，有助于吸引老年人的注意力。

从页面主要内容来看，黑龙江省人民政府门户网站智能问答机器人"智小龙"设有"常见问题""历史记录""推荐主题"三大模块，在问答框中还有近期"热门问题"可供用户提问参考；黑龙江政务服务网政务助手"小龙"设有"近期热点""常用服务""常用工具""猜你想问"四大模块，可以借助"热词"和"新闻"进入相关政务服务的办理指南模块；吉林省网上办事大厅机器人"智能小吉"的对话页面中设有"办事、服务、政策、政务百科、互动、新闻"等导航链接，对话页面侧边栏还设有"热门问题、智能服务、推荐政策、历史记录"等模块；辽宁政务服务网智能问答机器人"小思"的对话页面中设有"大家都在问""常见问题""历史记录"等模块。以上四个智能问答机器人页面在问答互动环节中均将热点内容与用户提问相互结合，增强了智能问答机器人与用户之间的互动性。四个智能问答机器人功能对比情况如表2所示。从中可以看出四个智能问答机器人均可支持模糊搜索，同时也能积极引导使用者对回答内容进行评价反馈。

下面以查阅三省针对高龄老年人发放的经济补贴相关信息为例，比较三省省级政府智慧养老系统智能问答功能的具体内容。关于高龄老年人经济补贴福利政策，黑龙江省、吉林省、辽宁省设计的功能模块分别命名为"高龄老人生活津贴""老年人高龄津贴""老年人福利补贴"，三者说法不一但意思相近，为其各自用户使用相关功能带来一定困扰。但是，如果借助智能问答

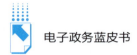

机器人内置的模糊搜索功能，那么用户仅需在信息搜索栏中键入"老龄补助"等近义检索词就可得到智能问答机器人筛选出来的相关政策和服务信息。智能问答机器人收到的评价反馈是网站开发人员进一步改进网站设计的重要意见来源。当智能问答机器人收到用户提交的好评反馈时，会向用户表达感谢；收到差评反馈时，则会请求用户说明令其不满意的具体原因。其中，"智小龙"仅仅支持用户在"答非所问""内容表示不明""答案展示不清""其他"四个选项中选择其不满意的原因；"智能小吉"和"小思"这两个智能问答机器人除了给用户提供不满意原因的选项之外，还支持用户手动填写造成其不满意的具体原因，能够收集到更多用户在与智能问答机器人互动过程中发现的问题以便后续改进。可是，用户若想对黑龙江政务服务网的政务助手"小龙"的回答进行评价，还得登录黑龙江政务服务网统一身份认证平台，如此麻烦必定会影响用户评价的积极性。

表2　东北三省省级政府门户网站及政务服务网智能问答机器人功能对比

省份	黑龙江省		吉林省	辽宁省
功能对比项目	"智小龙"	政务助手"小龙"	"智能小吉"	"小思"
是否支持模糊搜索	√	√	√	√
是否支持对回答内容进行评价反馈	√	√	√	√
是否有使用说明	√	√	×	×
是否支持语音输入	×	√	×	×
回答内容能否语音播报	×	√	×	×
提问是否有字数限制	√	×	√	×

比较智能问答机器人提供的其他功能，相对而言，黑龙江政务服务网的智能问答机器人政务助手"小龙"提供的智能问答功能更加人性化。由于考虑到了老年群体的实际操作需求，"小龙"可以对回答内容进行语音播报，相应地增强了人机互动性，以清晰快捷、简单明了的方式便利老年用户完成操作；黑龙江政务服务网的智能问答机器人政务助手"小龙"和辽宁政务服务

网智能问答机器人"小思"的问答界面均未对用户提问字数进行限制，在一定程度上赋予了用户与智能问答功能互动的自由，但也存在不利于督促用户对问题进行简明概括、会影响智能问答的准确性和匹配度等缺憾。

（三）智能导办

智能导办是指网站通过明确的行为指引和反馈提示，逐步引导用户完成政务网服务事项办理的过程。智慧养老系统中的养老服务相关事项办理，主要依托三省省级政务服务平台，借助智能搜索和智能问答功能辅助用户完成养老服务事项办理。表3为三省省级政务服务平台提供的智能导办功能对比结果。比较而言，黑龙江省提供的智能导办事项囊括事项导办、办事进度查询和办后材料寄送进展查询等三项，吉林省和辽宁省提供的智能导办还不太完善，仅限于为用户提供相关事项的办理指南。

表3　东北三省省级政务服务网智能导办功能对比		
省份	智能导办功能	具体功能内容
黑龙江省	事项导办	逐步引导政务服务事项办理
	办事进度查询	查询所办理事项的进展
	快递进度查询	查询办理完成后的纸质材料寄送进展
吉林省	事项办理指南	展示政务服务事项相关信息，包括办理信息、受理条件以及需要携带的申请材料等
辽宁省	事项办理指南	

智能导办也存在服务指南资料不全面、匹配不准确的问题。例如，笔者在辽宁省境内向黑龙江政务服务网智能问答机器人"小龙"提问"养老金申请"后，智能回答机器人自动将笔者所在区域界定在黑龙江省范围内，并弹出提示："您所在的区域未找到此事项，点击事项名称可以选择其他区域。"当笔者点击事项名称后，发现网站只提供了哈尔滨市通河县的养老金申请办事指南（包括办理方式、办理时间和地点、咨询电话等信息）。而当在该页面继续提问"养老保险费缴纳"时，弹出的办事指南却是大庆市让胡路区养

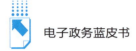

老保险费缴纳相关内容，与上一步提问中界定的使用区域不一致。网上提供的结果容易误导用户采取错误行动。

四 东北三省省级政府智慧养老系统功能建设的典型做法

归纳总结东北三省省级政府智慧养老系统功能建设的典型做法，相对颇具特色的是黑龙江省人民政府门户网站的"长者版"、黑龙江政务服务网的"个人生命周期"功能模块和辽宁政务服务网首页"办事服务"模块中"个人办事"分类下的"个人养老保险"功能模块。

（一）黑龙江省人民政府门户网站设计的"长者版"

黑龙江省人民政府门户网站特别设计了"长者版"网页模式，可通过点击主页上方导航栏中的"长者版"按钮进入"长者版"页面。该页面显著位置是一副温馨风格的主题插画（如图8所示），描绘了一位银发老者手持智能手机，而其背后的中年男子在对其进行操作指导，从中传递出"长者版"设计的初心是希望政府门户网站的建设和发展能够惠及老年群体、弥合数字鸿沟，展现出黑龙江省政府对老年群体的人文关切。

"长者版"功能包含两部分：一是重点新闻资讯。该页面展示的重点新闻资讯内容与常规政府网站一致，只是新闻图片更大，标题移至图片右侧空白区突出显示，并配有对新闻内容的摘要，更加符合老年人的阅读习惯；二是主要功能模块（如图9所示），各个功能按钮点击区域大、颜色更具辨识度，辅以形象的图标和清晰的文字，页面设计简洁明确，便于老年人点击浏览。其中，除"一网通办"功能按钮点击后跳转到黑龙江政务服务网"一网通办专区"页面后又恢复到常规字体大小和页面设计之外，其余七项功能页面均可保持"长者版"页面字体大而清晰，页面简洁明确的设计特点，便于老年人浏览操作。"长者版"页面右下角也设有智能问答机器人"智小龙"，点击之后即可跳转到智能问答机器人互动界面。这样的设计增加了老年人使用智能问答机器人的概率，而与"智小龙"对话这种新奇、快速的互动形式则既能帮助老年人简化查询政务服务相关信息的步骤，也能激发他们主动探索政务服务网的兴趣，等他们熟悉人工智能问答的操作方式和流程之后会提升对智慧养老系统功能的接纳度。

图 8　黑龙江省"长者版"主题插画

图 9　黑龙江省"长者版"主要功能模块

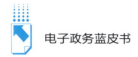
　　"长者版"在页面设计上切实考虑到了老年人对于字体大小、跳转按钮、点击范围和模块颜色的特殊需求。美中不足的是，其网页只是实现了形式设计上的"适老"，并未实现功能内容上的"为老"和应用过程中的"适老"。例如，"长者版"网页内各功能页面展示的内容主要聚焦省内重点新闻资讯、重要省情民生信息等内容，并未针对老年人需求提供具有针对性的养老信息资讯和服务指南；在该网页点击"龙江要闻"功能按钮查询信息，第一次跳转的页面仍然保留"长者版"专区的设计特点，但若继续点开一篇文章的链接，第二次跳转的页面则会恢复到常规的字体大小和设计风格；该页面尚未设置专门的信息搜索区域，也没有设置便于老年人反馈意见和建议的绿色通道，说明开发建设者只是关注到了老年人作为信息接收者的需要，而没有关注到其信息交互的需求。对这些方面关注不足，在一定程度上影响了老年人的使用体验。

（二）黑龙江政务服务网"个人生命周期"功能模块

　　根据《国务院办公厅关于加快推进"一件事一次办"打造政务服务升级版的指导意见》，黑龙江省统筹推进个人全生命周期"办好一件事"的集成化改革，黑龙江政务服务网围绕个人从出生到身后全生命周期的重要阶段梳理集成同一阶段内需要办理的多个单一政务服务事项，为公众提供"新生儿出生""入园入学""大中专学生毕业""就业""婚育""军人退役""二手房交易及水电气联动过户""退休""身后事"等集成化服务功能模块。进入这一集成化服务功能模块的步骤如下：点击黑龙江省人民政府门户网站上方导航栏"政务服务"→进入黑龙江政务服务网→点击"个人服务"功能模块右上角的"查看更多"→进入"个人生命周期"功能模块。该功能模块的具体内容如图10所示，其中与老年人生活密切相关的为"退休"和"身后事"两部分。

　　"退休"专题中共包括两类服务事项，分别是"退休/离休"类服务事项和"养老保险"类服务事项（具体服务事项内容见图11），"身后事"专题中共包括"供养亲属抚恤金申领""丧葬补助金申领""人民调解员因从事工作致伤致残、牺牲的救助、抚恤"等三项服务事项。对于老年人来说，这种按照生命周期整合政务服务事项的方式能够帮助其按照个人年龄阶段方便快捷地找到所需政务服务，而不需要额外浪费时间和精力进行筛选。

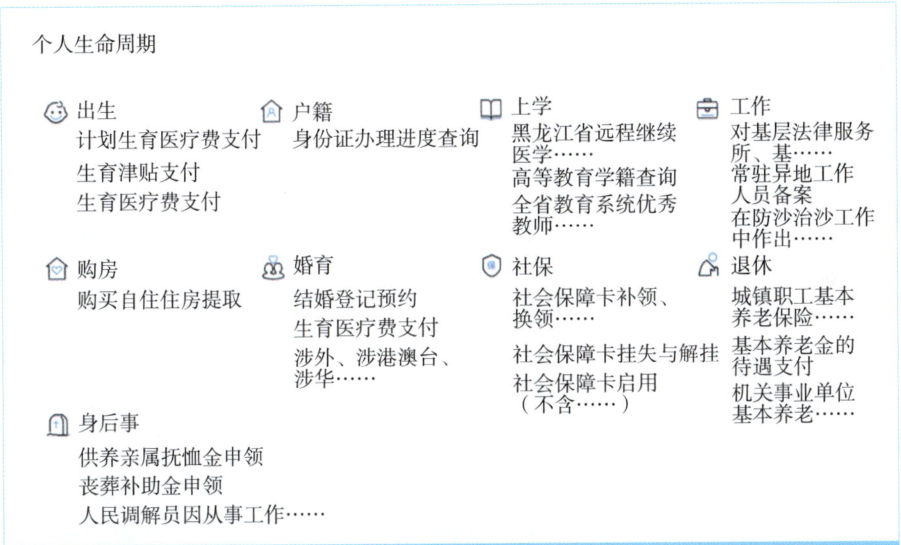

个人生命周期

出生
计划生育医疗费支付
生育津贴支付
生育医疗费支付

户籍
身份证办理进度查询

上学
黑龙江省远程继续医学……
高等教育学籍查询
全省教育系统优秀教师……

工作
对基层法律服务所、基……
常驻异地工作人员备案
在防沙治沙工作中作出……

购房
购买自住住房提取

婚育
结婚登记预约
生育医疗费支付
涉外、涉港澳台、涉华……

社保
社会保障卡补领、换领……
社会保障卡挂失与解挂
社会保障卡启用（不含……）

退休
城镇职工基本养老保险……
基本养老金的待遇支付
机关事业单位基本养老……

身后事
供养亲属抚恤金申领
丧葬补助金申领
人民调解员因从事工作……

图 10　黑龙江政务服务网"个人生命周期"功能模块

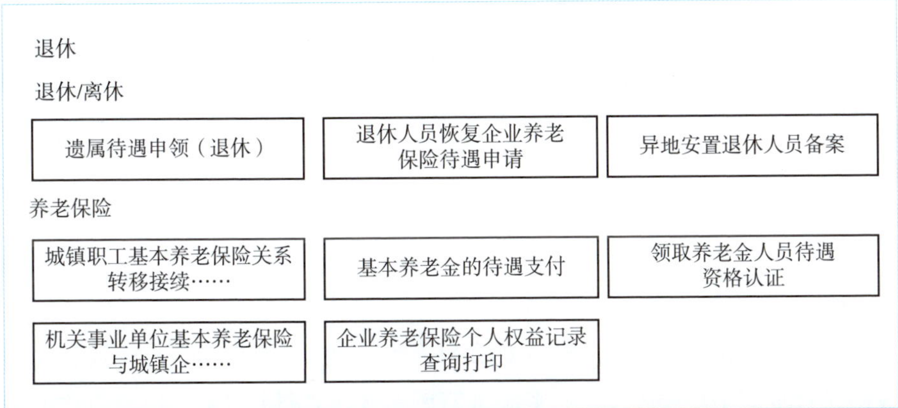

退休

退休/离休

| 遗属待遇申领（退休） | 退休人员恢复企业养老保险待遇申请 | 异地安置退休人员备案 |

养老保险

| 城镇职工基本养老保险关系转移接续…… | 基本养老金的待遇支付 | 领取养老金人员待遇资格认证 |
| 机关事业单位基本养老保险与城镇企…… | 企业养老保险个人权益记录查询打印 | |

图 11　黑龙江政务服务网"个人生命周期"模块"退休"专题中的具体服务事项

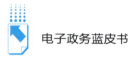

点进"个人生命周期"功能模块中的任意一个服务事项，网站都会引导用户首先选择自己所在的城市或地区，并据此为用户提供一份在当地办理该项服务的办事指南，用户可根据自身需要选择查看"简版办事指南"或"详细版办事指南"，两种版本的办事指南各自包含的内容如图12所示。但目前尚有部分省内城市和地区办理退休和身后事相关服务的办事指南无法在"个人生命周期"功能模块查到，网站也没有为这些城市和地区的用户提供明确的查找建议，表明该功能模块建设现状并不完善，服务事项的覆盖度和普及度有待提高。

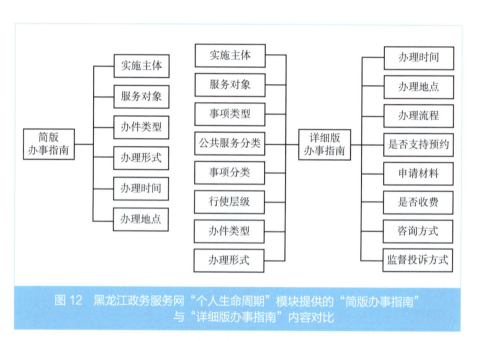

图12　黑龙江政务服务网"个人生命周期"模块提供的"简版办事指南"
与"详细版办事指南"内容对比

（三）辽宁政务服务网首页"办事服务"模块中的"个人养老保险"功能模块

辽宁政务服务网将与老年人息息相关的"个人养老保险"功能模块设置在网站首页，用户进入辽宁政务服务网后即可在"办事服务"模块中"个人办事"分类下找到"个人养老保险"功能模块。在其右上角还用红色火焰图示和"HOT"字样加以突出显示（如图 13 所示），这样的布局和设计就是美国著名优化大师斯蒂夫·克鲁格推崇的效果优化第一原则——"别让我动脑"[①]的具体体现，为老年人方便快捷地享受这一功能服务提供了方便。

图 13　辽宁政务服务网首页

五　结语

随着人口老龄化程度的加剧和"互联网＋政务服务"的普惠应用，包括老年人及其子女和亲属、政府及其合作伙伴在内的智慧养老系统用户，通过政府门户网站获取养老信息和智慧养老服务将渐成常态。政府门户网站在人们社会生活中所扮演的角色将越来越重要，其功能设计为用户尤其是老年人用户带来较高的进入门槛和使用障碍的问题也将愈来愈明显。类似辽宁政

---

① 蔡传彪：《基于公众需求的人性化政府网站设计》，《电子政务》2009 年第 1 期，第 45~49 页。

务服务网将同老年人相关的服务事项设置在网站首页的做法，看似一个爱心"小动作"，却让我们看到其给老年人带来的便利，可视之为关爱老人"大作为"。如果各级政府和部门都能充分考虑到老年人在使用智慧养老服务方面的身心条件窘境，都能为老年人使用智慧养老系统功能多提供一些便利条件，都能为改变老年人的信息弱势地位和解决老年人在适应技术生活方面遇到的难题多提供一些助力，或多利用人文关怀来弥补智能养老系统技术实现上的不足或缺陷，从根本上说，就是都把老年人的相关问题排上重要议事日程，党和政府以及全社会对老年人的关心、关怀、重视和尊重才能充分体现出来。这对于增加老年群体乃至整个社会的价值感和对政府的信任感，帮助更多老年人获取养老信息和智慧养老服务的机会，以及提高老年群体适应和融入智能时代的速度等都具有重要意义。希望我们对东北三省省级政府智慧养老系统功能建设现状进行案例研究和比较分析的成果能对各级政府智慧养老系统的建设有所助益。

B.18
互联网医疗治理现代化路径调研报告

王玉荣　张锐昕*

摘　要： 互联网医疗作为盘活医疗卫生资源存量、提高医疗卫生资源增量、降低医疗卫生服务成本、保障医疗卫生资源配置公平、带动医疗卫生服务优化升级的重要生态载体，是治愈"看病难、看病贵、看病繁"等传统医疗"痼疾"的新希望。本文聚焦当前我国互联网医疗领域三大主流模式，分别选取三个典型样本析出了包括互联网医疗治理主体集合要素、治理对象复合要素及治理工具聚合要素等在内的三类互联网医疗治理共性要素。然后以互联网医疗治理共性要素为世镜，照察互联网医疗治理主体及工具层面所存在的共生互促不足、协同互塑难现及虚实交互不畅、线上线下脱节的现实困境，并依循"以术驭数"及"以数治数"的数字社会治理进路，分别提出促进互联网医疗治理主体实现"共存—共建—共生"的现实路径，及提升"平台化治理"水平、强化"数字化治理"能力的互联网医疗治理工具升级新策略。

* 王玉荣，博士，山东工商学院公共管理（公益慈善）学院讲师，大连理工大学国家智能社会治理实验基地（大连市智慧社会治理研究院）助理研究员，主要研究方向为互联网医疗、数字政府、数字社会；张锐昕（通讯作者），博士，大连理工大学国家智能社会治理实验基地副主任、公共管理学院教授，西南交通大学党的组织建设与人才发展研究中心学术委员会副主任，主要研究方向为数字政府、政务服务、智慧养老。本研究得到国家社科基金重点项目"国家治理体系和治理能力现代化视角下推进数字政府建设的理论与实践研究"经费支持。

关键词：互联网医疗　政府监管　社会监督　数字社会　治理现代化

"医疗关乎民生，民生牵动民心"。作为改善公共卫生服务和国计民生体验的重要载体，互联网医疗是盘活我国医疗卫生资源存量、保障医疗卫生资源增量、解决老百姓"看病难、看病贵、看病繁"问题的内在动机和价值诉求，已成为创新医疗服务模式和手段、保障医疗卫生资源配置公平和效率，提高医疗服务供给数量和质量，降低医疗服务成本和价格，以及带动传统医疗卫生服务优化和升级的新希望，同传统医疗卫生服务一道承载着健康中国建设的伟大使命。作为医疗卫生服务模式快速迭代、社会总体医疗需求持续增长及重大公共卫生危机突发催生的新兴事物，互联网医疗的发展并非一帆风顺。虽有国家政策加持和资本市场青睐，经历过短暂的快速发展期，但互联网医疗扩张快，缩水也快，其呈现的"叫好的多，叫座的少"[1]的局面考验着各界认知，一度因其难以满足老百姓的医疗获得感及生命安全感而备受争议。为此，如何找到突破互联网医疗治理现实困境的可行路径，以解决互联网医疗应势而为动力不够、持续发展后劲乏力问题，就成为保障互联网医疗健康有序发展的重要议题。

一　以互联网医疗主流模式为抓手，析出互联网医疗治理共性要素

（一）互联网医疗主流模式分析

探索我国互联网医疗治理现代化路径，需要建立在对我国互联网医疗模式清晰认知的基础之上。按互联网医疗承办主体分类，我国目前主要存在三种互联网医疗模式——"医疗机构自建型互联网医疗"、"医疗机构与互联网企业共建型互联网医疗"及"互联网企业平台型互联网医疗"（如表1所示）。

---

① 邢沫、衡反修：《互联网医院的方向与未来》，《光明日报》2021年4月11日。

表 1 互联网医疗主流模式汇总	
模式类型	模式特征
医疗机构自建型互联网医疗	自建型互联网医疗由实体医疗机构自主建设线上院区，为患者提供互联网诊疗服务。此类互联网医疗的"建设、运营、管理等均由实体医院主导，互联网企业仅提供技术支持"，这使得该类互联网医疗能得到实体医疗机构包括专家、设备等在内一系列的资源支持
医疗机构与互联网企业共建型互联网医疗	共建型互联网医疗由一家或多家实体医疗机构同互联网企业联合建设，其中互联网企业负责建设 PC 平台或移动端 App，实体医疗机构则负责安排医务工作者在平台或 App 上提供线上医疗服务或开展与线下诊疗相衔接的连续性线上复诊
互联网企业平台型互联网医疗	平台型互联网医疗多由互联网企业发起，发起后再成立或收购一家或多家社会办实体医疗机构作为依托实体，少数情况下也会依托公立医疗机构，集聚各类医疗资源供给互联网医疗服务

资料来源：笔者自制。

在全面把握我国互联网医疗领域三大主流模式的基础上，采用典型案例分析的方式，基于对"创新性"和"代表性"的充分考虑，分别选取浙大一院互联网院区、河南中医一附院"豫中一"App 及银川好大夫在线互联网医疗平台作为"医疗机构自建型互联网医疗"、"医疗机构与互联网企业共建型互联网医疗"及"互联网企业平台型互联网医疗"模式的典型代表样本，而后模拟用户在选定样本的功能板块线上就诊场景操作，以明确每个功能板块的线上就诊流程细节，并从中析出互联网医疗治理必备的个性要素，为互联网医疗共性治理要素析出奠定基础。

如表 2 所示，浙大一院互联网院区所涉个性要素非常复杂，很多功能板块之间存在部分个性要素重合。通过对个性要素进行筛选、归类和汇总，得出其治理个性要素类属有：互联网医疗系统类要素、平台类要素、基础设施类要素，互联网医疗服务需求者、供给者、建维者及监管者等 7 类。

表 2　浙大一院互联网院区治理个性要素析出情况

服务平台名称	功能板块	流程细节	个性要素	
网络诊间	· 智能导诊	填写个人信息→选择部位→选择症状→查看结果	· 智能导诊系统	· 诊疗助理
	· 就诊流程 · 专科门诊 · 专家预约 · 在线医生 · 问诊助手	选择科室医生 ↓ 填写问诊信息 ↓ 支付挂号费用 ↓ 等待医生叫号 ↓ 问诊结束 ↓ 查看医生诊断	· 医生筛选预约系统 · 线上诊疗咨询平台 · 患者健康档案系统 · 电子病历系统 · 医疗缴费系统	· 患者及家属 · 医生 · 系统平台建维者
慢病管理中心	· 网络门诊	预约医生，面对面问诊、咨询	· 医生筛选预约系统 · 线上诊疗咨询平台	· 患者及家属 · 医生 · 系统平台建维者
		······		
处方审核和药物治疗管理中心	· 医保控费监测和支付审核	· 设置指标 · 实施监控 · 结果反馈	· 医保控费监测系统 · 医疗缴费系统	· 医保管理者 · 医院账务人员
	· 药物治疗管理	· 患者信息收集 · 用药情况评估 · 个体用药建议 · 监测随访	· 患者用药监测评估系统	· 患者 · 医生 · 药剂师 · 处方审查者

资料来源：浙大一院官方网站线上院区。

"豫中一"App 实现了"健康科普"、"便民门诊"、"在线复诊"、"特需医疗"和"线上支付药品费用"等多个功能，所涉个性要素也非常复杂且多个功能板块之间存在个性要素重合的情况，亟须对个性要素进行筛选、归类和汇总，最终汇总"豫中一"App 的 6 类治理个性要素类属，包括互联网医疗系统类要素、平台类要素，互联网医疗服务需求者、供给者、建维者及监管者等。

表3 "豫中一"App治理个性要素析出情况			
服务平台名称	功能板块	流程细节	个性要素
在线复诊	· 图文问诊（按时间期限统一定价模式） · 图文问诊（按对话次数统一定价模式）	患者信息→问诊单问题→上传舌面照	· 线上诊疗咨询平台 · 患者电子病历系统 · 患者资料上传系统 · 患者及家属 · 医生 · 系统平台建维者
		……	
我的医生	· 我的医生 · 关注医生 · 医生动态	· 我的医生：曾就诊医生记录 · 关注医生和医生动态：特别关注医生可获取医生介绍、接诊人数、患者评价及线下出停诊信息	· 医生筛选预约系统 · 患者及家属 · 医生 · 普通受众 · 系统平台建维者

资料来源："豫中一"App。

如表4所示，在对银川好大夫在线互联网医疗平台进行线上就诊场景模拟式解构时，便会发现它的各个功能板块虽有侧重但个性要素重合，所以有必要对部分个性要素进行筛选、归类和汇总，以期得到好大夫在线互联网医疗平台的治理个性要素类属，包括互联网医疗系统类要素、平台类要素，互联网医疗服务需求者、供给者、建维者及监管者等。

表4 银川好大夫在线互联网医疗平台治理个性要素析出情况			
服务平台名称	功能板块	流程细节	个性要素
预约挂号	· 预约挂号	· 预约挂号：按地域、医院、科室、病种预约挂号	· 医生筛选预约系统 · 患者及家属 · 医生
		……	

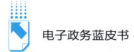

续表

服务平台名称	功能板块	流程细节	个性要素
普通门诊	·网上问诊–普通号 ·网上问诊–专家号 ·药物副作用门诊	·在线出诊：按科室及时段安排各地各医院医生，显示上午、下午、晚上剩余号源，支持立即挂号 ·视频/电话/图文问诊流程：提交病历→支付费用→等待医生视频/电话呼叫	·线上问诊平台 ·医生筛选预约系统 ·患者资料上传系统 ·患者电子病历系统 ·线上支付邮寄系统 ·医保控费监测系统	·患者及家属 ·医生 ·医院财务人员 ·医保管理者 ·系统平台建维者

资料来源：好大夫在线 App。

（二）互联网医疗治理共性要素析出

通过对三类主流互联网医疗模式的代表性样本展开网络调研，发现其功能板块设置虽然各异，但其治理关涉要素却具有同一性和相通性。依循确定性、互异性、无序性等原则对三类互联网医疗模式代表性样本解构所获要素进行充分的筛选、归类和汇总，可以得到包括互联网医疗治理主体集合要素、互联网医疗治理对象复合要素及互联网医疗治理工具聚合要素等在内的三类互联网医疗治理共性要素。

1. 互联网医疗治理主体集合要素

互联网医疗治理主体是指能保障互联网医疗供给者在互联网医疗建维者所建维的各类互联网医疗系统平台上，为互联网医疗需求者提供优质安全互联网医疗服务的良性医疗生态监督及管理群体，依据其职、权、责、利、用等自身性质可划分为互联网医疗管理者及互联网医疗监督者。由于医疗行业自古以来便是一个兼具专业性及复杂性的行业，加之融入极具迭代性及变化性的互联网技术，互联网医疗成为融合医疗及计算机技术的复杂生态域。具体而言，互联网医疗需面向医疗技术能力和信息技术素养参差不齐的医疗服务供给者，使其应用互联网医疗建维者处于摸索阶段所开发出的，可能存在技术、安全和信用等潜在隐患的医疗信息平台及系统，来应对不受空间及时间限制且自身情况各异的医疗服务需求者。上述因素导致互联网医疗治理既复杂又艰难，既必要又重要，需要依靠更为广泛的多元社会主体参与。因此，其主体不仅要集合党委、政府等"互联网医疗管理者"，还应集合包括但不限于医疗机构、行业协会、社会公众等的"互联网医疗监督者"，将他们统一纳入治理主体范畴，以整合更多社会主体力量，开展更为有效的协同治理行动。

2. 互联网医疗治理对象复合要素

互联网医疗自身的特殊性及其生态环境的复杂性，导致互联网医疗治理对象数目庞杂繁多、关系复杂交叉。为进一步深化关于互联网医疗治理对象复合要素实践和认识的主体性问题，可从实践的社会性出发，将互联网医疗治理对象复合要素划分为两类，分别是劳动工具类和劳动者类要素（如图1所示）。

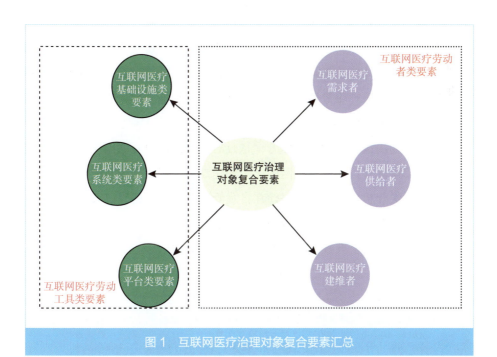

图1 互联网医疗治理对象复合要素汇总

考虑到互联网医疗劳动者类要素的复杂性及特殊性，专门对其群体范畴展开了分析研究。这其中患者及其家属、普通公众等所有对互联网医疗有主、客观需求的群体均属互联网医疗需求者范畴，且互联网医疗的存在开拓出新的医疗培训形式，使得基层医护工作者也从医疗服务供给者转换成为互联网医疗需求者；互联网医疗供给者超出了以往直接供给医疗服务或辅助性医疗服务的传统医务工作者范畴，因互联网医疗技术融入导致传统医疗服务模式变革衍生出一系列新生医疗服务群体，较为具有代表性的包括但不限于线上分诊人员、诊疗助理及就医顾问，远程会诊发起者、审核协作者及互联网医疗药剂师等；互联网医疗建维者是互联网医疗信息平台和诊疗系统等医疗服务媒介工具载体的建设运维群体，为互联网医疗供给者提供媒介平台以满足互联网医疗需求者的多样化诊疗需求，主要包括但不限于互联网医疗服务系统及平台的建设者及运行维护者，以及各式互联网医疗器械及 App 的开发者等群体。

3. 互联网医疗治理工具聚合要素

互联网医疗治理工具聚合要素主要包括互联网医疗服务监管平台、实时监管系统及网络媒体舆论监督工具等，上述工具的建设及使用主体分别为政府相关部门、实体医疗机构和互联网医疗企业以及社会公众。具体而言，政府建设的互联网医疗服务监管平台主要是指"省级卫生健康主管部门建立的省级互联网医疗服务监管平台"[1]，通过与互联网医疗信息平台对接来对开展互联网医疗活动的医疗机构进行监管，是政府监管部门对互联网医疗治理的重要工具；实体医疗机构和互联网医疗企业建设的互联网医疗实时监管系统主要是指实体医疗机构及互联网医疗在自我管理过程中所建设的互联网医疗运营监管平台，对互联网医疗运行中的关键信息进行采集、汇聚和动态智能监控，可探索利用电子签名认证、区块链等信息技术实现互联网医疗全程留痕，可查询、可追溯，满足多层次信息安全监管需求[2]；以社会公众为代表的互联

---

[1] 《国家卫生健康委办公厅　国家中医药局办公室关于印发互联网诊疗监管细则（试行）的通知》，国卫办医发〔2022〕2号，2022年2月。

[2] 魏明月等：《互联网医院风险分析与管控策略》，《中国卫生资源》2020年第2期。

网医疗监督群体，积极运用各类微信公众号、小程序及视频 App、客户端等网络舆论监督工具对互联网医疗发展及运用过程中存在的问题展开广泛监督。

二 以互联网医疗治理共性要素为世镜，照察互联网医疗治理现实困境

在对不同互联网医疗模式有了清晰认知后，上文析出了包括互联网医疗治理主体集合要素、互联网医疗治理对象复合要素及互联网医疗治理工具聚合要素等三类共性要素。考虑到互联网医疗治理对象复合要素属于互联网医疗治理活动中的因变量，其发展运行状态很大程度依赖于互联网医疗治理主体集合要素及互联网医疗治理工具聚合要素等治理自变量的状态，应重点关注互联网医疗治理主体集合要素及互联网医疗治理工具聚合要素所面临的现实困局。

（一）互联网医疗治理主体：共生互促不足，协同互塑难现

"共生"概念最初来自生物学领域，是指生物种类间普遍存在的一种现象[1]。斯格特指出"共生是两个及以上的生物在生理上相互依存达到平衡的一种状态"[2]，但共生不仅是生物界的一种自然现象，也是人类社会的普遍规律。根据共生理论，互联网医疗多元化治理主体共生的理想状态应为彼此间"共同适应、共同激发、共同发展、共同进化，通过共生的过程达到各共生关系主体生存能力的增强、功能的日臻完善、效益的提高"[3]，成为共生功能体。但在现实的互联网医疗治理领域其治理主体间因适应力、发展力及进展速度等方面存在差距，致使互联网医疗共生关系主体处于客观非均衡状态，也导致以党委和政府为代表的处于治理优势地位的管理者与相对处于弱势地位的监督者互赖性存

---

[1]　Cheng M.Y., Prayogo D., Symbiotic Organisms Search: A New Metaheuristic Optimization Algorithm, *Computers & Structures*, Volume139, 2014.

[2]　Scott. G.D., *Plant Symbiosis in Attitude of Biology*, London: Edward Arnold, 1969.

[3]　刘志辉:《共生理论视域下政府与社会组织关系研究》，天津人民出版社，2017。

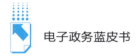

在差距，互促度不够，互助度不足，互塑性有限，难以协同发挥治理效用。这进一步加剧了多元化治理主体互动的难度，以致无法形成治理闭环。

尤其在互联网医疗服务平台建维者治理方面，政府相关部门虽已作出相应政策规定，但在面向互联网医疗动态变化的医疗新生态展开治理时，仍无法避免以治理迟滞为主要表现的"共同适应"性困局。面对政府治理的迟滞，本需互联网医疗建维者（往往以第三方平台企业为主）在平台治理中发挥自我治理作用，但由于"平台企业具有逐利本性，当商家的违法违规行为可以直接或间接地为平台带来更多流量或经济效益时，平台可能对这种违法违规的交易缺乏监管积极性"[①]，依赖其自我治理难以实现互联网医疗良性治理，还可能会催生共生关系主体间的"共同激发"问题。当然，除了政府、互联网医疗建维者以外，还可以依赖互联网医疗供给者对互联网医疗平台开展治理，按常理其作为专业的医疗服务第三方对于互联网医疗平台的功能、流程具有一定的客观监督优势，可其却常常因为"共同盈利"的因素与互联网医疗建维者形成"非法利益共同体"。最后，对互联网医疗服务平台服务供给能力及互联网医疗服务供给质量最有监督立场及动力的互联网医疗需求者却大部分为非专业人士，缺乏相应的医疗知识及专业素养，难以对互联网医疗诊疗服务过程中所涉及的专业知识有准确判断力，在治理主体中处于弱势地位，是共生关系主体"共同进化"能力不足的突出表现。

（二）互联网医疗治理工具：虚实交互不畅，线上线下脱节

互联网医疗是一个关涉广泛、影响深远的医疗新生态，不再局限于医生的传统经验。其"新"既体现在技术的"新"和手段的"新"上，也体现在技术作为它的"催化剂"和"阻燃剂"所带来的影响的"新"和发挥作用的"新"上，更体现在由此导致业务运营性状的"新"、面临问题的"新"、针对策略的"新"及生态环境的"新"上，使得当前所运用的数字化治理工具在面对互联网医疗行业快速迭代、日新月异的实时业务时常常会应接不暇，

---

① 王勇、戎珂:《平台治理：在线市场的设计、运营与监管》，中信出版社，2018。

同时也加剧了数字化治理与传统治理间有序衔接的难度。面对"成也技术，败亦技术"的现实困境，寻求互联网医疗治理工具的升级换代只能解决技术本身的问题，寻求管理或治理手段升级才能根本解决虚实交互不畅、线上线下脱节的问题。

虽多个政府相关部门已出台多项有关政策，要求"省级卫生健康主管部门应当建立省级互联网医疗服务监管平台……对开展互联网诊疗活动的医疗机构进行监管"[1]。但是，目前互联网医疗服务监管平台仍未覆盖互联网医疗全业务场景和全业务流程[2]，只是"重点监管互联网医院的人员、处方、诊疗行为、患者隐私保护和信息安全等内容"[3]，并且在上述已覆盖的互联网医疗业务场景中，也正面临着数字化治理工具配置不科学及应用水平有限的窘境，致使难以对互联网医疗供给者所供给的医疗服务性质展开及时辨别。如果无法界定互联网医疗供给者对互联网医疗需求者实施的是咨询行为还是诊疗行为，则可能导致互联网医疗供给者产生服务"越界"行为。具体而言，由于互联网医疗仍然继承了部分传统医疗"望闻问切"的行业特性，这使得如果想判断互联网医疗供给者所提供的服务属性及范畴是否符合相关法规政策的规定，则离不开互联网医疗供、需双方在互联网医疗服务平台上开展的交流信息。但作为主要判断依据的医、患交流信息体量巨大、内容复杂，特别是沟通内容呈现了专业化和口语化表达共存的现状。这其中互联网医疗供给者作为专业人士其表达较为专业，使用数字化治理工具尚可实现实时监管，但对于互联网医疗需求者的口语化表述，数字化治理工具则难于应对，遑论进行实时监管并辨别其合法合规性。

互联网医疗治理工具除了受到非结构化、非专业化的口语化表述的制约，还影响互联网医疗治理的生命周期全流程。具体而言，如果互联网医疗数字

①《国家卫生健康委办公厅　国家中医药局办公室关于印发互联网诊疗监管细则（试行）的通知》，国卫办医发〔2022〕2号，2022年2月。
② 黄璜等：《数字化赋能治理协同：数字政府建设的"下一步行动"》，《电子政务》2022年第4期。
③《国家卫生健康委员会　国家中医药管理局关于印发互联网诊疗管理办法（试行）等3个文件的通知》，国卫医发〔2018〕25号，2018年7月。

化治理能力不足，就会导致互联网医疗需求者产生信任危机，信任危机将使医患关系恶化，进而使得互联网医疗供给者丧失参与兴趣，并增加互联网医疗建维者的建设运维成本及风险，最终将严重影响互联网医疗行业生态。一旦互联网医疗生态恶化，将产生"多米诺骨牌"效应，会抑制治理主体及对象的治理思维模式和行为方式变革，最终使得线上线下治理脱节，治理脱节后就无法实现治理数据的闭环聚合，从而难以支持多元化治理主体在不同层次上的科学决策，最终形成一个恶性循环。

三　以数字社会治理进路为根本依托，探索互联网医疗治理可行路径

作为一种医疗新生态，互联网医疗是数字社会公共卫生服务供给体系的重要组成部分，这使得数字社会的治理进路对于互联网医疗这一数字社会子系统具有一定参考价值。当前学界对于数字社会治理进路的研究分为两大类：一是强调"数字社会"治理，即将"数字社会"看作与农业社会、工业社会、信息社会并列的一种未来社会形态，对其治理既包括政府对"数字社会"的治理和"数字社会"对政府权力的约束，也包括"数字社会"的自主治理，更为关注数字技术应用给社会治理带来的变革与创新；二是强调"数字化"的社会治理，即多元化主体利用数字技术进行社会治理创新与变革，并用"数字技术"为社会治理赋能，提供更多的"数字化"的社会治理手段和方式，强调"数字"社会治理的"技术性"，将"数字化"作为工具手段[1]。基于此，互联网医疗治理也可依循上述进路，分别从"以术驭数"的治理主体维度及"以数治数"的治理工具维度提出改善路径。

（一）"以术驭数"：促进互联网医疗治理主体"共存—共建—共生"

为突破互联网医疗治理主体存在的共生互促不足、协同互塑难现的现实

---

[1]　孟庆国等：《数字社会治理的概念内涵、重点领域和创新方向》，《社会治理》2023年第4期。

困局，必须充分发挥共生理论的指导作用，提升部分"孱弱"治理主体的治理能力，均衡"强势"治理主体的治理势力，着力营造出一个多元化治理主体共存共建共生的互补互动互惠良性生态。

1. 保障互联网医疗治理主体先决状态：从客观"共在"到良性"共存"

为了打破互联网医疗治理主体共生互促不足、协同互塑难现的现实困局，必须先保证互联网医疗治理主体处于一个"良性共存"的先决状态。但多元化的互联网医疗治理主体想要实现"良性共存"困难重重，首先便要满足互联网医疗治理主体"客观共在"的基础条件，即保证各类治理主体合法依规地拥有监督管理权限，同时每个治理主体都知晓自身及其他主体的监督管理范畴且承认彼此的正当性，并在面对特定的互联网医疗治理场景时能"共同存在于某一特殊时空里"①。其次，还要在实现"客观共存"的基础上，于特殊的治理场景中保持"大协作小竞争"的关系，即保证多元治理主体在治理过程中能"扬长避短"，同时保持合作与博弈共存。

2. 改进互联网医疗治理主体工作态势：从"存而不为"到"存而愿为"

当前，在互联网医疗治理中虽已大部分实现了多元主体的"客观共在"，但互联网医疗主体的"良性共存"却仍待提升。这其中最根本的掣肘点在于互联网医疗治理主体的工作状态仍囿于"存而不为""存而难为"的客观现实之中。其中"存而不为"主要是部分治理主体仍未进入治理角色，在主观意愿上有畏难情绪，有"躲、推、让"等倾向，亟须认清参与互联网医疗治理重要性及必要性，转变为"存而愿为"。此外，部分有意愿参与互联网医疗治理的主体还面对"存而难为"的困局，亟须得到政府部门、医疗机构等权威、专业治理主体的帮助支持，提升其治理能力，实现从"存而难为"到"存而有为"的转变。

3. 理顺互联网医疗治理主体共生路径："以共存，促共建，谋共生"

在确保多元化治理主体活跃性的同时，还需遵循"共存，共建，共生"的途径，推动互联网医疗治理主体建立健康的"维基生态"。这意味着鼓励

---

① 庄玉昆：《教学双主体"共存·共享·共生"关系辨识》，《教学与管理》（理论版）2017年第3期。

多元化治理主体积极利用和主动接纳面向社区合作的、类似于在线开放超文本编辑的治理信息技术，将互联网医疗治理的目标价值观转化为治理行为的体系架构。同时，还需要根据多元化治理主体的客观"共在"情况和实际的"共存"状态，结合治理主体间的功能互补性，进行治理职责分配，并根据此进行人力、财力、物力、智力等资源的投入，最后建立一个由政党、政府、实体医疗机构、行业组织和社会公众等多样性治理主体共同合作、协同塑造、持续完善的治理生态。

（二）"以数治数"：提升"平台化治理"水平，强化"数字化治理"能力

为突破互联网医疗治理工具虚实交互不畅、线上线下脱节的现实困局，必须对互联网医疗治理工具进行赋能升级。通过提升"平台化治理"水平，确保治理精准化实时化，以解决"治理数字化"水平有限致使治理虚实交互不畅的问题；通过强化"数字化治理"能力，确保治理专业化生态化，以解决"数字化治理"能力不足导致的线上线下脱节问题。

1. 提升"平台化治理"水平，确保治理精准化实时化

为提升"平台化治理"水平，确保治理精准化实时化，必须明确"互联网医疗信息平台"双重身份认知，提高"互联网医疗信息平台"自我治理水平，为发挥"平台治理"效能奠定基础。互联网医疗信息平台拥有双重身份：一为中介服务提供者；二为交易规则制定者[1]。当作为"中介服务供给者"时，互联网医疗信息平台的主要职责是通过增强互联网医疗服务供给者与需求者之间的信息共享和数据交流，来消除医疗服务供、需双方之间的信息壁垒，进而解决互联网医疗服务供给者和需求者之间的协调和交易成本问题。尽管"互联网医疗信息平台"不拥有生产资料，仅作为交易的中介，但随着互联网医疗服务供、需双方对其依赖的增强，其逐渐演变为面向供需双方的"门卫"。当作为"交易规则制定者"时，"互联网医疗信息平台"还为互联网医

---

[1] 董京波：《平台自治的监管问题研究——以平台的双重身份为视角》，《商业经济与管理》2022年第7期。

疗服务供给者、需求者和建维者提供复杂的治理规则，这也是其具备自我治理能力的关键所在。因此，必须清晰地理解"互联网医疗信息平台"的这两个角色，才能为实现"平台治理"的效能打下基础。此外，为解决"互联网医疗信息平台"在治理意愿和能力方面的问题，还必须从政策供给维度出发，利用政府部门在平台治理上的顶层设计能力，构建一个共识性的平台监管制度。同时，也要充分认识到互联网医疗企业的技术优势，以推动"治理数字化"向"数字化治理"转变，不断促进"互联网医疗信息平台"治理的精准化与实时化。

2. 强化"数字化治理"能力，确保治理专业化生态化

为了增强"数字化治理"的能力并保证治理的专业性和生态性，首要事件应为推动政府主导的"互联网医疗服务监管平台"快速发展，并在不断完善政府监管平台的基础上，积极促进该平台与多元化治理主体所开发及应用的监督管理系统及平台相对接。这意味着不仅需要不断提升政府监管平台的治理水平，还需要准确定位其功能，避免盲目追求全面和多样，而是应专注于满足互联网医疗服务信息的采集、统计分析和展现，以及互联网医院的准入和负面内容的预警等功能。

此外，政府作为监管主导力量由于无法避免监管俘获或治理乏力等固有问题，难以实现治理工具的实际效果。因此，需要引入多元化治理主体以发挥其优势，推动政府主导的"互联网医疗服务监管平台"与多元化主体建设的监督管理系统及平台进行相应对接。其中至关重要的是完善互联网医疗服务监管平台的前置对接，即各省份互联网医疗服务监管平台要与医疗机构、医师、护士、药剂师管理信息系统，医疗机构管理信息系统，电子处方系统等系统实现对接（如表5所列）。同时，对互联网医疗所开展的线上线下相结合的一体化治理，将贯穿于互联网医疗的全流程及全生命周期，力求通过技术创新和治理革新改变互联网医疗治理主体和对象的思维方式和行为模式，促进新型治理生态网络的形成，实现线上线下治理的无缝衔接。

电子政务蓝皮书

表5 "互联网医疗服务监管平台"前置对接系统汇总		
序号	对接系统	对接目的
1	对接医疗机构、医师、护士、药剂师管理信息系统	获取全省各互联网医疗服务医生等相关人员信息，查询医师、护士、药剂师执业资格
2	对接医疗机构管理信息系统	获取全省各互联网医疗服务线上诊疗科室信息，查询各医疗机构的基本信息、诊疗科目等信息
3	对接电子处方系统	监管采集各个互联网医疗服务机构的电子处方及其流转信息
4	对接电子病历系统	获取患者就诊信息，确定患者就诊资格
5	对接医保系统	实现互联网医疗的医保报销，避免骗保
6	对接区域全民健康信息平台	减少重复对接和重复采集数据

资料来源：笔者自制。

B.19
数字政府标准化发展研究报告

杨庄媛*

摘　要： 数字政府发展在全球数字化浪潮中展现出新的特点，标准化在数字政府建设中的作用日益凸显，本文对数字政府标准化发展历程、现状、体系框架等进行研究，建立了数字政府标准体系框架，提出了系统规划、标准衔接、强化执行等相关政策建议，以数字政府标准化助力数字中国高质量发展。

关键词： 数字政府　标准化　标准体系　高质量发展

一　数字政府建设背景

（一）全球竞争背景下数字政府建设

随着信息技术的迅速发展，数字化浪潮席卷全球，数字技术助推各行业转型发展。全球数字化时代，民众对政府服务的期望逐步升级，对政府数字化转型提出新的需求，催生数字政府建设。放眼全球，全球电子政务发展平均指数（EGDI）从2018年的0.55上升到2022年的0.61，美国、欧盟等国家和地区在数字政府、政务数据等方面开展了早期的探索[1]。

2023年5月，美国发布《关键和新兴技术的国家标准战略》，提出优先

---

* 杨庄媛，中国电子技术标准化研究院高级工程师，主要研究方向为数字政府标准化、数字城市建设、政治经济政策分析等。

[1] https://desapublications.un.org/sites/default/files/publications/2022-09/Web%20version%20
E-Government%202022.pdf.

考虑标准的领域，包括通信和网络技术、人工智能和机器学习、数字身份基础设施等，将改变消费者、企业和政府的互动方式。从2012年美国建立数字政府平台、促进公民参与政府决策、提升公共服务水平，到有计划地实施一系列数字战略，充分运用政府的力量，通过连续实施针对性的政府项目，形成了以技术领先为牵引、以推进数字技术应用为支持、公私部门合作、公众共同参与的战略路径①。2022年4月，欧洲议会和欧盟理事会通过《数字服务法案》，打造欧盟－成员国两级数字服务监管体系，欧盟更加关注公共数据的开放和共享，从2003年起陆续出台了一系列相关措施，以数据驱动电子政务管理，以人为本，核心是智能、可持续和创新，较早完成"政务服务上网"，公民和企业可在线上满足政务需求。英国数字政府政策以电子政务服务开始早期实践，在数字政府转型过程中，重点在软硬件环境、网络资源等基础设施领域。在亚洲国家中，日本重点关注社会问题，以行政体制改革推动数字政府建设，主要集中在基础设施、提高人才数字化素养等方面；韩国2023年提出"与国民共同建设成为世界典范的数字强国"，其数字政府建设重点从电子政府、整合公共数据，扩大到数据开放、移动政务。

2022年中央全面深化改革委员会第二十五次会议明确提出加强数字政府建设，《国务院关于加强数字政府建设的指导意见》（国发〔2022〕14号）提出了条理清晰、更具实践意义的数字政府建设意见。在数字化助力政府改革的背景下，外国数字政府建设起步早，可为我们提供参考，但我国数字政府建设离不开中国特色，中国式现代化又对数字政府建设提出更高要求，具体国情决定了我国数字政府建设必将走出一条新的道路。

（二）标准支撑数字政府建设

我国各地区不断推动数字政府建设走向纵深，涌现出"最多跑一次""一网通办""一件事一次办""跨省互认"等应用场景。数字政府是电子政务的延伸，不单纯依靠技术手段解决问题，"三融五跨"是其新的内涵，即实现技

① 胡微微、周环珠、曹堂哲：《美国数字战略发展：数字经济，数字政府，数字国防全面布局》，《中国电子科学研究院学报》第17卷第1期。

术融合、业务融合、数据融合，提升跨层级、跨地域、跨系统、跨部门、跨业务的协同管理和服务水平。数字政府建设中，数据共享、业务应用平台等促使部门横向联动、纵向贯通，衡量建设成果涉及管理评估等多个方面，各方面都离不开标准化的支撑。数字政府标准体系建设、重点标准研制、标准落地实施等是数字政府建设的基础性工作，标准化工作顺应数字政府发展新阶段，也面临新的要求。

二 我国数字政府标准化发展历程

我国数字政府建设发展历程可划分为萌芽起步阶段（20 世纪 80 年代至 2001 年）、电子政务发展阶段（2002~2016 年）、数字政府起步阶段（2016~2022 年）和数字政府全面推进阶段（2022 年至今），与之对应，数字政府标准化也伴随四个阶段日渐发展。

（一）萌芽起步阶段——初期探索，政策先行

我国电子政务萌芽最早应追溯到 20 世纪 80 年代。"六五"计划已经明确提出要在政府管理中使用计算机，当时的国家计委、财政部等中央政府部门开始建立数据中心并开始进行电子数据处理。

20 世纪 90 年代后，政府信息化全面铺开。1992 年，国务院办公厅开始在全国政府系统推行办公自动化改革。1993 年，我国正式启动了以"金关""金桥""金卡"工程为核心的三金工程，以此为标志，我国开始推进政府信息化工作。1996 年，中央成立"国务院信息化工作领导小组"，统领全国信息化工作。1999 年，国务院成立"国家信息化工作领导小组"，全面实施"政府上网工程"，并被作为全国信息化相关领域建设的统筹协调机构。2001 年，国务院办公厅印发《全国政府系统政务信息化建设 2001—2005 年规划纲要》（国办发〔2001〕25 号），对政府信息化的指导思想、方针、政策等作出了明确规定。

此阶段，政府信息化多以"办公自动化""部门信息化"为表现形式，主

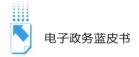

要特点就是办公自动化的普及应用，基本的办公自动化系统日趋成熟，利用互联网进行信息发布是重要建设目标，但尚未有系统性的标准指导工作。

（二）电子政务发展阶段——摸索建设，夯实基础

2002 年，我国电子政务标准化正式开启系统工作，原国务院信息化工作办公室和国家标准化管理委员会 1 月在北京成立"电子政务标准化总体组"，统筹规划电子政务标准化工作。总体组发布《电子政务标准化指南》，首次提出电子政务标准体系，包括应用、应用支撑、网络基础设施、信息安全和管理标准。对电子政务标准化的概念和意义作出明确定义，并给出了电子政务标准项目的管理办法。总体组下设立相关组织进行专题研究。同年 8 月 5 日，中共中央办公厅、国务院办公厅联合发布《国家信息化领导小组关于我国电子政务建设指导意见》，作为当时我国电子政务标准的政策指导。这一时期，我国电子政务从基础设施、数据、业务、服务、管理和安全六大板块开展了长效建设，标准支撑国家电子政务标准体系建设项目一期工程，围绕电子政务内网和电子政务外网建设，共制定并发布了 30 多项国家标准，为电子政务基础设施提供了有力的指引[①]。

这一阶段，数字政府标准化工作重点是以工程项目带动标准制修订，从初期的政府上网工程，到中后期政务信息资源整合共享等，标准聚焦在总体性、基础性，包括电子政务术语、总体设计、电子公文格式、政务信息资源目录和交换体系等。

（三）数字政府起步阶段——服务优先、统筹协调

2016~2018 年，各行业开始以"互联网 +"为代表的信息化转型，国务院办公厅陆续发布"互联网 + 政务服务"相关政策，同时加大了标准应用推广力度。依托《国务院关于加快推进"互联网 + 政务服务"工作的指导意见》编制国家"互联网 + 政务服务"技术体系建设指南，以《进一步深化"互联

---

① 怀进鹏、林宁、吴志刚：《我国的电子政务标准化工作》，《信息技术与标准化》2006 年第 9 期，第 7~10 页。

网＋政务服务"推进政务服务"一网、一门、一次"改革实施方案》为指导，编制建立健全"一网通办"的标准规范，《国务院关于加快推进全国一体化在线政务服务平台建设的指导意见》指导建立全国一体化在线政务服务平台，建设过程中制定并不断完善总体框架、数据、应用、运营、安全、管理等工程标准，先试先用，统一标准指导平台数据共享，实现主管部门和各地区业务协同、互联互通。

2020年，《国家电子政务标准体系建设指南》由国家市场监管总局、中办、国办、网信办、发改委、工信部联合印发，从管理到技术对电子政务标准进行了系统性明确。组织方面，标准化建设管理框架由国家电信政务统一协调机制（隶属于网信办）统筹协调；技术方面，形成了现行的电子政务标准体系。电子政务标准体系框架包括总体、基础设施、数据、业务、服务、管理和安全七大部分，如图1所示。电子政务标准体系中的关键领域，数据方面如政务数据开放共享、公共数据资源开发利用，应用支撑方面如电子文件，服务方面如"互联网＋政务"，形成了相互独立、统筹协调的标准子体系。

2016年以来，"互联网＋政务服务"大力推行与数字政府标准化建设相辅相成。这一阶段，数字政府标准化工作呈现统筹协调、整合加速的特点。

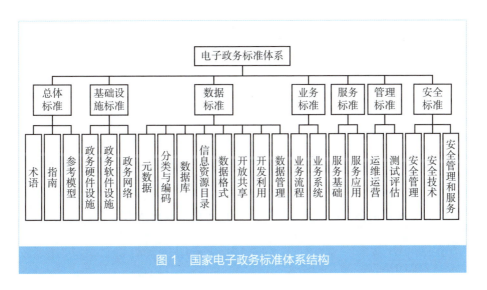

图1　国家电子政务标准体系结构

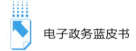

管理上，明确了统一协调机制并逐步形成了标准体系；业务上逐步细化，从电子证照、统一身份认证等单点应用，逐渐丰富，覆盖多个领域，最终形成包含七大部分的标准体系框架和相关标准子体系。

（四）数字政府全面推进阶段——改革引领、整体协同

2021年，党中央、国务院印发《国家标准化发展纲要》，明确要求"推动行政管理和社会治理标准化建设，加快数字社会、数字政府、营商环境标准化建设"。"数字政府标准化"的概念提上日程，与国家标准化发展相协调。2022年6月，《国务院关于加强数字政府建设的指导意见》中，单设章节明确标准化相关工作任务，凸显数字政府标准化重要作用。2023年，中国电子技术标准化研究院在主管部门指导下，牵头开展数字政府标准体系研究，并于9月在《数字政府标准化白皮书（2023）》中发布，数字政府重点标准将有据可依。

这一阶段，数字政府标准化工作呈现系统规划、持续改进的特点：一是推动技术、业务、数据三方面重点标准的制修订和应用，为统筹推进"三融"提供标准化助力；二是在政府数字化转型的过程中，结合制度创新和技术创新，以标准化手段做好政策、法规和信息技术间的衔接工作；三是放眼数字经济、数字社会、数字政府的发展，做好标准的持续改进，提供高质量标准供给，以标准化引领数字政府变革[①]。

三　数字政府标准化现状

（一）国家标准

国家数字政府标准化技术组织主要包括全国信息技术标准化技术委员会（TC 28）、全国行政管理和服务标准化技术委员会（TC 594）、全国信息安全标准化技术委员会（TC 260）、全国电子业务标准化技术委员会（TC 83）。

---

① 杨庄媛、施含章、钮建平：《标准化助力数字政府高质量发展》，《信息技术与标准化》2023年第7期，第100~103页。

其中 TC 28 在数字政府领域涉及面较广，包括电子政务标准化指南、政务数据开放共享、信息公开规范、信息资源目录体系和交换体系等基础性标准，还制定了个人信息健康码等关键应用标准。

截至 2023 年 9 月，数字政府领域国家标准共 120 项，归口在以上标准化技术组织，目前已发布 101 项国家标准，如表 1 所示。包括术语、评价、参考模型等总体规划类标准，数据类标准，共性支撑、跨域交互等关键支撑技术与平台类标准，安全体系、信息安全保障指南等安全保障类标准等。另外，部分急用先行的业务和应用标准如个人健康信息码、全国一体化政务服务平台"一网通办"基本要求等也已发布。在各标准化相关方积极推动下，相关国家标准已成为各地区、企事业单位等开展数字政府规划、建设、评估时的重要参考依据，切实发挥了标准的规范和引领作用。

表 1　数字政府相关国家标准归口单位及其状态					
归口组织名称	即将实施	现行	正在起草	正在审查	总计
电子政务标准化总体组		4			4
全国信息技术标准化技术委员会		28	3		31
全国行政管理和服务标准化技术委员会		14	4	7	25
工业和信息化部（通信）		18			18
全国信息安全标准化技术委员会		13			13
全国服务标准化技术委员会		8		1	9
全国电子业务标准化技术委员会	3	2		2	7
全国通信标准化技术委员会		6	1		7
国家密码管理局		6			6
总计	3	99	8	10	120

（二）行业标准

对数字政府涉及的各个行业范围内统一的技术要求需制定行业标准。行业标准由各行业主管部门组织和管理，并报国务院标准化行政主管部门备案。

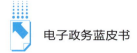

目前，狭义的现行数字政府、电子政务行业标准主要覆盖交通、通信、测绘、公共安全、档案、民政、水利等领域，部分标准清单见表2。从广义来看，绝大多数行业都构建了政务信息化相关的数据管理、数据利用等标准。从政府的五大职能来看，公共安全、市场监管、国土资源管理、司法、民政、卫生健康等行业标准和数字政府关系较密切。

部分行业围绕信息采集、数据共享、应用管理、政务服务、评级评价等方面进行了数字政府领域的行业标准研制工作。其中，民政、卫健等行业聚焦政务数据治理标准化，推动行业内数据元的统一；医保、税务等行业聚焦政务云平台建设标准化，规范行业内各级政务云的建设；公安等行业聚焦"互联网＋政务服务"标准化，提高政务服务质量；市场监管、应急等行业注重"互联网＋监管"标准化，提升监管能力；水利、气象等行业聚焦平台建设标准化，形成标准化的信息化平台体系；同时，各行业在主管部门的统筹下，全力推进各行业电子证照标准化有关工作，目前已完成180余项电子证照的标准化，形成全国范围内的电子证照应用模式。

		表2　数字政府行业标准清单（部分）		
序号	标准号/计划号	标准名称	状态	区域/归口单位
1	DA/T 80—2019	政府网站网页归档指南	现行	国家档案局
2	JT/T 907-2014	交通运输行业政府网站建设规范	现行	交通运输部信息通信及导航标准化技术委员会
3	JT/T 415—2021	道路运输电子政务平台 信息分类与编码	现行	交通运输信息通信及导航标准化技术委员会
4	YD/T 3942-2021	政务云基础设施服务平台技术要求	现行	中国通信标准化协会
5	CH/T 4024-2019	城市政务电子地图更新技术规范	现行	自然资源部
6	DA/T 85—2019	政务服务事项电子文件归档规范	现行	国家档案局
7	GA/T 1593-2019	"互联网＋公安政务服务"标准体系	现行	公安部社会公共安全应用基础标准化技术委员会
8	CH/T 1038-2018	时空政务地理信息应用服务接口技术规范	现行	国家测绘地理信息局
9	MZ/T 089-2017	街道政务事项办理规范	现行	民政部
10	CH/T 4019-2016	城市政务电子地图技术规范	现行	国家测绘地理信息局

续表

序号	标准号/计划号	标准名称	状态	区域/归口单位
11	SL/T 707-2015	水利政务信息数据库表结构及标识符	现行	中华人民共和国水利部
12	SL 200-2013	水利政务信息编码规则与代码	现行	中华人民共和国水利部
13	MH/T0045.1-2013	民航电子政务数字证书服务及技术规范 第1部分：服务	废止	中国民航科学技术研究院
14	MH/T 0045.4-2013	民航电子政务数字证书服务及技术规范 第4部分：证书应用集成	废止	中国民航科学技术研究院
15	MH/T 0045.3-2013	民航电子政务数字证书服务及技术规范 第3部分：USB Key介质	废止	中国民航科学技术研究院
16	MH/T 0045.2-2013	民航电子政务数字证书服务及技术规范 第2部分：数字证书模板	废止	中国民航科学技术研究院
17	MH/T 0038-2012	基于可扩展置标语言的民航电子政务电子公文格式规范	废止	中国民航科学技术研究院
18	MH/T 0037-2012	民航电子政务机构与人员信息交换规范	废止	中国民航科学技术研究院
19	MH/T 0032-2010	民航电子政务IP地址规划和域名命名规则	废止	中国民航科学技术研究院
20	JT/T 655-2006	道路运输电子政务平台 数据交换格式	废止	交通部公路司
21	JT/T 414-2006	道路运输电子政务平台 信息分类与指标	现行	交通部公路司
22	JT/T 415-2006	道路运输电子政务平台 编目编码规则	现行	交通部公路司
23	SL/T 200-1997	水利系统政务信息编码规则与代码（一）	现行	水利部科学技术司

（三）地方标准

截至2022年，全国共16个省（自治区、直辖市）根据本行政区域数字政府建设的需要，成立了相应的标准化工作组织，制定本地区数字政府的地方标准，包括广东、江苏、上海、浙江等地。

据不完全统计，各地方标准化技术组织发布了708项地方标准，标准数量多、范围广，涵盖数字政府评价、监管、质量管理、基础设施、项目等诸多方面，充分体现出地方数字政府建设的特色和经验，部分地方也在标准落地方面率先进行了有益的尝试。

（四）其他

团体标准方面，信息化相关的协会、学会、产业联盟等团体组织积极探索数字政府相关团体标准，结合团标周期较短、响应迅速的特点，国家和地方团体已发布和在研团体标准共 62 项；此外，为支撑国家政务服务平台、国家"互联网＋监管"系统、全国信用信息共享平台及"十二金"工程的深入建设，国家和省级平台发布大量配套工程标准，与国家标准、行业标准、地方标准和团体标准共同构成独具特色的数字政府标准生态体系。

四　数字政府标准体系框架

（一）数字政府标准总体框架

数字政府标准体系框架由总体通用、基础设施、政务数据、共性支撑、政务应用、管理和评估、安全保障等七个部分组成，如图 2 所示。其中，总体通用标准主要围绕术语、指南、架构等方面，是数字政府总体性、框架性、基础性的标准规范。基础设施标准主要围绕政务云和政务网格，推动数字政府基础资源的集约共享。管理和评估标准旨在建立数字政府管理和评估规则，为数字政府的建设运行提供管理和机制支撑，反映数字政府建设现状、改进数字政府治理效能，主要包括项目管理、运维管理、运营管理、评估体系、评估实施五个部分。安全保障标准主要包括政务网安全、政务云安全、政务数据安全、政务应用安全及安全管理等标准，用于保障数字政府有关系统、数据、网络的安全。

（二）数字政府标准需求分析

通过建立标准体系总体框架，结合相关标准需求分析情况，梳理出目前行业中重点关注的总体通用、基础设施、政务数据、共性支撑、政务应用、管理和评估、安全保障领域的标准需求。

总体通用类： 数字政府历经多年发展，相关术语、定义等在原电子政务

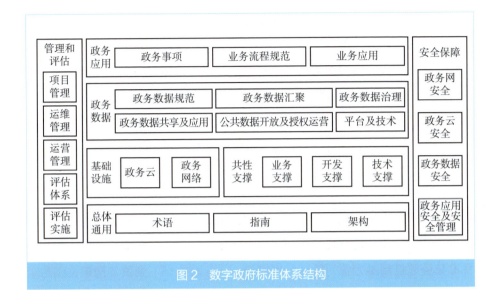

图 2　数字政府标准体系结构

领域的基础上得到扩宽和纵深；新技术不断涌现，更多政务应用场景出现，如何从顶层设计开始规范数字政府建设、如何实施等成为亟待解答的问题。数字政府术语标准、数字政府架构框架类以及实施指南类标准亟须制修订。

基础设施类：以信息技术为核心工具搭建的基础支撑平台，如资源共享交换平台、"云数联动"数据共享交换平台、一体化政务网络、政务云等，以"基础设施"形成数字支撑体系。

政务数据类：核心在于构建形成支撑数字应用的数据资源体系，系统性地整合各类政府数据，以数据流动驱动数字政府服务，需要围绕数据全生命周期，在数据的来源、分类、编码、采集、加工处理、应用、治理及评估等环节形成明确的数据标准，实现纵向层级间、横向部门间互联互通、业务协同，以数据流通共享化解传统政府信息化建设中的割裂化问题。

业务应用类：从明确办事流程标准化和完善统一政务服务（行政权力事项与公共服务事项）事项目录出发，对政务事项进行编码，而通用支撑是形成系统完善的电子公文交换标准化，归档标准规范化，电子印章、电子文件、电子票据等使用的标准，通过标准的系统接口和组件以保障政务应用。

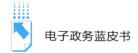

安全保障类标准：全方位安全保障标准体系的建设是数字政府建设的前提，通过体系建设明确数字政府建设安全管理的责任、制度，建立健全动态监控、主动防御、协同响应的标准体系，建立人才标准、组织标准、协同策略标准，完善数字政府标准体系建设，支撑数字政府全面发展。

五 亟待解决的问题和工作建议

（一）数字政府标准化建设亟待解决的问题

目前，数字政府标准框架基本形成，国家标准为顶层设计，行业标准和地方标准以行业和地方特点作为支撑，团体标准和工程标准为补充。但存在标准化统筹机制不完善、关键标准不统一、标准执行不到位等问题，制约了数字政府高质量发展。

统筹机制方面，目前，从国家到地方，标准化技术组织、协会、机构、团体等纷纷投身数字政府标准化活动，国家层面的标准统筹协调机制缺失，缺乏整体规划，也没有专业对口标准化技术组织进行标准归口管理，各标委会难以直接协调，出现"群龙无首"的混乱局面。

关键标准方面：数字政府现行国家标准、行业标准、地方标准、团体标准以及工程标准数量多、种类杂。原有的电子政务标准以国家标准为主，难以适应人工智能、大模型等新技术的发展；各地方、各部门制定了大量的地方标准和行业标准，部分重大政务信息化项目建设过程中产生了很多工程标准。现行标准中存在重复、冲突，标准内容表述不规范、质量不一，地方和行业标准备案不及时，共享困难，制约了数字政府整体协同发展。

标准执行方面：以往的电子政务标准应用实施效果不够明显，"自上而下、自下而上"的标准认证与检验机制没有建立，未能对标准贯彻执行情况做出系统性的评估；标准化试点没有持续性，部分试点流于表象，对在标准执行过程中的痛点难点没有形成相对完备的解决方案，试点经验也未能统计与推广，为凸显标准化在数字政府建设中的关键支撑作用，应多措并举加大数字政府标准的推广和执行力度。

（二）数字政府标准化工作建议

一是健全统筹机制。建议进一步团结政、产、学、研、用等数字政府建设参与力量，根据当前数字政府发展需求，推动成立相应的数字政府标准化技术组织，构建全国一体化数字政府标准化工作统筹协调机制，加强数字政府标准化建设工作的规划性、综合性、协调性，实现国家、部门、地方等各级标准化技术组织协同发展、运转顺畅。

二是优化标准协调。建立贯通国家、行业、地方等多层级的跨领域联络机制，加强各领域的横向协调，立足数字政府建设实际，厘清数字政府标准化工作的底层逻辑及内涵外延，围绕数据资源、基础设施、共性支撑、政务应用和安全保障等数字政府重点领域，通过国家、部门、地方和团体，将标准化工作全面融入设计规划、建设实施、管理服务等数字政府各环节。

三是瞄准关键标准。以解决制约数字政府发展的关键问题为导向，围绕政务数据治理、跨领域业务协同、绩效评估考核、新技术应用等维度，开展数字政府建设急需的重点标准研究工作，推进研制一批关键标准，持续加大标准供给，为数字政府建设提供重要手段和依据。深度参与国际及区域数字政府标准化活动，探索牵头数字政府国际标准或研究，拓展数字政府重点领域标准化国际交流合作，助力确立全球数字政府建设共识。

四是强化标准执行。以解决标准与业务脱节的问题为导向，强调标准的实用性和可操作性，全面强化数字政府标准执行实施成效，同时建立数字政府标准的评估验证机制。加强标准宣贯工作，围绕重点标准，组织常态化培训宣贯活动；建立数字政府标准的评估验证机制，通过建立白名单、认证认可、自评或者第三方评估等形式，保障数字政府标准的有效实施；定期开展标准实施情况监督，充分发挥标准的引领规范作用。

六　结语

数字政府是电子政务发展的新时期，进入一体化服务、数据共享利用、业务流程优化的新时代，政府的数字化转型既牵动民生服务，又可为行业提供内生动力，构筑"有效市场、有为政府"是对数字经济提供保障，也是对数字中国的重要支撑。回顾数字政府标准化建设历程、分析存在的问题，研究国际、国内数字政府先进理念，吸取行业、地方数字政府建设经验，标准化与数字政府建设相伴而生、结伴而行，更是解决数字政府建设问题的重要工具。标准化是数字政府建设中不可或缺的基础支撑，是实现高效性、集约性、协同性的重要抓手。以政策为指引，以需求为导向，"一步一台阶"稳步推进数字政府标准化工作，将有力推动数字政府全面提质增效。

技术支撑篇

B.20

数字技术支撑电子政务建设与发展研究报告

王 鹏 梅 澎 *

摘 要： 数字技术已是推动人类社会进步和发展的重要力量，探究其如何支撑电子政务建设与发展是新时代政府工作的重中之重。当前，数字技术在电子政务中的应用领域不断拓宽、基础设施不断优化，但仍面临数据安全与隐私保护、技术低效与资源短缺、机构变革与创新瓶颈、冲击法律与标准不一等风险挑战。通过特定应用领域的典型案例分析，进一步揭示数字技术在促进政府治理模式创新和提升决策及服务效能中的作用，提出数字技术支撑电

---

* 王鹏，北京市社会科学院副研究员；梅澎，中共中央党校（国家行政学院）电子政务研究中心助理研究员。

子政务发展的合理化对策。加强数字技术支撑电子政务建设与
发展，形成高效集约、整体智治、协同创新、安全可靠的发展体
系，有利于促进政府提升工作效率、完善服务质量及助推数字化
转型。

关键词： 数字技术　政府治理　决策服务　数字化转型

数字技术支撑电子政务建设与发展的主要作用体现在其应用推动了政府
治理模式的创新，为政府提升履职决策能力提供了新的机遇和工具。政府可
以借助数字技术实现政务信息的共享和协同办公，它有助于加强政府部门间
的协调与信息交流，提高政府的整体运作效率与政策制定水平。通过数字化
改革，政府能够更好地应对社会变化和挑战，提供更高效、精准和智能的决
策和服务，推动社会的可持续发展。

一　数字技术成为推动人类社会进步和发展的重要力量

近20年来，数字技术的发展大致可分为三个阶段。第一阶段是2000年
左右，传统互联网的发展。这一阶段互联网的应用逐渐普及，人们开始使
用电子邮件、浏览网页和进行在线交流。随着网络的广泛应用，人们的工
作、生活都发生了变化。2010~2015年前后是第二个阶段，移动互联网的
兴起。智能手机的广泛使用，使人们能够在任何时间、任何地点上网。移
动互联网的出现使得信息获取更加便捷，人们可以通过手机应用进行购
物、社交和娱乐活动。通过移动应用程序，人们可以进行购物、社交以及
娱乐。第三个阶段是从2015年到现在，以大数据、人工智能为代表的新技
术的创新与应用已经成为当前科技发展的主流。大数据技术使得海量数据
的获取、存储和分析成为可能，人工智能的运用，使机器可以模仿人的智

能行为。在医疗、金融、运输等诸多领域都有广泛的应用。研究发现，数字技术发展已悄然进入下一阶段。2023 年，人工智能迎来一波又一波的浪潮。面对人工智能带来的巨大冲击，如何使人工智能更好地服务于网络强国，更好地发挥人工智能在电子政务建设和发展中的作用，是当前的一项重要课题。

（一）电子政务建设中数字技术的发展现状

我国的政务信息化可以划分为三个时期，首先是"办公自动化时期"，主要是在政府部门的内部经营过程中运用电脑技术，是部门级别的内容。第二个时期是"网络化时期"，伴随着网络的流行，大部分的政府机关都已经设立了自己的信息披露服务入口。在此基础上，将政务信息系统的范围扩展到全产业部门，金税、金关、金土等十二金系统的建立使得各部门之间的数据可以进行垂直的分享，从而在某种意义上提升了各部门的工作效率。"数字政府"是第三个时期，以大数据思想为核心，以数据的集聚与分享、提升数据的管理与运行效率为重点，着力打造以公共利益为主体的整体型、服务型、协同型政府，使之更好地为经济社会发展、民生福祉提供更好的服务。

1. 数字化应用助力政府决策更有"深度"

10 多年的发展，使"数字政府"的治理和服务效率有了长足的提高。全国由中央到地方积极探索，数字化应用支撑业务活动便捷化、系统化。政务服务用"数据跑"替代了"群众跑"，切实为老百姓提供了实惠，让人民的获得感、幸福感和安全感持续增强。

我国数字政府建设加快推进，数字化服务水平不断提升。90% 以上的政务服务实现网上可办。目前，国家数字政务惠民便民覆盖面广、成效显著。如图 1 所示，政务服务办件情况统计数据一目了然。

同时，各地为了进一步增强政务服务的便利性，因地制宜地相继推出移动端政务服务 App。伴随着"东数西算"计划的实施，越来越多的信息中心、云计算等设备在我国西部地区落户，以云计算为主要内容的产业服务也出现

图 1　工信部智慧政务大数据可视化平台的应用

了"西迁"的特点。在产业科技手段的数字化中，"东数西算"的特点突出，尤其是在信息化程度较高、发展较快的省市中，以西部地区居多。高比例：甘肃和青海在西部地区位居前列，而西南地区四川和贵州也是十大地区之一，产业手段在当地的数字经济中有较大的作用。发展速度较快：西藏和青海在西北地区位居前列，新疆和宁夏也进入了十大区域，产业发展的潜能正在加快释放。①

2.5G 技术：实现管理服务转型的数字"加速度"

近几年，各地积极推进"5G+数字政府"项目，通过建设数字政务大厅，加快公共服务的数字化转型。例如，深圳利用 5G 技术实现了高校应届毕业生落户的即时审批（见表 1）。

---

① 腾讯研究院：《数字化转型指数报告 2022》。

表 1　全国各地"5G+ 政务"实践		
5G 数字政务大厅	广东省深圳市	深圳市宝安区,已经建立起国内第一个智能的国际服务中心,并在此基础上推出了 5G 的远距离视频服务,引进了外国人 AI 智能翻译机、智能机器人服务、智能安保系统等,使政府服务的智能化程度、便利性和安全性得到了极大的提升
	广东省阳江市	阳江市第一座全新的 5G 政务服务中心正式启用,可以实现 420 项行政许可事项中的 160 项,可以满足新形势下高新区政务服务规范化、标准化、智能化、现代化和人性化的功能要求
	四川省眉山市	作为眉山第一家 5G 政务服务中心,拥有"光缆网络 +5G"的双千兆网络,极大地节省了群众的在线申请时间、提升了办理工作的速度
	河南省平顶山市	平顶山市首个"5G+"智能政务服务平台建设完成后,其政府网站及相应的应用程序在业务咨询和处理方面将更加省时高*效
	浙江省温岭市	温岭市将 5G 掌上办事大厅作为政务大厅的"网上办事大厅",首次发布 45 个"必须"网上办理的业务。与此同时,在政务服务大厅内,还设置了专门的工作人员,对"掌上办"和"网上自助办"进行了指导,让"走新路"的工作变得更加高效便捷
	湖南省长沙市	长沙望城区、芙蓉区、岳麓区、天心区在全省率先建成 5G 智慧政务大厅,在 5G 技术支持下,市民可以快速享受到高速无线上网服务
5G 智慧法院	河北省	河北高级人民法院开发了一套"智审系统",通过对纸张进行一次扫描,就可以形成一份完整的文件,进行智能化的归类,可以将涉及的案情与当事人相关联,同时也可以防止重复诉讼、恶意诉讼和虚假诉讼。到目前为止,它已协助河北各级人民法院处理了 67 万多起诉讼,产生了 430 多万份公文,人工处理的日常事务比以前少了 30%
	北京市	"睿法官"是北京法院新一代智能化庭审辅助系统,它以电子案卷等数据资源、行为分析的智能化学习以及法律推理的知识地图等为基础,实现对案件规范、法律法规、相似案例等的精确推送,对法律的关联进行了分析,对案件的争议进行了重点分析,并给出了相应的判决意见等,对法官的快速智能办案提供了有力的支撑,保证了司法裁判尺度统一
5G 智慧海关	广东省深圳市	深圳海关通过 5G 智能单兵的试验,建立了一种全新的"耳聪目明"的边境交通管理新模型,提高了口岸管理的有效性和通关的效率
	上海市	上海海关"无人化、智能化、无纸化作业"是上海海关在"全自动港口环境下的海关智能化检测"工程,以一座全自动港口 – 洋山四期为基础,对其进行无人化、智能化和无污染化作业
	广东省广州市	广州海关继续深化与港澳海关和邮政部门的"穗港穗澳进港邮件智能监管"合作,共同构建口岸管理新模式,促进三地政策互通

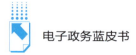

3. 区块链：数字化助力政府监管

当前，各地方政府将区块链技术应用到数字政务应用服务过程中，使身份认证流程更加优化、信息流转更加透明、社会应用监管更加有力（见表2）。例如，北京成功构建了"目录区块链"系统，结合体系化的综合措施，将不动产登记时间压缩至仅需1天。深圳市积极创新实践，推出了全国首个区块链电子票据平台，实现电子票据的全生命周期数字化管理。区块链房屋租赁应用平台在雄安新区进行实践，确保了房源信息、租赁双方身份及合同信息的真实性和不可篡改性，提高了房屋租赁市场的透明度和安全性。这些实例展示了区块链在提升各地政务应用效率方面的显著成效。

表2　区块链政务应用一览

	类别	详情	案例
1	数字身份	保障个人信息的有效性，提高身份数据的可信度	北京市"区块链＋电子证照"试点应用落户东城区、西城区、顺义区
2	电子票据	优化整体税务体系，税务档案、税务申请全面更新	深圳市医保区块链电子票据服务平台打通医疗保障部门、财政部门、医疗机构之间的数据共享
3	电子存证	应用于司法领域的仲裁、破产审理、版权保护等关于取证与存证的方面	北京互联网法院"天平链"
4	行政审批	运用于验证材料真伪，实现链上数据、信息真伪的可查，准确且高效完成材料核验工作	青岛"智能办"平台，包含社会团体印章备案等12个业务领域
5	不动产登记	在不动产租赁数据、交易数据及公积金数据管理方面均有应用	雄安新区不动产区块链信息共享平台，实现所有不动产使用区块链电子证明和证书，办理过程仅需6小时
6	工商注册	实现政务信息共享中的数据确权、加密、多方安全计算等关键技术，实现跨部门、跨区域、跨层次的协同，优化政务服务	广州"区块链＋AI"办理企业营业执照，信息填报量减少85%左右，填报时间缩短至15分钟之内

续表

	类别	详情	案例
7	涉公监管	通过区块链技术实现数据存储和更新全流域管理，有利于政府高效、立体化监管各行业数据信息	广州中国科学院软件应用技术研究所研发的基于大数据和区块链的食药品溯源系统
8	便民服务	社区服务、教育、医疗、交通、养老，便民服务有着非常广泛的应用	社区服务：贵阳市红云社区助困区块链系统，教育：Blockcerts－学历证书区块链，医疗：北京医疗教助服务系统区块链应用，交通：区块链跨区域公共交通"一卡通"

　　近年来，各部委及各地方政府出台的区块链相关政策已有千余项，仅2022年就发布了69项，同比增长8%，如图2所示。据不完全统计，北京、上海、成都、重庆、青岛、无锡、赣州、湖州等一二三线城市发布的区块链相关政策已超过1200项，旨在以区块链技术为基础，加快政务服务、社会治理、智慧城市等方面的数字化升级，打造高效便捷的数字化政府。

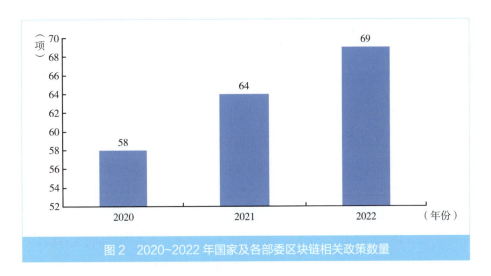

图2　2020~2022年国家及各部委区块链相关政策数量

　　从政务服务区块链应用落地领域的分布情况可以看出，如图3所示，区块链政务已经覆盖电子票据、监管服务、行政审批、公共资源交易、不动产登记、党建服务、跨域数据互认共享等多个场景，多项高频政务服务事项降低了成本、增加了协同和提高了效率，区块链落地应用效果显著。其中，应用落地数量排在前三位的是行政审批、不动产登记和公共资源交易，分别占政务服务应用总数的41%、23%和12%。

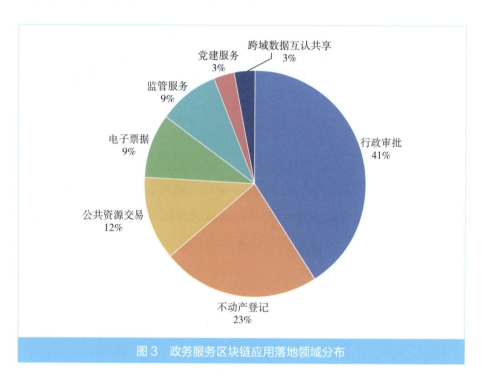

图3　政务服务区块链应用落地领域分布

4. 人工智能：助力提升政务服务的亲和力

现如今，人们的生活品质和数字意识在同步提升，因此呼吁政府也能够提供定制化和更人性化的公共服务。人工智能技术在这一方面展现了显著优势，被广泛应用于指纹认证和人脸识别等场景中。广州利用非接触式人脸识别技术使退休人员能够在一分钟内远程完成身份核验；上海长宁区提供基于智能语音技术的人机互动咨询服务；杭州推出电子税务局智能客服机器人提供拟人化的服务，充分展示了人工智能在提升政务服务温度方面的巨大潜力。

时间	关于人工智能在政务领域应用的政策性文件
2016 年	工业和信息化部编制了《信息化和工业化融合发展规划（2016－2020）》，强调发展人工智能技术，推动政务信息化建设
2016 年	海南省发布《海南省促进大数据发展实施方案》，要求推动政务数据资源开放共享，加快人工智能技术在政务领域的应用
2018 年	江苏省经济和信息化委员会组织制订了《江苏省新一代人工智能产业发展实施意见》，明确人工智能在政务领域的应用目标和措施
2018 年	安徽省发布《安徽省新一代人工智能产业发展规划 (2018-2030 年)》，以"大数据＋人工智能＋政务服务"为切入点，构建适合于政府管理和政策制定的智能化的政务服务平台，实现对政务信息的有效集成，对社会需要进行准确的预测，从而使政府和社会之间的互动更加顺畅
2017 年	工业和信息化部印发了《促进新一代人工智能产业发展三年行动计划（2018-2020年）》，要求加强人工智能技术在政务领域的应用研究
2019 年	中共中央办公厅、国务院办公厅印发了《数字乡村发展战略纲要》，明确提出推动人工智能、大数据等现代信息技术在乡村政务领域的应用，提升乡村政务服务水平
2019 年	湖南省正式发布《湖南省人工智能产业发展三年行动计划 (2019—2021 年)》，强调人工智能在政务领域的应用，提升政务服务效能
2019 年	深圳市政府印发《深圳市新一代人工智能发展行动计划 (2019-2023 年)》，强调推动人工智能技术在政务服务、城市管理等方面的广泛应用
2019 年	中央全面深化改革委员会第七次会议审议通过《关于促进人工智能和实体经济深度融合的指导意见》，要推动人工智能与实体经济深度融合，加速产业智能化升级。在政务领域，人工智能技术在政策制定、决策分析、公共服务等方面的应用将得到进一步推广
2020 年	湖北省政府印发《湖北省新一代人工智能发展总体规划（2020—2030 年）》对政务领域人工智能应用进行了详细规划和发展部署
2020 年	河北省人民政府印发《河北省数字经济发展规划（2020-2025 年)》，将人工智能在政务领域的应用作为重要发展方向
2021 年	福建省政府印发了《福建省"十四五"数字福建专项规划》，明确提出推动人工智能在政务服务、城市管理、交通出行等领域的应用，提升数字化政务服务水平

表 3　国家及地方政府颁布的"AI+ 政务"的政策文件

续表

时间	关于人工智能在政务领域应用的政策性文件
2021 年	浙江省人民政府办公厅印发《浙江省数字经济发展"十四五"规划》，将人工智能在政务领域的应用作为重要发展方向
2021 年	中央网络安全和信息化委员会印发《"十四五"国家信息化规划》，该规划明确指出，要推进人工智能等技术在政务服务、公共服务、市场监管等领域的广泛应用，提升政务服务效能和公共服务的均等普惠水平
2022 年	国务院印发《关于加快推进政务服务标准化规范化便利化的指导意见》，强调充分运用大数据、人工智能、物联网等新技术，推出"免申即享"、政务服务地图、"一码办事"、智能审批等创新应用模式
2022 年	上海市发布《上海市促进人工智能产业发展条例》，要求加快人工智能技术在政务、民生等领域的应用，提升政府治理能力和公共服务水平
2022 年	四川省科学技术厅、省发展和改革委员会、省经济和信息化厅联合印发了《四川省"十四五"新一代人工智能发展规划》，明确政务领域人工智能应用的发展目标和措施

（二）数字技术在支撑电子政务建设中的应用特点

未来，数字技术将更加注重数据的价值和运用。政府将继续加强数据收集、存储和分析能力，以便更准确地了解社会经济情况、公众需求和政策影响。

1. 构建政务大数据中心

目前，我国政务数据分散，各部门、各层级相对独立管理，形成业务协同的严重阻碍。"数字政府"需要采用"物理分散、逻辑集中"的建设思路构建数据协调融合的途径，形成能够对公共信息资源进行统一管理和集中调配的公共大数据平台，同时还能够对这些信息进行分析、挖掘，以一种可视化的方式来支持政府部门的决策，给人们提供个性化的服务。

（1）政务信息资源库设计

从数据的固有属性出发处理好数据所有权问题。公共大数据平台的建立并不是从各部门抢数据，数据还是各部门所有，只是各部门各层级能够互通有无，为国家社会发展提供数据价值。建立国家数据局，让政府数据的发展与使用得到了保障，通过顶层设计，并将各个地区的良好做法有机地融合在一起，建立了统一的数据规范，为各个不同的职能单位和组织建立了规范的数据交流渠道，并以资源目录、元数据等为基础，将各个功能机构的数据进行集成，从而建立一个统一的政府信息资源库。在图4中，给出了一个政府信息资源库的结构原理，通过建立基础数据资源库，使各职能部门实现了数据共享。各企业根据实际需求向政府部门申请和归集数据，对共享数据和开放数据进行数据提取和分析，从而形成新的主题数据集，供各职能机构和社会公众使用。

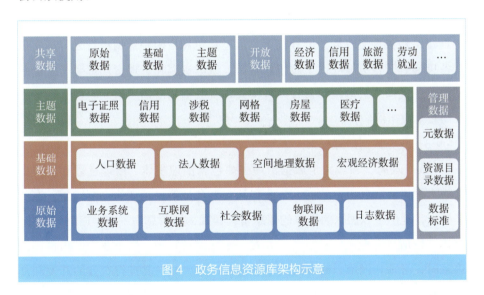

图4　政务信息资源库架构示意

（2）政务信息资源库存储设计

云平台伴随着云计算技术为政务数据提供了存储和分析方案。目前，政府的业务应用体系正在逐渐向各云计算平台转移，逐步形成政务数据资源的视频数据中心、交通数据中心、基础数据资源中心、环保数据中心、教育数

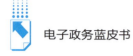

据中心等多数据中心体系。在图5中，政府大数据中心通过统一接口规范和数据标准调取各数据中心的数据，组成一个"物理分散，逻辑集中"的数据系统。在不改变原来的体系结构的情况下，将数据保存在原来的体系中而不进行转移，确定了各运行主体之间的数据权利和义务，解决了数据共享交流中存在的管理难题和制度障碍。

图5　政务大数据中心结构示意

该结构实现了在同一云环境下，通过角色和权限将数据进行划分，实现了各机构数据相对独立，又能相互调用。数据权属和管理责任都属于生产数据的管理机构，云运维和云管理机构只负责数据的应用，这便实现了数据主权与数据应用的结合。

（3）政务数据治理框架

"数字政府"领域关于数据治理主要包含治理主体、治理过程和治理目标三方面内容。其中，政府、企业和社会公众是信息管理的主要对象。在此基础上，提出了以国家为主体的信息管理模式，以信息为主体，通过与企业、个体进行信息交流、信息服务等方式来实现信息管理；当企业生产出自己的信息时，必须和国家一起参与到信息治理中来，并对其进行有效的开发和使用。民众对其进行各种管理活动，并通过对其进行各种管理活动，使其更好地发挥其作用。

将资料的管理分为三个层面：前端管理层面、流程层面和全生命周期层面。在这个过程中，各个主体在业务过程中生成、使用和消除的各种信息通过如图6所示的数据治理框架反映。

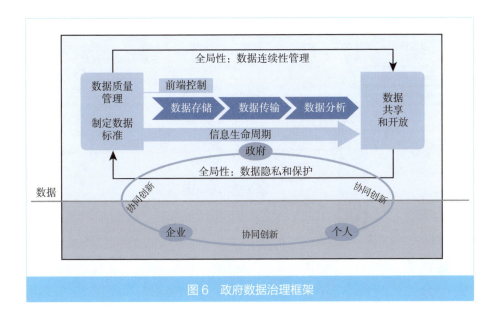

图6　政府数据治理框架

2. 统筹建设数据应用平台

数字政务业务平台具有分布式服务的技术特征，各个业务服务都是独立的数据模型和业务逻辑。通过构建高内聚、低耦合的系统结构，从本质上解决政务业务系统建设集约化、轻运维、存在数据孤岛等难题。各部门利用数据应用平台的数据服务进行数据收集和数据交换。通过制订数据规范、进行数据清洗比对形成标准化的专题数据库，便于对数据进行多维度的分析和建模，最终以可视化的方式展现数据分析结果。如图7所示。

（三）数字技术的发展趋势

未来，数字技术在电子政务领域的发展趋势是将多维度的数据进行综合分析，通过整合社会经济、环境、人口等多个领域的数据，进行综合分析和预测，更全面地了解社会发展的趋势和问题，为决策提供更准确的依据。

2023年10月，《算力基础设施高质量发展行动计划》（以下简称《行动计划》）由工信部、网信办、教育部、国家卫健委、中国人民银行、国资委等六部门联合发布。引导算力基础设施高质量发展（见表4）。

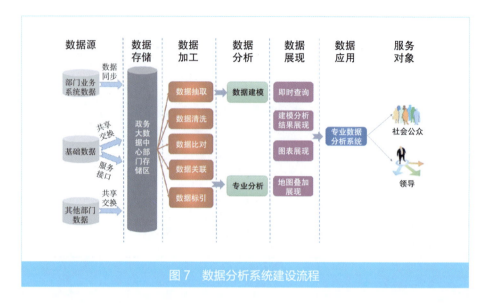

图 7　数据分析系统建设流程

	序号	指标	2023 年	2024 年	2025 年
表 4　算力基础设施高质量发展指标					
计算力	1	算力规模 (EFLOPS)	220	260	300
	2	智能计算中心（个）	30	40	50
	3	智能算力占比 (%)	25	30	35
运载力	4	重点应用场所光传送网 (OTN) 覆盖率 (%)	50	65	80
	5	SRv6 等创新技术使用占比 (%)	20	30	40
	6	国家枢纽节点数据中心集群间网络时延达标率 (%)	65	75	80
存储力	7	存储总量 (EB)	1200	1500	1800
	8	先进存储容量占比 (%)	25	28	30

　　随着人工智能技术的发展，智能化的数据分析工具将得到广泛应用。未来，政府可以利用机器学习和自然语言处理等技术，开发智能化的数据分析工具，实现对大数据的自动化处理和分析，提高决策的效率和准确性。

1. 科技创新助力电子政务建设的高效优化

《科技体制改革三年攻坚方案 (2021—2023 年)》强调要发挥企业在科技创新中的主体作用，推进科技力量结构优化，推动形成经济社会与科技产业有机结合，加速数字成果转化。当前，我国量子计算、人工智能发展居于全球领先水平，而核心工业软件、高端芯片制造的技术沉淀不足，面临"卡脖子"的窘境[①]。

数字时代政府部门与互联网头部企业掌握着海量数据资源，这些资源被视为数字时代的关键生产要素。政企两端基于应用场景细化需求，结合对市场的敏锐洞察和丰富的商业经验，进一步有效挖掘数据要素价值，推动创新前沿数字技术应用模式，不断实现技术的落地和快速迭代，从而在电子政务领域取得领先地位。与此同时，高校和科研机构依托深厚的科研实力和浓厚的学术氛围，集中科研力量攻坚克难，为数字技术发展提供理论支撑和学术成果保障。通过企业、高校和科研机构间的优势互补，为数字技术应用提供更加优质的环境氛围。

2. 数字技术：跨学科问题的关键解决工具

当前，数字技术成为解决跨学科问题的有效工具。随着人工智能、区块链、云计算和大数据等技术被广泛应用，它们在经济、民生、金融等社会科学领域的研究中发挥着不可替代的作用。银行与金融业利用区块链不可篡改性和去中心化的特点实现精准认证；医学图像检测利用人工智能算法的高拟合度为患者提供初步诊断结果；城市信息模型 (City Information Modeling, CIM) 通过融入物联网技术能够搭建数字孪生模型[②]。数字技术正在推动数字科学与其他学科的加速交叉融合，无形中深刻改变公众生活方式，甚至重塑世界的发展格局。

---

① 吴静、张凤：《智库视角下国外数字经济发展趋势及对策研究》，《科研管理》2022 年第 8 期，第 32~39 页。
② 赵俊涅：《数字经济发展趋势及我国的战略抉择》，《中国工业和信息化》2022 年第 9 期，第 68~71 页。

二 电子政务中数字技术应用面临的风险挑战与机遇

数字技术虽然可以支撑政府履职决策工作，但是也产生了一些挑战，例如在数据安全与隐私方面，相关的数据安全风险及隐私保护成为工作开展中不容忽视的风险点。同时，机遇与挑战并存，若能够合理及时地处理好相关问题，将促进电子政务发展再上新台阶。

（一）数据安全与隐私保护

政府在利用数字技术进行数据分析和决策时，需要处理大量的个人和敏感信息。如何在数据分析的过程中保护公民的隐私权成为一个重要的挑战[①]。政府需要制定合适的隐私保护政策和法律法规，确保个人信息的合法使用和保护。随着数字技术的广泛应用，政府在数据采集、存储和传输过程中面临着数据泄露、黑客攻击和恶意软件等安全风险。政府需要加强数据安全管理，建立健全的安全制度和技术防护措施，确保数据的机密性、完整性和可用性。

为了解决隐私保护的难题，研究人员和技术公司正在不断创新隐私保护技术。例如，差分隐私技术可以在保护个人隐私的同时，对数据进行有效的分析和利用。政府可以借助这些技术[②]，实现数据的安全和隐私的平衡。随着技术的不断进步，数据安全技术也在不断发展。政府可以利用先进的加密技术、身份认证技术和安全审计技术等，提高数据的安全性和可信度。随着数字技术的快速发展，政府部门应与时俱进，及时制定和完善相关的法律法规，以保护数据安全和个人隐私，借助法律手段，规范数字技术的应用，明确数据使用的权限，保障公民的合法权益。

---

① 郭新营、张镇东、肖万幸等：《"大数据"时代的计算机信息处理技术》，中文科技期刊数据库（文摘版）工程技术：00094-00094，2023年10月12日。

② 孙奎：《面向大数据发布的差分隐私保护技术研究》，河南科技大学硕士学位论文，2016。

（二）技术能力与资源需求

政府在使用数字技术的过程中，首先面临着对新技术接受能力较低的情况，这导致部门运作被传统的体制机制和思想观念束缚，严重阻碍了新技术在电子政务领域的普遍应用和推广，不利于政府和部门履职服务能力的提质增效。其次，有意愿应用数字技术的部门又面临着人才队伍能力不足、数字素养不高的问题，这成为阻碍数字技术应用的另一大阻力。最后，数据资源和技术资源的匮乏，以及"数据壁垒"的存在，导致现有的资源不能够满足技术应用的需求，成为进一步推进政府部门数字化转型的障碍。

为了解决这些问题，政府可以制定培训计划，提供技术培训和教育，提高政府工作人员的数字技术能力，培养多元化的人才队伍，包括数据科学家、信息安全专家、数据分析师等，使其能够熟练运用数字技术工具和平台，以满足数字技术应用的需求。鼓励和支持科技企业和研究机构进行技术创新和研发，为其提供资金和政策支持，推动数字技术的发展和应用。建立数据质量管理体系和标准规范，加强对数据的治理和监管，建立数据安全和隐私保护的制度和机制，加强数据的监测、审核和审计，提高数据的质量和可信度。

（三）机构变革与创新发展

机构变革的目标之一是优化机构职责和组织架构，使其更加适应当前社会和经济发展的需求。通过对机构职责的优化和调整，可以提高政府的决策效率和执行能力，推动政府工作的协同和协调。目前，技术要素的天花板效应已经显现，政务服务能力的进一步提升已经不能仅仅依靠技术手段加以解决，需要在模式创新和组织机构变革等方面加以尝试。

政府机构应积极推进机构变革，注重强化监管和服务能力，提高政府的监管水平和服务质量，更好地保障公众的权益，提供高效便捷的公共服务。需要采用先进的数字技术工具和平台，提高数据分析和决策能力，推动政府工作的智能化和高效化[①]。需要推动改革创新和政策落地，加强对改革政策的宣传和推广，确保政策的有效实施。同时，加强对政策的监测和评估，及时调整和完善政策，以适应社会和经济发展的变化[②]。需要建立高效的沟通和协作机制，加强政府内部和政府与社会各界的沟通与合作。通过加强沟通和协作，可以促进信息共享、资源整合和合作创新，提高政府的决策效果和执行效率。

（四）新技术挑战现行法律法规与标准体系

随着新技术的迅速发展与广泛应用，现行的法律法规和标准规范体系面临严峻挑战，已不足以满足新技术的需求甚至在某些方面限制了其发展。例如，现有的著作权制度、网络安全法、物权法、合同法及金融法等出现与区块链技术不相契合的现象。人工智能算法对数据隐私和安全的法律法规构成挑战，同时还涉及歧视和技术责任认定等问题。标准框架方面，包括数据采集、格式标注、存储管理等在内的基础框架尚未形成，导致数据全生命周期的管理和应用面临诸多难题。

（五）把握新的产业机遇

数字政府的建设需要大量的 5G 网络基础设施和云计算服务，这为电信运营商提供了巨大的市场机遇。随着各项政策的出台以及各地政府陆续提供数字政务服务，数字政务背后的市场蓝海和产业机遇逐渐显现出来。整体市场内，IDC（国际数据公司）测算的 2021 年中国数字政府数据治理市场整体规模达 39.7 亿元人民币，年复合增长率为 15%，处于快速增长阶段。2022 年 8 月，《数字政府行业趋势洞察报告 (2022 年)》《2022 数字政府产业图谱》由中国信息通信研究院、中国通信标准化研究院联合举办的 2022 数字化转型发

---

① 孟天广：《政府数字化转型的要素、机制与路径——兼论"技术赋能"与"技术赋权"的双向驱动》，《治理研究》2021 年第 1 期，第 5~14 页。

② 程霞：《我国公共文化机构法人治理改革的问题及对策研究》，西南大学硕士学位论文，2023。

展高峰论坛（2022）正式发布。从图8可以看出，在未来的政务数据、软件、服务等领域，市场份额仍将不断扩大。

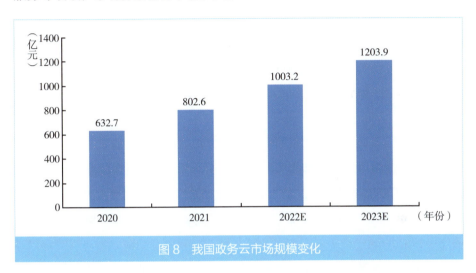

图8　我国政务云市场规模变化

　　数字政府的建设需要大量的信息化技术支持，包括物联网、云计算、大数据、人工智能等技术，这些技术可以进一步应用于智慧城市建设，为智慧城市建设提供数字化的服务和解决方案，推动城市管理的数字化、智能化。此外，数字政府的建设需要大量的数字化服务支持，包括政务服务、公共服务、企业服务等。电信服务商可以通过数字化服务转型，拓展更多的业务领域，提供更加全面、专业、优质的数字化服务，增强自身的市场竞争力。数字政府的建设还需要各种产业链上下游的合作和支持，包括硬件设备提供商、软件开发商、系统集成商、数据提供商等。电信服务商可以通过整合数字化产业链上下游资源，提供更加全面、高效、安全的数字化服务，促进数字经济的发展。

三　数字技术在电子政务中的应用领域

　　数字技术在政府履职决策中主要应用于电子政务平台化运营、大数据智能决策和政企民联动治理方面。

（一）电子政务平台化运营

政务网站是政府向公众提供信息和服务的重要渠道。数字技术可以帮助政务网站实现信息的在线发布和更新，提供在线办事和查询服务，以及建立互动平台，方便公众与政府进行沟通和互动。政务网站还可以利用数据分析和挖掘技术，了解公众需求和反馈，优化网站内容和服务，提高用户体验和满意度[1]。

政务微信是政府利用微信平台向公众提供信息和服务的渠道。数字技术可以帮助政务微信实现信息的实时推送和互动交流，提供在线办事和查询服务[2]，以及开展在线调查和投票等活动。政务微信还可以利用人工智能和大数据分析技术，根据用户的兴趣和需求，个性化推送相关信息，提高信息传递的效果和精准度。

政务 App 是政府向公众提供移动端服务的应用程序。数字技术可以帮助政务 App 实现在线办事和查询服务，提供政府政策和新闻的实时更新，以及开展在线支付和预约等功能。政务 App 还可以利用定位和推送技术[3]，根据用户所在地区和兴趣，推送相关的政务信息和服务，提高用户体验和便利性。

（二）大数据智能决策

数字技术可以帮助政府和组织进行大规模数据的采集和分析。通过传感器、监测设备、社交媒体等渠道收集的大量数据可以被数字技术用于分析和挖掘潜在的信息和趋势。数据采集和分析[4]可以帮助政府了解社会经济状况、民众需求和问题症结，为政策制定和决策提供科学依据。

数字技术可以建立模拟模型，对不同决策方案进行模拟和评估。通过模拟模型，政府和组织可以预测不同决策方案的结果和影响，帮助决策者做出

① 翟秀丽：《我国政府门户网站中政务信息资源整合研究》，郑州大学硕士学位论文，2023。
② 周芒：《基于服务型政府建构的政务微信存在问题与发展对策研究——以"正定发布"为例》，河北经贸大学硕士学位论文，2023。
③ 王梅：《基于微信公众号的政务服务移动端应用研究》，《现代信息科技》2021 年第 17 期。
④ 顾振国：《数据采集器技术的发展动态》，《中国设备管理》1994 年第 3 期。

更明智的决策。决策模拟可以减少决策风险，优化资源配置，提高决策的效率和准确性。

数字技术可以利用历史数据和算法模型进行预测分析。通过对历史数据的分析和建模，可以预测未来的趋势和事件。预测分析可以帮助政府和组织做出合理的决策和规划，提前应对可能出现的问题和挑战。预测分析可以应用于各个领域，如经济预测、人口预测、交通预测等[1]。

（三）政企民联动治理

数字技术可以帮助政府和组织设计和实施在线问卷调查。通过在线问卷调查，可以快速收集大量的民意，了解公众对特定问题的看法和态度。数字技术可以提供灵活的问卷设计和分发方式，方便公众参与调查，并实时收集和分析数据。

数字技术可以通过分析社交媒体平台上的用户发帖、评论和互动等数据，了解公众的观点和情绪。政府和组织可以利用社交媒体分析工具，监测和分析公众对特定话题或事件的讨论和反应，从而获取民意和舆情信息。

数字技术可以利用数据挖掘和情感分析技术，对大量的文本数据进行分析，了解公众对特定议题的情感倾向和态度。通过分析公众在社交媒体、新闻评论等平台上的言论，可以更深入地获取民意信息，帮助政府和组织更好地了解公众的需求和意见。

数字技术可以提供在线投票和民意测验的平台和工具。政府和组织可以利用数字技术开展在线投票和民意测验活动，邀请公众参与，收集和统计投票结果，了解公众对特定问题的意见和偏好。

四 发展建议

数字技术使政府能够更有效地获取和处理大量的数据和信息，包括建立

---

① 田野：《基于微博平台的事件趋势分析及预测研究》，武汉大学博士学位论文，2012。

开放数据平台,向公众提供政府数据,并借助数据分析技术挖掘数据的潜在价值。这些实践提高了政府对社会经济趋势的认知能力[①],并帮助政府及时了解公众需求和问题。数字技术为政府决策提供了强大的支持,包括利用数据分析、人工智能和机器学习等技术来预测和模拟政策影响,优化决策过程,并提供决策支持工具。这些实践提高了政府决策的科学性和准确性,并减少了决策的不确定性。数字技术对政府的治理能力产生了积极影响,包括建立数字化的治理平台,提高政府部门间的信息共享和协作能力,加强政府对公共资源的管理和监督。此外,数字技术还可以帮助政府建立智能城市管理体系,提高城市治理效率和创新能力。数字技术改变了政务服务的方式和质量,包括建立电子政务平台,提供在线申请、纳税、许可证办理等服务,并通过移动应用程序提供便捷的政务服务。这些实践提高了政府服务的可及性、便利性和效率,并促进了政府与公众之间的互动和参与。

数字政务未来的发展将涉及政府管理、社会治理、公共服务等多个领域,将为数字经济的发展注入新的动力,同时也将带来更多的产业机遇和发展空间。

(一)把握大模型结合政务服务的创新趋势

随着大规模预训练模型(简称"大模型")应用体系的完善,聚焦特定领域的行业大模型实践迎来发展热潮。其中,政务服务具有保障社会运转的枢纽性作用,与公众服务、企业服务等高度交织。海量政务数据为政务行业大模型发展奠定了基础,复杂多样的应用场景也对政务行业大模型的实施提出了挑战。

就数字政务本身来看,数字政府的建设需要大量的数字化服务支持,包括政务服务、公共服务、企业服务等。未来,随着数字技术的不断发展和普及,政府部门将可以提供更加便捷、高效、智能化的服务,满足公众日益增长的服务需求。另外,随着各级政府数字化转型的推进,政府部门积累了大

---

① 黄怡芸:《政府数据开放平台公众采纳意向研究》,电子科技大学硕士学位论文,2020。

量的数据，涵盖了政府管理、服务、决策等方方面面。未来，这些数据将成为数字政府建设的核心资源，为政府部门提供更加精准的数据分析和决策支持，提高政府服务的效率和质量。

在政府与公众的互动方面，ChatGPT模式的政务服务聊天机器人已经呼之欲出，但还需考虑如何消解数据的权威性、版权问题等潜在风险，该领域可以由拥有大模型基础设施的大规模企业与对接各具体政务内容的小企业合作，实现产业共荣。

在政务服务的创新方面，已经呈现从"信息即服务""平台即服务"向"对话即服务"转变的趋势，这种转变的背后，需要关注政府网站或政务服务平台作为用户界面是否会被政务聊天机器人所取代，群众从前寻求服务普遍去政府网站或政务App，以后是否会有向政务聊天机器人转移的趋势？

政务服务的知识传承方面，在很多人力密集型的办事服务场景以及重复培训较多的业务中，政务聊天机器人是否可以通过知识语料的预训练学习完美地为政府提供部分业务支撑，人工智能将如何提升政务服务领域的劳动效率？对这些需要进一步的考量和规划。

（二）加强数字化公共数据资源开发利用能力

为了充分发挥新技术在促进公共数据资源开发与利用方面的潜力，一是构建大数据整合、治理、分析、可视化及服务平台，统一处理多渠道和多源数据，进行数据的编目管理、清洗和转换，提供统一标准的数据调用、监控、分析及展示服务。打破数据交换的壁垒，分离业务逻辑，通过规范数据共享交换接口，实现数据资源流通的全程闭环管理。二是探索基于区块链技术的可信交换平台，构建适用于政府数据和社会数据的高可信共享模型，推动基于区块链的数据交换共享标准体系的形成，从而实现政企数据的可信交换与融合。三是加强公共数据治理，加强对数据质量和数据安全的管控，对数据全生命周期的各环节进行全面监控。四是完善与政务数据公开、整合共享相关的法律法规、管理制度和标准规范，确保公共数据的开放利用有法可依、安全高效。

（三）深化新基建智慧城市应用场景的拓展与应用

为加速智慧城市建设，将新型基础设施和新技术与新型智慧城市建设相结合，不断提升政务服务、民生服务和城市治理的效能，优化政府的治理和服务流程。一是建设多技术融合的城市大脑，以实际治理需求为牵引，形成集成态势感知、决策分析、监测预警和应急指挥等功能的城市运行指挥中心。通过规划构建包含可信身份认证、公共信用、公共支付等在内的一体化公共支撑平台，提供统一的基础工具和数据分析服务。二是探索数据共享模式创新，推动区块链在政务、民生、城市治理等领域的应用，实现政务数据的跨部门、跨区域共享和利用，确保数据传输安全、计算流程可控、操作可追溯。三是，统筹建设智慧城市大数据中心体系，整合各类数据、对接国家共享平台，以多层级应用服务为牵引，丰富标准化技术服务模块，激发数据资源的开放利用和价值创造，促进智慧城市和数字政府从业务驱动向数据驱动的转变。[1]

（四）健全新技术应用相关法律法规和标准规范的制定与实施

随着新技术的飞速发展和应用的日新月异，我们迫切需要建立健全相应的法律法规和标准规范，以引导和规范新技术在安全、可靠、合规的轨道上应用和发展。其中，完善新技术应用的法律法规体系是至关重要的，这不仅涉及技术安全、网络安全，还涉及个人隐私、商业秘密等众多方面。只有通过法律制度的健全和完善，才能有效保障新技术的合法、合规应用，防止滥用和侵犯权益。

在标准规范的制定和完善方面，也需要不断加强。新技术的发展往往涉及众多领域和方面，需要从顶层设计的高度出发，制定全面、系统的标准规范，包括技术标准、安全标准、应用标准等。通过标准规范的制定和实施，可以有效地提升新技术的规范化水平，降低风险，促进新技术应用的健康发展。

---

[1] 崔树红、刘全力、唐立庭：《数据时代背景下"数字政府"技术架构研究与应用分析》，《信息系统工程》2019 年第 7 期，第 24~29 页。

同时，针对区块链这一新兴技术领域，我们还需要加快推动重点标准的研制和应用推广。区块链技术作为分布式账本技术的创新，具有去中心化、不可篡改、高安全性等优势，但也面临着标准不统一、应用不规范等问题。因此，构建完善的区块链标准体系，对于促进该技术领域的健康发展至关重要。只有通过标准化工作的加速推进，才能有效解决区块链应用中的各种问题，推动区块链技术的广泛应用和发展。

（五）强化数字人才队伍的构建与培养

数字人才是推动未来数字政府建设的关键要素，他们具备丰富的技术知识和创新思维，能够运用数字技术解决各种复杂的政府管理问题。这些人才不仅具备扎实的数字技术功底，还能够深入理解政府管理和服务的需求，通过运用大数据、人工智能等先进技术手段，为政府决策提供精准的数据支持，提升政府治理效能和服务水平。数字人才是数字政府建设的核心力量，他们的专业能力和创新精神将为未来的数字政府建设注入强大的动力，推动政府管理和服务模式的数字化转型。

为了解决数字人才供需不平衡的问题，我们需要以实际应用为导向，构建深度整合的数字政府人才培训体系。这意味着我们需要将培训内容与实际工作需求紧密结合，使受训人员能够将所学知识应用于实际工作中，提高其数字技能和知识水平。同时，我们还需要整合各类培训资源，包括线上和线下的课程、实践项目、导师制度等，形成完整的培训体系。这样，受训人员可以获得更全面、系统的数字技能培训，提高其数字素养和综合能力，从而更好地适应数字时代的发展需求。[①]

五　结语

为系统性地探讨研究数字技术在电子政务建设与发展中的关键作用，本

---

① 鲁金萍、许旭、王蕤:《新技术在数字政府建设中的应用：成效、瓶颈与对策》,《网络安全和信息化》2021年第8期，第4~7页。

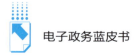

文全面客观地梳理了数字技术的发展轨迹、其固有特点及未来趋势，剖析了电子政务建设和发展对数字技术的需求，研判了数字技术应用过程中可能的发展挑战和时代机遇，通过特定应用领域的典型案例分析进一步揭示了数字技术在促进政府治理模式创新和提升决策及服务效能中的作用。为进一步充分利用数字技术、助推电子政务的建设和发展，提出了合理化的对策建议，有利于促进政府提升工作效率、完善服务质量以及助推数字化转型。

总而言之，顺应新一轮科技革命和产业变革大势，发展高效协同的数字政务离不开先进的数字技术的有力支撑。运用好数字技术对于改进公共服务供给、完善社会治理方式、推动国家治理体系和治理能力现代化具有深远的战略意义。

B.21
运用人工智能推进企业信用风险分类管理创新与应用

张志清　郝婧宇 *

摘　要： 近年来，随着"放管服"改革深入推进，市场保持高速增长，新产业新业态新模式蓬勃发展，对监管部门的监管资源、监管能力、监管智慧化水平提出了更高要求。本文以市场监管部门推进信用风险分类管理为例，描述了大数据、机器学习等数字技术的应用措施：构建通用型企业信用风险分类指标体系、依托机器学习技术构建信用风险分类模型、应用大数据根据监管场景进行监测预警、建设全国一体化企业信用风险分类管理系统等，形成基于人工智能的企业信用风险分类管理的解决方案。下一步将发挥"大数据+AI"的特点，继续运用机器学习等技术大力优化企业信用风险分类管理模型，赋能"双随机、一公开"监管、专项监管、重点领域监管等工作，长期助力推进智慧监管，实现市场监管现代化。

关键词： 智慧监管　信用风险　大数据　人工智能

---

* 张志清，国家市场监督管理总局信息中心副处长、高级工程师；郝婧宇，国家市场监督管理总局信息中心助理工程师。

一　基本情况

（一）背景介绍

随着"放管服"改革，尤其是实缴改认缴、先照后证、多证合一等改革的商事制度改革不断推进，市场准入门槛降低，经营主体数量快速增长，如何在改革中承担起"既要简政放权、又能宽进严管"的重任是市场监管部门面临的挑战，如何应用数字化技术推进中国式市场监管现代化、适应新时期市场监管的形势发展也是摆在市场监管部门当前的一个重要课题。习近平总书记在党的二十大报告中提出实现国家治理体系和治理能力现代化，以中国式现代化全面推进中华民族伟大复兴的宏伟蓝图。市场监管是政府的五大职能之一，市场监管现代化是国家治理体系和治理能力现代化的重要组成部分。《国务院关于在市场监管领域全面推行部门联合"双随机、一公开"监管的意见》中提出实施信用风险分类管理，针对不同风险等级、信用水平的检查对象采取差异化分类监管措施。2022 年 6 月，国务院印发《国务院关于加强数字政府建设的指导意见》，要求大力推行智慧监管，根据企业信用实施差异化监管。《"十四五"市场监管现代化规划》指出要进一步完善信用风险分类管理机制。

推进企业信用风险分类管理是构建以信用监管为基础的新型监管机制的重要内容，是创新监管方式和提升市场监管效能的重要举措，也是推进智慧监管、实现市场监管现代化的重要途径。市场经济首先是信用经济，诚实守信是现代市场经济正常运行的必要条件。市场监管基础是信用监管，信用监管本质是信息归集、共享和应用。互联网、大数据、人工智能等的发展，尤其是"互联网+政务服务"的深入应用，进一步打破信息"孤岛"，为信用监管创新监管方式、实现精准监管奠定了坚实基础。近年来，党中央、国务院对加强事中事后监管作出了一系列重大决策部署，市场监管总局大力推进智慧监管建设，充分运用互联网、云计算、大数据、人工智能等现代技术手段，构建企业信用风险分类通用型指标和模型，积极推动企业信用风险分类管理工作，并赋能开展智能监管，使"双随机、一公开"工作根据不同信用风险分类等级对企业实施差异化监管，取得了较好的效果。

（二）发展历程

市场监管总局党组高度重视企业信用风险分类监管工作，总局党组书记、局长罗文同志在讲话中多次要求强化法治监管、信用监管、智慧监管（以下简称"三个监管"），不断深化系统推进"三个监管"的认识，一体推进"三个监管"等，全力推进市场监管治理体系和治理能力现代化。推进企业信用风险分类管理是实现"三个监管"并将其融为一体、系统推进的重要体现。2019 年底全国市场监管工作会议要求推进企业信用风险分类管理，此后又进一步明确积极探索构建企业信用风险评价体系，充分运用大数据手段实现监管资源合理配置和有效利用，提高风险预判能力和监管效能。信用监管司和信息中心在深入调研、广泛听取意见、反复比较论证的基础上，研究构建通用型企业信用风险分类指标模型，建设企业信用风险分类管理系统，在河北、河南、山西、青海等四省和烟台、漯河两市进行了试用。根据试点效果和基层监管实际深入完善工作机制，2022 年初经国务院同意印发《关于推进企业信用风险分类管理进一步提升监管效能的意见》（以下简称《意见》）。《意见》更是提出明确要求，2022 年底前实现企业信用风险分类结果在"双随机、一公开"监管工作中的常态化运用，力争用 3 年左右的时间在市场监管系统全面实施企业信用风险分类管理，进一步优化监管资源配置、提升监管效能。截至目前，市场监管总局基本形成了全国一体化企业信用风险分类管理系统，全面应用于基层"双随机、一公开"监管、重点领域监管和专项监管工作。

二　经验做法

（一）主要做法

推进企业信用风险分类管理是新形势下加强市场监管的一项创新性、基础性制度供给，必须有强有力的宏观规划和统筹协调才能稳妥推进。一是认真组织调研、统一规划。企业信用风险分类管理工作涉及面广，市场监管总局相关部门进行充分调研，征求各部门以及各省份意见，开发系统还进行了试点试用。在《意见》印发后，又印发《意见》分工、《企业信用风险分类管理系统建设方案》《企业信用风险分类标准》《企业信用风险分类管理数据规范》《通用型企业信用风险分类指标体系及说明（第一版）》等5份配套文件，为工作推进奠定了基础。二是加强统筹协调、形成合力。市场监管总局从一开始就非常注重加强部委间的沟通，推动联合出台涉企信息归集的数据标准，与最高人民法院、中国人民银行、税务总局等就涉企信息归集数据标准进行沟通协调，并以推进跨部门"双随机、一公开"工作为契机，强化企业信用风险监测预警和分类管理应用，实现监管资源合理配置和高效利用，构建以信用监管为基础的新型监管机制。三是重视数据质量、夯实基础。充分利用国家企业信用信息公示系统的归集功能推动公示系统涉企信息归集、数据共享共用，开展信用监管数据质量三年提升行动。梳理指标区分总局归集、地方归集信息，融合市场监管部门内部以及跨部门涉企信息数据，并参考国家"互联网+监管"结果，提升企业信用风险分类管理模型的准确性。四是加强新技术应用、促进创新。充分运用大数据、人工智能等技术手段，构建"1+N"企业信用风险分类预警体系，实现对全国全量企业信用风险的自动分类，支撑全国各级市场监管部门开展"双随机、一公开"检查等工作。

（二）工作亮点

充分应用云计算、大数据、人工智能等新一代数字技术，形成"一套指标体系、一个分类模型、N个预警场景、一个应用系统"的信用风险分类信息化体系，极大地推进了信用风险分类监管工作的数字化和智能化水平。

1. 构建通用型企业信用风险分类指标体系

通过研究国内外使用的信用评价方法，梳理目前可获得的信用数据资源，结合地方局已有和试点的成功经验，深入研究每个指标的科学性，从基础属性、动态经营、监管执法、关联关系、社会评价等方面构建指标体系，形成5个一级指标、25个二级指标、81个三级指标的第一版通用型企业信用风险分类指标体系，将企业信用分为低风险、一般风险、较高风险、高风险（即 A、B、C、D）四类，科学赋予指标权重，并根据监管实际不断更新调整。

2. 依托机器学习技术构建信用风险分类模型

依据通用型企业信用风险分类指标体系，借助领域专家经验赋权方法以及统计学和系统科学中统计关联分析、客观赋权法科学计算指标权重，基于特征工程、平衡积分卡、决策树、随机森林、人工神经网络等深度学习算法，开展大数据条件下的数据分析和数字化建模，对各种风险特征进行深度挖掘，并通过融合多源多维的信用关联数据，构建适应市场监管的通用型企业信用风险分类管理模型，基于各类信用风险信息对企业的违法失信行为进行研判，实现对全量企业信用风险的自动判别和智能分类，持续提升风险监管的精准性。

3. 应用大数据根据监管场景进行监测预警

按照企业信用风险监测需求，对与信用风险高度相关的特征指标进行监测，梳理各指标间数据的逻辑关系、关联性，并在此基础上以企业信用风险应用目标为导向，通过挖掘、分析、监测相关异常指标，发现市场监管中普遍性、规律性的高风险特征行为，构建风险警示监测规则，对风险结果较为敏感的信号特征进行预警，充分发挥企业信用风险分类管理大数据的作用。例如，一人多企、一址多企、年报全零申报等特征与风险高度相关，需要强化监测预警，筛选出相应的指标项，确定相应的分类预警阈值，使得监测警示信息具有较高的指向性、针对性。

4. 建设全国一体化企业信用风险分类管理系统

以企业统一社会信用代码为唯一标识，整理加工司法、税务、社保等部委共享数据和互联网采集社会舆情等信息，建设企业信用风险分类管理数据仓库。同时通过 Hadoop 底层数据处理技术、VUE 开发技术和可视化技术，开发了自动分类、实时监测、态势感知、应用对接、智能报告等功能，实现企业关联关系和企业全景信息展示，并结合历史信用相关的数据项、基于企业族群关系，经过数据分析过程呈现企业族群关系，让监管人员能够全面掌握监管对象关联信息，360 度全方位展现一家企业的经营情况，让业务人员能够

通过对企业的基本属性、行为特征等方面的全景"画像"感知来全面掌握监管对象信息，解决企业监管过程中信息不对称的问题。

三　应用效果

到目前为止，通过对企业信用风险分类管理系统的全面建设和推广应用，进一步优化监管资源配置、提升监管效能，实现监管的精准性、靶向性。基于人工智能的风险分类的解决方案，有力地促使监管方式从事后处置向事前防范转变，使以信用监管为核心的新型监管机制更加完善。

一是支撑"双随机，一公开"监管工作。企业信用风险分类管理系统实现对全国5800多万家企业进行信用风险等级自动分类，分类结果在全国各级市场监管部门开展"双随机、一公开"检查中得以应用。对高风险企业提高抽查比例和频次，对低风险企业减少检查比例，避免对企业的过度打扰，从而提升了监管的靶向性和针对性。试点地区依据企业风险等级按比例抽取14165户企业抽检，结果发现高风险、中高风险企业问题发现率高达83%、52%，这样既保证必要的抽查覆盖面和一定的监管效果，又防止任意检查打扰经营主体。

二是辅助监管人员进行专项监管和定向检查。系统以企业信用风险应用目标为导向，可根据信用风险高度相关的特征指标进行智能监测。基层监管人员能够看到当地风险事项情况，可针对不同的风险事项设定监控阈值，进而开展专项检查工作。例如，对于一址多企情形，全国共有200多万户企业，基层用户可以根据权限按区域进行筛选，看到自己管辖范围内的异常企业，帮助监管人员掌握异常信息、进行针对性监管，实现监管资源合理配置和高效利用。

三是服务重点领域监管和日常综合执法。一方面，通过对监管对象的信用风险进行精准分类，根据企业信用风险等级情况和行业特点，与"双随机、一公开"监管、专业领域重点监管和日常监管等有机结合，采取不同的监管措施。尤其对食品生产企业和特种设备企业突出问题和风险隐患加强抽查检查，实现监管资源合理配置和高效利用，提高监管的及时性、精准性、有效性。另一方面，支撑监管执法人员实现信息对称。系统提供了企业族谱和全景画像等功能，能够掌握辖区内企业在外地关联企业的风险情况，协助执法人员及时、全面掌握企业信用风险状况，解决基层执法人员信息不对称的问题。

四 未来展望

下一步，我们持续发挥"大数据＋AI"的特点，继续运用机器学习等技术大力优化企业信用风险分类管理模型，赋能"双随机、一公开"监管、专项监管、重点领域监管等工作，长期助力推进智慧监管实现市场监管现代化。

一是继续优化通用型信用风险分类指标体系和模型，支撑"双随机、一公开"监管常态化应用。及时全面归集涉企信息，综合运用各类涉企风险信息对企业实施自动分类，持续优化完善通用型企业信用风险分类指标体系，并将企业通用型指标模型扩展到农民专业合作社、个体工商户以全面施行差异化精准化监管，实现在"双随机、一公开"应用中对监管对象的全覆盖，大幅提高"双随机、一公开"和专项检查发现问题比例，进一步提升监管针对性、有效性、精准性。

二是实现通用型信用风险分类与专业重点领域监管有机融合，服务构建新型监管机制。强化大数据、机器学习等新技术运用，根据监管对象信用风险等级和行业特点来实施风险分类监管，探索建立健全食品、特种设备、药品、认证等专业领域的风险分类监管机制，完善全国企业信用风险分类管理系统，采取结果融合、模型共建等方式实现与专业领域监管系统对接，形成"通用＋专业"的风险分类监管新模式，推进通用型企业信用风险分类与专业领域风险防控有机结合，提升信用监管效能，助力科学监管。

三是建立完善企业信用风险分类和监测预警机制，主动研判风险，若发现问题要及早处置。以信用风险的监测预警目标为导向，通过挖掘、分析、监测相关异常指标，发现市场监管中普遍性、规律性的高风险特征行为，构建风险警示监测规则，对信用风险高度相关的一人（址）多企、年报全零申报、关联企业异常等特征指标进行监测，确定相应的分类预警阈值，加强对指标项的日常监测预警，进一步推动监管关口前移，实现由被动监管向主动监管转变，有效防范化解市场风险，增强监管警惕性、综合性和协同性，实现对风险早发现、早提醒、早处置。

B.22
夯实数字基座　赋能江西数字政府建设

江西省信息中心课题组[*]

摘　要： 多年来，江西省委、省政府始终坚持"一盘棋"统筹全省信息化建设，统一思想、统一规划、统一实施，以数字化赋能推进政府治理体系和治理能力现代化；提出江西省数字政府建设"1267"总体架构，集约化推进以"一张网""一朵云""一个数据资源体系""一批共性支撑系统"为核心的一体化数字基座建设，不断夯实数字基座服务支撑能力，支撑重大平台建设。

关键词： 数字政府　数字基座　集约化建设　江西省

在推进政务数字化转型实践中，江西始终坚持绿色低碳、集约共享的发展理念，创造了电子政务建设"江西模式"，并在全国范围内赢得了广泛关注和充分肯定。近年来，江西聚焦"作示范、勇争先"目标定位，深入贯彻习近平总书记关于网络强国、数字中国的重要论述，不断总结和丰富电子政务建设的"江西模式"内涵，印发《江西省数字政府建设三年行动计划（2022~2024年）》等文件，提出江西省数字政府建设总体架构为"1267"，即一体化数字基座、赣服通和赣政通两大平台、安全保障等六大保障措施和经济调节等七大领域应用体系，集约化推进以"一张网""一朵云""一个数据资源体系""一批

---

*　课题组成员：杜军龙、钱军、吴俐、孙杨、何黎明、周剑涛、张静。执笔人：张静，江西省信息中心高工。

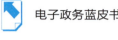

共性支撑系统"为核心的一体化数字基座建设，不断夯实数字基座的服务支撑能力，支撑重大平台建设，赋能江西省数字政府建设，取得较好成效。

一 集约化建设现状

（一）"一张网"畅通全省五级部门

江西省是全国首批探索及落地电子政务网络建设的省份。多年来，按照"统一组织领导、统一规划实施、统一标准规范、统一网络平台、统一安全管理"的原则，已建成了覆盖省、市、县、乡"四横一纵"全省电子政务外网统一网络平台，全面覆盖11个设区市和赣江新区、125个县、1772个乡镇，全省联网部门已达18000余家、联网终端30多万台、接入移动终端70多万台，涉及党委、人大、政府、政协和各级直属部门，并通过建设统一安全接入平台，满足移动办公和村（社区）接入的需求，打通村级网络接入"最后一公里"，真正实现政务外网横向到边、纵向到底全省全覆盖，为全省各级政务机关网上办公、便民服务、数据共享等信息化业务提供了一个方便快捷、安全可靠的统一电子政务"信息高速公路"，以"一网合围"助力"一网通办"，为电子政务建设奠定了坚实的网络基础。

（二）"一朵云"统揽政务信息系统

江西省电子政务云平台于2015年12月建成并投入使用，经历多轮项目升级扩容，目前已经初具规模。省电子政务云平台采用"省市两级、逻辑统一、按需共享、安全可靠"的两级分布式架构部署，依托省电子政务外网，建设省、市两级电子政务云数据中心，采用分布式云计算技术构建全省统一电子政务云资源池，通过虚拟数据中心技术实现政务云资源的按需共享。逻辑架构可以概括成"两级平台、两大体系、两大区域、三层服务"。两级平台：分为省、市两级电子政务云平台，省级电子政务云平台用于承载省级政务部门业务应用，并向市级政务云平台提供应急部署、数据备份服务；市级政务云平台主要承载市、县政务部门业务应用。两大体系：按照国家信息安全等级保护三级标准构建政务云安全防护体系；一体化、自动化、可视化的政务云运维保障体系。两大区域：三层服务：提供 IaaS（基础设施服务）、PaaS（平台服务）、SaaS（软件服务）三层服务。

（三）"一平台"统一数据共享渠道

集约化建成集数据共享交换平台和以数据资源中心为一体的数据资源体系。以江西省政务数据共享交换平台为载体，依托省政务外网和政务云平台，建成了全国首个纵向贯通省市县三级和横向覆盖各级政务部门的数据共享交换与服务体系。平台接入政务部门 2909 个，其中国家部委 79 个，省直单位 162 个，市县单位 2668 个。在数据共享交换平台方面，构建"三横一纵"的全省统一数据共享交换平台，梳理信息资源目录 98500 多个，挂载数据资源 12.8 万项，累计交换数据 953 多亿条，支撑全省 4100 多个系统开展数据共享。在数据资源中心方面，牵头建成人口、法人、电子证照等 16 个高频共享数据库，归集数据 39 亿多条，月均服务各级政务部门 16.57 亿条结构化数据交换、2.9 亿次接口服务调用；建成数据治理系统、数据服务系统，数据治理系统提供数据采集、质量稽核、数据融合等服务，数据服务系统提供智能查询、数据核验、数据安全、数据分析等服务。

（四）"一批系统"加强共性支撑统筹

江西省在电子政务集约化方面的尝试和努力，不仅体现在物理设施的集约上，更体现在公共支撑应用的集约上。按照"共建共用"思路，重点共性应用系统省级统建、市县共享，集约建成了可信身份认证、统一电子证照、统一电子印章、统一支付平台、公共信用信息平台、人工智能平台、政务空间地理信息平台、物联网平台、政务区块链基础平台等共性支撑应用，将数字政府建设中上层业务应用系统的公共部分抽取出来，封装成公共通用组件，实现共性业务标准化，满足各部门业务应用敏捷开发、灵活创新需求。可信身份认证实现"一个账号、一次登录、全省通用"；统一电子证照、统一电子印章、统一支付等公共支撑平台服务能力，在政务服务、市场监管、社会

治理等领域以及场景广泛应用;"赣信链"、人工智能平台拓展区块链、人工智能等新技术在数字政府场景中应用;政务地理空间平台推动全省政务用图规范化、便捷化,提升地理空间数据共享服务水平。

二 建设成效

(一)以"云网一体化"集约共享实现降本增效

在传统的信息化场景中,业务上云需要通过搭建网络环境、购置硬件设备、投入高昂的团队运维成本,整体项目周期长、业务上线慢、资源无法合理调度;通过云网一体化,将云计算和网络基础设施进行集中建设和管理,实现资源的统一调度和共享,相对于传统的分散建设,在节省财政资金投入的同时提高了资源整体利用效率和可靠性。目前,省政务云平台逐年扩大规模,已承载100余个部门的610多个应用系统和数据资源上云;市级平台已承载800多个部门的1700多个应用系统和数据资源上云。江西政务外网网络集约化承载率在全国处于一流水平,97%的政务部门未自建政务专网,省级294个政务部门均依托省政务外网实现了网络互联互通;运维管理一直秉持自主运维模式,已连续多年荣获国家信息中心表彰,政务外网江西节点已是国家电子政务外网异地网管中心和逃生节点。

(二)以"赣服通"创新服务方式、提升政务服务水平

根据《2021年深化"放管服"改革优化政务服务工作要点》(赣府厅字〔2021〕10号)的要求,开发建设"赣服通"平台,完成平台从1.0版到5.0版的迭代升级,推动"赣服通"成为家喻户晓的"江西品牌"。依托全国首个全省统一的"区块链+信用服务"平台,推出全国首个全省性融合评价分—赣通分,通过激励的形式在政务、金融、社会、商务、现代流通等领域不断丰富应用场景规划,以此引导用户守约践诺,在全国迈出了具有开创性、突破性的关键一步,推动政府治理更加精准、公共服务更加高效。一大批过去需要带一堆资料去现场排队才能办理的公积金、社保、医疗、公安户政、入

学、出入境、车管等服务，现在只需要通过"赣服通"随时随地的指尖一划即可办成。公众只需要在"赣服通"上进行实人认证，就能"一次不跑"享受各类政务服务。目前，平台用户突破4844万个，上线1.6万余项服务，累计访问量达74亿人次，真正实现"手机一开，说办就办"。"赣服通"平台作为国务院第六次大督查发现的典型经验做法被国务院办公厅在全国通报表扬。

（三）以"赣政通"业务协同增强政府治理能力

为推动政务部门间业务协同，以一体化数字基座为支撑，开发建设"赣政通"平台，通过整合接入全省各级部门政务办公系统，集移动办公、即时通信、消息提醒和业务协同等于一体，实现政务"移动办、掌上办"，有效提升了全省政务办公效能和协同能力。平台基本实现省市县乡村五级全覆盖，联通1.9万个政务部门，接入1300余个业务应用，实名注册用户突破66万个，日活跃用户数达45万个。被评为数字政府"三十佳"优秀创新案例。

"赣政通"和"赣服通"联动，形成"前店后厂"的网上政务服务新模式。推动"赣政通"与"赣服通"互联互通，打造"赣服通"前台受理、"赣政通"后台办理的"前店后厂"新模式，推动企业和个人办事全流程网上申报、部门受理审批全程留痕。目前，省级通用审批系统整合接入省水利厅、省林业局、省自然资源厅等27个省直部门的441个省级行政审批事项，实现"赣服通"入口受理、"赣政通"全过程后台办理。此外，赣州、吉安、九江等多地整合接入了惠企政策兑现、惠农资金发放等平台，实现优惠政策、补贴资金前台申请、后台审批的"前店后厂"运行模式，提升了政策、资金等的兑现和拨付效率。"赣政通"平台荣获中国信息协会"政府信息化创新成果奖"。

三　经验启示

（一）强化顶层设计，统筹推进全省数字政府基础设施建设

多年来，江西省委、省政府始终坚持"一盘棋"统筹全省信息化建设，

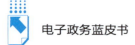

统一思想、统一规划、统一实施，以数字化赋能推进政府治理体系和治理能力现代化。从全省大局角度出发，出台《江西省数字政府建设三年行动计划（2022-2024年）》和《江西省数字政府建设总体方案》，明确发展目标、重点任务和时间表，坚持以集约化的思路推动数字政府建设。基础设施建设方面，严格按照省委、省政府的统一部署安排，统筹抓好政务网络、政务云的规划和建设，不断优化云、网络基础设施支撑服务能力。在共性支撑平台方面，结合省委、省政府关于"放管服"工作的部署，坚持问题导向、需求导向、效果导向，依托省电子政务外网、政务云和现有信息化基础设施，建设全省公共基础支撑平台，推进包含赣服通、赣政通、电子证照、社会信用、公共资源交易、区块链等在内的江西省一体化在线政务服务平台规范化、标准化、集约化建设和互联互通，支撑政务服务线上线下融合互通。在数据共享和应用方面，推动《江西省数据应用条例》出台，紧跟国家发展战略，积极探索促进数据应用；依托全省电子政务共享数据统一交换平台，推动政务数据资源的整合共享，打破信息壁垒，提高数据利用效率。

（二）加强制度创新，注重集约化建设，政策体系逐步完善

数字政府建设要以数字化改革促进制度创新，保障数字政府建设和运行整体协同、智能高效、平稳有序，实现政府治理方式变革和治理能力提升。江西省云、网、数、共性支撑平台集约化建设需要各个政务部门相互协同、整体联动，建立行之有效的制度规范是关键。一是用互联网思维改造、优化政府工作流程。运用互联网思维和协同办公信息化平台，打造"赣服通"和"赣政通"两张名片，通过重塑业务流程、创新协同方式，推进跨层级办理、多部门协同、扁平化运行，以数字化改革持续推动政府运行整体化、协同化、高效化、智能化。二是统筹政务信息化项目建设管理。出台《江西省数字化项目建设管理办法》，明确政务信息化项目实行统一规划、统一立项审批、统一项目验收。数据资源部门统一提供基础设施和公共服务能力，各业务部门重点研究自身业务，基于统一支撑平台和基础设施进行低成本、轻量

化建设。三是鼓励建设多元开放的场景应用。连续3届举办江西省开放数据创新应用大赛，围绕"需求"和"案例"两方面，建设具有本地特色的"应用服务市场"，以丰富的应用场景吸引更多市场主体、高校、科研机构按照规范参与数字政府建设。目前，在技术规范方面，为统一标准、提升工作成效，及时将工作中形成的管理和技术规划转化成地方性标准，目前已发布包含赣服通、共享交换等平台接入规范，人口、法人等建库规范在内的30多项地方性标准，为各地各部门抓好工作落实、推进改革创新提供了有力指导和规范依据。

（三）加强技术支撑，提升规模化集约化发展整体支撑能力

一是提升政务外网支撑能力。整合优化、扩容升级现有政务网络，推进政务外网"一网双平面"、IPv6改造和部门专网迁移，提升政务网络的支撑能力。二是提升政务云支撑能力。省级层面依托现有省级自主可控云平台进行扩展和优化升级，推进部门自建云集约化迁移，完善灾备服务体系。三是提升共性支撑系统服务能力。加快完善身份认证、电子证照、区块链等系统服务功能，统筹新建人工智能、视频融合等一批共性支撑系统，推动更多的业务系统对接使用。四是加快建设一体化政务大数据体系，强化数据归集、治理、分析和服务，为政府决策科学化、政务服务提供支撑。五是加强人才培养，创新数字政府建设人才引进培养使用机制，建设一支讲政治、懂业务、精技术的复合型干部队伍。

（四）增强安全保障，筑牢关键信息基础设施安全屏障

关键信息基础设施是江西省电子政务发展的基础和核心，必须得到充分的安全保障。建立健全安全保障体系，包括物理安全、网络安全、系统安全、应用安全、数据安全等方面，明确各级政务部门在安全保障中的职责和权利，确保电子政务系统的安全稳定运行。加强安全技术防护，成立省级政务外网安全运营中心，整合网络安全资源，打造政务外网领域一站式专业网络安全服务中心，提升网络安全运营服务能力；建成省级政务外网安全监测平台，

并率先完成与国家政务外网安全监测平台的对接，初步建立国、省两级协同联动的安全监测体系；推进全省密码服务支撑平台建设，在全国率先建设省、市标准统一的政务云密码服务支撑平台，完成省级平台和 3 个市级平台建设。强化安全态势感知和安全监测，定期开展安全攻防和应急处置演练，加强对电子政务系统的应急响应和处置能力，有效应对各种突发情况，确保电子政务系统的可靠性和稳定性。

B.23
人工智能对政府治理的挑战*

毛子骏　朱钰谦**

摘　要： 人工智能发展日新月异，为国家社会的每个领域创造革新浪潮。人工智能产业成为新的重要经济增长点，人工智能技术应用成为改善民生的新途径，为智能经济和智能社会提供强大支撑。同时，人工智能也对政府自身治理、社会公共事务治理、经济和市场治理等提出挑战。面对新形势新需求，我国政府治理必须主动求变应变，牢牢把握人工智能带来的重大机遇，推进国家治理体系和治理能力现代化，带动国家竞争力整体跃升和跨越式发展。

关键词： 人工智能　政府自身治理　社会公共事务治理　经济和市场治理

一　引言

新技术的出现会改变人类生产生活方式，深刻地影响经济发展、社会运

---

* 本文系国家社科基金重点项目"政治安全视角下数据要素流动的风险识别与评估研究"（项目编号21AZZ013）、国家社会科学基金一般项目"政治安全视角下人工智能风险识别与评估研究"（项目编号18BZZ091）、华中科技大学文科"双一流"建设项目"非传统安全研究中心建设"基金资助的阶段性研究成果。

** 毛子骏，华中科技大学公共管理学院教授、博士生导师，工学博士，主要研究方向为数字政府、非传统安全；朱钰谦，华中科技大学公共管理学院博士研究生，主要研究方向为数字政府、非传统安全。

343

转和国家管理。而政府治理在可持续发展、民生福祉、社会稳定和国家安全等方面发挥着重要作用。因此，政府不能脱离现实社会，应时刻关注及适应新技术带来的社会变革，主动迎接新挑战。一方面，新技术影响现有治理体系，为政府治理提供新思路和新方法。另一方面，随之而来的治理空白给政府造成难题，正如互联网出现后，网络空间、虚拟空间等成为政府治理的新领域。党的十九届四中全会强调"建立健全运用人工智能等技术手段进行行政管理的制度规则"。科技部已批准 18 个县市建设国家新一代人工智能创新发展试验区，其中包括北京、西安、杭州等地。[①] 人工智能是大数据分析、加工、处理的高级阶段，其复杂性、不确定性、颠覆性、影响面广等特征，可能带来改变就业结构、冲击法律与社会伦理、侵犯个人隐私、挑战国际关系准则等问题。[②]

本文将基于中国共产党治国理政理论和中国国情，按照政府治理理论本土化的脉络，结合人工智能的技术属性和社会属性，系统分析人工智能对政府治理的挑战。主要从三个层面展开：其一，政府自身的内部治理层面，主要研究人工智能背景下，政府实现自身治理体系和治理能力现代化的现实需求。其二，政府对社会公共事务的治理层面，人工智能在教育、医疗、养老、环境保护、城市运行、司法服务等领域广泛应用，提升人民生活品质，要求政府治理精细化。其三，政府对经济和市场的治理层面，人工智能与实体经济融合过程中政府角色的新定位。

二　政府治理内涵沿革

20 世纪 90 年代，治理理论兴起于西方，涌现出协作性公共管理、多中心治理、数字时代的治理、网格化治理、整体治理等多种政府治理理论。[③] 随

---

① 《我国已相继支持建设 18 个新一代人工智能创新发展试验区》，http://news.cjn.cn/sywh/202112/t3884105.htm，2023 年 9 月 6 日。
② 国务院：《关于印发新一代人工智能发展规划的通知》，国发〔2017〕第 35 号，2017 年 7 月。
③ 曾维和：《当代西方政府治理的理论化系谱——整体政府改革时代政府治理模式创新解析及启示》，《湖北经济学院学报》2010 年第 1 期。

后治理理论引入中国，我国政府在吸收借鉴西方治理理论的过程中开始了自己的治道变革，构建具有中国特色的现代化治理理论体系。党的十八届三中全会的《决定》指出，全面深化改革的总目标是"完善和发展中国特色社会主义制度，推进国家治理体系和治理能力的现代化"。"治理"正式进入官方话语，成为改革时期的关键词。

我国学者在建构本土化治理理论的尝试中，对于政府治理的内涵认识和学术定义呈现多样性。俞可平主张政府治理应是运用政府权力，以各种不同社会关系为治理对象，以引导和规范公民的各种活动为治理内容，从而最大限度地实现公共利益。[①] 类似地，包国宪等认为政府治理意味着政府通过行使公共权力，将管理社会公共事务、解决公共问题作为治理内容，最终创造公共价值的活动。[②] 张成福较早地提出我国政府治理包括政府代表社会施政、政府及其官员履行社会契约规定条件这样两层含义。[③] 张国庆指出政府治理是在市场经济条件下政府对公共事务的治理，该定义涉及政府、社会、市场三个实体。[④] 进一步地，王浦劬从国家治理、社会治理和政府治理三方面入手，辨析其间的包容关系、交集性关系和区别性联系，详细系统地阐述三者内涵。其中，"政府治理"系指国家的行政机构和权力体系遵循人民民主专政的原则，通过维护社会稳定和安全、提供基本制度规则与公共服务，以实现和促进公众利益。更深层次地，王浦劬对政府治理的对象和基本内容进行了系统阐述，涵盖政府在自身、社会和市场层面实施的公共管理活动。[⑤]

基于学者们对政府治理内涵的分析，为具体地探讨人工智能对政府治理的挑战，本文以政府自身内部治理、社会公共事务治理、经济和市场治理为线索展开研究。

---

① 俞可平：《治理与善治》，社会科学文献出版社，2000，第8~9页。
② 包国宪、霍春龙：《中国政府治理研究的回顾与展望》，《南京社会科学》2011年第9期。
③ 张成福：《责任政府论》，《中国人民大学学报》2000年第2期。
④ 张国庆：《行政管理学概论》，北京大学出版社，2000，第648页。
⑤ 王浦劬：《国家治理、政府治理和社会治理的含义及其相互关系》，《国家行政学院学报》2014年第3期。

三　人工智能对政府自身内部治理的挑战

政府通过内部管理的优化，调整组织结构，改善运行方式和流程，以全面正确履行职能，提升行政管理的科学性、民主性和效能。

（一）人工智能对政府职能的挑战

政府治理面临新的环境，政府职能定位需要依据人工智能的变化而实时调整。新兴技术的瞬息万变急剧加大政府对治理对象发展路径的认知难度，使政府难以做出完备的预案[1]。在基本职能方面，政府对于整体经济的调控、对于市场秩序的维持、对于社会发展的引导、对于民众权利的保障、对于资源环境的保护，受到来自空间、时间、人类有限理性等全方位的压制。伴随人工智能的不断突破，数据与算法逐渐拉近现实空间与虚拟空间之间的距离，政府治理的对象也由自然人延伸到实体机器人，甚至是隐匿的虚拟智能体。与此同时，自然人、算法、数据等聚合形成的综合体演变突破简单的线性发展，成为又一跨主体、跨边界、跨时空的棘手问题。于宏观经济的平衡与稳定发展而言，政府不仅要关注平台经济剥削劳动力、垄断数据、出卖国家数据等民生、国家安全问题，又要把握好干预市场的力度，以防对企业创新创收造成不必要的制度性交易成本。于市场秩序、公平竞争、消费者权益而言，人工智能本身所存在的开发者、使用者隐匿性高、门槛低，及其衍生的数据滥用、大数据杀熟等不正当行为，对政府监管思维、方式、方法都提出更高的要求，需要在技术红利与风险之间、短期与长期之间做好权衡。于社会和谐与公正而言，人工智能的生成技术被不加约束地运用到人脸、声音等生物特征的伪造，所衍生的虚假宣传、诈骗等造成公民恐慌，与此同时人们对新兴技术与数据乱象的质疑进一步阻碍着人工智能的正当推广，这些都从方方面面掣肘社会管理的有效性。于基础的医疗、教育服务而言，突发公共卫生

---

[1]　张继宏:《共享经济对政府治理创新的挑战及思考——以共享单车治理为例》,《中国管理信息化》2018 年第 2 期。

事件下大规模的人工智能社会试验不可避免地给数字弱势群体造成生活不便，在技术赋能的高效率与数字鸿沟之间仍然给政府提供公共服务留下了巨大难题，硬件的飞速发展却把软件配套落在了后面从而埋下各种隐患。于自然资源可持续发展而言，人工智能驱动的算力设施广泛布局，是其短期内对能源的高消耗效应显著，还是其长期带来的低碳效应更为显著？有待头部企业与政府通力合作提前布局。

催生社会和公众的新需求，形成了对政府履职方式创新的压力和动力。具体来说，政府的履职方式包括但不限于监管、服务以及执法。[①] 第一，就监管方式而言，过去主要是前置性监管，即以审批代监管。在人口进行事前监管的有效性更高，而事中与事后的监管则操作性更低、难度更大。[②] 不同于核技术的高门槛，人工智能技术基于代码的低生产门槛使得风险源扩散，政府在市场准入环节履行监管职能面临巨大挑战。而且随着人工智能在各领域的广泛部署，企业和社会组织进入市场后的行为更加值得注意。一旦数据偏差、算法歧视、系统崩溃等问题造成负面社会影响，政府后续性监管的缺位对此将难以防范。第二，就服务方式而言，权力导向、政府本位、权威管制不再适应社会需求多样化和社会事务动态化。政府命令驱动的服务与公众需求不吻合，人民需求才是政府提供服务的核心标准。依靠技术进步，大数据和人工智能更好地捕捉社会需求，推动"人民需求驱动－大数据驱动－智能驱动"融合。政府借助人工智能的算法来发现需求、判断需求、分析需求，从而根据需求的优先级进行资源整合。第三，就执法方式而言，当下依法行政建设举措粗糙简略，存在履职者个人的价值理解和自由裁量等因素干扰。[③] 整体上，政府职能履行缺乏统一的程序规范，[④] 再加上人为的、个案个办的、原始的执

---

① 中国行政管理学会、南京大学、江苏省行政管理学会联合课题组、高小平、孔繁斌：《政府履行职能方式的改革和创新》，《中国行政管理》2012 年第 7 期。

② 董克用：《优化政府服务的五大要点》，《国家行政学院学报》2015 年第 4 期。

③ 石亚军、赵鹏：《建立健全全面正确履行政府职能的法治保障》，《行政管理改革》2014 年第 5 期。

④ 竺乾威：《政府职能的三次转变：以权力为中心的改革回归》，《江苏行政学院学报》2017 年第 6 期。

法工具，① 出现执法轻重不一、标准失范的现象。相反，计算机视觉、自然语言处理、人机交互等关键技术的突破，使得执法过程中可利用面部识别锁定犯罪嫌疑人、参考决策系统提出的收费处罚额度。由此，从数据采集、数据处理到数据分析都有据可依，实现执法的科学性和客观性。

（二）人工智能对政府组织结构的挑战

职能意味着组织设置的方向，组织是职能落地依附的实体。② 人工智能对政府职能定位、职能重心以及履职方式存在挑战，自然地，政府组织结构也表现出不适应的地方。

重视分工效率的科层制结构，却不能避免条块分割对信息化环境的不适应，数据流通聚合的不畅削弱了人工智能所需的数据基础。整体组织划分为若干层级与部门，各层级各部门负责不同的任务，如此提高整体组织的工作效率。但是这种各自为政迁移到线上则显现出系统的重复建设、数据的重复采集等等，从而出现大量数据孤岛与资源浪费。除此以外，政府内部的数据集成受阻于部门间不愿、不能、不敢共享。首先，数据的流通并不具备制度基础，部门所掌握的数据承载其权力的行使与责任的担当，在缺少明确的绩效考核评价与风险划分的情况下，部门并没有动力将数据共享出去。其次，随着各部门政务信息系统迁移上云，数据的高度集中意味着风险呈指数级上升，而任一部门都可能成为整体安全的短板，而被网络攻击所突破和利用，最终威胁整体组织的数据资源。再次，由于 20 多年来的政府信息化建设并没有一开始就做好统筹规划，各部门应职能需求各自探索数据的采集、清洗、存储等，并没有形成共享的标准化基础，甚至有时候出现数据不一致，而需要耗费更多时间、精力去验证现实情况，最终阻碍数据资源发挥聚合效应。由此可见，这种情况下政府虽然掌握绝大部分数据，却不能满足人工智能学

---

① 石亚军:《当前推进政府职能根本转变亟须解决的若干深层问题》,《中国行政管理》2015年第 6 期。

② 朱维究:《中国政府适应市场经济职能转变的机构设置研究》,《中国机构改革与管理》2012 年第 2 期。

习与训练对数据规模、质量、代表性等方面的要求，而制约其利用人工智能的效用。与此同时，头部企业对商业利润的追逐显然会促使其快速进行模型迭代与数据控制，削弱政府对社会信息的主导地位。而人工智能因自我学习而使马太效应愈发加剧，商业力量对民生、社会的侵蚀将逐步削弱政府的调控能力，造成不可挽回的局面。

与人工智能的精简化、智能化相比，政府组织中的繁文缛节会相形见绌。从最基础的层面来看，组织内的上传下达等重复的执行性工作必然会被逐步取代，这些任务常年下来固化而冗余，并不适应快速变化的外部环境对政府响应的要求。而且相较于人类的有效理性，人工智能系统在大规模数据采集、处理与分析上具有不可逾越的优势，可以更好地进行常态化规划与非常态化应急。尤其公务员培训的效率、效力相对于人工智能的自我强化学习而言更不能同日而语，这也反映了当前人工智能对于基层公务员队伍的绝大威胁，无论是在经济损失还是在社会稳定上都可能造成一定负面影响。更长远来看，如若人工智能逐步进入公共决策之中，那么人类工作的自动化程度、自动化过失中的人机问责等等，这些都要求政府审慎考虑人工智能进入政府的方式、程度以及边界，并处理好技术与人、组织的关系。

（三）人工智能对政府运行方式和流程的挑战

以机器学习、深度学习为代表的算法突破，政府传统的"事件呈现—因果分析—应对解决"的运行方式，[1] 难以应对人工智能给社会带来的不确定性。人工智能的自主强化学习与适应意味着，一旦从设计、开发、应用环节中的某一环节进入下一环节便会脱离前者的预测与控制。[2] 当社会进入相对稳定的发展阶段时，政府通常参照过往经验进行社会治理，但是人工智能不同于以往的信息技术，其对我们生活的渗透，早已超出我们基于以往的认知与猜想，因而路

---

[1] 闫建、李瑞、刘萨娜：《机遇、挑战与展望："互联网+"背景下的政府治理创新》，《重庆理工大学学报》（社会科学版）2017 年第 1 期。

[2] 马修 U. 谢勒、曹建峰、李金磊：《监管人工智能系统：风险、挑战、能力和策略》，《信息安全与通信保密》2017 年第 3 期。

径依赖式的治理逐渐表现出不适。尤其人工智能广泛的应用场景，经由各种主体、客体牵一发而动全身，出现问题时再进行规制的成本过高且效果不明显。因此，政府对于人工智能所可能引发的重大风险，应当提前布局监测，通过先进算法及时识别风险，并掐断风险链，尽可能在事件发生之前控制损失。

人工智能时代，细碎化的政务流程难以响应经济和社会的高速运转和发展。政府组织的分工协作是在纵向上进行控制、指挥与指向，在横向上职能部门专司其职。[①] 但是也造成了不同层级政府同一部门、同级部门间的分工与协调问题。纵向来看，上级政府通常是通观全局制定政策、配置资源，通过层级信息传递，最后由基层落实执行。科学技术加速社会运转，再加上人工智能具备多方位回应和交流的能力，直接联系和沟通高层决策者和行政执行层，分析和传达社会的动态和意图，使得中间管理层失去存在的必要。[②] 横向来看，专业化某种程度上促使了管理的碎片化，很多事务涉及多个部门，往往出现扯皮推诿现象，运作不畅。理想状态下，多部门主体实现信息共享、案件移送、顺畅有序的公务协助体系，避免集调查、决定、执法、监督于一身。因此，政府需要统一调查和证明的规范，以此为标准设计算法。但是目前，宏观原则性的规定多，操作性制度安排少。人工智能系统的运用，将迫使任何一项依法行政建设措施有效分解，责任归属明晰，评价标准落到实处。另外，在人机协同过程中，只有厘清权责并进行流程再造，才能利用信息技术将简单的问题处理方式固化。将工作分解成步骤或碎片化处理是人机合作的前提，尽可能地实现自动化而让人完成剩余工作，或者监督自动化工作，从而提升政府运行效率。

（四）人工智能对政府治理科学性、民主性、有效性的挑战

人工智能虽因其高效便捷而受到社会公众的关注，但其本身的技术门槛造成理解困难，复杂的系统可靠性也难以保证。这考验着政府自身对人工智能的运用能力，从治理理念到治理方式的创新都需要广大干部提高政治素质和工作本领。经验式、封闭式、静态式的行政管理不再适应社会发展的高要

---

① 竺乾威：《地方政府大部制改革：组织结构角度的分析》，《中国行政管理》2014 年第 4 期。
② 李洋、柴中达：《信息化与我国政府治理变革》，《管理世界》2005 年第 2 期。

求、高标准，开放动态的政府治理才能实现科学性、民主性和有效性。

政府决策是政府管理活动的重要环节，在面向复杂社会问题研判、政策评估、风险预警、应急处置等方面还需要纳入科技要素。公共决策涉及面广、涉及利益大，因此通常会遵循一系列步骤，包括进行广泛的调查研究，明确目标，制定详尽的方案，进行咨询论证，最终提出决策，并在实施后获取反馈。这一程序旨在确保决策的科学性、全面性和可行性，使得决策过程更为系统和有序。[①] 与人工智能自主决策系统相比，抽样调查不可避免具有随机性和偶然性，研究座谈、社会听证、专家论证、头脑风暴等定性方法主观性强。反之，要在政府数据授权运营、政府数据开放的背景下，推动公共服务相关的数据共享与融合，探索与社会各界所掌握的数据进行联合。从而使自主决策系统获得足够规模和范围的基础数据，广泛集中民意提高了决策的科学性和民主性。尤其是已进入自我学习的人工智能，给出的解决方案的合理性在某种程度上还可能超过人类。但这并不是否定人在政府决策中的作用[②]，人工智能的深度学习如同一个"黑盒子"，算法的决策过程和决策规则难以被人类明悉，这极大地限制了人工智能决策的透明性、可解释性和可追溯性。面对"自动化"学习与决策的过程无法吸纳人类常识、存在数据歧视等缺陷，以人工智能系统作为支撑的自动化决策离不开人工的验证与确认，从而确保这种决策的稳定性与公正性。与之对应，决策责任制和责任追究机制应该有所调整，限制机器的作用范围，防范公权力的滥用。

四　人工智能对社会公共事务治理的挑战

（一）人工智能对社会民生和保障的挑战

传统的社会保障制度如果不能与时俱进，就难以应对自动机器人的广泛应用给人类教育和就业带来的巨大影响；如机械化拖拉机发明之后，美国的

① 王澜明：《继续推进政府管理创新进一步建设服务型政府》，《中国行政管理》2011 年第 1 期。
② 张广胜、杨春荻：《人工智能对组织决策的影响、挑战与展望》，《山东社会科学》2020 年第 9 期。

农业劳动力开始出现永久性的下降。对于人工智能可能带来的失业潮，一旦显著性和永久性地减少对劳动力的需求，并且大量非熟练劳动力接受再培训，工人流离失所，则国家生产性资本的所有者会高度集中，这对经济和社会的影响将是毁灭性的。对此，实行基本收入制度（向所有成员不加限制地支付一定数额的收入，以满足其基本生活）具有一定的预警和缓解作用。[①] 而现实是，人工智能对于商业活动的融入，最终还是需要消费端的有效认知与接纳。这就驱使政府与企业必须从广大人民的根本利益出发，通过深化人工智能在教育、医疗、环保、交通等领域的开发应用，保障技术红利普惠共享。

（二）人工智能对公共服务的挑战

伴随国家经济迅猛发展，人们的生活需求不再满足于解决基本的温饱问题，[②] 传统粗放式的公共服务不再适用。这就要求政府换位思考，将精细化治理的基本原则融入治理的方式和流程中，提供多样化的公共服务。相较于政府对公民响应的被动滞后，政府从重复繁重的基础工作中解放出来之后，可以更好地利用人工智能识别、预测并应对民众的多样化、多变化需求，实现公共服务均等化、普惠化、便捷化，全面提升人民生活品质。同时也能更敏锐地捕捉到网络空间催生的现实空间的民众情绪与社会矛盾，保障社会与技术的良性共存。[③]

（三）人工智能对社会公平与正义的挑战

考虑到人工智能研发与应用的高额成本，再加上基础设施环境搭建的困难性，真正享受到科技成果的人群和地域可能有限，这一定程度上加剧了数字鸿沟和社会分化。另外，人工智能系统自身的局限性在广泛应用的过程中会造成价值归属问题。培训数据集的选择反映潜意识文化偏见，伦理规范的

---

① 贾开、蒋余浩：《人工智能治理的三个基本问题：技术逻辑、风险挑战与公共政策选择》，《中国行政管理》2017 年第 10 期。

② 张锐昕、阎宇、谢微、李汝鹏：《"互联网+"对政府治理的挑战》，《电子政务》2016 年第 3 期。

③ 杨冬梅：《"互联网+"时代政府治理创新面临的挑战与对策》，《中共山西省委党校学报》2016 年第 6 期。

模糊性称述很难转化为精确的系统和算法设计，因宗教文化不同而产生相互冲突的价值体系，等等。政府在引导人工智能产业发展的同时，应该考虑其符合现有法律、社会规范和道德伦理的要求。

（四）人工智能对社会安全的挑战

基于人工智能技术的智能体在网络空间凝聚形成强大的号召力和影响力，可能使风险蔓延至现实世界。此前，智能终端、移动互联网技术日渐成熟和普及，社会公众个人意愿和诉求的表达进入"自由爆炸"的时代，网民以虚拟身份随意发表言论，引发违法乱纪等不道德行为。如今，除了手动"水军"外，机器人账号使得网络主体身份更为模糊，整体社会的不稳定性进一步增大。新冠疫情期间，澳大利亚研究人员曾揭底美国暗地里通过算法控制虚拟账号传播中国制造病毒的虚假言论。再加上人工智能系统的训练与运行需要不断地从环境中采集数据并上传至网络，复杂的网络空间信息传播对网络安全治理提出更高的要求，政府审时度势、超前布局网络综合治理体系才是明智之举。除此之外，对于群体认知、基础设施、社会安全运行的重大态势，政府应该建立准确感知、预测、预警风险因素的人工智能平台，主动决策、反应，有效维护社会稳定。

美国相继颁布《国家人工智能研究与发展战略规划》《为人工智能的未来做好准备》《维护美国在人工智能时代的领导地位》一系列政策控制新技术对社会安全的影响，如明确要求定期反馈技术领域的重大突破、确保人工智能应用不危害社会安全等。低成本、高能力、致命性和自动化机器人的广泛使用，威胁人类生命安全和社会稳定。长远地看，对一种新技术的高度依赖，本身就是一种危险。过度地依赖人工智能的计算，势必会影响到人类的思维方式，这才是人类心智灭亡的危机。因而政府应当密切关注公众在高技术性社会中的适应性，建立最基本的无技术社会的运转备案，一旦出现人工智能崩溃的情况，人类依然有能力在极端情况下实现基本的生存与发展。[①]

---

① 何哲：《通向人工智能时代——兼论美国人工智能战略方向及对中国人工智能战略的借鉴》，《电子政务》2016 年第 12 期。

五　人工智能对经济和市场治理的挑战

（一）人工智能市场培育的挑战

世界各国以推进经济数字化作为实现创新发展的重要动能，在前沿技术研发、数据开放共享、隐私安全保护、人才培养等方面做了前瞻性布局。我国虽然已成为人工智能发展大国，但在尖端人才、龙头企业、重大原创成果等方面仍存在差距和短板。

一是我国人工智能高端人才存在缺口，且随着产业的进一步发展，缺口或进一步扩大。"领英"数据分析发现，我国人工智能专业人才总量较美国和欧洲发达国家来说还较少，10年以上资深人才尤其缺乏。人才储备和梯队建设牵制人工智能发展稳定性，院校、科研院所对人工智能相关专业设置不足，校企联合人才培养机制还不够成熟。因此，完善人工智能教育体系、突破人工智能的基础研究、构建自主可控的价值链，成为政府培育市场优势的重要环节。

二是财政投入不够，智能化基础设施布局稍显滞后。就测试环境而言，建立从实验室"封闭的世界"到外部"开放的世界"安全过渡的系统有诸多不确定因素。反之，搭建成熟的应用场地不仅可以推进智能产品的广泛使用，而且有利于算法和数据在现实环境中的试错和完善。以美国政府为例，其投资开发自动化的空中交通管理系统，以便充分协调无人机和人驾飞机。一般地，智能应用网络需要大量基础设施的改造与更新，而巨大的沉没成本是单个企业无法承受的，同时不能避免其他企业"搭便车"的行为。[1] 此时就需要政府给予适当的财政支持，缓解科技成果落地的困境。

三是政策法规和标准体系亟待完善。人工智能的研发与应用是一个庞大的系统工程，不同利益集团面临不同的激励和限制条件，由此便产生了对统一技术标准、产业规范的需求。值得关注的是领先的科技巨头，他们掌握着

---

① 贾开、赵彩莲：《智能驾驶汽车产业的治理：发展、规制与公共政策选择》，《电子政务》2018年第3期。

海量的有效数据，在此基础上他们与用户构成良性的数据闭环，由于马太效应从而强者恒强。长远来看，人工智能技术局限于少数企业，其经济潜力会被削弱，阻碍政府对人工智能生态系统的统筹规划。

（二）人工智能市场监管的挑战

首先，人工智能将深刻重塑生产、分配、交换和消费等经济活动的各个环节，推动涌现出新技术、新产品、新业态和新模式，从而引发对经济结构的深刻变革。在中国，人工智能应用领域正呈现迅猛的发展趋势。然而，若不进行有效的顶层设计和引导规划，可能导致短期内的井喷式发展，引发质量低、价格低的恶性竞争，类似光伏、风电等产业曾经面临的困境可能再度出现。因此，需要谨慎对待人工智能的快速发展，确保其在经济中蓬勃发展的同时能够避免不可持续的负面影响。

其次，人工智能牵动人才、资金、物资等资源大规模流动，无疑扩大了政府市场监管的对象和范围。就投入规模来说，面对从宏观到微观各领域的智能化新需求，政府利好政策和极具潜力的市场空间引来大量跟风资本。人工智能行业盲目扩张和"高端产业低端化"，成为政府提前防控风险的重要难题。就投入领域来说，如果商业资本大量涌入军事武器、网络攻击等领域，在没有管制的情况下势必牵动其他科研资源，对国家稳定与国际安全都造成威胁。中国有着绝对数量的用户与规模的数据，这意味着中国市场对国外尖端研究有着巨大的吸引力。为避免关键领域被外商（含跨国企业与组织）或外国政府所控制，对外商投资、相关企业拓展海外项目等的安全审查力度需要加强。2020年8月28日，商务部、科技部调整发布《中国禁止出口限制出口技术目录》，增加了个性化推送、语音合成等技术。

再次，某种意义上说，人工智能及其新业态已超出以往法律法规的适用范围，成为政府依法行政的盲区。人工智能研发边界不明晰，再加上人工智能产品的定义未成定论，造成科技泄密和知识产权侵权，不利于对人工智能成果的保护。不仅如此，人工智能产品与各主体间关系存在不确定性，全流程的问责和追溯制度的缺位将引发人工智能的无序发展，更无法保证公众的

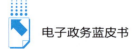

信任。人工智能决策透明度、可解释性和可检查性的难题，限制了参与者权利和义务的设定。

最后，传统的监管理念和手段无法将人工智能风险关进笼子。人工智能的研发只需要极少的可见设施、基于代码的开发甚至可以借助虚拟社区完成，这就使得设置市场准入门槛无从下手。而且人工智能系统具备高度自动化特征，通过产品验证、获得审批许可，也不能保证其在脱离设计阶段后的安全性。

六　结语

新技术、新体制、新环境对政府治理形成新挑战。人工智能等技术的不断发展和广泛应用，迫使政府在调整自身运作的过程中，必须精准把握政府和市场的分工。在这一动态变化的背景下，政府需要积极参与并引领各方面工作，包括规划引导、制度保障、风险防范、市场监管、环境创设以及伦理规范等方面，以确保技术发展和应用不仅推动社会进步，同时还能保障公共利益和社会安全。进一步来说，建设创新型国家和世界科技强国，有必要引导行业自律与公众对话，让政府、市场与公众实现同步治理。

B.24
政务云助力城市治理现代化发展　塑造数字政府建设新格局

中国移动通信集团有限公司　政务云团队 **

摘　要： 中央及地方政府陆续发布了数字政府相关政策，纷纷强调"强化政务云平台支撑能力，提升数据资源使用效益，高效推动国家治理体系和治理能力建设"。本文在思想上深刻把握政务云在数字政府建设及城市治理中的关键作用，理论上形成规范化、体系化的建设原则，结合多年建设实践，围绕资源、安全、数据、应用、职责及管理等维度，探索出包括统筹纳管云、安全合规云、数据融通云、业务协同云、城市治理云、赋能客户云等在内的政务云构建实施路径，旨在提高政府在履职过程中数字化和智能化水平，推动政府科学决策、精准社会治理、高效公共服务。

关键词： 数字政府　政务云　数据资源　国家治理

为贯彻落实各级政府部门的科学决策，着眼新的发展阶段，全面构建新发展格局，将以政务云为核心的先进技术应用于政府管理服务的各个方面，

---

* 团队成员：中国移动通信集团有限公司政企客户分公司杨林、于本江、顾冠楠，中国移动云能力中心何彬、姜政伟、梁辉。执笔人：梁辉，中国移动云能力中心方案经理，工程师，主要研究方向为党政行业解决方案及市场洞察。

以此优化政府治理流程、创新管理模式、提升履职能力。逐渐形成集约化、数字化、智能化的政府运行新形态，为推动国家治理体系和治理能力建设夯实坚定基础。

一　提高政治站位，深刻把握政务云的关键作用

党中央的全面领导贯穿于数字政府建设的各环节各领域，推动政府数字化、高效化运行，为推动国家治理体系和治理能力现代化建设夯实了基础。以政务云为核心基础设施的数字政府是对治理体系和治理能力的全方位、系统性重塑，对于统筹资源管理、自主可控、数据流通、业务协同、政府履职具有重要意义。

（一）政务云有助于实现资源统筹、集约共享

通过构建"一朵云"平台体系，实现政务云 IaaS 资源、PaaS 资源、SaaS 资源的统筹建设、异构平台之间的高效互通。全国各地区通盘筹划开展政务云建设，集约输出政务云多样化服务。《全国一体化政务大数据体系建设指南》（以下简称《指南》）数据显示，全国 31 个省份（包含省、自治区、直辖市）和新疆生产建设兵团的省级政务云基础设施完成建设，在地市层面超过 70% 的地市政务云基础设施完成建设，各类政务应用系统陆续迁移至政务云，集约化建设格局初步形成。

（二）政务云有助于实现安全合规、自主可控

政务云作为关键性基础设施，应遵循《中华人民共和国网络安全法》《中华人民共和国密码法》《中华人民共和国数据安全法》等法律要求及相关国家标准开展合规建设，建立健全数字政府一体化网络安全保障体系，围绕数字政府建设筑牢网络安全"铜墙铁壁"、打造实战化安全"铁军"，把安全发展贯穿于数字政府建设的各领域和全过程，达到安全可控可管可信可见，进一步促进数字政府高质量发展。同时，随着信息技术应用创新在党政行业的大

规模发展，以"一云多芯"为基础构建起从芯片到上层应用的全栈自主可控的产品体系将进一步提升自主可控能力。整理公开数据可知，2022 年全国信创市场规模达 472 亿元，并保持 30% 以上的年增长率。信创政务云大规模发展，为其他行业信创替换明确了从基础硬件到基础软件再到应用软件的纵向替换路径，以及从 OA 系统到非核心业务系统再到核心业务系统的横向替换路径，行业牵引效果明显。

（三）政务云有助于加速政务数据流通、价值释放

政务云在一定程度上实现了政务数据的集中及有效治理。通过制定并完善政务数据共享协调措施，加速政务数据共享进程，坚持统筹协调、应用牵引、安全可控、依法依规，以业务协同为重点，全面构建政务数据共享安全制度体系、管理体系、技术防护体系，打破部门信息壁垒，推动数据共享对接更加精准顺畅，提升了法治化、制度化、标准化水平。《指南》数据显示，初步形成了覆盖国家、省、市、县等层级的全国政务数据目录，依托全国一体化政务服务平台各地区各部门汇总编制了政务数据目录约 300 万条，信息项约 2000 万个。初步建成人口库、法人库、自然资源库、经济库等基础库。政务云作为构建一体化政务数据的核心底座，在优化政府对外政务服务、改善企业营商环境方面起着关键作用。

（四）政务云有助于推动业务横向协同、纵向联动

政务云承载了各类委办局公共服务、社会管理、市场监管、经济调节等业务应用，在一定程度上实现了政务信息系统的集中部署，有利于推动政务信息系统实现互联互通、业务融合。中央党校（国家行政学院）电子政务研究中心于 2022 年发布的《省级政府和重点城市一体化政务服务能力调查评估报告》显示，2021 年度省级政府一体化政务服务能力总体指数平均值达到 88.07，19 个省级政府的一体化政务服务能力指数超出平均值，占比为 59.38%。5 年来，得益于全国一体化政务服务平台建设的大力推进，总体指数平均值从 2017 年的79.95 提升至 2021 年的 88.07，增长 10.16%。政务云在推动跨地区、跨部门、

跨层级协同办理上成效卓越，线上政务服务事项的覆盖率、发布政务事项信息的精确度和一体化政务服务平台实际应用均有显著提高。

（五）政务云有助于促进政府高效履职、精细治理

以政务云平台为基础打造城市治理云平台，横向融合政务云、物联感知网络、大数据基础平台、视频识别、高精度定位、人工智能、安全，纵向打通云网边端。通过融通各类新兴技术和融合政务数据、城市感知数据、行业数据等，加快政府实现业务协同与应用创新，打造城市治理新型一体化数字底座。截至 2023 年 8 月，全国有多个省、市、区明确提出开展城市治理、城市运行"一网统管"建设，旨在及时应对社会发展变化而带来的社会问题，构建共建共治共享的社会治理新格局。

二 把握建设原则，促进政务云和谐发展

政务云建设应遵循科学化、系统化的方法理论，以顶层设计为牵引，构建完善的技术体系，布局多样化算力，实现多平台之间融合共通，并持续开展运营，为政务应用、政务数据持续赋能。

（一）运筹帷幄、描绘顶层规划宏伟蓝图

为了避免重复建设，促进各级政府部门之间的信息共享、数据交换和业务协同，顶层规划设计至关重要。政务云顶层设计应综合考虑底层资源和上层应用的需求，满足资源管理、业务弹性、数据安全、智能决策等要求。在规划设计阶段，应遵循先进性、可扩展性、开放性与兼容性、可靠性、安全性等原则，在适应当前电子政务应用实际需求的同时，为未来政务信息化发展提前布局。

（二）夯实基础、设计集约完善技术体系

政务云平台涉及计算服务器、网络设备、存储设备和安全设备等。在

选择时应充分考虑品牌型号、功能配置和性能指标，并满足信息技术应用创新等相关要求；同时采用虚拟化软件构建虚拟化资源池，建议考虑兼容性强的虚拟化技术架构和相关软件；在此基础上，通过云计算管理平台层向上提供服务或产品，云计算管理平台应具备良好的兼容性和开放性，可以实现对异构硬件、异构资源池的资源统一管理，降低业务运行成本，保证系统的安全性和可靠性。同步融入云原生等新兴技术，实现跨云的通用能力、资源共享，并基于统一的云原生治理标准，实现政务业务应用从开发、集成到监控、运维的统一管理，达到应用级可视可管、精细化资源运营、标准化可共享的效果。

（三）算网融合、高效聚合多样计算能力

充分利用国内一体化政务大数据中心的科学创新机制，推进各地区各部门政务云统筹规划、合理建设。提高各地区各部门政务大数据所需云资源服务能力，推动已有数据中心整合改造，打造多样化计算能力，与各类社会主体深度分析挖掘城市治理、政务服务、民生事业等领域应用需求，打造各种人工智能应用场景，广泛服务于城市数字化转型的方方面面，如社会治理、智慧安防、智能出行、移动支付、智慧工厂、智慧农业等，充分支撑政府治理体系和治理能力现代化建设，发挥政务云基础设施的社会价值。

（四）平台共通、实现能力持续迭代演进

通过政务云对原来分散、独立的多个平台能力进行封装整合、高效融合。在此基础上，通过数据使能、业务使能和人工智能（AI）使能三大使能平台实现服务的统一调用、按需提供，支持快速融通新技术，实现能力的持续迭代，以此构建各类智慧应用，助力城市治理数字化转型。

（五）持续运营、提升政务平台核心价值

推动建设管运分离、政府主导、云服务商建设运营的运营模式，以提升云上业务生命周期价值、降低端到端运营成本为运营目标，政务云运营体系

以统一的运营运维支撑平台和商业流程为依托，打造云运营商业体系与战略规划，提供完善的服务运营、产品运营、平台运营、客户运营、安全运营、数据运营、生态运营能力，支撑政务云在商业效益和社会效益上取得成功。

三 发挥政务云核心价值，灵活构建政务云实施路径

中国移动积极深耕政务云领域，目前在全国范围内承建了 17 个省级政务云、150+ 个地市政务云，从规划设计、建设交付到运维运营、生态合作积累了丰富的经验，并探索出适合政府数字化转型的建设路径。

（一）资源为先：统筹纳管云

结合目前全国省/地市政务云的多云建设态势，以多云管理平台为基础，实现"统一资源管理、统一服务目录、统一资源调度、统一监控、统一用户"的五个统一目标，为政务云管理单位提供多业务维度的云资源"一本账"视图，为各级政务云的发展规划提供精准决策依据；促成资源的跨层级、地域弹性分配、按需伸缩、异地调度，降低云资源使用成本。

（二）安全为基：安全合规云

落实云计算服务评估和能力要求，落地政务云安全监管和评估工作。对照相关国家标准规范，针对云平台在建设、运维、日常管理、安全技术手段等方面开展自评估工作并提交评估报告。明确政务云服务安全责任边界，划分安全责任。全面识别云计算相关方安全责任，落实责任承担机制，明晰政务云服务责任边界，根据责任共担模型制定责任共担矩阵。加强政务云安全防护能力建设。依据等级保护、商用密码应用安全评估等国家标准，开展政务云平台及其云租户的安全能力建设，并通过等级能力测评。

（三）数据为核：数据融通云

从全国建设经验来看，技术和政策是推动政务数据共享的两大核心助力。

技术层面，以国家数据共享交换平台和全国一体化政务服务平台为依托，各地区各部门按需在政务云平台采集、汇总、治理的政务数据基础上建设政务数据实时交换系统，支持海量数据高速传输，并与国家平台进行对接，覆盖国家、省、市等层级的全国一体化政务数据共享交换体系基本建成。政策层面，《指南》指出："推动各地区各部门政务云统筹规划、合理建设。提高各地区各部门政务大数据所需云资源服务能力。推动全国一体化政务大数据能力体系持续建设，加强政务数据治理，依法合规促进数据有序共享和高效开发利用。"

（四）应用为纲：业务协同云

以省/市/区县政务云承载的城市运行、城市管理、经济监管、社会治理、应急管理等重点业务领域为基础，发挥各级政务云平台互联的云网融合优势，统一承载政务外网业务、城市泛在物联感知业务、视频业务等，按照业务横向协同、纵向联动的建设思路，通过建立省、市、县（市、区）三级"一网统管"基础平台，形成"统一领导、统筹管理、专业运营"的"一网统管"管理架构，面向省、市、县（市、区）、镇（街）、村（社区）五级用户提供创新管理模式，实现城市治理的纵横向联勤联动。通过开展业务场景创新，打造具有品牌效应的智慧应用，打造协同治理新格局，进一步完善城市治理体系。

（五）履职为本：城市治理云

通过将政务云平台与移动体系内 9 one 行业平台进行深度融合，实现能力的持续演进，将政务云平台升级为城市治理云平台。城市治理云使得城市的数字资产重新焕发活力，城市的数字资产以往以政务数据为主，目前城市云平台在实现政务数据和感知数据融合的基础上，进一步沉淀了海量数据工具、富场景化算法和多样化城市信息模型。通过一站式云原生开发平台实现统一开发、分层部署，并把数字资产通过资产商城的方式开放共享，并与公有云的政务云专区打通实现生态共享。可以通过城市治理云的业务调度能力对政府对外服务、治理过程的一些常见场景进行抽象和固化，创新城市应用发展。

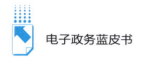

电子政务蓝皮书

（六）整体管理：赋能客户云

2020年，为落实中国移动集团公司创世界一流"力量大厦"的总体部署，印发了《落实集团战略布局，建立高效协同组织运营体系实施方案》，明确深入推进IT领域改革战略布局，由集团公司统筹构建IT云全网管理机制，基于"统一规划、统一建设、统一运维、统一运营"的整体管理原则，打造"运营高效、两级统筹、支撑有力、服务敏捷"的IT云运营体系，强化对全网IT云资源池规划、建设、运营、运维、网络安全等统筹管理。中国移动经过三年多管理实践，积累了丰富的运营运维经验，沉淀了IT云支撑能力，能有效赋能政府行业客户，助力一体化政务云建设，实现统一资源管理、统一运维运营、支撑业务快捷上云、数据统一共享等一体化政务云建设目标。

四　物联感知政务云平台创新实践

近年来，中国移动锚定世界一流信息服务科技创新公司的目标定位，注重发挥网络强国、数字中国、智慧社会主力军作用，顺应政务服务数字化转型需求，把握数字政府建设、发展、演进特征规律，积极探索实践赋能政府管理、社会治理和民生改善。2023年起，中国移动承建安徽省宣城市物联感知政务云平台，以自研全栈专属政务云底为基础，构建物联感知体系，持续开展数据运营。

（一）建立物联感知体系

将自研全栈专属政务云平台、物联感知平台、数据治理平台进行深度融合，提供专属宿主机、GPU云主机等高阶算力，针对城市治理重复建设、烟囱壁垒、信息孤岛、数据杂乱等痛点问题，建立城市物联感知体系，如图1所示。通过全域感知连接城市设备、数字集成实现系统对接、数据治理实现数据共建共享、数字孪生实现物理城市到数字城市的转化。融合地理信息系统（GIS）、建筑信息模型（BIM），构建城市信息模型（CIM），构建起三维

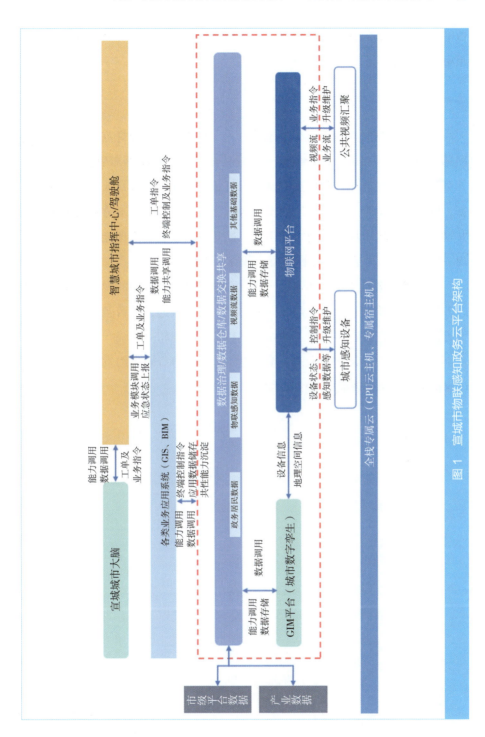

图 1　宣城市物联感知政务云平台架构

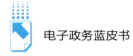
数字空间的城市信息有机综合体，在地理区域上多维度呈现物联网设备在城市中带来的脉动。

（二）物联感知数据共享

制定全市物联感知中台标准规范意见，形成相关管理规范，统一全市物联感知设备统一接入、统一管理、共建共享。构建物联感知数据资源目录，并可与一体化智能化公共数据平台进行目录挂接，补全公共数据平台物联数据。以此推动了跨部门、跨层级、跨区域、跨业务、跨系统的物联感知数据共享，支撑了城市场景应用快速构建，提升了城市数字治理能力和水平，实现了城市治理"可感、可视、可控、可治、可决"。

中国移动秉持"十年寒窗磨一剑，今朝出鞘试锋芒"的理念，积极发挥政务云在资源管理、算力布局、业务协同、数据流通、平台融合、安全合规等方面的优势。勇于担当、主动作为，切实把思想和行动统一到党中央关于数字政府建设的决策部署上来，全力支撑数字政府智能集约发展，助力提升国家治理体系和治理能力现代化水平。

B.25
创新政企合作模式　提升数字政府效能

烽火数字政府研究院 *

摘　要： 随着云计算、移动互联网、人工智能等新兴技术在政府信息化领域的广泛应用，传统的电子政务已经逐步演进为智能的数字政府，在治国理政创新实践中发挥着越来越重要的作用，成为创新服务模式、提升行政效能、推进国家治理体系和治理能力现代化的主要抓手。在政府信息化建设的进程中，不同的管理运营模式为各地方带来了各具特色的亮点，但还面临着政企合作权责利不对等、数据协同共享力度不足、运营团队效率较低、运营评估体系缺乏，以及数字化思维转变等诸多问题，亟待从加强业务与技术深度融合、提升运营团队能力、构建运营评估体系、加大培训力度、提升数字化思维、加强数字政府建设中的安全保障等方面进行改善。

关键词： 数字政府　政企合作　管运分离　运营评估

从政府数字化转型进程中政企合作的变迁来看，传统的电子政务采购一般是政府依据自身在信息化方面的需求去寻求外部供应商，通过支付一定费用来购买相应的产品方案或服务等。随着政府治理需求的变革以及技术的进步，政府对信息技术企业的需求更为多元，政企双方由单一的购买模式逐渐转变为优势互补的伙伴关系，在合作模式、权利义务、运行机制等要素明确

---

* 研究院成员：陈刚、张琳琳、李杰、张婧。执笔人：陈刚，烽火通信科技股份有限公司首席架构师、高级工程师。

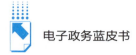

的基础上，通过不同形式深度参与到数字政府建设和运营中。

近年来，在全面贯彻落实党中央、国务院关于加快建设数字中国进程的指示中，各地方高度重视数字政府顶层规划设计，相继出台了各级数字政府建设规划、行动方案。同时，地方政府因地制宜，积极探索与企业的合作，以期切实有效地提升数字政府效能。从目前全国数字政府省级平台建设运营模式来看，主要分为三种：第一，政府管理、政府运营；第二，政府管理、企业运营；第三，政府管理、事业单位运营（见表1）。其中，"管运分离"的政企合作模式成为当前的主流，并在各地实践中演进出不同的合作方式，为进一步推进数字政府创新发展提供了支撑。

表 1 数字政府建设运营模式分类

模式分类	特点	代表省份
政府管理、政府运营	由行政主管机构进行统筹管理，由专门的政府部门负责平台建设运营，企业提供技术支持与服务	河北省、山西省、黑龙江省等
政府管理、企业运营	由行政主管机构进行统筹管理，龙头企业（以央、国企为主）牵头整合生态资源进行平台建设运营，目前，这种合作模式在全国各省份中占比最多	上海市、广东省、浙江省、湖北省、贵州省等
政府管理、事业单位运营	由行政主管机构进行统筹管理，由特定的事业单位负责整体运营工作，企业提供技术支持与服务	江西省、湖南省、安徽省等

一 政企合作模式优化创新 提升数字政府效能

在数字政府建设运营中，政企合作充分体现了政府在规划引导、业务协调、监督管理等方面的保障，同时也发挥了市场主体在人才、产品、技术、服务等多方面的优势，为数字政府建设运营提供长期、稳定的服务支撑。这其中形成了一系列可复制推广的成功经验，也面临着一些困境和挑战。下文将以湖北省和新疆生产建设兵团数字政府建设运营成果为例，进一步谈谈政企合作的经验与成效。

（一）创新合作模式　湖北省数字政府建设运营"三合一"

湖北省以顶层设计为统领，积极推进数字政府建设，先后制定了《省人民政府关于推进数字政府建设的指导意见》《湖北省推进数字政府建设实施方案》《湖北省数字政府建设总体规划（2020-2022年）》等政策文件。在此过程中，积极探索政企合作路径，不断调整与优化，提出政事企"三合一"合作模式，推动湖北省数字政府的规划、设计、建设和运营。

早在2015年，在湖北省委、省政府的倡导下，按照"政府主导、市场主体"的原则，国资委直属央企烽火通信与湖北省联投集团共同发起组建湖北省楚天云有限公司。2019年1月，在省办公厅发布的《湖北省推进数字政府建设实施方案》中，明确将楚天云公司作为责任单位，承担政务云平台、电子政务外网、省大数据能力平台建设等任务。在《省人民政府关于推进数字政府建设的指导意见》中，明确了构建"政事企合作、管运分离"的数字政府建设模式，坚持政府主导，引进社会力量，合作开展数字政府建设工作，并要求建立政事企合作机制、协作会商机制，明确分工及工作流程等。2019年8月，湖北成立省大数据中心（事业单位），并在省政府2020年6月发布的《湖北省数字政府建设总体规划（2020-2022年）》中，进一步明确了"一办、一中心、一平台"的职责，即对"行政部门＋事业单位＋平台企业"的政事企合作模式中各角色进行明确定位

一是充分发挥省政务办作为行政主管机构对全省数字政府建设的统筹作用，加强纵向工作指导和横向工作协调力度，由省统一规划、统一建设、统一管理；各地实行"一个机构管总"，设置并明确数字政府建设的统筹管理机构，将分散在各部门的信息化统筹职能进行整合，构建形成统一领导、上下贯通、统筹有力的全省数字政府建设组织体系。

二是充分发挥省大数据中心作为数字政府技术管理单位的作用，在省政务办领导下，对业务部门信息化需求进行评估，对数字政府建设进行技术管理指导。

三是充分发挥楚天云作为数字政府支撑平台的作用，整合湖北省内相关龙头企业和国内一流厂商资源，构建数字政府产业生态体系，对数字政府项

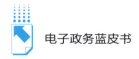

目进行统筹建设运营，打造服务于数字政府建设及产业发展的双赢平台，形成政府作用与市场作用相结合的新模式。

在湖北省数字政府"政事企"合作模式中，政府侧在数字政府建设相关的决策权、规制权和所有权等方面占据支配性地位。这种合作模式推进了数字政府建设体制改革，形成了全省统筹的数字政府一体化运行体制机制框架及工作格局，在湖北省一体化数字政府建设过程中发挥了重要作用。

目前，基于湖北省电子政务外网、"鄂汇办"移动端的政务服务网五级全覆盖，湖北省政务服务网注册用户数从 2018 年底的 100 余万跃升至 4900 万；服务质效持续提高，事项标准化从"三级 48 同"实现"五级 118 同"并在全国率先延伸至乡村两级，全省可网办率从 58.49% 提升到 99.39%，省市县三级"最多跑一次事项"占比从 77.02% 提升到 99.77%。"鄂汇办"移动端累计上线服务达到 97020 项，"好差评"整改反馈率 100%，好评率 99.99%，在国办电子政务办组织开展的省级政府网上政务服务能力评估中，湖北省连续两年进入全国第一方阵。此外，湖北省深化"一事联办"改革，着力"跨域通办"建设，推动"惠企政策"直达快享、实现"便民热线"统一等典型做法均获得了充分肯定及推介。

（二）突破传统模式　新疆生产建设兵团数字政府建设的"政企合作"

2019 年，新疆生产建设兵团制定印发《关于加快数字兵团建设的指导意见》，明确提出了构建"政府主导、政企合作、管运分离"的模式，充分发挥兵团特殊体制优势，推动集约化建设，引入市场机制，形成政府、企业、社会合力推进的数字政府建设格局。

在西北地区，新疆生产建设兵团率先通过政企合作开展数字政府建设工作，于 2019 年成立"数字兵团"建设领导小组，实行集中统一领导，负责数字兵团建设的总体布局、统筹协调、整体推进、督促落实。其中，由新疆生产建设兵团信息技术服务中心（大数据管理中心）负责数字兵团公共基础设施、数据资源整合共享及共性应用的规划管理和服务保障；同时，新疆数字兵团信息产业发展有限责任公司（简称"数字兵团公司"）作为数字兵团的支撑平台，承担数字兵团的建设和运营工作。

数字兵团公司承担了新疆生产建设兵团政务云、一体化政务服务平台、"互联网＋监管"平台、大数据中台等平台的建设及运营工作，具体如下。

一是构建集约共享的"数字兵团"统一基础框架，实现政务信息系统互联互通，面向新疆生产建设兵团提供跨层级、跨部门、跨业务的云基础设施、大数据、应用支撑。

二是"互联网＋政务服务"平台实现与国家平台对接，在兵级统建的基础上，指导推进各师市各部门政务服务规范化、标准化、集约化建设，实现全兵团政务服务"一张网"，不断优化政务服务流程；政务服务线上线下融合互通，跨师市、跨部门、跨层级协同办理，服务效能大幅提升，全面实现"一网通办""一窗综办"，让企业和群众少跑腿、数据多跑路。

三是"互联网＋监管"平台全面落实"双随机、一公开"原则，建立互联网监管标准规范，汇聚重点领域监管数据，以信息化手段实现监管事项全覆盖、监管过程全记录、监管数据全分析，为兵团各领域实现信用监管、综合监管、协同监管提供强有力的平台支撑。

2019 年 9 月，兵团政务服务网及兵政通 App 上线运行，标志着兵团政务服务正式开启"网办"新阶段，2020 年 9 月开通 14 个师市站点，2021 年 10 月，兵团政务服务网实现兵师团三级全覆盖。

目前，作为兵团电子政务的总入口，满足企业群众"看、查、办、问、评"的政务需求，平台发布兵师团三级事项超 3 万余项，其中，依申请六类及公共服务事项的 2 万余项中可网办率达 98%，最多跑一次率达 99%。推进政务服务平台互联互通，完成与住建、社保、医保、林业、自然资源等领域业务系统对接，实现事项集中发布、身份集中认证、服务集中提供。此外，数字兵团按照统一设计、统筹推进、集约化建设原则，建设兵团大数据中台，支撑跨层级、跨区域、跨部门、跨业务的信息共享和业务协同。数字兵团工程的建设提升了新疆生产建设兵团整体信息化应用水平，推动兵团管理运行数字化、社会治理精准化、公共服务便捷化，加快了兵团"互联网＋政务服务"的推进步伐。

二 数字政府建设与运营中"政企合作"面临的挑战

近年来，在数字政府国家战略的推动下，政府给予新兴科技企业的政策支持力度越来越大，信息化企业参与数字政府建设运营的积极性日益提高，也为数字政府效能提升探索出更多的路径。在各地实践中，地方案例印证了"政企合作"高效推动数字政府建设与运营工作的能力，同时也凸显了政企合作过程中面临的一些挑战。

（一）政企合作权责利不对等

当前，数字政府建设运营项目的政策支持、财政支持力度较大，带动信息化企业业务量激增，政府在数字政府项目合作中处于"买方市场"，占据着主导权。数字政府项目蕴含的财政资金吸引企业积极争取项目，甚至过早投入大量资源介入项目，企业在相互竞争中形成了对政府资源的非对称依赖。由于企业在与政府合作过程中相对弱势，双方依赖关系失衡，以致政府部门和参与企业的权责利关系不对等，从而削弱了数字政府政企合作的效能发挥。

（二）数据协同共享力度不足

当前，我国正在大力推进全国一体化政务大数据体系建设，政务数据共享交换是实现电子政务系统智能互联、资源共享、业务协同，促进数据全面赋能数字政府管理服务业务转型升级的直接动能。基于当前数字政府建设情况，数据协同共享力度尚且不足，还存在数据需求不明确、共享制度不完备、供给不积极、供需不匹配、共享不充分、数据异议处理机制不完善、综合应用效能不高等实际问题。因此，加大数据协同共享力度，对实现政务数据充分利用和有效增值具有重要意义。

（三）数字政府运营团队效率较低

数字化平台通过汇集和归总数据信息，不断流动更新、精准挖掘、充分利用数据价值，并通过信息技术与业务场景相融合，不断提升政务服务和社会治理能力。但在实际运营过程中，运营团队以项目建设单位联合企业人员为主，没有专业的数字政府运营团队，且运营能力有限，导致流程未能有效搭建。对于数字政府运营体系发展，需要将运营与运维真正分开，提升人员专业素养，稳步提高运营效能。

（四）数字政府运营评估体系欠缺

数字政府建设已经迈入快车道，但建设投入后的数字政府运营评估体系欠缺。构建数字政府运营的发展模型与评估体系，可以对整体运营情况进行统计摸底，形成体系化的运营管理机制，实现规范管理、长效运营。通过运营评估工作的开展，进一步明确运营价值提升的路径，缩小地域之间的数字运营鸿沟，实现数字政府运营成效的持续提升。

（五）业务人员数字化思维亟待提升

政务数字化思维是利用"互联网+"价值来指导和处理政务服务工作的新思维方式。习近平总书记曾指出，"善于获取数据、分析数据、运用数据，是领导干部做好工作的基本功"。[①] 各级领导干部只有做到"心中有数"才能在处理各项工作中游刃有余。目前，部分公务人员仍然缺乏大数据意识，导致海量政务信息碎片化、无序化。政府公务人员如何培养良好的数据思维，促使政务服务更加智能化、科学化，是大数据时代亟须解决的问题。

[①] 中央党史和文献研究院：《习近平关于网络强国论述摘编》，中央文献出版社，2021，第40页。

640

三 数字政府建设运营中"政企合作"的建议

从各地实践来看，借助企业力量开展数字政府建设运营已经成为政府的最佳实践。"管运分离"的新型政企合作模式，将原属于政府的部分信息化职能分离出来，该由市场承担的交给市场，该由政府承担的交给政府，既保证了政府的主导性，又提升了技术运营的专业性和持续性，同时，最大限度地调动了市场积极性。增强了改革的动力。针对当前面临的一些挑战，总结如下几点建议。

（一）加强业务与技术深度融合

企业经过长期的市场竞争，积累了丰富的信息化经验，能够快速完成技术和成果转化，提升数字政府建设的效率集约化、一体化水平，并在公共服务、政府决策与社会治理中发挥重要作用。加强业务与信息技术深度融合，深化政企合作模式，既可以充分调动企业的积极性，借鉴企业在大量实践中的技术积淀，又可以满足政务服务业务发展的需求，解决业务痛点，实现业务价值，创新性地推动服务更加高效智能。

（二）提升数字政府运营团队能力

数字化技术与政府业务的融合发展趋势愈加明显，一方面以云计算、大数据、人工智能为代表的信息技术应用在更多的创新政务应用场景上；另一方面业务与技术之间相互影响带来了政府组织架构、业务流程等方面的变革。数字政府建设运营团队作为核心力量，具备了既懂技术又懂业务的优势，在推进业务实施中应向运营团队授予更多权限，提升团队专业能力，辅助推动业务流程再造。

（三）构建数字政府运营评估体系

建立伴随数字政府全生命周期的管理运营体系，围绕服务运营、数据运营、基础设施运营、机制规范运营、安全保障运营等核心内容开展运营服务，并以客观性、导向性、体系性、实效性为原则，建立相应的运营能力评估指标体系。通过对运营效果的评估，找出自身差距，明确提升目标及路径，推动从国家层面开展各地区数字政府运营评估工作，从而提升国家数字政府运营的整体水平，实现真正的服务为民。

（四）加大培训力度提升数字化思维

数字政府建设是将新一代信息技术与政务服务相融合的体系化建设内容，面对国内部分地区薄弱的信息化基础现状，要加大"引进来、走出去"的步调，邀请国内先进省份专家学者、实践先行者进行经验交流，提升指挥者、实施者数字化思路，逐步缩小东西部数字政府建设运营差距。加大业务培训力度，深化思想认识，提高干部队伍数字化思维能力和专业素质，为数字中国战略的顺利实施与高质量发展注入新动能。

（五）提高数字政府建设中的安全保障

在国家发布的多项数字政府重磅政策中，数字政府安全体系建设被提升至更加重要的地位。首先，要构建全方位、多层级、一体化安全防护体系，加强对数字政府建设、运营企业的规范管理，确保政务系统和数据安全的管理边界清晰。其次，要进一步建立健全数据分类分级保护等制度，以及动态监控、主动防御、协同响应的数字政府安全技术保障体系，为数字政府建设运营提供坚实的安全保障。

当前，我国数字政府建设已经进入新时期，各地政企合作模式逐步走向成熟。为进一步提升数字政府建设效能，更充分地发挥企业技术优势和运营服务能力优势，在落实数字政府建设目标的基础上，各地政府应该通过"制度优化、机制完善、技术创新"等一系列改革举措，促进政府和企业双方实现共赢，才能更好地顺应数字政府发展的新趋势，助力数字中国建设迈向更高的台阶。

B.26
以数字技术助力政府履职决策能力提升

梅　澎[*]

摘　要： 基于大数据分析等数字技术在政府履职决策中的应用，政府机关
履职决策能力得到显著提升。通过数字化的手段，政府可以收集、
整合和分析大量的数据，从而更准确地了解社会经济状况、民生
需求和舆论动向。基于这些数据，政府可以利用数据分析和预测
模型来预测行业、事态和政策制定等方面未来的发展趋势，为决
策提供科学依据。

关键词： 数字技术　履职决策　数据驱动

一　背景介绍

　　政府履职决策是政府机构在行使职责的过程中，对各种社会问题、经济
问题、政治问题等做出决策和实施决策的过程，涉及政府机构的各种职责和
权力，也包括经济、社会、文化等各个领域。首先，政府机构在制定政策时，
需要充分考虑政策的可行性和效果。政府机构需要深入了解社会需求和民众
意见，结合实际情况，制定出符合实际、切实可行的政策方案。其次，政府
机构在实施政策时，需要严格按照政策方案执行，确保政策实施过程中的公

---

　　*　梅澎，中共中央党校（国家行政学院）电子政务研究中心助理研究员。

正、公开和透明。政府机构需要加强对政策实施过程的监督和管理，防止出现执行不力、执行不公等问题。同时，政府机构还需要及时反馈政策实施过程中的问题和困难，并积极采取措施加以解决。最后，政府机构在评估政策时，需要综合考虑政策的实施效果和社会效益。政府机构需要定期对政策实施效果进行评估，及时调整政策方案，确保政策实施效果的最大化。同时，政府机构还需要积极引导社会舆论，加强对政策的宣传和普及，提高民众对政策的认知和认可度。这些方面涉及大量的数据和数据处理的时效性问题，因此数字技术的应用成为支撑政府部门履职决策的有效工具。

数字技术在政府履职决策中的应用，能够促进政府部门适应信息化和数字化转型的趋势，提升政府的决策能力、科学性和效率。随着信息技术的快速发展，数字化转型已成为各行各业的共同趋势。政府作为社会管理的重要组织，迫切需要借助数字技术来提升自身的决策能力和服务水平。数字技术可以帮助政府实现决策过程的自动化和智能化，提高决策的效率和准确性。例如利用人工智能和大数据分析技术，政府可以快速获取和处理大量的信息，辅助决策者进行决策分析和预测，从而更快地做出决策并及时响应社会需求。

二　数字技术在政府履职决策中的重要性

政府履职决策是指政府在行使职权和履行职责的过程中，通过制定政策、采取行动和做出决策来解决社会问题、推动社会发展和满足公众需求的一系列活动。政府履职决策涵盖广泛的领域，包括经济发展、社会福利、公共安全、环境保护、教育卫生、城市规划等等[①]。政府履职决策通常需要政府机构、政策制定者、决策者和利益相关者之间的协调合作。在决策过程中，政府需要收集和分析相关数据和信息，评估各种政策和行动的影响和可行性，并考虑公众意见和利益，以制定出最佳的政策和行动方案。政府履职决策的目标

---

① 王临平:《政府决策中的公民网络参与研究》，武汉大学博士学位论文，2011。

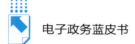

是实现社会公共利益、提升公共服务水平和推动社会进步[1]。政府履职决策的重要性在于它对社会的影响和效果。良好的决策能够为社会带来积极的变革和发展，而不恰当的决策可能导致资源浪费、社会不稳定和公众不满。因此，政府履职决策需要建立在科学、公正、透明和民主的基础上，以确保决策的合理性、有效性和可持续性。

因此，数字技术在政府的履职决策中扮演了重要角色，对于社会的动态感知与民意汇聚可以确保信息收集的时效性，政策评估的准确性可以平抑政策影响所带来的社会波动，而以数据驱动的执行监督工作可以帮助更多的业务进行协同融合并开展多元共治。

（一）社会动态感知与民意汇聚

数字技术可以帮助政府及时感知社会的动态变化和民生需求。通过数据采集、监测和分析，政府可以了解社会经济状况、民众关注的热点问题、舆论动向等信息。这些数据可以帮助政府更准确地把握社会发展趋势[2]，及时调整政策方向、满足民众的需求。通过建立数字化平台和系统，政府可以通过开展在线调查、问卷调查、社交媒体分析等方式，主动收集公众的意见和建议。这些数据可以帮助政府了解民众的诉求和期望，为决策提供参考和依据，增强政策的针对性和可行性。

（二）决策提质增效与政策评估

数字技术可以提供准确、全面的数据支持，帮助政府决策者更好地了解问题的本质和背景，从而提高决策的质量和准确性。通过数据分析和挖掘，政府可以发现问题的根源、趋势和影响因素，为决策提供科学依据[3]。此外，

---

① 盛小平、王毅：《利益相关者在科学数据开放共享中的责任与作用——基于国际组织科学数据开放共享政策的分析》，《图书情报工作》2019年第17期。

② 张小劲、陈波：《以数据治理促进政府治理：政务热线数据驱动的"技术赋能"与"技术赋权"》，《社会政策研究》2022年第3期。

③ 谢贻富：《数据中心助力新基建背景下的城市数字化转型路径浅析》，《经济技术协作信息》2023年第5期。

数字技术还可以实现决策过程的自动化和智能化，提高决策的效率和响应速度，使政府决策更加及时和精准。通过数据采集和分析，政府可以了解政策的影响和效果，及时发现问题和不足之处，并采取相应的调整和改进措施。数字技术还可以帮助政府进行政策模拟和预测，评估政策的可行性和风险，从而提高政策的科学性和有效性。

（三）执行监督优化与数据驱动

数字技术可以提供实时监测和数据分析的能力，帮助政府对政策执行情况进行监督和评估。通过数字化平台和系统，政府可以收集和分析各种数据，包括政策执行进展、资源利用情况、效果评估等。这些数据可以帮助政府发现问题和短板，及时采取措施进行优化和改进，提高政策执行的效率和质量[1]。同时数字技术还可以提供智能化的监督工具，帮助政府实现对各级部门和公务员的监督和评估。通过数字化系统，政府可以建立绩效考核和监督机制，对政府部门和公务员的工作进行量化评估和监控。促使政府部门和公务员更加高效地履行职责，提高执行效能和责任意识。

（四）业务协同融合与多元共治

数字技术具有标准化的技术架构和设计模式，在做好顶层设计的前提下，部门内部甚至不同部门之间的业务流程能够被打通，实现业务工作的高度融合，从而使数据的获取更全面、更准确，利于政府更加科学和准确地了解社会经济状况、民众需求、问题症结等数据。通过大数据分析和挖掘，为政府决策提供科学依据，帮助政府制定更具针对性和可行性的政策，并能够使政策的传达更加畅通和高效。同时，通过数据分析和模型建立，数字技术还可以帮助政府进行政策效果评估和预测。政府可以评估政策的实施效果，了解政策的影响和成效，同时分析未来的发展趋势和可能

---

① 温雅：《基于社会化媒体的政府网络舆情监测与应对》，华中科技大学硕士学位论文，2013。

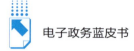

存在的风险为决策提供参考和预警，提高决策的科学性和前瞻性[①]。数字技术也为不同的社会主体提供了交流互动的平台和途径，形成了互相监督、多元参与的格局，有利于政府履职决策的落地实施和成果总结。

三 数字技术在政府履职决策领域未来发展趋势探究

（一）人工智能有效提高履职办公效能

人工智能技术可以帮助政府决策者更好地分析和处理大量的数据，提供决策支持。未来，智能决策支持系统有望进一步发展，通过机器学习和自然语言处理等技术，实现对复杂问题的自动分析和推理，为政府决策者提供更准确、全面的信息和建议[②]。

人工智能技术可以帮助政府对大数据进行深度分析和预测，从而更好地了解社会经济状况、趋势和风险。未来，随着人工智能技术的进一步发展，政府可以利用智能数据分析和预测技术，更准确地预测社会问题的发展趋势，为政策制定和决策提供科学依据。

（二）大数据分析和预测有力提升决策能力

政府部门拥有大量的数据资源，未来的发展趋势是加强数据整合和共享。通过建立统一的数据平台和标准，不同部门之间可以更好地共享数据，实现跨部门的数据整合和分析，提高决策的全面性和准确性。

大数据分析和预测的关键在于建立准确的预测模型和算法。未来，随着数据科学和机器学习的不断发展，预测模型和算法将得到进一步改进和优化，提高预测的准确性和可靠性。在大数据分析和预测过程中，数据安全和隐私保护是重要的考虑因素。未来，政府需要加强数据安全管理和隐私保护措施，确保大数据的合法、安全和隐私的使用，建立公众对数据使用的信任。

---

① 卫梦星：《"反事实"思想在宏观政策效应评估中的应用——基于 Hsiao 面板数据的方法》，中国社会科学院研究生院博士学位论文，2013。

② 李耿：《基于数据仓库技术的政府经济决策支持系统》，华东师范大学硕士学位论文，2007。

（三）全面支撑构建数字化、智能化的数字政府整体格局

未来，数据驱动的决策将成为常态，政府将依托数据智能化工具和算法来提供决策支持。人工智能和机器学习技术将在政府履职决策中发挥越来越重要的作用。政府将利用这些技术来处理复杂的决策问题、模拟政策影响、进行预测和优化方案。人工智能还将为政府提供自动化的决策支持和智能化的政务服务[①]。同样，区块链技术去中心化、透明和安全的特点，将在政府履职决策中发挥重要作用。政府可以利用区块链技术确保数据的安全性和不可篡改性，提高政府信息的可信度和公众对政府的信任度。此外，区块链还可以用于数字身份验证、供应链管理和智能合约等方面。

数字技术将支持政府构建智能城市和物联网系统，以提高城市治理效率和居民生活质量。政府将利用传感器、数据分析和自动化技术来监测和管理城市基础设施，实现交通流畅、能源高效和环境友好。智能城市也将为政府提供更多实时数据和洞察，以支持决策制定。同时，数字技术将促进政府与公众、学术界和企业之间的开放创新和合作。政府将借助开放数据平台、协作工具和数字化参与机制来与各方共享数据、知识和资源，以便更广泛地获取智慧和经验，推动创新和决策的良性循环。

四　结论和建议

随着科技和社会的发展，政府决策趋于规范化、标准化、科学化、智能化。相关法律、法规的颁布使得决策更加规范化，机制的优化、统一使得决策更加标准，科学观念的提升促进决策的科学化，决策数据治理助力决策智能化。

（一）政府科学决策建议

基于政府科学决策框架，站在决策人员角度，从提升科学认知、决策数

---

① 王荡：《大数据时代我国地方政府决策的优化路径研究》，西北大学硕士学位论文，2017。

据库的建立以及科学决策的大数据系统搭建三方面，提出合理化建议。

一是提高决策对象的科学认知。提高对大数据在决策中重要作用的认识，减少当前传统政府决策体制机制对大数据有效服务政府决策产生的负面影响。政府在决策过程中牢牢树立大数据意识，政府决策主体的理念更新加快，通过培训、参观、学习等方式加深决策者对大数据技术的了解，积极推进决策主体对大数据分析技术的嵌入和应用，提升大数据在政府决策中的战略地位，使决策者在科学化决策过程中能够自觉熟练运用大数据技术思考。[①]

二是建立全面的决策依据数据库。数据库包含决策依据中的知识和经验两方面内容，知识上涵盖法律、风俗、道德、常识等内容，法律部分关联国家各个部委官网，及时了解最新出台的政策要求，确保决策结果符合法律、贴近事实、适合当地、具备可实施性；另外，总结分析当前政府业务运行数据，对数据进行采集、存储、分析，形成政府业务运行数据经验，指导决策方向。

三是建立流程完善的决策系统。运用科学的决策方法，采用大数据、区块链等新技术手段，建立有据可依、流程完整、多角度评估、动态调整优化的闭环决策系统。通过对数据的采集、存储、分析，提炼数据核心价值，将数据价值应用于政府业务决策中，随着大模型的不断更新、优化，提升政府决策准确性，保证决策的可靠性和可行性，对政府在经济调节、社会治理、公共服务、市场监管、生态环保等方面的业务给出指导性建议。

（二）政府决策数据治理建议

为保障决策数据库的数据质量，提升决策系统辅助决策的准确性，开展决策数据治理是必经之路。合理的管理机制为数据治理奠定基础，统一的数据标准为数据治理提供基本准则，数据全生命周期管理为决策数据质量保驾护航，数据安全管理为决策系统的数据安全提供保障。

一是建立完善的数据管理机制。首先，强化政府部门数据管理职责，明

---

① 张景华、卢冀峰、李曼音:《大数据背景下政府决策科学化探讨》,《合作经济与科技》2016 年第 23 期，第 180~181 页。

确数据归集、共享、开放、应用、安全、存储、归档等责任，做到责任清晰、分工精细；其次，优化完善各类基础数据库、业务资源数据库和相关专题库，做到数据完整准确，继而强化数据全生命周期管理，确保政务数据真实、准确、完整；最后，提升数据质量管控要求，保证系统内数据均为有效、可靠数据。建立良好的数据管理机制，才能充分释放数据要素价值，也为大数据辅助决策奠定了基础。

二是建立统一的数据标准体系。由于没有制定全国统一的数据标准体系，各政府部门采集的数据标准不一致，数据库接口不互通，为信息资源的共享造成了困难[1]。政府部门科层管理、条块分割的运行机制，不仅造成政府决策机构内部系统数据的独立分散与相互割裂甚至是自成体系，而且还使得政府各部门的信息无法互通、数据难以共享，这也致使政府拥有的公共数据碎片化、零散化和割裂化，长期处于休眠状态，渐渐成为"数字鸿沟"和"数据孤岛"，变成相互隔绝的"死数据"[2]。因此，要制定统一的各类数据标准，提升数据质量。标准包含：数据定义和分类标准，数据收集和录入标准，数据存储和管理标准，数据清洗和处理标准，数据分析和报告标准，数据共享和开放标准等。

三是开展决策数据全生命周期管理。即实现从数据的创建、存储、使用到最终的归档和销毁的整个过程的管理，通过合理的全生命周期管理，组织可以更好地管理和利用数据，提高业务效率和决策质量。全生命周期管理主要包含数据创建、存储、使用、被访问、处理、分析、共享传输、归档、销毁等方面。

四是开展数据的开放和共享。共享数据可以提供更全面、准确的信息，使决策者可以更加客观、准确地了解问题的本质和趋势，避免主观偏见的影响，同时促进了多方合作和共同研究，并且共享的过程提高了决策的透明度

---

① 本刊首席时政观察员：《决策科学化　治理精准化　服务高效化　深化数据治理与治理科技创新》，《领导决策信息》2019 年第 22 期，第 10~11 页。

② 吴韬：《大数据治理视域下智慧政府"精准"决策研究》，《云南行政学院学报》2017 年第 6 期，第 110~115 页。

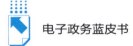

和可信度，公众可以参与访问数据，提升了决策的民主性。数据的开放共享使决策者能够获取更全面、准确、实时的信息，有助于决策者更好地理解背景和环境，获取更全面的信息，从而做出更明智的决策。共享数据促使决策过程更加基于事实和数据。通过访问和分析共享的数据，决策者可以依据数据进行决策，而不是基于主观观点或个人经验。这提高了决策的准确性和科学性，降低了决策的主观偏见，使决策更加客观和可靠。数据的开放共享促进了各方之间的合作与协作。不同组织、机构或个人可以共同利用数据资源，进行共同研究和分析，共同解决问题和挑战。同时，数据的开放共享提高了决策过程的透明度和可信度。公众和相关利益方可以访问共享的数据，了解决策的基础和依据。这促使公众更积极参与，提出意见和建议，促进民主决策的实现，提升决策的合法性和公众信任度。

五是加强数据安全管理。在利用大数据进行科学化决策的过程中，数据的安全是基本的保障。要解决好数据安全问题，要加强信息安全建设，构建大数据安全保障技术体系，加强数据防攻击、防泄露、防窃取等安全防护技术建设，强化数据安全监测、预警、控制和应急处置能力，积极鼓励国内企业和研发机构研究开发数据安全领域核心技术与前沿技术。要通过大数据立法，明确数据安全主体责任。推动出台互联网行业数据安全保护指导意见，严格规范网络数据的收集、存储、使用和销毁等行为，落实数据生命周期各环节的安全主体责任。要加强信息安全执法监督。在数据利用和共享合作等关键环节强化数据安全监管执法。定期开展数据安全监督检查，督促政府部门加强数据安全风险评估，对发现的问题及时整改。

后　记

　　《中国电子政务发展报告（2023）No.16》是由中共中央党校（国家行政学院）组织出版的反映我国电子政务最新进展、研究分析电子政务领域重要理论和实践问题的年度权威报告，是中共中央党校（国家行政学院）国家高端智库资助的重点课题，已经连续由社会科学文献出版社出版 15 部，本书是第 16 部。

　　本书围绕以电子政务高质量发展推进中国式现代化这一核心，总结分析了我国电子政务发展的成效、进展、经验、挑战、国际水平和发展策略等各方面情况，并从数字治理、服务创新、行业应用、技术支撑四个方面，详细介绍了各领域、各地区在电子政务发展中的实践探索案例和一些反思启示，体现出国家统筹协调、部门紧密配合、央地协同联动、区域交流互鉴、政产学研用多元主体协同的电子政务建设和发展模式。在全面建设社会主义现代化国家新征程中，期望本书为推动中国电子政务高质量发展、让数字化发展成果为全民共享、推进中国式现代化提供参考借鉴。

　　本书是集体合作的成果。主编王益民把握全书框架内容，并对全书进行整体编修。副主编刘密霞负责统筹全书篇章布局和总报告撰写，并统校全部书稿。张腾负责数字治理篇，丁艺和刘旭然负责服务创新篇，刘彬芳负责行业应用篇，梅澎负责技术支撑篇，承担对应篇章文稿的初审和前期编校工作。本书编撰得到了中央和地方相关部门的领导同志、相关高校和研究机构的专家学者，以及有关企事业单位的大力支持。

　　社会科学文献出版社皮书出版分社一如既往地对本书的编辑出版提供了大力协助和支持，在此一并表示衷心的感谢。

Abstract

The 20th National Congress of the Communist Party of China issued a political declaration, proclaiming the comprehensive advancement of the great rejuvenation of the Chinese nation through Chinese-style modernization. The assertion of "no modernization without informatization" places new, higher demands on the development of China's e-government. Guided by General Secretary Xi Jinping's important thought on building China's strength in cyberspace, China is transitioning from a major internet country to a strong internet country. Ensuring that the gains of digital development benefit all our people in a fair way stands as an important characteristic of Chinese-style modernization. This report, from an international perspective, analyzes and summarizes the progress, experiences, and challenges faced in the development of China's e-government. It presents strategies to promote high-quality development in China's e-government, holding significant practical significance for advancing Chinese-style modernization.

The entire book is themed around promoting Chinese-style modernization through high-quality development of e-government. It consists of an introduction, a general report, chapters on digital governance, innovation of services, applications in industries, and technical support, each exemplifies the significant application of new technologies in advancing the modernization of national governance. The report, through comparative approach, situates China's e-government within the international context, observing its developmental trends vertically and horizontally. Using case-study methods, it focuses on the development of e-government across various regions in China. The research reveals that e-government, as an integral part of the modern governance system, is optimizing government service processes, improving governance efficiency, deepening the policy formulation and implementation mechanisms through digitization, networking, and intelligence. It is driving the process of modernization in China powerfully.

The comprehensive construction of a socialist modernized country has placed new and higher demands on the enhancement of China's e-government and digital governance. Despite progress in various fields and regions in advancing e-government, there are still daunting challenges. First, human capital remains a bottleneck restricting the digital and modernized development of our country. Second, uneven digital development has become increasingly prominent, an implicit cause of multidimensional poverty. Third, innovative government services for vulnerable groups remains insufficient, failing to fully meet the growing digital needs of the people.

Therefore, there are efforts to be made in promoting the high-quality development of China's e-government and sharing the fruits of digital development among the people. Bridging the digital divide through innovative public services to promote integrated urban-rural development is the first step. Then, it's important to formulate policies that prioritize vulnerable groups, catering to diverse needs, and ensuring equitable e-government access. After that, we need to support everyone's development through digitization, constructing a society that is inclusive and digitally resilient for the common good. Last but not least, leveraging the establishment of the National Data Administration activates market vitality in data elements, better serving China's economic and social development, to improve people's lives.

Keywords: E-Government; Digital Governance; Government Services; Technical Support

Contents

I General Report

Abstract: The development of e-government is a global topic. Analyzing the
trends of China's e-government from an international perspective and summarizing
the experiences of its development, in combination with international trends
and the requirements of China's modernization, this paper addresses challenges
such as constraints in human capital, imbalanced development, and insufficient
innovative supply. It proposes strategies and suggestions for sustainable and high-
quality development of China's e-government to ensure that the benefits of digital
development are shared by everyone. These strategies include bridging the digital
divide through innovative public service provision to promote integrated urban-rural
development, formulating policies prioritizing disadvantaged groups and adapting
flexibly to their diverse needs to achieve fair digital government services, supporting
individual development through digitalization, building an inclusive and resilient society
benefiting everyone, and seizing the opportunity presented by the establishment of the

National Data Administration to stimulate the vitality of data market and better serve China's economic and social development, and the improvement of people's lives.

Keywords: Digital Government; Online Services; High-Quality Development

II Digital Governance

B.2 Advancing High-Quality Development of Digital Supervision to Promote China's Modernization

National Administration for Market Regulation Research Team / 041

Abstract: Coordinating the advancement of smart supervision is conducive to further enhancing the modernization of market supervision system and regulatory capabilities. This helps in digitally empowering the optimization of the business environment and contributes to Chinese-style modernization. This article starts with an overall planning for smart supervision, elaborating on the main practices and measures of smart supervision, including improving service levels, upgrading regulatory methods, boosting public participation, and strengthening data management. It also highlights the achievements made in implementing electronic business licenses, enriching administrative service matters, establishing credit supervision platforms, among others. Furthermore, it emphasizes the continuous improvement of the 12315 system and the acceleration of the construction of a market supervision big data center. Additionally, it outlines the deployment plan from promoting the application of electronic business licenses, enhancing system functionalities, to upgrading and constructing a national platform, contributing to accelerating the progress of a Digital China through market supervision.

Keywords: Smart Supervision; Electronic Business License; Credit Supervision; Business Environment

B.3 Guangdong's "Digital Government 2.0" Drives Comprehensive Digital Development

Wu Wenhao; Yu Yan and Zhang Yu / 055

Abstract: Digital government continually drives innovation in governance models, empowering comprehensive high-quality economic and social development. As a vanguard in digital reform, Guangdong initiated the construction of a digital government in 2017, continuously reinforcing the foundation of digital development. However, during the process, it faces challenges such as the gap between the development goals of utilizing public data resources and commercializing data elements, a lack of digital support for crucial service demands from enterprises and the public, the need for further enhancement of provincial-level governance modernization, the under-utilization of data's empowering role in modern governance, and issues of uneven development. To effectively address these challenges, Guangdong province constructs "Digital Government 2.0"by these reform measures of establishing a data element market to solidify the foundation of digital development resources, building a regulatory system based on two regulations to create a favorable institutional environment for digital development, strengthening three major supports for the digital government to fortify the operational guarantee system for digital development, focusing on four main directions to enhance functional capabilities, accelerating digital transformation across various fields, cultivating five major alliances and associations to drive collaborative development in academia, research, and industry in the digital domain, and introducing numerous landmark achievements to allow enterprises and the public to share the outcomes of digital development initiatives. As a result, it is advancing the province's digital government into a new phase of comprehensive optimization and upgrade, vigorously driving the all-round coordinated development of the digital economy, culture, society, and ecology.

Keywords: Digital Government 2.0; Digital Development; Digital Economy; Guangdong

Contents ⟲

Abstract: Building digital grassroots governance to help meet people's livelihood demands is a key element in ensuring that the benefits of modernization are enjoyed by everyone. Faced with challenges in collecting, processing, and addressing public demands, Shenzhen City maximizes its advantages in information technology. With Party building as its guiding principle, it focuses on breakthroughs in acceptance channels, duty lists, information platforms, and procedural mechanisms. This effort aims to create a comprehensive service platform for addressing people's livelihood demands citywide. It constructs a management system for handling people's livelihood demands that is characterized by "vertical integration, horizontal collaboration, intelligent management, and rapid processing of requests from the public." By driving significant changes in city governance through minor adjustments in processing public opinion, this initiative substantially increases citizen satisfaction and happiness.

Keywords: Livelihood Demands; Party Leadership; Grassroots Governance; Rapid Processing of Requests From the Public; Shenzhen City; Digitalization

Abstract: An increasing number of small and medium-sized cities have keenly realized that digital transformation is not only the driving force behind economic development but also an effective means for modern urban governance. In recent years, the Xinjin District of Chengdu City has been focusing on "sound governance to benefit people and bolster businesses." Following the idea of "consolidating

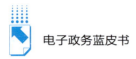
foundations, shaping scenarios, and nurturing the ecosystem," it actively promotes "Smart Xinjin," advancing the empowerment of urban modern governance through digital intelligence and gradually forming the "Digital County" model. Throughout this process, the Xinjin District has committed itself to promoting comprehensive integration of data and reality, giving high importance to top-level design, innovative mechanisms, essential support, and government-enterprise collaboration, providing practical cases for studying the digital transformation model of small and medium-sized cities.

Keywords: Digital County; Small and Medium-Sized Cities; Integration of Data and Reality; Digital Transformation; Chengdu City; Digitally-enabled; Digital Governance

B.6   Challenges Facing Local Government Data Governance and

Countermeasures   *Zhu Ruixun; Zhou Xiang and Ren Chengdou* / 091

Abstract: In response to challenges such as information silos and data barriers in informatization, as well as the newly emerged issues brought about by comprehensive digital construction and development such as business integration, data sharing, and scenario integration, it is an inevitable choice to lead public governance modernization through digitization. Promoting the digital transformation of local governments and enhancing data governance capabilities requires a "people-centered" delivery of services based on demands. This is to form an efficient and smart government, establish a data-driven digital government operating framework, innovate integrated government service construction and operation models, and to consolidate a data security system that adheres to the overall national security perspective. It aims to lead governance modernization through the digital transformation of government.

Keywords: Digital Transformation; Digital Government; Data Governance

Abstract: The ongoing development of data elements in China is at a critical stage of institutional construction of its foundation. Among these elements, government data plays a leading role in data element application, making a collaborative governance system for government data particularly crucial. This article, based on a review of the concept of government data and an understanding of related research dynamics, constructs a framework for the collaborative governance of government data aimed at value realization. It focuses on multiple collaborative relationships between technology and institutions, data and business, utilization and security, and diverse entities. Furthermore, the article conducts research analysis on the current practices and proposes measures such as enhancing attention, integrating shared and open channels, strengthening governance responsibility, and adhering to the principle of unified and separated management to improve the construction of the government's collaborative governance system for data.

Keywords: Government Data; Collaborative Governance; Open Data

III   Innovation of Services

Abstract: The "Inter-provincial Processing of Government Services" is an innovation under the digital context. It promotes the integration of government services across provinces using information technology. Individuals and enterprises no longer need to travel back to their original provinces for various administrative tasks

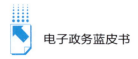
anymore. Currently, this practice faces challenges in standardization, data sharing, and business processes, a relatively weak spot in digital transformation of government services. To enhance the efficiency and sustainability of "Inter-provincial Processing of Government Services," efforts should be focused on continuous advancement in standardization, strengthening intergovernmental cooperation mechanisms, bolstering the supportive role of integrated platforms, establishing a solid foundation and capability in data governance, and accelerating the overall re-designing of business processes.

Keywords: Government Service; Inter-provincial Processing; Integrated Platform; Data Sharing

B.9 Promoting "Application-Free Processing" Reform to Achieve Direct and Immediate Services for Enterprises and People

—-Reform System of "Government Online-offline Shanghai"

The research team of the Shanghai Municipal Government Office / 135

Abstract: Application-free Processing is a people-centered innovation aimed at the development of "Integrated Online Platform" and transformation of government functions. In 2022, Shanghai took the lead among provincial-level areas to explore and advance the Application-free Processing reform. Supported by the "Integrated Online Platform" system, the service process that previously involved at least four stages – "Application by enterprises and the public, Accepted for reviewing, Reviewing, Delivery" - was streamlined to a maximum of two stages, focusing on "Confirmation of the request of enterprises and the public and Delivery". Three modes of realizing "application-free Processing" were established: direct delivery without application, one-click confirmation without reporting, and scanning recognition for personalized services. This reform has been implemented in over 120 matters at the city and district levels, benefiting nearly 700,000 individuals and over 68,000 enterprises. It has generated significant social impact, proving the feasibility and replicability of Application-free Processing.

Keywords: Integrated Online Platform; Digital Reform; Application-free Processing; Shanghai City

Abstract: During his tenure in Zhejiang, General Secretary Xi Jinping emphasized the importance of enhancing administrative efficiency and reinforcing the aim of serving the people. Zhejiang has consistently implemented the spirit of General Secretary Xi Jinping's important instructions, firmly executing the decisions and deployments of the Central Committee of CPC and the State Council regarding "Integrated Online Platform" of government services. Based on the National Digital Government Service Platform and Zhejiang's Integrated Intelligent Public Data Platform, Zhejiang has been developing and promoting the "Zhejiang Services" mobile APP as a comprehensive portal for the public and enterprises, innovatively developing the "seven unifications" in the "Integrated Online Platform". This has led to an easier and faster experience for the public and improved efficiency and quality of services provided by the government. The success of Zhejiang's "one-stop online services" reveals the principles of "people-centered services," "innovation-oriented concepts," "platform-supported foundations," and "institutionally ensured delivery." Moving forward, Zhejiang aims for a warmer, smarter and better regulated government service model, taking the "Integrated Online Platform" to a higher level.

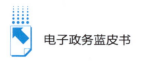
Keywords: Internet + Government Services; Mobile Office; Digital Government; Business Environment

B.11　Hunan Province Continues to Deepen "Completing One Life Event at One Time" to accelerate the Building of a Service-oriented Government

Hunan Provincial Administration of Government Affairs / 161

Abstract: The reform of "Completing one life event at one time" in Hunan Province is an original and integrated reform based on Hunan's practices, aimed at implementing General Secretary Xi Jinping's important instructions on facilitating approval services for the public. It facilitates the province's multiple reforms in administrative approval system, in "streamline the government, delegate power, and improve government services", in advancing the "Internet Plus" government service initiative, and in promoting digital and service-oriented government practices. It has been a major booster in optimizing Hunan's business environment. Through refinement of reform agendas, streamlining of business processes, and enhanced data support platforms, Hunan Province has significantly improved the efficiency of administrative services, expedited the transformation of governmental functions, raised governance efficiency, and effectively addressed bureaucracy. This success is attributable to the coordinated efforts across the province, together with a people-centered approach and problem-oriented strategies when implementing the "Completing one life event at one time" reform.

Keywords: Government Services; Completing One Life Event at One Time; Integrated Online Platform; Hunan Province

Abstract: In the digital era, providing efficient, convenient, and secure government services is a crucial responsibility. Utilizing digital and informational means to promote reforms in government services for the convenience and benefit of both enterprises and the public is a significant initiative in empowering the Chinese-style modernization through digital governance. Kunming City has pioneered the creation of a digital government service system, integrating government services, administrative approvals, investment projects, and public resource transactions into a unified platform called the "One Network, Four Centers." It has established a one-stop service approach with 7 features: processing in just one window, processing completely online, mobile processing, integrated processing, instant delivery, nearby processing, and municipal processing. Integrating digital government and Cloud-based data platforms, Kunming has advanced the reform of convenient services for individuals and enterprises, a "Kunming Practice" in government services facilitation. Moving forward, Kunming will integrate the approval system into the provincial government service platform, deepening the sharing and utilization of government information resources. It will facilitate the sharing of certificates and licenses, and optimize platform functionalities for innovative applications, continually advancing Kunming's digital governance development.

Keywords: Digital Governance; Government Service Models; Smart Transaction Monitoring; Kunming City

电子政务蓝皮书

IV   Applications in Industries

B.13   Report on the Analysis of Smart Applications in Industries
under the Overall Layout of Digital China Construction

Project Group on Smart Applications in Industries / 191

Abstract: As digital technology prevails in various industries, it has become a crucial force driving economic development and social progress. "Digital China" has set new goals for digitalization within industries. Currently, digital services within industries are continuously improving. Data resource construction and applications are being optimized, network and data security protections are strengthening, and the level of intensive business construction is progressively advancing. However, there are still challenges to be addressed, such as uneven development of information technology, the need to strengthen digital operational capabilities, as well as potential risks posed by new technology applications. Under the overall layout of building Digital China, the future system of institutional norms in intelligent applications within industries is expected to be more comprehensive. Digitalization will further drive business adjustments and institutional reforms, while the flow of data will stimulate the digitalization of industries. Smart applications will increasingly prioritize inclusiveness and shared benefits.

Keywords: Smart Application in Industries; Digital China; Digital Transformation

B.14   Development Pattern Analysis Report of the Supreme People's
Procuratorate's "Integrated Network"   *Weng Yueqiang* / 208

Abstract: This article presents an overview of informatization of the Supreme

People's Procuratorate around the building of an "Integrated Network", a system set upon the Network, an online window providing external services and a set of data. In the digital age, the Supreme People's Procuratorate will base its digital prosecution strategy on the "Integrated Network," forming a framework for the digital prosecution system, in response to the new requirements of prosecutorial work in the digital era.

Keywords: Informatization; Efficient and High-Quality Case Handling; Digital Prosecution Strategy

Abstract: On August 1ˢᵗ, 2022, to comply with the implementation of the new *Anti-Monopoly Law*, the State Administration for Market Regulation officially launched the Concentration of Undertakings Antimonopoly System. This system achieved the full online closed-loop management of the entire process from the application to the final decision. The system integrates China's laws, regulations, and procedures related to concentration of undertakings in antimonopoly, linking the "application end" of enterprises, the "review end" of the State Administration for Market Regulation, and the "commission end" of pilot provincial departments. Digital interaction among the three ends significantly enhances the efficiency of application and review, leading to a win-win situation for both government and businesses by facilitating easy application and intelligent review. Meanwhile, with business entity registration systems already established in various regions, it establishes a risk warning mechanism for concentration of undertakings, guiding companies to improve compliance awareness, lawfully assess whether the conditions for declaring are met, and ensure that all relevant conditions are reported. This prevents illegal implementation undertakings concentration and

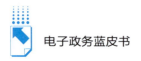

significantly enhances compliance awareness among enterprises.

Keywords: Concentration of Undertakings; Antimonopoly; Risk Warning; Smart Monitoring; Compliance Guidance

B.16   Research Report on the Nationwide Implementation of the Unified Social Credit Code System   *Liu Ping'an* / 230

Abstract: The nationwide implementation of the Unified Social Credit Code system has been in place for eight years and has yielded positive results. The National Unified Social Credit Code Data Service Center conducted extensive research on the implementation effects, difficulties, and issues of the unified social credit code system over the past eight years. The research revealed that the unified code has become an essential infrastructure for China's information technology and social credit system construction, ensuring vital inter-departmental and inter-industry information connectivity and sharing. However, the current implementation of the unified code still faces challenges such as the lack of legislation, insufficient funding, lower data quality in some regions, and areas where application domains need further improvement. Based on the research findings and the demands of the social credit system construction, the study proposed recommendations accordingly. These include coordinating with the National Development and Reform Commission to expedite the formulation of unified code management regulations at the national level, collaborating with the Ministry of Finance to increase budget for specific projects, enhancing cooperation with local authorities to improve data quality in both technical and managerial aspects, fostering collaboration between internal and external systems of market supervision, and tapping into the service potential of the unified social credit code.

Keywords: Social Credit Code System; Vital Infrastructure; Information Interconnection and Sharing

Abstract: The provincial government's smart elderly care system is a collaborative hub and platform for local governments and their partners to provide elderly care information and services. It serves as an channel and a platform for the elderly and their families to share and experience smart elderly care. This article compares the cognitive interpretation and proper architecture of the government's smart elderly care system and evaluates the status of functional development in the provincial government smart elderly care systems of the three northeastern provinces. At present, the provincial government service networks of the three northeastern provinces operates a "Senior Citizen Service Zone," integrating information and service matters closely related to the elderly's lives from the provincial government's official websites and administrative service networks. These platforms play a role in the provincial government's smart elderly care system. However, there are still issues such as inconvenient system access, inadequate and incomplete structural frameworks, imprecise feeding of content, and a mediocre quality of user experience. Taking notice of reading habits, personal lifecycles, and the lessons learned during development of smart elderly care system functions, governments and departments should fully consider the physical and mental conditions of the elderly and their disadvantaged information status. They are supposed to provide accessible and warm care, aiming to increase their sense of value and trust, and enhance their ability to adapt to the smart age.

Keywords: Smart Elderly Care; Government Smart Elderly Care System; Provincial Government Official Websites; Three Northeastern Provinces

B.18 Research Report on the Modernization Path of Internet Medical

Governance *Wang Yurong, Zhang Ruixin* / 271

Abstract: The Internet healthcare, as an important ecological carrier for revitalizing existing medical resources, increasing medical resources, reducing the cost of healthcare services, ensuring fair and efficient allocation of medical resources, and driving the optimization and upgrade of healthcare services, offers new possibilities for traditional medical problems such as difficulty in seeking medical treatment, high medical costs, and complex medical procedures. This article focuses on three main models within China's internet healthcare sector. It examines three typical cases to outline three common elements in internet healthcare governance, including the aggregation elements of governance subject, governance object and governance tools. Following the path of digital social governance, it proposes realistic approaches to encourage internet healthcare governance entities to achieve "coexistence, co-construction, and symbiosis" and enhance the level of "platform-based governance," along with upgrading strategies to strengthen the "digitalized governance" capabilities of internet healthcare governance tools.

Keywords: Internet Healthcare; Government Regulation; Social Supervision; Digital Society; Modern Governance

B.19 Research on the Standardized Development of Digital Government

Yang Zhuangyuan / 287

Abstract: New characteristics have emerged in digital government against the global digitalization trend, and the role of standardization in developing digital government is becoming increasingly prominent. This article studies the development process of standardization in digital government, status of standardization work, and existing issues. It establishes a framework for the standard system of digital government, putting forward relevant policy suggestions such as systematic planning, standard connectivity, and strengthening execution, aiming to promote high-quality development of Digital China through the standardization of digital government.

Keywords: Digital Government; Standardization; Standard System; High-Quality Development

V　Technical Support

Abstract: The advancement of digital technology has become a significant force driving the progress and development of human society. Exploring how it supports the construction and development of e-government is a priority for governments today. Currently, the application scope of digital technology in e-government continues to expand, its infrastructure continually optimized. However, challenges persist in terms of risks related to data security and privacy protection, technological inefficiency and resource scarcity, institutional transformation and innovation bottlenecks, as well as conflicting laws and standards. Through specific case studies within certain application domains, further insights into the role of digital technology in promoting innovation in government governance models and enhancing decision-making and service efficiency are revealed. Moreover, rational strategies are proposed for supporting the development of e-government through digital technology. Strengthening the support of digital technology in the construction and development of e-government aims to establish an efficient and integrated system, featuring smart governance, collaborative innovation, security and reliability. This will aid

governments in enhancing efficiency, improving service quality, and facilitating digital transformation.

Keywords: Digital Technology; Government Governance; Decision-Making Services; Digital Transformation

B.21 Using Artificial Intelligence to Advance Innovative Applications in Enterprise Credit Risk Classification and Management

Zhang Zhiqing, Hao Jingyu / 327

Abstract: In recent years, with the deepening of "streamline the government, delegate power, and improve government services" reform, the market has maintained rapid growth, witnessing the flourishing development of new industries, new formats, and new models. This has set higher bars on regulatory resources, regulatory capabilities, and the level of intelligent supervision for regulatory authorities. This article takes the example of market supervision departments to illustrate the advancement in credit risk classification management, describing the application measures of digital technologies such as big data and machine learning. These measures include establishing a comprehensive enterprise credit risk classification index system, utilizing machine learning technologies to build credit risk classification models, using big data for monitoring and early warning based on regulatory scenarios, and developing a nationwide integrated enterprise credit risk classification management system. These efforts form a solution for enterprise credit risk classification management based on artificial intelligence. The next step is to leverage the characteristics of "big data + AI" to further optimize the enterprise credit risk classification management model, empowering tasks related to "random selection of both inspectors and inspection targets and the prompt release of results", special supervision, and supervision in key areas. This long-term effort will effectively promote

404

the modernization of intelligent supervision in achieving modern market regulation.

Keywords: Smart Regulation; Credit Risk; Big Data; Artificial Intelligence

Abstract: For many years, the Jiangxi Provincial Party Committee and Government have consistently adhered to a holistic approach of information technology development, with coordinated guidelines, plannings and implementation. They have utilized digitalization to empower the modernization of the government's governance system and capabilities. They introduced the "1267" overall architecture for the construction of the digital government in Jiangxi Province. This architecture emphasizes the integrated construction of a digital foundation, primarily consisting of "a unified network," "a cloud," "a data resource system," and "a batch of common support systems." This approach continually strengthens the service support capabilities of the digital foundation to support the construction of major platforms.

Keywords: Digital Government; Digital Foundation; Intensive Development; Jiangxi Province

Abstract: Artificial intelligence (AI) is evolving rapidly, creating revolutionary changes in every sector of society. The AI industry has become a crucial driver for economic growth, while AI technology applications offer new possibilities for

improving people's livelihoods, providing substantial support for an intelligent economy and society. However, AI also poses challenges for government governance, public affairs management, and economic and market governance. Faced with new situations and demands, China's government must proactively adapt to and embrace changes, seizing the significant opportunities presented by AI. This effort will advance the modernization of the national governance system and governance capacity, propelling national competitiveness and facilitating leaps in development.

Keywords: Artificial Intelligence; Self-governance of the Government; Management of Public Affairs; Economic and Market Governance

B.24 Government Cloud Empowers Modern Urban Governance, Shaping a New Landscape for Digital Government Construction

China Mobile Communications Group Co., Ltd. Government Cloud Team / 357

Abstract: Central and local governments have successively issued policies related to digital government, emphasizing "strengthening the support of the Government Cloud platform, enhancing the efficiency of data resource utilization, and effectively promoting the construction of the national governance system and governance capability." This article reveals the crucial role of Government Cloud in the construction of digital government and urban governance. It has theoretically established standardized and systematic construction principles. Based on years of practices and focusing on dimensions such as resources, security, data, applications, responsibilities, and management, it explores an implementation path for building the Government Cloud that touches upon many aspects, including comprehensive governance, secure compliance, data integration, collaborative business, urban governance, and empowering customer. The aim is to enhance the digital and intelligent level of government performance, promoting scientific decision-making, precise social governance, and efficient public services.

Keywords: Digital Government; Government Cloud; Data Resources; National Governance

Abstract: With the widespread application of emerging technologies such as Cloud computing, mobile internet, and Artificial Intelligence in the field of government informatization, traditional e-government has gradually evolved into an intelligent digital government. It plays an increasingly crucial role in innovative governance practices, serving as a primary driver for innovative service models, enhancing administrative efficiency, and advancing the modernization of the national governance system and governance capacity. Throughout the process of government informatization, a range of management and operational models have brought distinctive highlights to various regions. However, there are still challenges, including unequal rights and responsibilities in government-enterprise cooperation, inadequate collaboration and sharing of data, relatively lower efficiency in operational teams, the absence of an operational evaluation system, and the need for a shift to digital mindset. Improvement is urgently needed through efforts to strengthen the integration of business and technology, enhance the capabilities of operational teams, establish an operational evaluation system, intensify training to foster digital thinking, and enhance security measures in digital government construction.

Keywords: Digital Government; Government-Business Collaboration; Management-Operation Separation; Operation Evaluation

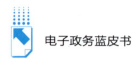
电子政务蓝皮书

B.26 Using Digital Technology to Enhance Government Performance and Decision-Making Capabilities

Mei Peng / 376

Abstract: Benefiting from the application of digital technologies such as big data analysis in governmental duties and decision-making, there has been a significant enhancement in the capabilities of government agencies. Through digital means, the government can collect, integrate, and analyze a vast amount of data, leading to a more accurate understanding of socioeconomic conditions, public demands and opinions. Based on data, the government can utilize analytical tools and predictive models to forecast trends in industries and policy-making, thereby providing a sound foundation for decision-making.

Keywords: Digital Technology; Government Duties and Decision-Making; Data-Driven

社会科学文献出版社

皮 书

智库成果出版与传播平台

❖ 皮书定义 ❖

皮书是对中国与世界发展状况和热点问题进行年度监测，以专业的角度、专家的视野和实证研究方法，针对某一领域或区域现状与发展态势展开分析和预测，具备前沿性、原创性、实证性、连续性、时效性等特点的公开出版物，由一系列权威研究报告组成。

❖ 皮书作者 ❖

皮书系列报告作者以国内外一流研究机构、知名高校等重点智库的研究人员为主，多为相关领域一流专家学者，他们的观点代表了当下学界对中国与世界的现实和未来最高水平的解读与分析。

❖ 皮书荣誉 ❖

皮书作为中国社会科学院基础理论研究与应用对策研究融合发展的代表性成果，不仅是哲学社会科学工作者服务中国特色社会主义现代化建设的重要成果，更是助力中国特色新型智库建设、构建中国特色哲学社会科学"三大体系"的重要平台。皮书系列先后被列入"十二五""十三五""十四五"时期国家重点出版物出版专项规划项目；自2013年起，重点皮书被列入中国社会科学院国家哲学社会科学创新工程项目。

皮书网

（网址：www.pishu.cn）

发布皮书研创资讯，传播皮书精彩内容
引领皮书出版潮流，打造皮书服务平台

栏目设置

◆ **关于皮书**
何谓皮书、皮书分类、皮书大事记、
皮书荣誉、皮书出版第一人、皮书编辑部

◆ **最新资讯**
通知公告、新闻动态、媒体聚焦、
网站专题、视频直播、下载专区

◆ **皮书研创**
皮书规范、皮书出版、
皮书研究、研创团队

◆ **皮书评奖评价**
指标体系、皮书评价、皮书评奖

所获荣誉

◆ 2008 年、2011 年、2014 年，皮书网均
在全国新闻出版业网站荣誉评选中获得
"最具商业价值网站"称号；
◆ 2012 年，获得"出版业网站百强"称号。

网库合一

2014年，皮书网与皮书数据库端口合
一，实现资源共享，搭建智库成果融合创
新平台。

皮书网

"皮书说"
微信公众号

权威报告·连续出版·独家资源

皮书数据库
ANNUAL REPORT(YEARBOOK)
DATABASE

分析解读当下中国发展变迁的高端智库平台

所获荣誉

- 2022年，入选技术赋能"新闻+"推荐案例
- 2020年，入选全国新闻出版深度融合发展创新案例
- 2019年，入选国家新闻出版署数字出版精品遴选推荐计划
- 2016年，入选"十三五"国家重点电子出版物出版规划骨干工程
- 2013年，荣获"中国出版政府奖·网络出版物奖"提名奖

皮书数据库

"社科数托邦"
微信公众号

成为用户

登录网址www.pishu.com.cn访问皮书数据库网站或下载皮书数据库APP，通过手机号码验证或邮箱验证即可成为皮书数据库用户。

用户福利

- 已注册用户购书后可免费获赠100元皮书数据库充值卡。刮开充值卡涂层获取充值密码，登录并进入"会员中心"—"在线充值"—"充值卡充值"，充值成功即可购买和查看数据库内容。
- 用户福利最终解释权归社会科学文献出版社所有。

数据库服务热线：010-59367265
数据库服务QQ：2475522410
数据库服务邮箱：database@ssap.cn
图书销售热线：010-59367070/7028
图书服务QQ：1265056568
图书服务邮箱：duzhe@ssap.cn

社会科学文献出版社 皮书系列
SOCIAL SCIENCES ACADEMIC PRESS (CHINA)

卡号：786274415112
密码：

S 基本子库
UB DATABASE

中国社会发展数据库（下设 12 个专题子库）

紧扣人口、政治、外交、法律、教育、医疗卫生、资源环境等 12 个社会发展领域的前沿和热点，全面整合专业著作、智库报告、学术资讯、调研数据等类型资源，帮助用户追踪中国社会发展动态、研究社会发展战略与政策、了解社会热点问题、分析社会发展趋势。

中国经济发展数据库（下设 12 专题子库）

内容涵盖宏观经济、产业经济、工业经济、农业经济、财政金融、房地产经济、城市经济、商业贸易等 12 个重点经济领域，为把握经济运行态势、洞察经济发展规律、研判经济发展趋势、进行经济调控决策提供参考和依据。

中国行业发展数据库（下设 17 个专题子库）

以中国国民经济行业分类为依据，覆盖金融业、旅游业、交通运输业、能源矿产业、制造业等 100 多个行业，跟踪分析国民经济相关行业市场运行状况和政策导向，汇集行业发展前沿资讯，为投资、从业及各种经济决策提供理论支撑和实践指导。

中国区域发展数据库（下设 4 个专题子库）

对中国特定区域内的经济、社会、文化等领域现状与发展情况进行深度分析和预测，涉及省级行政区、城市群、城市、农村等不同维度，研究层级至县及县以下行政区，为学者研究地方经济社会宏观态势、经验模式、发展案例提供支撑，为地方政府决策提供参考。

中国文化传媒数据库（下设 18 个专题子库）

内容覆盖文化产业、新闻传播、电影娱乐、文学艺术、群众文化、图书情报等 18 个重点研究领域，聚焦文化传媒领域发展前沿、热点话题、行业实践，服务用户的教学科研、文化投资、企业规划等需要。

世界经济与国际关系数据库（下设 6 个专题子库）

整合世界经济、国际政治、世界文化与科技、全球性问题、国际组织与国际法、区域研究 6 大领域研究成果，对世界经济形势、国际形势进行连续性深度分析，对年度热点问题进行专题解读，为研判全球发展趋势提供事实和数据支持。

法律声明

"皮书系列"（含蓝皮书、绿皮书、黄皮书）之品牌由社会科学文献出版社最早使用并持续至今，现已被中国图书行业所熟知。"皮书系列"的相关商标已在国家商标管理部门商标局注册，包括但不限于LOGO（ ）、皮书、Pishu、经济蓝皮书、社会蓝皮书等。"皮书系列"图书的注册商标专用权及封面设计、版式设计的著作权均为社会科学文献出版社所有。未经社会科学文献出版社书面授权许可，任何使用与"皮书系列"图书注册商标、封面设计、版式设计相同或者近似的文字、图形或其组合的行为均系侵权行为。

经作者授权，本书的专有出版权及信息网络传播权等为社会科学文献出版社享有。未经社会科学文献出版社书面授权许可，任何就本书内容的复制、发行或以数字形式进行网络传播的行为均系侵权行为。

社会科学文献出版社将通过法律途径追究上述侵权行为的法律责任，维护自身合法权益。

欢迎社会各界人士对侵犯社会科学文献出版社上述权利的侵权行为进行举报。电话：010-59367121，电子邮箱：fawubu@ssap.cn。

社会科学文献出版社